LES ECRIVAINS ET L'ALCOOL

Collection **Ouverture philosophique**
dirigée par Dominique Chateau et Bruno Péquignot

Une collection d'ouvrages qui se propose d'accueillir des travaux originaux sans exclusive d'écoles ou de thématiques.
Il s'agit de favoriser la confrontation de recherches et des réflexions qu'elles soient le fait de philosophes "professionnels" ou non. On n'y confondra donc pas la philosophie avec une discipline académique ; elle est réputée être le fait de tous ceux qu'habite la passion de penser, qu'ils soient professeurs de philosophie, spécialistes des sciences humaines, sociales ou naturelles, ou... polisseurs de verres de lunettes astronomiques.

Dernières parutions

Ronald BONAN, *L'institution intersubjective comme poétique générale. La dimension commune*, Volume 2, 2001.
Michel FATTAL (sous la direction de), *La philosophie de Platon,* tome 1, 2001.
Steven BERNAS, *Archéologie et évolution de la notion d'auteur*, 2001.
André DOZ, *Parcours Philosophique,* Tome 1 : *Avec Hegel,* 2001.
Alain BELLAICHE-ZACHARIE, *Don et retrait dans la pensée de Kierkegaard,* 2002.
Olivier ABITEBOUL, *La rhétorique des philosophes,* 2002.
David MARIE, *Expérience quotidienne et expérience esthétique chez Heidegger et Merleau-Ponty,* 2002.
Philibert SECRETAN, *le Pouvoir et le salut,* 2002.
Pascal GAUDET, *Phénoménologie de la réflexion dans la pensée critique deKant,* 2002.
Benoît THIRIO, *L'appel dans la pensée de Jean-Louis Chrétien, Contexte et introduction,* 2002.
Nasser ETAMADI, *Concept de société civile et idée du socialisme*, 2002.
Didier JULIA, *Fichte, la question de l'homme et la philosophie*, 2002.
Pierre-Etienne DRUET, *La philosophie de l'histoire chez Kant*, 2002.
Brigitte KRULIC, *Nietzsche penseur de la hiérarchie. Pour une approche « Tocquevillienne » de Nietzsche*, 2002.
Xavier ZUBIRI, *Sur le problème de la philosophie,* 2002.
Mahamadé SAVADOGO, *La parole et la cité,* 2002.

Michel COVIN

LES ECRIVAINS ET L'ALCOOL

L'Harmattan
5-7, rue de l'École-Polytechnique
75005 Paris
France

L'Harmattan Hongrie
Hargita u. 3
1026 Budapest
HONGRIE

L'Harmattan Italia
Via Bava, 37
10214 Torino
ITALIE

ISBN : 2-7475-2344-6

« …il avait officiellement cessé de boire,
ne s'autorisant que quelques vermouths
sous un pseudonyme… »

Antoine Blondin

AVANT-PROPOS

À l'origine de ce livre, il y a une question : mais comment font-ils pour continuer d'écrire en buvant autant ? Pour nous, écrire suppose une certaine hygiène du corps, des nuits tranquilles, un esprit clair le matin ; or voici des gens, écrivains parmi les plus grands, qui nous administrent la preuve qu'on peut à la fois écrire et se défoncer, chaque jour, sans le moindre temps de récupération visible. Quel est ce prodige ? À moins que ce ne soit tout le contraire : pour écrire, il faut se défoncer !... Mais alors s'annonce le paradoxe d'une activité qu'on peut seulement poursuivre dans la défaillance et la nausée, d'une richesse qui ne peut être recueillie que dans la misère d'un corps qui se traîne et d'un esprit en proie à l'idée fixe. Comment cela est-il possible ? Comment les roses de la littérature peuvent-elles naître sur le fumier de l'alcoolisme ?

C'est donc pour essayer de comprendre que nous avons essayé de lire attentivement un certain nombre de textes d'écrivains alcooliques contemporains et ceux d'autres qui, sans avoir voué à Bacchus un culte véritablement exemplaire, ne se révèlent pas moins préoccupés par la question et la posent, de manières diverses, dans leurs livres. Certes, le choix de ces textes ne laisse pas d'être arbitraire ; mais il fallait bien se décider, dans l'immense corpus des oeuvres qui, peu ou prou, rencontrent le thème de l'alcoolisme, pour quelques-uns d'entre eux. Nous avons donc choisi de nous limiter à des auteurs contemporains, d'ailleurs sans parti pris d'originalité, la plupart étant bien connus pour leur penchant pour la dive bouteille.

Le lecteur trouvera donc réunis ici des auteurs très divers, mais qui se rejoignent sur un point essentiel : la passion de boire. Pêle-mêle, citons Marguerite Duras, Henri-François Rey, Jean-Luc Melsen, Jean-François Josselin, Michel Leiris, Michel Déon, Romain Gary, Joseph Kessel, Jack London, Ernest Hemingway, Bukowski,Antoine Blon-

din, quelques autres encore, plus occasionnels. Cette collection hétéroclite ne laisse pas de faire apparaître une remarquable unité de ce qu'on pourrait appeler l'imaginaire alcoolique. *Il nous est vite apparu que l'on pouvait classer par thèmes les principaux éléments constitutifs de cet imaginaire, et en suivre le cheminement au long de textes qui, au premier regard, n'ont rien à voir entre eux et sont d'ailleurs, du point de vue strictement littéraire, d'inégale valeur. Mais là encore, il a fallu choisir, si nombreux étaient ces thèmes. Nous avons donc retenu les principaux, ceux dont la récurrence était flagrante et qui s'imposaient avec un éclat perceptible même à une conscience distraite. Cette restriction faite, la matière demeurait envahissante et excédait les limites d'un livre aux intentions aussi modestes que celui qu'on va lire. Nous avons dû la concentrer encore sous quelques têtes de chapitres, exactement une dizaine : l'alcool et... le corps, l'identité, les femmes, l'homosexualité, la mort, la religion, la résolution (de ne plus boire...), le sentiment de culpabilité, la violence, le voyage. Telle quelle, cette liste n'est pas exhaustive, loin s'en faut, et pour cette raison l'ensemble ne supporte pas de conclusion générale ; d'autres peuvent la continuer, pénétrant de la sorte davantage dans la forêt vierge de l'imaginaire alcoolique. Mais on en arrive, en un premier temps, à une espèce de glossaire succinct non négligeable qui constitue un repérage préliminaire pour des explorations plus fines. Cela dit, il est à craindre que ces explorations soient infinies, pour une raison bien simple :* c'est que tous les problèmes de la vie, pour les écrivains de notre catégorie, s'articulent sur le thème de l'alcool *; toutes les grandes questions, ils les agitent en se référant constamment à leur passion dévorante ; dès lors, faire un tableau de l'imaginaire alcoolique équivaut à parler de l'Homme, ni plus, ni moins, et l'on conviendra que c'est là une tâche infinie, que nul ne peut être sommé de mener à bien. Notre op-*

tion pour un glossaire simplifié trouve ici sa justification dernière. Les dix questions que nous posons aux écrivains alcooliques (ou aux écrivains de l'alcool) ont donc tout à fait le même statut que les questions d'un sondage adressées à un échantillon de personnes : on espère que non seulement les réponses sont valides pour la totalité des textes littéraires au moins contemporains qui ont abordé le sujet, mais aussi que chacun des thèmes arbitrairement choisis contient, sur le mode d'une réflexion prismatique, un éclat partiel de tous les autres thèmes possibles sur ce sujet et que jamais un seul esprit humain ne peut contenir ensemble. Signalons pour terminer que les chapitres de cet ouvrage peuvent se lire dans n'importe quel ordre, et que le lecteur pourra s'y promener au gré de ses prédilections, s'il le souhaite.

L'ALCOOL ET LE CORPS

1

L'ambivalence, qui caractérise toutes les formes du rapport que l'alcoolomane peut entretenir avec l'objet de sa manie, affecte aussi la représentation qu'il se fait de l'action de l'alcool sur son propre corps. Action positive : l'alcool fortifie, encourage et stimule les fonctions du corps ; il accompagne tous les grands exploits sportifs et héroïques, qui ne se conçoivent pas sans lui : c'est Hemingway ou London, prompts à considérer l'alcool comme une espèce de brevet de virilité, et la capacité de l'ingurgiter comme une preuve de puissance physique séparant le règne des héros de celui des mauviettes. Action négative : l'alcool affaiblit, dégrade, détruit le corps ; il accompagne cette fois le lamentable processus de la déchéance, et ce parcours du combattant à l'envers que représente la longue descente dans l'abîme de la cuite quotidienne ou chronique : c'est Stéphane ou Melsen, assurés que, si l'alcool constitue le comble de la misère, ils ne pourront s'empêcher d'y sombrer, non pas seulement par faiblesse, mais par un défi orgueilleux jeté à la face de ceux qui ne boivent pas, - les nuls, les « poissons » comme l'aurait dit Henri-François Rey, les économes de leur corps, les ternes et les inconsistants... Cette ambivalence se reflète dans le tableau que nous brossent les romanciers de l'alcool des effets que celui-ci exerce sur la constitution de leurs personnages. Ce tableau reprend quelques-uns des traits de la démonologie alcoolique : comme le possédé du démon, le buveur laisse apercevoir progressivement les marques, inscrites à même son corps, de sa possession. Le côté dramatique de cette description repose justement sur la lente découverte de ces signes, tout d'abord imperceptibles mais qui finiront par s'imposer en une horrifiante composition. Ainsi, dès que l'on a porté à ses lèvres le premier verre, on peut bien être persuadé qu'il n'y a pas grand dommage, que notre santé est intacte. Cependant, le ver est dans le fruit : le corps, d'apparence inchangé, porte en lui le germe du pourrissement. Pendant longtemps encore, il paraîtra pur et même plus fort...

2

Ce personnage de Jean-François Josselin dans *L'Enfer et Cie*[1], qui « commande scotch sur scotch » paraît en effet n'accuser aucune transformation physique, boit de manière *impassible* : « Rien… sur son visage, ne trahissait l'ombre d'une satisfaction. Rien non plus ne trahissait d'ailleurs une quelconque dégradation physique. Ce monsieur restait raide et correct. Peut-être quelques gouttes de sueur témoignaient-elles pour son ivresse naissante ? Mais après tout, nous étions en juin et le temps était déjà très chaud... »

Doute, donc. C'est cette apparente immuabilité du corps qui justifie la remarque de Melsen dans *Le Dernier Verre*[2] : l'avantage des grandes villes, c'est qu'on peut toujours pousser la porte d'un bar quelconque et avoir l'air de commander *le premier verre*. Telle est la ruse de John Barleycorn[3] : entretenir le plus longtemps possible cette illusion d'intégrité physique. Tant que le buveur n'a pas atteint le seuil où, de manière plus ou moins brutale, l'impeccabilité s'inverse en complet naufrage, il se vit comme une force en

---

[1] Bernard Grasset, 1982.

[2] Jean-Luc Melsen, *Le Dernier Verre*, Flammarion, 1967.

[3] Nom que les Anglo-Saxons donnent au whisky, et titre original du *Cabaret de la Dernière Chance* de Jack London, ici cité dans la traduction française chez Hachette, 1931-1965.

marche et suscite en autrui l'image d'un homme qui jouit de sa pleine maîtrise. L'effondrement est alors proportionnel à la « correction » ; il est souvent présenté, dans la littérature alcoolique, comme un événement privé, par opposition au spectacle de fermeté et de savoir-vivre que l'ivrogne donne à l'extérieur : « Le lendemain, dit le narrateur de *L'Enfer et Cie*, je me suis réveillé tard et dans un état effroyable. D'abord, dans mon sommeil, j'avais vomi. Mon oreiller, les draps, mon pyjama, tout était souillé. Les vomissures avaient séché, je me sentais comme amidonné, comme prisonnier de ces horreurs. La honte m'écrasait. J'ai sangloté, désemparé, éperdu. À un instant, fugitivement, le fait d'avoir vomi m'a redonné du courage. J'ai pensé : l'alcool de cette nuit a quitté mon corps - pour tout vous avouer, et vous voudrez bien me pardonner la trivialité de cette confidence, j'avais également uriné dans mon lit - je vais, je devrais aller mieux.

Mais non. Ma tête me semblait prise dans un étau d'acier[1].

Je ne pouvais mettre un pied par terre. Je m'imaginais un physique, une figure effroyable. Peut-être étais-je devenu monstrueux? Et puis l'univers basculait. Ça glissait doucement, ça s'accélérait. Je ne pouvais me raccrocher à rien. Je me savais embarqué dans un naufrage ignoble. Vous me comprenez ? »

Ce passage atteste suffisamment l'appartenance des descriptions anatomiques, dans les romans de l'alcool, à l'imaginaire démonologique, - tout autant, d'ailleurs, qu'à la symbolique de l'identité : la dégradation corporelle est repré-

---

[1] Les « tempes serrées » sont une sensation souvent évoquée par les romanciers de l'alcool, comme un symptôme de fin de cuite. En racontant cette page de sa vie qui a servi de toile de fond aux *Gens de la Nuit*, Michel Déon écrit : « - harassé, *les tempes serrées* dans un étau, la bouche amère d'avoir trop fumé et pas mal bu,... » (*Bagages pour Vancouver*, La Table Ronde, 1985, p.153)

sentée comme une transformation « monstrueuse », « effroyable » (et non simplement pitoyable, par exemple). Chez Jean-François Josselin, cet avatar diabolique du visage s'intègre au régime général de la métamorphose péjorative dans son roman, où, comme nous le verrons, les êtres humains se changent en animaux, en plantes, en choses. Pour d'autres écrivains, la transformation peut être moins spectaculaire, mais quand on sait la vocation de cet imaginaire, qui est de s'accomplir en tératologie, on ne peut s'empêcher de voir dans leurs descriptions du corps ou du visage les prémices de la conversion finale en *monstre*.

Ainsi, dans l'ouvrage de Michel Déon que nous venons de citer en note, l'auteur se plaît à opposer, lorsqu'au petit matin il se retrouve aux Halles, le visage des commerçants à celui des fêtards venus reprendre « leur souffle et leur force » devant une soupe à l'oignon (reconstituant mythique): « Au comptoir, les bouchers couperosés, les harengères aux joues vernies sifflaient des verres de blanc sec... Une ombre grise affleurait sous la peau de nos visages exténués et des cernes mauves se dessinaient autour des yeux des femmes. » Cette opposition, très rhétorique, est encore gentille, si on la rapporte aux termes dans lesquels Henri-François Rey, dans *La Comédie*[1], décrit le réveil de son héros dans une chambre d'hôtel de Madrid, après une incroyable orgie: les yeux, d'abord, accusent une divergence de fonctionnement caméléonesque, à moins qu'ils ne suggèrent les tentacules de la pieuvre, les cornes de l'escargot, les antennes des crustacés... : « L'œil droit vérifia que le monde était encore là.

Il y était et pesait de son poids formidable. L'œil gauche essaya de se repérer, mais en vain, devenu soudain imbécile, juste capable d'enregistrer qu'il y avait autour une chambre rustique, avec des rideaux rouges. » Cette défigura-

---

[1] Robert Laffont, 1960.

tion annonce la mutation du narrateur en véritable suppôt de Satan. Lorsqu'il appelle la bonne, celle-ci, après avoir posé sur la table de nuit la bouteille de vodka qu'il lui a réclamée, regarde le narrateur « comme on doit regarder le diable quand on le rencontre. »

L'échelle de la dégradation physique comporte donc de nombreux degrés, - du simple cerne à la métamorphose en bête. Selon le degré auquel on se situe, le thème anatomique s'articule plus ou moins explicitement sur les thèmes démonologique ou de la quête d'identité. Nous franchirons encore, au cours de ce chapitre, plusieurs de ces degrés. Pour l'instant, il importe surtout de remarquer l'unité du champ symbolique permettant d'articuler les unes sur les autres chacune de ces descriptions du corps, au degré où elles se situent.

3

Cependant - ambivalence oblige - il n'est de dégradation corporelle si monstrueuse qu'elle n'annonce une régénérescence délicieuse. Tel est le bon côté de la cuite : aux affres du réveil succède peu à peu un immense bien-être, la sensation d'un agréable relâchement de tout le corps. Encore une fois, le phœnix renaît de ses cendres. C'est « le retour à la vie », salué par Mme Foy, lorsque le narrateur de *L'Enfer et Cie* vient de lui poser la question « Vous me comprenez ? »

« - Je vous suis très bien, répond Mme Foy gaiement. Mais ce naufrage, je ne le trouve pas ignoble du tout. C'est au fond, au cœur du malaise, pour ma part, que d'habitude je reprends courage. Je guette les signes avant-coureurs de la fin de la crise, les progrès de ma renaissance. (...) je goûte l'ivresse qui s'enfuit. Je me sens solidaire de mon foie bien qu'un peu traître avec lui néanmoins. J'aime beaucoup en effet cet ultime et violent malaise qui s'achève en général par un renvoi de bile et cette féroce migraine qui annonce le bien-être, un sommeil enfin paisible. Le plus souvent, je prends mes précautions et prépare une légère collation pour fêter ma renaissance: de la viande froide, une salade de laitue, un fromage cuit et un verre de bordeaux. Cette dînette, d'ordinaire, suffit à me retaper. Et pour saluer mon retour à la vie, c'est-à-dire à mes ivresses futures, je bois une gorgée de vodka glacée avant de m'endormir, mais juste une seule gorgée. C'est un signe en quelque sorte, un trait d'union entre la veille et le lendemain. »

Cette page, si riche en renseignements sur le vécu corporel de l'alcoolique, et dont la valeur de témoignage est incontestable, ne s'inscrit pas moins dans une logique symbolique textuelle : celle que l'on pourrait appeler la dialectique de l'alcool. L'ambivalence n'est que l'une des faces de cette dialectique, la plus ténébreuse sans aucun doute, et qui marque un passage à la limite de cette dialectique, puisque l'alternance morbide subie par le buveur n'est susceptible d'aucun dépassement résolutif. Il n'en va pas toujours de même, lorsque le « naufrage » est présenté comme le chemin de la renaissance. Même si, généralement, le désir de boire est décrit au moyen de termes désespérés - il est sans issue -, justement parce qu'il est fait d'amour et de haine, il y a des moments où la défaillance du corps est en quelque sorte exaltée comme la condition de sa résurrection glorieuse. En réalité, on n'observe jamais mieux le jeu de la dialectique de l'alcool qu'aux endroits où les personnages parlent de leur corps ou font état des phénomènes physiques qui se passent en eux après ou pendant leurs beuveries.

Ainsi, Mme Foy a beau, comme on vient de le lire, associer la « vie » à ses « ivresses futures », l'alcool, pour elle, est mort et destruction : « Je fais mon malheur à petites gorgées. Je l'avale. Et il est tapi en moi, dans mon estomac, dans mes artères. De temps en temps, je le sens cruellement. C'est comme si je perdais ma vie. Mon cœur s'arrête. J'ai très peur. À votre santé ! » Notons les termes physiologiques : son estomac, ses artères, son cœur. La dialectique mort-résurrection tenaille d'abord le corps. Mais sans doute est-elle passible d'une interprétation plus large en termes moraux, celle que nous propose Michel Leiris, grand buveur au cours de sa turbulente jeunesse, dans *L'Age d'homme*[1] : « quand je suis dans ce que les rigoristes appellent *bien*, j'aspire au mal parce qu'un certain *mal* m'est nécessaire pour me divertir ; quand je suis dans ce qu'il est convenu d'appeler mal, j'éprouve une nostalgie confuse, comme si ce que le commun des gens entend par *bien* était réellement une sorte de sein maternel où l'on pourrait sucer un lait maternel susceptible de rafraîchir. Toute ma vie est faite de ces balancements... »

La vie des alcooliques est aussi faite de ces balancements, et cette oscillation fondamentale explique qu'ils puissent attribuer à l'alcool des valeurs contradictoires de vie et de mort. Il n'est pas rare que celui-ci soit fantasmé comme un lait maternel rafraîchissant, un élixir de vie. À d'autres instants au contraire, l'alcool leur est une tisane amère, et la haine qu'ils lui portent trouve à s'exprimer, encore une fois, au moyen de rationalisations physiologiques: « Je n'ai jamais pu surmonter ce dégoût physique, écrit Jack London. Mais je l'ai dompté et, aujourd'hui encore, je le réprime chaque fois que je prends un verre[2]. Le palais ne cesse pas de se révol-

---

[1] *L'âge d'homme, de la littérature considérée comme une tauromachie*, Gallimard, Folio 1989.

[2] On remarquera que, pour un lutteur comme London, l'alcoolisme est imaginé comme une victoire sur la répulsion. Le romancier « dompte » son aversion, la « réprime » et, par conséquent, trouve le moyen d'inverser sa faiblesse en décision volontaire. Ce paradoxe ne doit pas surprendre de la part d'un homme pour qui la vie est un combat continuel.

ter ; on peut s'en rapporter à lui pour juger ce qui est bon ou mauvais pour le corps. Cependant, les hommes boivent sans s'occuper de l'effet produit sur l'organisme, et si le corps doit souffrir, tant pis pour lui. »

4

Parce qu'il existe de nombreux degrés sur l'échelle de la dégradation, il est normal que l'alcoolique accorde une attention scrupuleuse aux quantités progressives de poison qu'il absorbe. Son alcoolisation ressemble véritablement à une expérience de chimie. Les doses sont comptées, les mesures fixées. Tout se passe comme si l' « état de désordre mental et physique » dont parle Jean-François Josselin était à tout instant traduisible en valeurs chiffrées, signe, peut-être, que la dégradation morale ne trouve jamais mieux à s'exprimer qu'en s'associant au processus de la décomposition physique, héritant ainsi de son caractère inéluctable, objectif et susceptible de numération. De la sorte, se trouve confirmée la thèse, implicite dans toutes les histoires d'alcoolisme, que quelque chose, à l'intérieur même du domaine moral, échappe au contrôle du sujet, et que celui-ci, parce qu'il est un alcoolique, souffre d'un dédoublement fatal. Nulle autre image que celle du corps en train de se dégrader ne peut mieux convenir, semble-t-il, pour représenter pareille fatalité. Le recours à cette image conduit les auteurs à parler de leurs personnages comme s'ils étaient les témoins impassibles de leur propre naufrage, impuissants devant le caractère irréversible de ce qui leur apparaît comme un cataclysme naturel ; surtout, ces personnages parlent de leur corps comme d'une réalité pour ainsi dire *à côté d'eux-mêmes*, un objet d'expérience et de manipulation, dont ils savent scientifiquement à quel traitement ils doivent le soumettre s'ils veulent parvenir au résultat souhaité. L'état du corps exclut dès lors les états d'âme, comme l'exprime très bien Mme Foy, qui nous offre en plus un bon exemple de l'emploi de mesures chiffrées : « Ce qui m'exaspère, dit-elle d'une voix un peu lente qui chevrote déjà, ce sont les gens qui ont des états d'âme. Si j'avais des états d'âme, ça suffirait à me distraire. Moi, je me sens vide, vide comme une bouteille. Alors je me remplis. À cet instant, voyez-vous, je ne suis pas encore pleine. Il me manque un tiers de litre. Après, vous pourrez me jeter à la mer. » Même précision de la part du narrateur quelques pages plus loin : « Pour ma part, je sens que je vais glisser dans ce malaise hébété qui m'envahit après le premier tiers de litre. » C'est pourquoi, lorsque London écrit que « les hommes boivent sans s'occuper de l'effet produit sur l'organisme », il faut rester attentif au contexte qui détermine la compétence d'une telle formule. Dans certains contextes, les hommes, bien loin de ne pas s'occuper de l'effet de l'alcool sur leur organisme, ne font que cela, dans le sens du « perseverare diabolicum », qui n'est vraiment persévérant et diabolique qu'à se faire relayer par le déterminisme naturel : alors il n'est plus pour le sujet de révision possible de son état, il a signé avec son corps, en un nouveau pacte faustien, une procuration qui le décharge de toute volonté. Il peut donc s'amuser à lire sur son propre corps comme sur un cadran la montée désormais irrépressible de l'ivresse.

5

C'est comme un sous-marin qui remplit ses ballasts : un tiers de litre, deux tiers de litre, et puis on plonge ! Jusque-là tout va très bien : *au septième verre*, remarque le narrateur de *L'Enfer et Cie*, le visage de Mme Foy n'accuse aucun symptôme de dégradation : « Les gens sont idiots, lui dis-je d'une voix un peu pâteuse. Ils prétendent qu'une femme qui boit, ce n'est pas joli. Vous, au septième verre, vous êtes tout simplement adorable. »

Tour habituel de John Barleycorn. Comment se fait-il, en effet, que l'alcool n'exerce pas plus tôt ses ravages, mais paraît confirmer l'invincibilité du buveur, lorsqu'on prend conscience, *après coup*, de la gravité de ce qui était en train de se passer, dans le marasme de la gueule de bois ? La lenteur de réaction du corps est précisément ce qui assoit l'empire de John Barleycorn, de sorte que, paradoxalement, cette attention méticuleuse que les alcooliques accordent aux effets du poison sur leur organisme reste une spéculation abstraite et intellectuelle, effectuée dans un climat d'indifférence et de neutralité. Tant que le corps n'a pas fait parler de lui, mais que les ivrognes se bornent à en parler, même en termes pseudo-scientifiques ou mathématiques (un tiers de litre, le septième verre), on peut être sûr que le sous-marin n'a pas touché le fond. « - Non, je suis très bien le soir », dit Mme Foy « gaiement ». « C'est demain que ça va se gâter. Oh ! Je n'ai plus la gueule de bois ni même la migraine. C'est à la fois plus léger et plus grave. J'ai l'impression très exacte d'entrer en agonie. Mon cœur s'arrête de battre, je ne suis plus que faiblesse, j'ai l'impression que je vais disparaître sans bruit de la surface de la terre. »

Le premier indice que la pression commence à se faire un peu forte est - mais cet indice n'infirme en rien que nous en soyons toujours dans un état « naturel » et non-pathologique - l'apparition des... larmes. Les larmes comme premier symptôme « objectif » de la cuite en train de prendre constituent un grand ressort du comique dans les romans de l'alcool, et aussi au cinéma : dans le film de Georges Lautner, *Les Tontons Flingueurs*, on sert aux truands, au cours d'une cuite mémorable dans une cuisine, un alcool tellement fort qu'ils se mettent à pleurer, et l'on ne sait trop s'il s'agit là d'une réaction purement physique de leur organisme ou d'une modification émouvante de leur sensibilité. Peu importe d'ailleurs, il ne convient pas de trancher, puisque cette ambiguïté est justement ce qui fait la saveur de cette scène. En tout état de cause, il apparaît clairement que les alcooliques, pour les romanciers et pour les cinéastes, ont *le don des larmes*, exactement comme les moines ou les grands mystiques (le don des larmes, expression théologique consacrée, est en effet un indice de haute spiritualité.) « J'ai soudain envie de pleurer », dit le héros de Jean-François Josselin ; au moment où il va entrer dans « ce brouillard délicieux et vaguement nauséeux qui dissimule (s)a vie à (s)a conscience. » La nausée, phénomène physique, joue un bon tour à la conscience : les larmes elles-mêmes paraissent s'imposer comme un événement naturel qui, s'il est un signe de quelque chose, ne renvoie pas directement à sa signification, mais révèle plutôt que la sensibilité refoulée de l'alcoolique ne trouve pas à s'exprimer. La crise de larmes peut dès lors être représentée comme un effet du simple déterminisme corporel que celui qui pleure ne comprend pas, lui échappant en quelque sorte, et qu'il enregistre comme un trop-plein (de liquide ? De sentiments ?) qui se déverse...

6

Mais voyons ce qu'en pensent ceux qui ne pleurent jamais, les héros pour qui l'alcool est l'ornement nécessaire de leurs illustres exploits. Jack London est de ceux-là, mais son cas est cependant moins net que celui de Hemingway. Chez London, en effet, on trouve des expressions de l'ambivalence et le romancier reste, d'un bout à l'autre de sa vie d'alcoolique, conscient de la « double postulation » qui l'entraîne tantôt du côté de Dieu (la sobriété), tantôt du côté du diable (l'intempérance). L'alcoolisme, pour lui, caractérise sans aucun doute l'héroïsme viril, mais surtout à titre d'idéal difficile et qui va à l'encontre de la nature de l'écrivain, spontanément porté, nous dit-il, vers la sobriété. En bref, chez London, l'alcoolisme caractérise l'héroïsme des autres, qu'il s'efforce d'imiter au cours d'un apprentissage en quelque sorte culturel, en contradiction violente avec ses dispositions naturelles ou physiques : Jack n'aime pas boire, n'aime pas le *goût* de l'alcool, et cela il nous le répète à foison dans *Le Cabaret de la Dernière Chance.* Tout autre est le cas de Hemingway, qui paraît, dès le moment où il commence de boire, débarrassé de tout complexe à l'égard d'un plaisir qu'il n'a aucunement l'intention de se refuser. Ernest n'est pas écartelé entre les deux postulations. Pour lui l'alcool est une valeur aussi positive que la nourriture, le grand air, le sport. Il l'ingurgite sans mauvaise conscience. Voilà pourquoi on ne trouvera pas, chez Hemingway, d'expression de l'ambivalence. Il ne nous appartient pas d'examiner ici si cette absence est le signe d'un refoulement névrotique parfait (de la même façon, nous disent les spécialistes, on peut trouver des gens qui ne boivent jamais parce qu'ils *sont* alcooliques...), ou si Ernest a vraiment cru que boire était une bonne chose. La même question pourrait se poser à propos de Rabelais : la représentation qu'il nous fait, tout au long de son œuvre, des bienfaits de la Dive Bouteille est dénuée de toute ambivalence ; la notion de gueule de bois lui paraît inconnue : mais jusqu'où peut-on lui faire crédit ? Sommes-nous en présence d'un mythe purement littéraire, ou bien l'écrivain, et avec lui toute son époque, ont-ils réellement hypostasié la Bouteille comme une des grâces de l'existence? Hemingway, parce qu'il se situe en-delà ou en-deçà de toute ambivalence, état sans doute divin, continue ainsi la tradition rabelaisienne. Quand on sait quels liens étroits rattachent la littérature alcoolique à diverses formes du comique grotesque, on ne doit point s'étonner que, à ce plan-là aussi - le dépassement de toute ambivalence - les romans de l'alcool opèrent leur conjonction avec la plus truculente des littératures. Ce dépassement prend des formes variées que nous rencontrerons souvent au cours de notre route. Leur commun dénominateur est la règle de la réversibilité de toutes choses. Pour cette tradition littéraire grotesque, l'eau peut aussi se transformer en vin. Le corps ne s'en porte que mieux, et l'on peut enfin boire *sans compter*. La biographie de Hemingway atteste généralement qu'Ernest a toujours bu sans compter, et qu'il ne prit guère la précaution de séparer le temps de boire du temps d'agir. Certes, note Carlos Baker[1], les jours de pêche, alors qu'il se trouve à Cuba en 1933, Ernest prend bien soin de faire un petit déjeuner frugal : « un morceau de pain de campagne, un verre d'eau de Vichy et un autre de lait froid. Ernest avait trop souvent pêché, l'estomac trop rempli, sous ce soleil de plomb pour ne pas prendre ses précautions. » Voilà donc une circonstance, au moins, dans laquelle le héros est obligé de respecter les commandements de son propre corps. Mais cette soumission ne se répète guère dans la vie de Hemingway. La plupart du temps, l'alcool est intégré au menu comme un élément indifférent. Dès le déjeuner, sous le même soleil, on voit apparaître la bière: « En revanche, il faisait généralement à midi un repas copieux. Joe Russell et Carlos Gutierrez veillaient à ce que la glacière de l'*Anita* fût bien approvisionnée en nourriture et en bière Hatuey, ainsi qu'en maquereaux frais et en petits lampris, qu'ils utilisaient comme appât. Le déjeuner se composait généralement de sandwiches et d'avocats qu'ils assaisonnaient de poivre, de sel et de jus de citron. Les jours où le poisson ne se montrait pas, ils mouillaient le bateau devant une plage déserte, al-

[1] *Hemingway, histoire d'une vie*, T.I, 1899-1936 ; T.II, 1936-1961, Robert Laffont, 1971.

laient jusqu'au rivage pour nager et s'arrêtaient le temps qu'il fallait pour préparer un repas chaud. »

L'histoire d'Ernest Hemingway ne laisse jamais apparaître qu'il ait négligé ses repas. Même dans la phase terminale de son alcoolisme, où on nous le décrit maigre, ce dont il souffre surtout, c'est de ne pouvoir plus, comme autrefois, mener la vie active qu'il affectionnait particulièrement et dans laquelle manger, tout autant que boire, occupait une si grande place. Mais n'est-ce pas là encore, sur le versant littéraire, le cas des personnages de Rabelais, à l'appétit géant ? À Bimini, en 1935, « dès qu'il pouvait s'éclipser sans offenser la bienséance, écrit Baker, Ernest partait en voiture le long du Mississippi jusqu'à la Nouvelle-Orléans, où il buvait et mangeait tellement qu'en rentrant à Key West, il pesait 105 kilos. »

Voilà qui contraste infiniment avec le manque d'appétit des grands alcooliques. Hemingway nous propose un modèle de buveur situé aux antipodes des larmoyants et des ventre-creux. Le sien au contraire est toujours bien rempli. Ce modèle a comporté, dans la vie même d'Ernest, son double négatif, représenté par Scott Fitzgerald, alcoolique lui-aussi, mais aussi « mondain » qu'Ernest était « sauvage » ou « naturel », aussi faible et fragile qu'il était fort. Scott symbolise sans aucun doute, aux yeux de Hemingway, tout ce qu'il n'aime pas retrouver chez les autres écrivains, envers lesquels il a toujours entretenu, dans le secret de son cœur et parfois de manière explicite, un sentiment de mépris : celui de l'homme d'action pour le plumitif en chambre, aux poumons étriqués, à l'appétit de femmelette, à la sensibilité énervée. Scott est de ceux-là, de la race exsangue des écrivains « romantiques », qui n'ont jamais pêché le moindre espadon. Et comme pour bien montrer que l'alcool est forcément associé, dans l'esprit d'Ernest, à l'héroïsme viril, il reproche à Scott son goût pour la bouteille, qui ne peut que le détruire et gâcher son talent. Cet attachement, il le met sur le même plan, de façon très significative, que l'amour de Scott pour Zelda, et qui est pour Hemingway, une preuve de sa faiblesse. Pour ces deux choses, Scott doit être *racheté*, écrit Carlos Baker : « Quant à Scott, Ernest pensait que seuls deux événements étaient susceptibles de le racheter : soit la mort de Zelda, soit une maladie d'estomac assez grave pour qu'il dût s'arrêter de boire. Pourquoi se refusait-il à devenir adulte ? Pourquoi était-il ivre chaque fois qu'Ernest le voyait ? Son « foutu romantisme » et son « goût bien irlandais de la défaite » devenaient fatigants. Ernest, quant à lui, s'estimait très satisfait de son sort. Quand il travaillait, il n'avait jamais le cafard. Il était parfaitement heureux de vivre, 340 jours sur 365. Il avait constamment l'impression, disait-il, de vivre non pas une vie, mais deux ».

Ainsi, pour un écrivain comme celui-là, l'écriture n'est pas fuite, ni substitution d'un monde imaginaire amélioré à la triste prose quotidienne du réel. L'écriture redouble les jouissances du monde, et la définition hemingwayenne du dédoublement est tout entière positive. De la même façon, le fameux dédoublement alcoolique n'aura sans doute pas été vécu par lui comme une affection pathologique dont il convenait de se débarrasser. Mais aussi comme un « plus ». Bien loin que boire compromette l'épanouissement du corps, il le favorise. Tout ce qui peut multiplier la vie d'Ernest est bon. L'alcool est un élément nécessaire d'une conception cumulative du bonheur où tous les plaisirs, en s'additionnant, vont constituer *l'homme complet*.

7

L'alcool ne compromet ni les fonctions musculaires, ni les fonctions cérébrales de cet homme complet. Ernest attaque sa journée d'écrivain avec une demi-bouteille de vin rouge dans l'estomac. « L'air pur des hauteurs était tonique, écrit Carlos Baker, décrivant ainsi le site de l'écriture : les montagnes du Wyoming, - et l'appétit d'Ernest devenait féroce. Il arrivait toujours très tôt à la grande cabane pour y prendre son petit déjeuner : il arrosait son jambon et ses oeufs de grosses cuillerées de ketchup qu'il coiffait d'épaisses tranches d'oignons, et faisait descendre le tout avec du café et une demi-bouteille de vin rouge. »

D'ailleurs, ce qui distrait le héros de son travail, ce n'est jamais la bouteille - elle s'intègre très bien, comme on voit, à l'écriture, au moins à titre de prémice et sans plus d'embarras que le café, boisson-fétiche des intellectuels -, mais la pêche. Pour Hemingway, si double postulation il y a, ce n'est pas entre les deux pôles de l'ivresse et de la tempérance, mais entre agir et écrire. Le vin n'a rien à voir là-dedans, et il s'accorde aussi bien avec l'action qu'avec l'écriture.

« Il s'efforçait de travailler tous les matins, continue Baker, assis sous l'auvent de la cabane et compulsant soigneusement une pile de journaux tauromachiques. Parfois, après le petit déjeuner, il allait jusqu'au corral et, s'appuyant à la clôture, il regardait Ivan Wallace seller les chevaux pour les cavaliers qui devaient les monter dans la matinée. Ivan lui disait: « Qu'est-ce que vous diriez d'aller faire une petite pêche ce matin ? » « Peux pas, répondait Ernest. Faut que je travaille. » Et il retournait lentement à sa cabane, enveloppé des effluves du vin et des oignons de son petit déjeuner. Une heure plus tard, on le voyait réapparaître « Ivan, disait-il, t'as fichu ma journée de travail en l'air. Allons pêcher. »

D'un autre côté, chez ce grand buveur, on peut observer que le manque d'alcool n'est pas toujours catastrophique, pourvu que le corps soit à la fête pour d'autres raisons. Ce qu'on peut appeler l'extase cosmologique de Hemingway - vie au grand air, prouesses physiques, participation à la vie de la nature, etc. -, et qu'on pourrait mettre au compte, elle aussi, de la tradition rabelaisienne qui se poursuit avec lui, - cette extase supporte très bien l'absence de certains constituants, si son niveau d'intensité globale est respecté.

Voici par exemple Ernest bloqué par une effroyable tempête dans un abri retiré, à quelques milles de Key West, pendant dix-sept jours. Avec ses compagnons, il constate que les provisions s'épuisent peu à peu, et notamment la bière et l'alcool ; pourtant, remarque Baker, cela ne paraît pas trop le déranger, tant il est « à son affaire », perdu dans l'immensité cosmique de l'océan déchaîné, et trouvant, dans l'adversité, l'occasion d'un dépassement de soi. Comme autrefois le docteur Bombard, il est heureux de pouvoir survivre au moyen des seules ressources naturelles, de puiser ses forces aux mamelles mêmes de la vie : « Barbus comme des pirates, ils se régalaient de toutes les variétés possibles de poissons. Max ne parlait que de rentrer afin de se remettre au travail mais, de toute évidence, il n'avait jamais été si heureux. Ils commencèrent à manquer de glace, puis de bière, de boîtes de conserve, de café, d'alcool, d'oignons des Bermudes et, pour finir, de tout sauf de poisson. Ernest ne s'en souciait guère. Il estimait qu'une cure de poisson était bonne pour le cerveau et aurait bien prolongé cette cure indéfiniment. Par la suite, il déclara n'avoir jamais si bien mangé ni si bien bu de sa vie. »

Ainsi, le meilleur souvenir de ripailles de cet alcoolique est celui d'une longue série de repas où ne figurait aucun alcool. L'énergie cosmique aspirée à longs traits par l'écrivain suffisait à lui procurer l'ivresse de vivre. Presque toujours, l'ingestion d'alcool ne fait que manifester, chez lui, le regret que cette extase cosmologique, au cours de laquelle exultent à la fois le corps et le cerveau (notamment grâce aux vertus du poisson), n'est pas indéfiniment possible.

Par rapport à la durée pendant laquelle Hemingway a pu prolonger cette extase, la vie de London ressemble à un météore. Mort à quarante ans, ce dernier a encore eu le temps de se voir dépérir et d'assister, dans un marasme qu'on imagine très bien pour un homme qui avait toujours exalté les valeurs physiques, à la dégradation progressive de ses facultés corporelles.

Que l'alcool ait eu un rôle à jouer dans cette dégradation, c'est une affaire entendue. Mais il est manifeste qu'il n'en est pas la seule cause, et que souvent même Jack a eu recours à lui pour calmer ses douleurs. Andrew Sinclair[1] remarque que cet aspect de la question n'est pas du tout évoqué dans John Barleycorn[2], et que cette omission est volontaire de la part de l'écrivain : « Jack, dit Sinclair, ne fait qu'effleurer les raisons véritables, physiques et psychologiques, qui le poussent à boire tellement. Le livre exagère les privations qu'il a subies pendant sa jeunesse, mais ne fait pas assez cas des souffrances que lui causait sa maladie rénale et qui l'incitaient à boire pour calmer sa douleur. « Je peux dire, et c'est là mon seul tort, que je n'ai pas raconté toute la vérité dans *John Barleycorn*, écrira Jack en 1913. Je n'ai pas osé dire toute la vérité. »

La vérité, c'est que bien d'autres maladies que l'alcoolisme assaillent Jack depuis bien longtemps, le poussant à surveiller son corps un peu plus attentivement qu'Ernest ne l'aura jamais fait. Son biographe nous le montre passionné d'ouvrages médicaux, soucieux de se tenir au courant des découvertes de la médecine : « La lecture d'articles médicaux le passionnait à présent, et il avait toute une bibliothèque de li-

---

[1] *Jack London*, Belfond, 1979.
[2] Titre anglais du *Cabaret de la Dernière Chance*.

vres traitant de maladies diverses, écrit Sinclair. Quand il donnait des conférences, son sujet préféré n'était plus le socialisme mais les méthodes qu'il avait utilisées quand il jouait au docteur sur le *Snark.* »

« À présent » cela veut dire vers 1910, lorsque Jack a décidé d'être sobre : « il alla se faire admirer par les artistes chics de San Francisco à l'occasion du bal annuel du groupe Bohemian Grove, et parvint à boire moins que de coutume tout en offrant des tournées à l'assistance. C'était ça la vraie modération, expliqua-t-il à Charmian ; autrefois, tout le monde lui offrait à boire pour le plaisir de passer un moment avec lui. À présent, il devait offrir un verre à tout le monde pour dissimuler le fait qu'il ne buvait quasiment plus. George Sterling, de passage au ranch, remarqua à quel point Jack était devenu sobre et lui écrivit : « quelle soirée un peu trop arrosée ! J'ai bien regretté, le lendemain, de ne pas m'être limité à trois verres comme toi. J'ai eu un de ces maux de tête ! » Ainsi, l'ambivalence qui caractérise le rapport de London à l'alcool se manifeste en cette année 1910 par la résolution (d'ailleurs toute suite écroulée...) d'être sobre, et par un intérêt intellectuel pour les choses de la médecine. Ce qui n'est peut-être qu'un phénomène psychique se traduit par une préoccupation d'ordre physiologique, tout de même que chez Jean-François Josselin le buveur se résignait, dans le sens de la postulation vers Satan, à confier à son seul corps la direction chiffrée de son ivresse. Bien que les deux processus aillent en sens inverse, ils sont exactement pareils : jamais la présence du corps ne se fait plus sensible que lorsque les mécanismes de la dépendance psychique, toujours teintée d'ambivalence, atteignent tantôt le maximum de la résistance (résolution d'être sobre et lecture d'ouvrages médicaux), tantôt le maximum du jeu ou du relâchement (décision de boire et objectivation du corps comme d'une éprouvette graduée).

Lorsque la postulation vers Dieu l'emporte, Jack peut aller jusqu'à l'hypocondrie : « Il devenait, écrit Sinclair, un véritable malade imaginaire et, quand il se mit à tousser sans cesse après sa rixe avec le tenancier du saloon, il se crut tuberculeux ; en réalité, c'est parce qu'il fumait qu'il toussait. Il était loin d'être poitrinaire, ses poumons se portaient à merveille malgré la trace d'une ancienne cicatrice. Mais il n'avait pas tort de s'inquiéter pour l'état de sa peau, de ses reins, de ses dents et de sa vessie. »

On voit à quel point les préoccupations du romancier sont *viscérales*. Et l'on chercherait en vain, chez d'autres auteurs, les marques d'un pareil souci anatomique. Jack entreprend l'examen de ses organes les uns après les autres, soumet à l'inspection chaque élément de son corps : poumons, reins, vessie, dents... Il s'agit bien plus, en l'occurrence, de l'impression vague d'une maladie latente. L'hypocondrie de l'écrivain le porte en effet à se conduire comme un médecin, à envisager successivement toutes les fonctions du corps, de par une prérogative analytique qui correspond à la fois au principe de réalité auquel London, toute sa vie, a prétendu se conformer, loin de toute illusion « romantique », et à la tendance générale de son époque au positivisme scientifique. Bref, Jack se fait une représentation de son corps comme d'une machine, qui doit être en état de marche, *car sa vie en dépend*. Il en vérifie donc les pièces. Cette disposition à l'objectivation générale du corps permet de situer London dans la série de ceux qui se font de leur corps une image essentiellement fonctionnaliste et pour ainsi dire « quantitative », - images qui favoriseront, lors de l'entrée en alcoolisme, les rituels numériques que nous avons décrits.

Le texte inconscient de Jack est cohérent : l'alcool est sans cesse rapporté - et c'est là la preuve de l'origine psychique de son hypocondrie - à des maladies qui n'ont pas de lien direct avec lui. Tout se passe comme si John Barleycorn se dissimulait derrière chaque entité clinique et lorsqu'il se démasque comme n'étant vraiment pas la cause d'une maladie, il ne s'en retrouve pas moins fatalement associé à celle-ci à titre de soulagement. Ainsi, par exemple, des maladies de peau, qui obsédaient Jack. Par une « valorisation » supplémentaire, sur laquelle nous devrons revenir, celles-ci sont elles-mêmes associées à la syphilis qui elle, pour London et pour toute son époque, est censée avoir un rapport direct avec l'alcoolisme : « Nous avons encore une série de notes manuscrites sur le psoriasis, nous apprend Sinclair, rédigées par Jack, qui nous montre à quel point il était préoccupé par ses maladies de peau. Il y cite un livre qui comparait les symptômes de la syphilis à ceux du psoriasis, en notant : « Je n'ai jamais eu de syphilis. Est-ce que ma maladie ressemble à la syphilis ? » Il remarquait que l'empoisonnement à l'arsenic pouvait provoquer des irritations graves de l'épiderme, et en effet sa condition s'améliora nettement dès qu'il s'arrêta de prendre de l'arsenic, en 1909. Il avait également réduit sa consommation d'alcool, qui avait beaucoup augmenté sous les tropiques car c'était la seule chose qui calmait ses nerfs et soulageait la douleur que lui causait une fistule. Ses notes sur le psoriasis s'achèvent sur cette conclusion: « Je ne suis pas un ivrogne ni un gros mangeur de viande, non plus que goutteux ou rhumatisant. » Pourtant, moins d'un an plus tard, il souffrira de goutte et de rhumatismes car il se sera remis entre-temps à prendre de l'arsenic pour soigner ses autres maux. »

En 1911, une compagnie d'assurances refuse d'assurer Jack parce qu'elle juge son organisme trop délabré : les assureurs nous renvoient du corps de l'écrivain une image moins imaginaire, mais qui confirme, paradoxalement, celle que l'écrivain s'en forme au moyen de constructions délirantes.

L'important, en tout état de cause, n'est pas que Jack ait été véritablement malade, mais qu'il ait sans cesse cherché à interpréter ses maux en les rapportant, de près ou de loin, à John Barleycorn et à son égérie : la Syphilis (majuscule). La physiologie imaginaire de Jack London se retrouve ainsi nimbée de signification sexuelle et donc, plus profondément, de culpabilité. Culpabilité avivée, en ces années 1910-1911 par la perte d'un nouveau-né, dont il s'accusait, soupçonnant en lui quelque tare génétique. Du coup, voici Jack s'intéressant de très près à l'urologie, à la sexologie et aux maladies vénériennes : « il possédait, écrit Sinclair, quantité d'ouvrages sur les maladies vénériennes et avait souligné beaucoup de passages dans un des volumes, surtout ceux concernant la syphilis héréditaire - comment elle se transmet dès la conception, les trois étapes de son évolution et les remèdes classiques pour s'en guérir. » Or, tout le monde le croyait : c'est l'alcool qui pousse les hommes dans les bras des prostituées, où ils contractent la maladie...

10

L'imaginaire social de la syphilis et, extensivement, des maladies vénériennes, est en effet clairement articulé, à l'époque de Jack London, sur le thème de l'alcoolisme. Chez London, il s'articule, de plus, sur celui du racisme, car c'est en évoquant les méfaits de l'alcool - conséquence inéluctable de la débauche - que le romancier croit pouvoir justifier sa croyance à la supériorité et à la nécessité d'une race anglo-saxonne dépourvue de toute tare. De leur côté, les prohibitionnistes - et London était partisan de leurs théories - s'emparent de l'argument de l'alcool comme cause des maladies vénériennes pour essayer de faire interdire la consommation de celui-ci. Jack se lance même dans la bataille, armé de sa plume, et Sinclair voit dans cette volonté de rejoindre les rangs des prohibitionnistes l'une des raisons qui auraient poussé l'écrivain à rédiger *Le Cabaret de la dernière chance*.

Voici donc, nettement appuyée, une détermination de l'image du corps complètement enracinée dans une fantasmatique universelle, dont l'alcool est le pivot, et qui s'articule sur au moins deux idéologies : la supériorité de la race anglo-saxonne, dès qu'elle sera libérée de John Barleycorn et, surtout, une certaine forme de féminisme, dont le moins qu'on puisse dire est qu'il est très « conservateur », puisqu'il pousse Jack à voir dans les femmes les « vraies conservatrices de l'espèce », comme il l'écrit dans *Le Cabaret*. Le tout se greffe sur une représentation de la sexualité entachée de culpabilité. La réunion de tous ces éléments constitue la constellation symbolique au milieu de laquelle seulement on peut apercevoir tout le sens complexe de l'alcoolisme dans la vie et l'œuvre de Jack London. Andrew Sinclair écrit : « C'est l'horreur de ces maladies et la crainte de l'alcoolisme qui feront écrire *John Barleycorn* à Jack, et le livre deviendra une arme redoutable aux mains des prohibitionnistes. Jack était tellement culpabilisé par son passé sexuel, attribuable dirait-on aux méfaits de l'alcool, qu'il soutint le mouvement en faveur du vote des femmes en Californie en 1911. Il n'était nullement féministe[1], mais il espérait que les femmes se prononceraient pour l'interdiction de l'alcool et pour la protection de la race blanche. Les hommes étaient trop faibles pour voter la prohibition même en sachant que l'alcool était un poison. Jack adoptait le point de vue des prohi-

[1] Il est, bien entendu, « conservateur », mais au nom du conservatisme féminin, à prendre ici au plan carrément physiologique, il se fait, pour un temps, l'allié objectif des femmes qui, de plus, concourront à la « protection de la race blanche ».

bitionnistes selon lequel les hommes abusaient de l'alcool uniquement parce qu'ils y avaient accès. Quand il ne pouvait pas boire d'alcool comme par exemple au cours d'un long voyage en mer, il s'en passait parfaitement bien. »

La vérité que London avouait n'avoir pas dite tout entière dans son livre, Sinclair pense pouvoir alors la reconstituer dans le sens suivant : « De quelle vérité s'agissait-il ? Probablement de celle qui faisait les choux gras des prohibitionnistes, c'est-à-dire le lien qu'il croyait exister entre son alcoolisme et les débauches sexuelles de sa jeunesse, son désespoir à l'idée que c'était peut-être lui le responsable de la mort du bébé de Charmian, car l'alcool et la maladie vénérienne avaient miné ses facultés reproductrices. »

On voit à quelles ratiocinations médicales, à quelles obsessions physiologiques et à quel imaginaire global du corps - pessimiste et soupçonneux malgré l'exaltation concomitante de la vie physique - peut conduire une époque à peine sortie du XIX° siècle et qui est en train de découvrir l'hygiène et d'organiser les grands systèmes de prophylaxie à l'échelle des masses. En ce sens, l'hypocondrie de Jack ne lui est pas tout à fait personnelle. Il partage avec tout son temps un souci du corps qui est le résultat, ensemble, du constat de la misère endémique à l'âge du capitalisme industriel et des espoirs qu'on croit pouvoir fonder sur le traitement scientifique de tous les maux, aussi bien sociaux que biologiques. L'impatience de l'époque, à ce sujet, conduit bien évidemment les gens à combler par des constructions imaginaires certains vides théoriques. La thèse que l'alcool puisse être un agent plus ou moins à direct de la syphilis est une de ces constructions. Elle fait pièce avec d'autres thèses - racisme, féminisme de circonstance, puritanisme, etc. - qui, chez l'écrivain précipitent en un composé symbolique original, dont *Le Cabaret de la dernière chance* est sans doute l'échantillon le plus pur.

11

Il va sans dire qu'on ne peut pas se faire une idée juste de l'imaginaire du corps chez Jack London sans réunir un nombre suffisant d'éléments qui déterminent eux-mêmes la représentation que s'en fait toute son époque. Cette entreprise excéderait les limites de notre étude. La remarque vaut d'ailleurs pour tous les autres écrivains que nous avons choisis. Mais elle est encore plus opportune en ce qui concerne London, qui appartient à un temps où l'imaginaire du corps entre dans une crise décisive, sous l'influence des progrès de la médecine et l'essor spectaculaire de l'hygiène. C'est une époque en quelque sorte « névrotique », écartelée entre des croyances ancestrales encore dominées par un irrationnel dont l'origine religieuse est souvent manifeste, et la conviction que les avancées de la science et la méthode expérimentale auront raison de la maladie et par conséquent, puisque terreurs irrationnelles et rigueur scientifique sont indissociablement mêlées, que l'éradication méthodique de toutes les formes du mal impliquera automatiquement la suppression des tares morales. Plus étroitement, l'idée que se fait l'écrivain des effets de l'alcool sur son organisme dépend aussi de la crise que traverse l'imaginaire social du corps. Du coup, le cas de London est particulièrement représentatif de l'influence exercée par le « milieu » culturel ambiant sur la formation de l'imaginaire alcoolique. London n'est pas si éloigné de nous, mais sa façon de rendre compte des effets physiologiques de l'alcool est déjà très différente de celle de Hemingway, quand bien même on peut discerner chez ces deux écrivains des ressemblances psychologiques individuelles incontestables et établir sûrement qu'ils sont tous les deux à la recherche permanente de cette « extase cosmologique » que nous avons décrite et qui suppose, en quelque mesure, une culture du corps digne de la Grèce antique.

Chez Hemingway, héritier heureux des efforts de l'époque précédente pour mettre au point une politique de la santé sur des bases rationnelles et universelles, on ne trouvera plus de traces de cette hypocondrie qui poussait Jack London à inventer des liens imaginaires entre l'alcool et toutes sortes de maux, - sauf sur la fin de sa vie, lorsqu'il croyait, par exemple, que l'alcool allait le rendre aveugle et qu'il portait fréquemment une visière verte. Simone de Beauvoir raconte « qu'à Cortina (quelques années avant sa mort), il buvait comme à son habitude, mais qu'il était terrorisé par son foie, par son cœur, par l'idée que la boisson le tuerait. Un jour, en fin de repas, il a eu le hoquet. Epouvanté, il a appelé le médecin. « Il faut prendre l'ascenseur », a dit le médecin. Et six fois de suite H. a monté, descendu, monté, descendu, soutenu d'un côté par le médecin, de l'autre par Mondadori. Le hoquet s'est arrêté. Il a ajusté sa visière verte et s'est couché. »

Mais à ce moment là, nul ne contestera à Ernest que ses épouvantes sont justifiées, ni ne lui reprochera d'exagérer l'importance de l'alcool dans le processus de sa dégradation physique. La meilleure preuve qu'Ernest appartient à une époque plus juste dans ses jugements sur l'alcool, c'est que jamais l'écrivain ne paraît soupçonner quelque lien néfaste entre celui-ci et sa vie sexuelle. Jack au contraire, sans pouvoir s'empêcher de boire, vivait dans l'épouvante de la syphilis. Chose cependant curieuse, ce sentiment d'épouvante le conduisait, comme Ernest, à porter une... visière. La visière serait-elle un objet-fétiche des alcooliques, le signifiant de leur angoisse ? London, écrit Sinclair, « craignait de devenir fou comme Maupassant ou Nietzsche, tous deux morts de la syphilis à l'état tertiaire. Il avait des maux de tête si sévères et si souvent mal aux yeux qu'il devait porter une visière. »

12

Sous sa visière, Hemingway abritait donc l'angoisse suivante : à force de boire, il deviendrait aveugle. Sous la sienne, London croyait couver une tumeur au cerveau, - d'origine syphilitique. Il est plus vraisemblable que l'écrivain souffrait d'un empoisonnement à l'arsenic, dont on pensait qu'il était capable de combattre la syphilis. Le remède, en vérité, était pire que le mal, surtout lorsque ce mal, comme chez London, était imaginaire ! Mais les faits sont là : l'arsenic est le principal responsable (et non pas l'alcool) de tous les symptômes qui assaillent le corps de l'écrivain vers 1910. « Il grossissait et ses chevilles s'étaient mises à enfler, écrit Andrew Sinclair ; il souffrait également de rhumatismes, de sciatique et de pyorrhée, toutes maladies citées comme pouvant provenir d'un traitement au salvarsan. » Au bilan, « tous les symptômes qui se manifestèrent au cours des dernières années de la vie de Jack indiquent qu'il souffrait d'empoisonnement à l'arsenic. » En ces dernières années, il est plus que jamais préoccupé de son état physique. La fin du *Cabaret de la dernière chance* atteste clairement l'angoisse qui rongeait l'auteur de se voir dépérir, tout de même que ces notes griffonnées sur les pages d'un livre, où nous retrouvons la même imagerie baroque et macabre que chez un Henri-François Rey, exprimant l'accomplissement tératologique du corps dont on sait qu'il caractérise la littérature alcoolique : « La maladie universelle - mon corps qui tombe en loques, qui meurt depuis le jour de ma naissance. Je suis conscient de mon squelette sous ma chair, de mon crâne sans nez, ricanant... Mes genoux et mes chevilles en bouillie, les tendons brisés à l'intérieur de mes pouces, mes cicatrices diverses, le sillon dans ma joue causé par l'arsenic qu'on m'a donné à l'hôpital en Australie - l'os de ma main jamais remis que j'ai cassé en frappant un cheval - mes dents qui manquent, ces perles de la jeunesse... »

13

Ce triste tableau est donc celui du corps de l'alcoolique, par la médiation de la syphilis, cause elle-même de l'utilisation de l'arsenic. A la base de cette lamentable description clinique, on trouve le sexe, foyer de toute maladie et de toute culpabilité. L'association passionnée de l'alcool aux maladies vénériennes aurait dû incliner Jack à la sobriété et, en même temps, à la monogamie. Comme le note sa propre épouse dans son journal, le 2 décembre 1910 : « Il faut dire que ce que nous apprenons devrait rendre tout homme terriblement chaste et prudent, prêt à vivre une existence monogame - avec la femme qui lui convient. » Il n'empêche que le romancier ne put jamais se contenter de cette « existence monogame » et d'une vie « terriblement chaste », et qu'à chacune de ses bordées copieusement éthylisées il se risqua dans les parages des putains. Mais la cause de sa dégradation réside moins dans les maladies vénériennes qu'il a pu effectivement contracter, encore moins dans le ramollissement de la volonté provoquée par la prise d'alcool, que dans le traitement médical de ces maladies. Ce traitement, avoue Sinclair, a fait beaucoup plus de ravages que le whisky : « Il y aurait un livre fort intéressant à écrire sur les dégâts causés par les erreurs de médication au début du XX° siècle. On estime qu'au moins un dixième de la population américaine et européenne souffrait de maladies vénériennes diverses à cette époque, et il faut tenir compte de ce chiffre quand nous cherchons à analyser la personnalité et les aberrations de beaucoup d'artistes et de révolutionnaires d'avant la Première Guerre mondiale ; leurs dossiers médicaux pourraient souvent en dire plus long sur leur conduite étrange que leurs profils psychanalytiques. Ici, le Dr Erlich détient la clef de certains mystères plus que le Dr Freud, et la peur de la contamination vénérienne a souvent été bien plus forte que la peur du complexe d'Oedipe. L'empoisonnement à l'arsenic a gâché plus de santés que le whisky ou les erreurs d'éducation. »

Quoi qu'il en soit, on ne peut que constater que les représentations du corps malade - malade parce que sexué, en dernière instance - se font, chez London, tant en ce qui concerne le tableau de l'alcoolisme que celui des maladies vénériennes, au moyen du même appareil allégorique baroque. On serait bien en peine de relever, chez Hemingway, la même imagerie dominée par un squelette « ricanant ». L'image récurrente de ce spectre dans les écrits de London indique que les rationalisations physiologiques du romancier sont toujours déjà prêtes pour leur intégration à une *poétique*. L'alcool est par conséquent une pièce maîtresse de cette poétique. Mais il ne l'est que parce qu'il s'articule, comme thème fantasmatique, sur celui d'une sexualité coupable. Que cet imaginaire érotique passablement déprimé, sinon catastrophique, trouve à s'actualiser irréversiblement dans un certain type de traitement médical du corps encore plus catastrophique, n'est qu'un effet dérivé d'une angoisse qui présente, en premier lieu, un caractère psychique. L'alcool, dans la mesure où il détermine tôt ou tard une dépendance organique, n'est que le premier relais « objectif », dans la chair et le sang du coupable, de représentations mentales qui, petit à petit, se pétrifient et s'incarnent.

La chair et le sang du coupable. Son biographe est formel : Jack London « écrivit *John Barleycorn* pour se déculpabiliser. » L'origine à peine lointaine de ce livre, en effet, serait le traumatisme provoqué par la mort du bébé de Charmian, vécu par Jack comme le symptôme irrécusable de sa propre dégénérescence physique. « Quand le bébé de Charmian mourut, écrit Sinclair, Jack alla se soûler à mort dans un saloon. Il but énormément pendant les années 1911-1912 et recommença à faire des cauchemars et à souffrir d'insomnie. » On observe ici l'enchaînement complet qui constitue l'économie de la culpabilité chez Jack London ; l'alcool est au terme de ce système d'échange d'impressions d'abord purement mentales en productions physiques (intoxication, insomnie, etc.), - de même que les phénomènes objectifs (la mort d'un enfant) sont d'emblée interprétés dans le sens des constructions imaginaires. C'est une économie en cercle. Elle nous renvoie du fantasme au corps, et du corps au fantasme.

D'ailleurs, c'est au moment où le délabrement physique de Jack devient le plus impressionnant que s'épanouit avec le plus de relief ce qui, chez Henri-François Rey s'appellera aussi « schizophrénie », - concept pseudo-clinique au moyen duquel les romanciers de l'alcool désignent la sensation de dédoublement qui les assaillent. « Maintenant qu'il buvait tellement pour calmer ses douleurs de reins et de vessie, écrit Sinclair, il commençait à faire un autre genre de cauchemar éveillé qu'il appelait la « logique blanche ». Celle-ci était aussi cruelle et stérile que le « silence blanc » des étendues du Grand Nord qu'il avait décrit dans ses livres, et tenait plus de la schizophrénie que de la logique. La logique blanche était le nom qu'il donnait au dialogue qui s'engageait entre ses deux personnalités au moment du réveil : une de ces personnalités, celle de sa 'longue maladie', se moquait de toute action humaine comme étant vaine et illusoire. L'autre se raccrochait aux choses quotidiennes de l'existence, telles que l'amour et la terre. Chaque fois que cette seconde personne voulait entreprendre quelque chose, la première ricanait en silence. Quand il prenait une décision, il se demandait : « A quoi bon ? » Il savait que la boisson aggravait cet état, mais ne pouvait se passer d'une drogue qui stimulait son esprit et adoucissait ses maux. Car, il l'avouera dans les notes qu'il rédigera pour ses mémoires, il n'arrivait pas à être philosophe vis-à-vis de la douleur physique. C'est pour y mettre fin qu'il se jetait sur le remède le plus simple et le plus efficace. »

Les dernières pages du *Cabaret* rapportent, effectivement, les termes du dialogue que Jack avait coutume de se tenir à lui-même, alors qu'il se sent définitivement prisonnier de John Barleycorn. La « logique blanche » y porte en fait le nom de « raison pure » c'est elle qui pousse à boire, au nom d'une philosophie désespérée, mais lucide, qui accélère la décomposition du corps. À ce moment, raconte Sinclair, Jack souffrait « de rhumes tenaces, d'orgelets et de pyorrhée, ainsi que d'une inflammation de l'appendice. Son organisme était complètement intoxiqué et il essayait de se débarrasser des toxines en absorbant d'énormes quantités de liquide. La nuit, il buvait au moins trois bouteilles d'eau, de jus de raisin ou de petit lait, expliquant à Charmian qu'il avait besoin de tout ce liquide pour transpirer, lui qui menait une vie si sédentaire. Il était obligé de se lever souvent la nuit, et cela aggravait ses insomnies. »

Ce qui est curieux, chez London, c'est que la tendance hypocondriaque le dispute jusqu'à la fin avec une foi inébranlable en sa « forte constitution. » Dans *Le Cabaret*, il a à peine fini de décrire les ravages de l'alcool sur son organisme, qu'il s'empresse d'ajouter : « Je peux affirmer, comme tous les solides buveurs, que si je suis encore en vie sur cette planète, je dois cette chance peu méritée à ma large poitrine, à mes fortes épaules, à ma saine constitution. J'ose dire qu'une bien faible proportion de jeunes gens de quinze à dix-sept ans auraient pu résister aux débordements d'intempérance auxquels je me suis livré, précisément dans cette période de formation ; et qu'un maigre pourcentage d'adultes, s'adonnant à l'alcool avec autant de fougue que je m'y suis abandonné dans mon âge d'homme, auraient survécu pour raconter leur histoire. Je m'en suis tiré non pas grâce à une vertu personnelle, mais parce que je n'avais pas la constitution chimique d'un dipsomane, parce que je possédais un organisme extraordinairement résistant aux ravages de John Barleycorn. »

Malgré tout, « bien qu'il prétendît encore, aux yeux du monde entier, écrit Andrew Sinclair, jouir d'une santé à toute épreuve, il lui arrivait d'admettre d'une façon ironique que son corps n'était pas une machine parfaite. Il écrivit une curieuse réponse à un lecteur qui se plaignait que son style avait perdu de sa vigueur : 'Vous avez raison. Je suis couché sur mon lit de mort, dans un hôpital, crachant les entrailles de ma jeunesse nuit et jour. Je suis foutu. Les feux de ma jeunesse sont éteints. Il ne me reste plus qu'une aventure à vivre - la rédaction de mon testament.' Il exagérait en disant qu'il crachait ses entrailles, mais ses dents, par contre, le faisaient atrocement souffrir. Il passa une bonne partie de l'année 1913 à rendre visite à son dentiste, et dut se résoudre à laisser arracher toutes ses dents d'en haut pour enrayer la pyorrhée qui ravageait ses gencives. D'ailleurs, presque aucune partie de son corps ne fonctionnait plus normalement à présent, et il ne tenait debout qu'à force de courage. »

À cette époque - 1913 - la drogue remplace peu à peu l'alcool dans la vie de Jack London. Le docteur Porter l'avait prévenu qu'il partirait d'une maladie des reins s'il continuait à boire et à se nourrir de viande saignante. Il lui conseillait aussi l'exercice physique. Mais le romancier n'en tint pas compte. Le médecin ne l'intéressait que parce qu'il le ravitaillait en morphine et en héroïne, qui calmaient les douleurs causées par son psoriasis et sa double fistule. Comme le dit Sinclair, « la logique blanche de l'alcool fut remplacée par la béatitude de la morphine. » À ce moment aussi, le thème de la drogue apparaît dans les écrits de Jack London, dans *Le loup des mers* notamment. « Les dernières lignes de ce roman, dit Sinclair, montrent que Jack utilisait la drogue pour échapper à ses douleurs incessantes dans les reins et la vessie. Le Dr Porter prescrivait un mélange de morphine et de belladone, mais aussi d'héroïne et de strychnine pour endormir sa souffrance et pour stimuler le fonctionnement de sa vessie. Les effets de la morphine et de l'héroïne lui firent du bien tout d'abord - il s'arrêta de boire et se mit à écrire *Le Vagabond des étoiles*. »

Ainsi se module, dans les dernières années de la vie de Jack London, la dialectique de la création, compressée, comme le héros du *Vagabond des étoiles* (celui-ci, à mesure qu'on resserre la camisole de force où il est prisonnier, rêve d'autant plus), entre souffrance et répit, alcool et drogue.

15

La mort elle-même de Jack ressemble à un acte héroïque elle provient de l'absorption d'une dose de morphine exagérée, mais que le romancier, dirait-on, a cru *à sa mesure*. Mais, dans son exagération même, à la mesure de quoi ? De sa vie ? De sa mort ? Le mystère continue d'être entier sur la fin de Jack London : s'est-il suicidé ? Ou a-t-il outrepassé ses forces en prenant tant de morphine ? Nous ne le saurons jamais, mais ce qui est sûr, c'est que cette indécidabilité rejoint l'ambiguïté de la manière selon laquelle l'écrivain concevait son alcoolisme : comme une *victoire* sur la répulsion. En croyant surmonter le choc produit par une dose massive de morphine, Jack pouvait, de la même façon, penser qu'il gagnait sa mort pas un coup de tonnerre, qu'il en triomphait en s'y abandonnant, et par conséquent inverser le passif d'un suicide en valeur active digne du lutteur qu'il avait toujours été. Dans cette hypothèse, ce qui fut le rapport explicite de London à l'alcool nous donne la clé de sa mort et supprime le mystère. Jack est mort dans un grand sursaut vital, si l'on peut dire : « Il avait toujours donné de lui-même, dit Sinclair, une image d'homme tellement résistant que tous les excès d'alcool et de drogue lui étaient permis. Rien ne pouvait tuer un surhomme tel que lui, même pas une overdose de morphine. Il n'avait fait aucun des préparatifs habituels de ceux qui ont l'intention de se tuer et n'avait pas laissé de lettre exprimant ses dernières volontés. Il gardait toujours un Colt 44 à côté de son lit, mais il ne s'en servit pas pour mettre fin à ses jours comme la petite dame de la grande maison. En se faisant une énorme piqûre de morphine juste avant l'aube, il ne cherchait probablement que l'oubli momentané et non pas l'anéantissement définitif. Le surhomme devait croire que le geste de vider deux fioles de morphine n'était pas plus dangereux que celui de vider deux bouteilles de whisky, comme il lui arrivait souvent de le faire à l'époque où il consommait beaucoup d'alcool. Son corps avait résisté à bien d'autres abus jusqu'alors. » De la sorte, le toxicomane conserve jusqu'aux portes de la mort le sentiment d'ambivalence qui l'attache à son objet formellement, il est impossible de décider - et le principal intéressé ne le peut pas non plus - si l'overdose (de morphine, de whisky, peu importe) affirme la volonté de vivre ou bien celle de mourir, parce que sa signification est d'affirmer les deux *en même temps* (faute de quoi il n'y aurait pas d'ambivalence). Partant, la signification générale de tout alcoolisme, aux yeux de

« héros » ou de « surhommes » comme London ou Hemingway, est toujours celle-là: aveu d'une faiblesse qui se prononce paradoxalement au sommet d'une vitalité exubérante, expression d'une force qui s'exhale, éventuellement sous forme d'un dernier soupir, au creux du délabrement physique le plus avancé...

16

Dans le genre alcoolique, et aussi parmi la famille des écrivains américains, Scott Fitzgerald est vraiment le repoussoir de ces surhommes qui essaient tant bien que mal d'intégrer leur défaillance toxicomaniaque à leur idéal d'épanouissement physique. Scott représente le type d'un buveur qui n'est *que* malade, et ne prétend pas verser sa maladie au compte d'un héroïsme à l'envers. Pour cette raison, son cas est intéressant, et vaut que nous nous arrêtions un instant sur lui : nous y capturons, en effet, le reflet inversé de Hemingway et, extensivement, après tout ce que nous venons de voir à son propos, celui de Jack London. L'Amérique, semble-t-il, théâtre d'une geste dans une nature sauvage et difficile, a besoin d'alcooliques musclés. Scott n'est pas de ceux-là, et c'est pourquoi il s'attire le mépris de ses confrères virils. L'image du corps qu'il leur renvoie est de part en part humiliante, déplorable.

Ainsi, un jour que Hemingway se trouvait avec Scott, celui-ci, raconte Carlos Baker, « se mit à faire l'éloge des nouvelles du cycle de Nick Adams. Ces louanges excessives embarrassèrent Ernest. Un vieux dicton lui trottait par la tête : « Bouche de miel, cœur de fiel. » Il concentra son attention sur le champagne commandé par Fitzgerald, répondant par monosyllabes aux questions fort indiscrètes dont le bombardait l'Irlandais. Soudain, il se passa quelque chose d'étrange. La sueur se mit à perler au-dessus de la lèvre supérieure de Fizgerald. Le jeune homme devint blanc comme cire, ses yeux perdirent toute expression. Sa peau se tendit sur ses joues, jusqu'à donner à son visage l'aspect d'une tête de mort. Il n'y avait plus qu'à le ramener chez lui... Ce genre de chose arrivait tout le temps à Scott. » Cependant, en quelque mépris qu'Ernest tînt Fitzgerald, il devait se sentir en symbiose avec lui sur un plan caché de son être : alors que, en 1926, il se retrouve seul à Paris, tous ses amis en vacances, et lui-même brouillé avec Pauline, son épouse, c'est à Scott que Hemingway écrit qu'il allait se « saouler à mort. » La complicité profonde de tous les alcooliques suffit toujours à surmonter les différences idéologiques. Il n'empêche : les syncopes de Scott ne sont pas permises ! Comme London, Hemingway ne consent à souffrir que de maladies nobles. Ces maladies portent un nom : ce sont des blessures. Même les maladies tropicales rapportées par Jack London de sa croisière sur le *Snark* ont été vécues comme des « blessures », toutes autres affections étant associées par lui, sur le mode irrationnel qu'on a vu, à des espèces de tares morales révélées et encouragées par l'alcool. Le tableau que brosse London de son corps est celui d'un éclopé. Hemingway, de son côté, est porté à voir dans le physique de Fitzgerald celui d'un poitrinaire miné intérieurement, si l'on peut dire, par sa propre débilité native. Quant à lui, il le dispute avec Jack pour l'accumulation des « blessures ». Peu d'hommes, en tout cas peu d'écrivains, en auront reçu autant au cours de leur vie, - jusqu'à la dernière, au cours d'un ultime safari, dans un accident d'avion, et dont les séquelles pèseront d'un grand poids sur le processus de détérioration finale de la santé d'Ernest. Mais dès 1930, signale Baker, « il avait eu un anthrax, une écorchure du globe de l'œil droit, le front ouvert par la chute d'un vasistas, une congestion du rein, l'index fendu, le menton entaillé, la jambe transpercée par une branche : et voilà qu'à présent il venait de se casser le bras droit, son principal instrument de travail. » Ce dernier accident, survenu en automobile, obligea Ernest à une période de réclusion à l'hôpital de sept semaines, qui le rendit particulièrement morose, et qu'il ne put agrémenter que de quelques whiskies ou bouteilles de bière. Mais ne pouvoir ni écrire, ni pêcher, ni chasser, ni, de manière générale, se dépenser physiquement lui coûtait beaucoup. À la neurasthénie qui, aux dires des témoins, s'empara de lui tout au long de ce repos forcé, on peut juger qu'il n'y aurait jamais eu, pour Hemingway, d'alcoolisme « en chambre » possible : l'écrivain aspire les vapeurs d'alcool comme les grands fauves, dans la savane, hument l'odeur du gibier de leurs puissants naseaux. Il lui faut donc être présent sur le terrain.

17

« Dans la vie, écrivait Ernest, il faut d'abord durer ». Cette déclaration, de la part d'un grand buveur, prouve que jamais celui-ci ne conçut l'alcool comme un facteur de dégradation possible, capable d'abréger son existence. Lorsque l'âge et les infirmités consécutives à ses accidents feront de lui un individu plus ou moins impotent, Ernest, justement, ne cherchera pas à « durer ». Dès lors, il ne donnera pas de lui l'image que nous donne Sartre, par exemple, sur la fin de sa vie. Sartre rejoint, par rapport à Hemingway ou à London, mais sur le pan de la vieillesse, la catégorie des buveurs débiles représentée par Scott Fitzgerald : il s'agit là, bien entendu, d'un imaginaire alcoolique ; médicalement, tous les buveurs sont débiles.

Comme Scott tout à l'heure, du point de vue de l'idéal héroïco-alcoolique qui est celui d'Ernest ou de Jack, Sartre est comme le reflet inversé de ce vieillard romain qu'a voulu être Hemingway, suicide compris. Le tableau que nous fait Simone de Beauvoir des dernières années du philosophe est lamentable. Le voici en 1972, alors que le journal *La Cause du peuple* commence, dit Simone de Beauvoir, « à battre de l'aile » ; son créateur commence à battre de l'aile lui-aussi : « Le soir, en écoutant de la musique, il s'endormait. Une fois, après avoir bu un seul whisky, il s'est mis à bafouiller. Quand il est monté se coucher, il titubait. » Rappelons-le : la vie commune de Jean-Paul Sartre et de Simone de Beauvoir fut, depuis son début, copieusement arrosée d'alcool, comme nous l'apprend toute l'œuvre autobiographique de Simone. À la fin de cette vie commune, des effets cumulatifs commencent à se faire sentir (compliqués, chez Sartre, des conséquences de l'utilisation de stimulants chimiques) ; leur description fait le tissu de *La Cérémonie des adieux*[1].

Après cette soirée au cours de laquelle le comportement de Sartre commence à se révéler quelque peu anormal, Simone est anxieuse et s'attend à de mauvaises nouvelles. Et en effet, Arlette, leur amie, lui téléphone : « ...Sartre avait passé la soirée seul chez elle pour regarder la télévision (il n'avait pas de poste chez lui). En arrivant chez elle peu avant minuit, Puig avait trouvé Sartre couché par terre et saoul. Il avait mis une demi-heure à le relever. Il l'avait raccompagné à pied. Sartre n'habitait pas loin, cependant il était tombé et avait saigné du nez. Le matin, il avait téléphoné à Arlette et il semblait lucide. J'ai été le soir vers deux heures. Il avait une ecchymose sur le nez, les lèvres un peu tuméfiées, mais la tête claire. »

Ce visage a beau n'être pas aussi impressionnant que la macabre tête de mort ricanante de London, c'est quand même une belle tête d'ivrogne. Cependant, en dépit de la précision clinique de cette page, elle ne s'inscrit pas moins dans le re-

---

[1] Gallimard, 1981.

gistre symbolique de la blessure, commun à tous les romans de l'alcool : ecchymose, lèvres tuméfiées, - voilà qui aurait plu à Ernest, ce sont d'ailleurs des blessures dont souffrent ensemble ivrognes et boxeurs...

Mais Sartre est avant tout, comme l'aurait dit Julien Green, boxé par la vieillesse. Le portrait sans complaisance qu'en fait Simone de Beauvoir est celui du vieillard usé qui, bientôt, fera sous lui. John Barleycorn ne fait que précipiter le déclin et se manifeste une dernière fois, grossièrement, au moment de payer la note.

Quand Sartre ne boit pas, cela attire l'attention de Simone, qui juge alors que c'est digne de remarque. La sobriété de l'écrivain devient l'indice de l'extrême gravité de son état. Par un curieux renversement de signes, la tempérance est envisagée comme un symptôme de désordre : « Le soir, Sylvie nous a amenés chez moi en voiture et elle est restée un moment avec nous. Sartre n'a bu que du jus de fruit. Elle était consternée par son aspect. Je suppose que -sans peut-être qu'il s'en rende compte - l'attaque avait été pour lui un choc éprouvant : il paraissait très abattu. Sans cesse sa cigarette tombait de ses lèvres ; Sylvie la ramassait, la lui tendait, il la prenait et elle s'échappait de ses doigts. Ce manège s'est répété je ne sais combien de fois pendant cette funèbre soirée. »

Les mentions de la dialectique alcool-création ne sont pas absentes de *La Cérémonie des adieux*. Sartre, comme un gamin, profite de l'absence de Simone ou d'Arlette pour boire en cachette. Mais Simone explique sa conduite en disant qu'il n'était pas content de son travail, et que cela le poussait à s'enivrer. Ici comme ailleurs, l'alcoolisme s'interprète volontiers comme une alternative obligée à l'écriture, cette oscillation fatale paraissant indiquer que nous sommes en présence de deux modalités d'un même processus libidinal, de deux épisodes récurrents d'une même histoire : « Le

12 août, à Rome, écrit Simone, j'ai été le chercher à la gare, je l'ai manqué. De retour à l'hôtel, je l'ai vu peu après arriver en taxi ; il zézayait mais il m'a dit tout de suite: « Dans un moment ce sera passé ». Il avait profité de sa solitude pour boire deux demi-bouteilles de vin au wagon-restaurant. Il s'est tout de suite rétabli mais je me suis demandé pourquoi, dès qu'il le pouvait, il abusait ainsi de l'alcool. « C'est agréable », me disait-il, mais cette réponse ne me suffisait pas. J'ai supposé que s'il se fuyait ainsi, c'est qu'il n'était pas content de son travail. »

L'intérêt de cet ouvrage de Simone de Beauvoir, et, extensivement, de toute littérature « documentaire » de ce genre, est de faire sentir la participation de l'écriture à l'existence, de faire comprendre que l'écriture est un mode d'exister, qui le partage avec d'autres et éventuellement peut s'inverser en d'autres. Ici, eu égard au cas de Sartre, ecchymoses, lèvres tuméfiées, zézaiement, tremblement, syncopes, incontinence, et doutes sur *L'Idiot de la famille*, tout cela forme un tout. Ce tout, c'est le tout de l'existence, ou plutôt son ouverture indéfinie. Tous les renseignements que peut nous donner cette littérature sur le corps de l'écrivain n'éclairent pas forcément ses textes. Mais ils permettent, de manière inégalable, de réinsérer ceux-ci dans le flot continu de l'existence, et c'est pourquoi chaque notation physiologique ou anatomique, stimulée généralement par la description de l'alcoolisme, a son prix.

18

Celle-ci, par exemple : nous possédons, grâce à la littérature alcoolique, des renseignements précis sur la *tension* des écrivains... Ce n'est pas que la tension, en soi, représente un paramètre décisif de la critique littéraire, existentielle ou pas. Mais la précision de ces détails est un bon indicateur du degré d'intimité auquel nous participons à la vie de ces écrivains. Partant, elle donne la mesure de tout ce que nous parvenons à savoir sur eux. Il se trouve que c'est dans le cas des écrivains alcooliques, surtout vieillissants, que nous parvenons à réunir la plus grande masse d'informations sur leur existence physique, - sans fard ni enjolivement. Même ceux qui, de leur propre initiative, se proposent de mettre en scène, comme cela s'est fait si souvent dans l'histoire de la littérature, leur vie sexuelle, ont toujours fait contribuer celle-ci à l'économie symbolique générale de leurs textes.

Que faire de la tension, eu égard aux exigences d'une économie symbolique ? Voilà, pour le moins, un « thème » tout à fait imprévu et encore non homologué. Manifestement - et cela est rare - il subsiste à l'état nu, sans apprêts littéraires visibles. Est-ce enfin un détail physiologique pur, un de ces « petits faits vrais » dont les textes littéraires sont plutôt chiches, astreints comme ils sont à intégrer tout leur matériau à une symbolique ? Même en matière corporelle, en effet, il faut toujours supposer que ces détails renvoient à une mythologie supérieure du « corps », inévitablement ancrée sur le fond de la signification ou du fantasme, bien qu'ils aient l'air de flotter en surface comme une épave de sens, un brin de physiologie.

Et toujours, c'est l'alcool qui les maintient en surface, les fait émerger dans leur simplicité et leur isolement d'effets de réel. Après sa première attaque, écrit Simone de Beauvoir, « Sartre exigea de boire sa dose habituelle de whisky, si bien qu'à minuit, il n'articulait plus du tout et qu'il eut beaucoup de mal à se traîner jusqu'à son lit. Toute la nuit, j'ai lutté contre l'angoisse.

Le lendemain matin, Liliane Siegel l'accompagna chez le docteur Zaidmann. Il m'a téléphoné que tout allait bien : il avait 18 de tension - ce qui était normal pour lui - et on allait tout de suite commencer un sérieux traitement. » Deux jours plus tard, continue-t-elle, « Sartre avait toujours peine à tenir une cigarette. Il avait 14 de tension : c'était une mauvaise chute due aux remèdes qu'il ingurgitait. »

Dans ces moments-là, la littérature alcoolique prend carrément le statut d'un bulletin médical.

A-t-on jamais analysé pourquoi ?

C'est alors qu'elle devient la plus passionnante. Il semble qu'en ces passages privilégiés, nous touchions du doigt le corps de l'écrivain, à moins que ce ne soit leur mythe qui prenne corps. Bien que Hemingway se soit dérobé, de son propre chef, à l'« acharnement thérapeutique » en se tirant un coup de fusil dans la tête, il ne put échapper entièrement aux médecins, - celui de sa femme, notamment, qui, au cours d'un examen de celle-ci, insiste pour examiner Ernest également ; nous retrouvons alors, dans son bilan, des indications sur la tension du romancier qui sont, avec celles concernant le taux de cholestérol, de bons exemples du savoir *chiffré* que la littérature alcoolique nous procure à propos du corps des écrivains. La vocation numérique de cette littérature (si l'on accepte de faire entrer les ouvrages critiques dans la constellation de la littérature alcoolique) prolonge ainsi, en la modulant, voire en brouillant les limites qui séparent d'ordinaire le littéraire du scientifique, la symbolique de l'ivresse chiffrée dont *L'Enfer et Cie* de Jean-François Josselin nous offre un échantillon : l'ivrogne, souvent, se conduit, eu égard à son propre cas, comme l'homme de science qui prend des mesures ; il se *voit* comme le médecin de Mary voit Hemingway : il « avait les yeux gonflés et saignait souvent du nez. L'examen, dit Carlos Baker, révéla une tension artérielle de 21/10,5 et un taux de cholestérol de 3,80g, chiffres dangereusement élevés. Le foie fonctionnait mal et la radioscopie, après injection de fluorescéine semblait indiquer une zone inflammatoire autour de l'aorte, ce qu'Ernest attribua à ses activités de pêche au Pérou[1].

Madinaveita[2] lui donna un régime sévère, lui interdit les graisses réduisit l'absorption d'alcool et lui défendit les rapports sexuels. »

Seule, cependant, la dégradation ultime du corps de l'alcoolique soustrait, dans sa vieillesse, la *gradation* de son ivresse à toute symbolique plus ou moins poétique : « Ernest, écrit Baker, faisait de grands efforts pour suivre les conseils des docteurs et évitait les alcools, ne prenant qu'un peu de bordeaux aux repas. Un jour, il acheta un verre gradué aux magasins de Chuck Atkinson pour mesurer sa dose quotidienne. « Essaie de penser au jour le jour, écrivit-il au début de février (1961) et travaille de même, quoique la situation ait été difficile et reste difficile sur toute la ligne ».

19

Si froidement « objectifs » qu'aient l'air ces détails physiologiques - tension, taux de cholestérol, etc.-, on voit qu'ils trouvent le moyen, bon gré, mal gré, de s'immiscer dans une symbolique proprement textuelle. À tout le moins est-il difficile ici de faire la part entre le vécu extra-littéraire de l'alcoolique, où intervient déjà une interprétation et une imagination du corps qu'il faut bien appeler « culturelles » et qui sont une amorce de « roman » (le roman du corps, comme Marthe Robert aurait dit le « roman des origines », qui n'impose nullement que l'on prenne la plume), et ce qui résulte d'un travail et d'une élaboration explicitement symbolique. Ainsi, par exemple, que doit-on penser de ce que

[1] Toujours l'identification de la maladie à la « blessure ».
[2] C'est le nom du médecin.

Simone de Beauvoir décrit comme le pouvoir phoenicéen de Sartre de renaître de ses cendres après chaque descente aux enfers ? « Ce qu'il y a eu d'extraordinaire chez Sartre, nous dit-elle, et de déconcertant pour son entourage, c'est que, du fond des abîmes où on le croyait à jamais enlisé, il resurgissait, allègre, intact. J'avais pleuré sur lui pendant tout l'été et il était redevenu tout entier lui-même, comme s'il n'avait jamais été frôlé par 'l'aile de l'imbécillité'. Ces résurrections, au sortir des limbes, expliquent que par la suite je puisse dire, d'une page à l'autre : 'Il allait très mal. Il allait très bien.' Il y avait en lui un fonds de santé physique et morale qui a résisté, jusqu'à ses dernières heures, à toutes les atteintes. »

Cette dialectique mort-résurrection est un thème commun à tous les romans de l'alcool. Qu'on le retrouve ici, dans *La Cérémonie des adieux*, avec le statut apparent d'une notation purement documentaire, donne à penser sur l'authenticité de ce genre de notations en général, qui forme le tissu d'un texte comme celui de Simone de Beauvoir. En vérité, nous sommes en présence de la même symbolique de l'alternance magique de la vie et de la mort, qui se module *indifféremment*, parce qu'elle a déjà, dans la vie des hommes et surtout des hommes qui boivent, un statut pseudo-poétique, au sens large, qui la prédispose à entrer en littérature sans plus d'apprêts. Nous retrouvons plus tard, des traces de cette symbolique dans *L'Enfer et Cie* : « 'C'est au fond, au cœur du malaise, pour ma part, que d'habitude je reprends courage, disait Mme Foy. Je guette les signes avant-coureurs de la fin de la crise, les progrès de ma renaissance'.» Son interlocuteur déclare, quant à lui, une dizaine de pages plus loin : « 'Je sais pertinemment qu'à cet instant, je suis au bout de l'ignominie. On ne peut pas descendre plus bas. Alors ce qu'il convient de faire, je crois, quand on est au fond de l'ignominie, c'est de donner un bon coup de pied par terre pour remonter à la surface'.» « '-Nous serions plutôt au fond de la bouteille', observe Mme Foy ».

Le fond de la bouteille, lieu mythique s'il en fut, ce sont les limbes où Simone de Beauvoir « voit » descendre Sartre : l'un et l'autre ne sont là que pour en remonter. Ce mouvement pendulaire affecte aussi bien la vie physique que la vie morale, comme on le voit dans les passages précités. La même année (1959) que le docteur Madinaveita lui conseille de modérer sa consommation d'alcool, Hemingway va *renaître* en Espagne : « À Pampelune, comme il l'écrivit par la suite, les journées 'furent rudes comme d'habitude' ». Pendant huit jours ils « dormirent à peu près trois heures par nuit en moyenne au roulement des tambours guerriers de Navarre ». Le médecin avait aussi interdit les relations sexuelles. Mais on s'en souvient: l'alcool pousse les hommes dans les bras des femmes (bien que, plus subtilement, la rencontre de femmes justifie plutôt l'ingestion d'alcool, et que ce soit les femmes qui poussent les hommes dans les bras de John Barleycorn...). « Au cours d'une nuit de réjouissances, continue Baker, Ernest et Antonio (Ordinez), accompagnés par Hotchner, « enlevèrent » deux jolies Américaines qui acceptèrent docilement d'être les « captives » d'Ernest à table le lendemain au bar Choko. »

Et pourtant, depuis 1955, la santé d'Ernest ne cesse de décliner. « Il pensait lui-même, écrit Carlos Baker, que la situation en était arrivée à un point où les gens se demandaient comment une épave telle que lui, hébété, bafouillant et baragouinant un véritable charabia pouvait gagner un million de dollars par an en écrivant. » Il continue, malgré tout, de croire que « tout ce qu'il fallait à un homme pour fournir cinq mille mots... par jour était un litre de whisky, le haut d'une grange et un parfait mépris de la syntaxe. » La remarque, certes, s'adresse à Faulkner, qui vient de publier *Parabole*, et que Hemingway n'aime pas. Il n'empêche que le whisky se trouve inéluctablement associé, dans son esprit et à cette date de grand délabrement consécutif à son double accident d'avion à Bontiaba, à l'écriture bonne ou mauvaise.

Quelque temps après, à l'issue d'une cérémonie pénible sous le soleil de La Havane, « son pied droit enfla et prit la taille d'un ballon de football, en même temps qu'une grave infection se déclara dans le rein droit. Bientôt l'autre rein et le foie furent contaminés et Ernest présenta des symptômes de néphrite et d'hépatite. » Mais lorsqu'une équipe de cinéastes vient le voir sous ce même soleil pour filmer les requins, voici Ernest goûtant « les bons vins péruviens et une boisson appelé *Pisco*, qui ressembl(e) à du *tequila* corsé de vodka », précise Baker, qui a dû l'essayer. En tout état de cause, l'alcool, dans l'esprit d'Ernest, reste le meilleur remède. Il le conseille même aux moribonds : « Le vieux docteur Pio Baroja y Nessi, médecin et romancier, était déjà sur son lit de mort quand Ernest alla le voir, en lui apportant des chaussettes, un chandail et une bouteille de whisky pour réchauffer les os du vieillard ». Le whisky, remède-miracle, est capable de réveiller les morts.

Cette alternance caractéristique de l'accablement et de l'exaltation, du malaise et de l'euphorie montre que, à l'instar de Simone de Beauvoir, on puisse dire de Hemingway, d'une page à l'autre, « il va mal », « il va bien ». En vérité, Ernest est constamment mal. Chaque témoin, à l'époque, pouvait être frappé, selon les dires d'A. Turnbull qui avait rencontré Ernest sur le bateau qui le ramenait d'Afrique, par la « maigreur » des avant-bras, la « délicatesse » des traits « émergeant de l'écume de la barbe » et le blanc des yeux légèrement veiné de rouge.

Pendant tout le printemps de 56, Baker nous dit qu'Ernest était demeuré « dans un grand état d'abattement. La faute, écrivit Mary à Berenson, en est à son malheureux foie depuis si longtemps malmené. Ernest dit à Wallace Meyer que c'était « rasant de ne pas boire et très dur de supporter les raseurs sans avoir de boisson à sa disposition. » Gary Cooper était peut-être un de ces « raseurs » puisque, trois ans plus tard (il a alors 60 ans), à Ketchum, Ernest passe avec lui toute une après-midi en bavardant, en mangeant de l'oie fumée, et en buvant du chablis : l'écrivain n'a pas su tenir le cap de la sobriété.

En 1960, ses amis ne l'avaient jamais vu ainsi, dit Baker. « Il montrait des symptômes d'extrême dépression nerveuse : crainte, solitude, ennui, méfiance soupçonneuse envers autrui, insomnie, sentiment de culpabilité, remords et absence de mémoire. » Ce sont les limbes. « Les symptômes de diabète, associés à l'hypertrophie du foie résultant de l'absorption excessive d'alcool depuis de nombreuses années firent penser au docteur Butt qu'Ernest souffrait peut-être d'une affection très rare appelée hémachromatose ».

De ces limbes, allons-nous remonter d'un bon coup de pied sur le fond ? Il semble que oui, puisque à Noël 1961, Ernest « assista tout joyeux à un autre dîner, où le docteur Butt l'autorisa à boire du sancerre, du muscadet et du Haut-Brion en petites quantités ».

C'est que, jusqu'à la fin, Hemingway ne se résout pas à imputer à l'alcool la cause de tous ses maux, mais qu'au contraire il s'obstine à voir en lui une panacée ou, sinon, un reconstituant ; il reste, en ce sens, fidèle aux conceptions « diététiques » qu'il exprimait en 1951, alors qu'il commence la rédaction du *Vieil homme et la mer* et achève celle de *Islands in the stream* : Ernest pensait, raconte Baker, que sa réussite était due en partie à un régime soigneusement étudié, composé de légumes verts crus, de sandwiches au beurre d'arachide et d'un verre de vin de temps à autre. Il expliqua longuement ses théories diététiques à Charlie Scribner. Le métabolisme de chacun différait. Il ne mangeait jamais quant à lui de sucreries ou de féculents ; l'alcool qu'il absorbait chaque jour lui fournissait suffisamment de sucre ». À un imaginaire alcoolique correspond presque toujours un imaginaire diététique. Celui de Hemingway est d'une précision suspecte : il exige, comme pour la confection de certaines potions magiques, de trouver à tout prix du beurre d'arachide. Quant au « verre de vin de temps à autre », il est rare qu'il ne se démultiplie pas, divinement, en dizaines de verres, voire en plusieurs bouteilles. Pour fêter l'achèvement de *Islands in the stream*, Ernest n'hésite pas à commander « trois gros steaks d'une merveilleuse qualité dans le restaurant américain le plus chic » de La Havane, comme il l'avoue lui même, et but... deux bouteilles de Pommard. Comme on voit, l'application des théories diététiques - légumes verts crus, un verre de vin - est menacée de dérapages pervers, œuvre habituelle de John Barleycorn, dès lors qu'on tolère sa présence à table sous les espèces d'un seul verre de vin.

20

L'alcool est vie. Telle est la valeur dominante que des écrivains comme Hemingway croient pouvoir dégager de leur longue expérience d'alcooliques. Ne plus pouvoir boire, c'est ne plus vivre. L'équation est pure, certaine, mathématique. Lorsque le médecin interdit à Sartre de boire de l'alcool, il fait cette déclaration : « C'est soixante ans de ma vie à qui je dis adieu ». L'écrivain se coupe ainsi de son passé, de sa mémoire : pourrait-il ainsi rester lui-même ? Si forte est l'identification de la vie à l'alcool que le retour à la santé est spontanément interprété comme un retour à la faculté de boire (car boire est une faculté) « quand j'aurai soixante-dix ans, proclame le même Sartre, je boirai à nouveau du whisky ». L'alcool est bien une espèce de thermomètre qui permet de mesurer les hauts et les bas de la vie du corps. Plus justement, il est le signifiant imaginaire de l'alternance mythologique entre phases descendantes et phases croissantes, de cet éternel retour que l'exaltation alcoolique interprète toujours en termes nietzschéens, en tout cas triomphalistes. L'esprit, en tout état de cause, veut ce que le corps ne veut pas ou ne peut plus. La vieillesse, dès lors, révèle la constitution imaginaire des rationalisations à l'aide desquelles nos écrivains justifient leur alcoolisme. Tant qu'il est jeune, l'écrivain se croit volontiers invincible (autre ruse habituelle de John Barleycorn), capable de surmonter toutes fatigues. Ce que nous lisons clairement dans *Les Gens de la Nuit*[1] de Michel Déon, dont chaque personnage représente un spécimen de cette population des héros du petit jour, qui ont réussi à se soustraire à ce que les savants appellent les « rythmes nycthéméraux », c'est-à-dire à supprimer, dans leur vie, l'alternance, cosmologique celle entre le jour et la nuit ; cette suppression, encore une fois, est le signe, selon eux, d'une exubérance vitale ; voici quelques-uns ces personnages sortant d'une nuit de débauche : « Le menton de Sommer était définitivement bleu et ses grands yeux soulignés d'un large cerne. Il avait dégrafé son col de chemise et ses vêtements se fripaient enfin. Un peu de son respect pour nous venait aussi de s'envoler. Dans ce matin gris, nos voix enrouées d'avoir trop fumé, trop bu, trop discuté résonnaient, étrangères à nous-mêmes. Un instant, je pensai à la fatigue qui ne m'atteignait pas, qui semblait ne plus jamais m'atteindre, comme si je vivais hors du temps. »

Le Cabaret de la dernière chance, *Le Dernier verre*, *Un monde à part* sont, incontestablement, de véritables mines d'or pour l'alcoologue à la recherche d'informations sur le vécu corporel de l'alcoolique. Mais il s'y mêle toujours des informations sur son vécu psychique, voire moral, qui

---

[1] La Table Ronde, 1993.

brouillent plus ou moins la pureté du schéma étroitement physiologique que cette littérature nous permet cependant de tracer. Certes, il n'y a qu'à se laisser conduire par ce que disent les auteurs, et si ce schéma est impur, c'est bien entendu parce que le vécu global de l'alcoolique est *ensemble* un vécu « corporel » et « psychique » et qu'on ne peut séparer l'un de l'autre qu'artificiellement pour les besoins de l'analyse. On a déjà suffisamment observé que la représentation du corps que se font nos écrivains buveurs s'articule infailliblement sur une fantasmatique, qui fait que leur représentation du corps est justement celle-là et pas une autre. Il n'empêche qu'il convient parfois de distinguer les deux plans - corporel et psychique - pour des raisons moins superficielles, extérieures, que celles qui tiennent à la clarté de l'exposé, et qui d'ailleurs pourraient faire penser à quelque résurrection du fameux dogme de la séparation de l'âme et du corps. En effet, il se trouve que certains auteurs eux-mêmes tiennent à cette distinction, qui constitue précisément leur fantasmatique du corps. Fantasmatique dualiste, par conséquent, qui oppose un état du corps à un état du psychisme, ou de l'âme, tels que l'un s'explique par l'autre. Du coup, nous retrouvons le symbolisme habituel de la dialectique alcoolique présentée, cette fois, non plus comme deux phases alternées dans le temps, mais deux dispositions concomitantes « à l'intérieur » du sujet lui-même. Si, par rapport aux textes que nous venons de citer, *La Cérémonie des adieux* se distingue en ceci que ce livre nous fournit plutôt des informations sur le vécu physiologique de l'écrivain, et celui-là seul, avec une minutie, une régularité rares, même dans le genre documentaire (au point, avons-nous dit, de ressembler à un bulletin médical), par contre un roman comme *Les Gens de la nuit* se plaît à opposer, significativement - et cette signification-là est celle de la « poétique » du texte - le « physique » au « psychique », selon un rapport *inversé*, paradoxal, manifestant, au contraire, la nécessité à laquelle doit se soumettre le critique de ne pas séparer les deux domaines. Le narrateur est au-delà de toute fatigue, donc au-delà du « temps », comme il le dit, ce qui paraît compromettre, d'entrée de jeu, toute idée de dialectique. Mais c'est pour mieux « recentrer » cette dernière et lui désigner son lieu de prédilection, le sujet lui-même. À la défaillance psychique de ce dernier peut alors « correspondre » l'invulnérabilité de son propre corps : « Je n'avais vécu dix ans dans une demi-indifférence que pour découvrir à trente ans, avec déchirement, que j'étais probablement incapable de surmonter ma propre défaillance ». C'est cela, en somme, cette défaillance logée au creux de l'âme, qui donne la force de boire, et son bénéfice surnaturel : la force *du* boire, permettant au corps de surmonter toute fatigue. Nous tenons-là une ressource exemplaire du *pathétique* alcoolique ; par son impeccabilité en quelque sorte baudelairienne, sa résistance mystérieuse, le sujet manifeste paradoxalement sa défaillance intime, qui explique pourquoi, au fond, il boit.

21

Nous ne saurons jamais quelle défaillance intime dissimule, sous son alcoolisme à tout crin, le personnage qui, chez Michel Déon, perpétue avec le plus d'exemplarité cette tradition rabelaisienne que nous évoquions au début de ce chapitre à propos de Hemingway. Ce personnage n'appartient pas aux *Gens de la nuit*, mais à *Un Taxi Mauve*[1]. En lui - Taubelman - se réalise l'équation alcool égale vie avec, pour ainsi dire, un fracas gigantesque et une modula-

---

[1] Gallimard, 1988.

tion concrète qui a, une fois de plus, une allure médicale : l'alcool devient un *antibiotique*.

Au sortir d'une grave maladie, à la mesure du personnage, Taubelman illustre magnifiquement la règle de l'alternance mythique entre accablement et résurrection : « la faculté de récupération de Taubelman, écrit Déon, me parut prodigieuse. Le matin, il vacillait sur ses jambes, l'après-midi il s'était tiré du lit avec une peine infinie, et ce soir, accroché au comptoir, il s'enfilait de grandes rasades de whisky irlandais avec lesquelles il se rinçait la bouche avant de l'avaler, hop d'un coup, sans aucun respect pour ses intestins délabrés, son foie rongé par les microbes. Même Willie Kox n'en revenait pas. À cette minute-là, Taubelman paria dangereusement entre la mort ou la guérison. Il guérit, comme on s'en doute, et un fermier, son voisin, le ramena à Dun Moïra dans la herse d'un tracteur. Il fut impossible de monter cette grosse masse amorphe par l'escalier en colimaçon, et Sean le coucha dans une stalle des écuries, le couvrant de paille comme Jésus. Il serait exagéré de prétendre que Taubelman se réveilla frais et rose, mais enfin il se leva, marcha, but et mangea. Il était guéri, ce qui lui permit de développer par la suite une audacieuse théorie sur l'utilisation de l'alcool comme antibiotique. »

Cette page est un bon exemple de la façon dont l'imaginaire mythologique de l'alcool-miracle, lui-même articulé sur la dialectique mort-résurrection, commande le choix des images. La faculté de récupération de Taubelman, dit Déon, est « prodigieuse ». Le temps de récupération est magiquement court : le matin il est « mort », le soir il est « vivant » (donc « accroché au comptoir »). L'alcool s'absorbe comme une potion, dont on se rince la bouche. Et le moment où on l'ingurgite est un moment critique, dangereux, dit Déon. A ce moment-là, preuve que la signification dialectique de l'alcoolisme ne doit jamais être perdue de vue, Taubelman est

« entre la mort ou la guérison ». Pour bien faire comprendre que nous sommes décidément dans un régime miraculeux et surnaturel, le romancier n'hésite pas à évoquer Jésus, expert en résurrection, tirant ainsi le lecteur vers la « postulation vers Dieu » (mais on sait que ce Jésus-là a toutes les chances d'être un avatar de John Barleycorn). « Lève-toi et marche! », dit l'Écriture : Eh bien Taubelman « se leva, marcha, but et mangea. Il était guéri... » Quant à la fameuse théorie sur l'utilisation de l'alcool comme antibiotique, elle indique que, de même que l'imaginaire alcoolique appelait, comme nous l'avons vu tout à l'heure, un imaginaire diététique, il implique aussi un imaginaire thérapeutique organisé et qui se donne les allures de la science.

Comparez ces prodiges à l'état du narrateur, qui boit peu, mais n'est pas récompensé de sa sobriété, puisqu'il tombe malade et ne peut pas bénéficier non plus, par conséquent, du remède magique de Taubelman ; manifestement, le narrateur est le repoussoir (dialectique ! dialectique !) de Taubelman, il module, de son point de vue « subjectif » prédominant - car c'est lui qui raconte toute l'histoire - la contradiction principielle entre les pôles alternatifs de la « mort » et de la « résurrection », plutôt dans le sens de la mort, puisqu'il se décrit lui-même comme un « pharaon dans son sarcophage », loin de la rhétorique vitaliste et exubérante, rabelaisienne avons-nous dit (et nous le dirons encore) au moyen de laquelle nous est présenté le personnage de Taubelman. Mais c'est que tout, dans l'imaginaire alcoolique, procède de l'opposition : « La promenade à Forest Hill avait été longue et dure, mais, je rentrai sans ressentir aucune fatigue, tenaillé par la faim, avec cette sensation si rare, si pleine, d'avoir usé mon corps sans mesure. Oui, ce corps, parce que je le forçais, parce que je buvais peu et mangeais sainement, retrouvait depuis quelque temps une partie de l'assurance que l'attaque de la maladie (toute morale qu'elle fût en réalité) lui avait fait perdre. Aux environs de la cinquantaine, si on ne m'avait pas recommandé de me ménager, j'aurais été certainement increvable. Ayant oublié les interdictions de la Faculté, je sentais une véritable exaltation d'avoir su aller jusqu'aux limites du possible. Ce soir-là, je lus longuement, sans distraction, sans rêveries et me couchai quand mes yeux commencèrent à se fermer sur mon livre. C'est alors que commença la pire de mes nuits. Les premiers spasmes me réveillèrent vers onze heures. J'ai déjà dit que je connaissais trop cette douleur pour m'en inquiéter. Elle m'avait parfois cloué au lit pour deux ou trois heures, ou simplement effleuré comme à Leenden. Après deux cachets et une piqûre dans la cuisse, je restai immobile, bras croisés sur la poitrine, comme un pharaon dans son sarcophage... »

Certes, ces lignes ne sont pas dénuées d'éléments mythiques : le narrateur « use son corps sans limites », aurait « été certainement increvable », sent « une véritable exaltation d'avoir su aller jusqu'aux limites du possible », bref, tous éléments qui suggèrent la possibilité de cette « extase cosmologique » que nous avions rencontrée à propos de Hemingway ou de London, et qui, dans son exagération même, n'est pas sans rapport avec les formes variées du gigantisme rabelaisien, lequel est le versant grotesque de cette extase. Il existe ainsi un point de passage entre un morceau comme celui-là, tout humble qu'il paraisse dans la description du corps, déprimé même, et ceux où l'exubérance vitale d'un Taubelman se trouve exaltée. Bien entendu, dans une oeuvre de fiction, le romancier met un peu de lui-même dans chacun de ses personnages, alcooliques ou sobres. Tous ceux qui connaissent les écrits autobiographiques de Déon savent que celui-ci n'a pas eu une jeunesse particulièrement tempérante, au point qu'il se demande lui-même, en récapitulant ses expériences de noctambule alcoolisé : « Comment ai-je tenu ? » Déjà à cette époque, donc, il devait se sentir

« increvable ». Ce Déon-là ressuscite sans aucun doute en Taubelman. Il est donc normal que le texte que nous venons de lire préserve la possibilité d'un passage entre les représentations en apparence les plus dichotomiques de la personnalité (au moins) double de l'écrivain. Les éléments mythiques présents dans ce texte assurent le passage, tout en scellant l'unité symbolique et esthétique du roman. Leur signification principale est par conséquent celle de la proximité de l'alcoolisme et de la tempérance, de la possibilité toujours imminente, dans la littérature, de leur réversibilité. L'image du corps - du buveur, du sobre, peu importe - est elle-même à chaque fois déterminée par l'idée centrale de cette réversibilité qui peut bien sûr se formuler différemment à propos d'autres thèmes que celui du corps, et dont nous envisagerons certains. La réversibilité, enfin, peut elle-même être versée au compte de l'ambivalence, qui était notre point de départ dans ce chapitre.

La poétique générale de l'échange toujours possible entre intempérance et sobriété accompagne celle de la réversibilité, certes partielle, mais essentielle au roman, des personnages les uns dans les autres. Sans doute même en est-elle la condensation métaphorique. L'équivalent général de tous ces échanges, en tout état de cause, reste bien la personnalité unique de l'auteur. Qu'une impression d'inconfort, sinon de malaise, résulte de cette mascarade universelle, cela est certain. C'est qu'elle est la conséquence de ce que l'auteur exprime, sur ce mode alternatif, sa propre indécision à l'égard de tous les aspects de sa propre personnalité que les divers personnages incarnent. Au bilan, toutes les valeurs proposées se neutralisent. L'esprit, constamment sollicité d'un pôle positif à un pôle négatif, se trouve comme *ivre*. En compensation de cette défaillance, l'auteur lui garantit, le temps d'une lecture, la souveraineté d'un état où il peut enfin être présent à tous les sens à la fois, épuiser tous les possibles en même temps, - ce que Michel Déon appellerait peut-être l'« exaltation » d'aller « jusqu'aux limites du possible. » Telle serait bien, en effet, l'ivresse de la lecture.

22

Ambivalence alcoolique, réversibilité romanesque : ce sont là, au fond, deux caractères d'une même posture psychologique. Posture finalement intenable, mais à laquelle le sujet se tient, de sorte qu'il n'est ni de bonne littérature ni d'alcoolisme sérieux qui ne soient entretien, *à son corps défendant*, de cette tension. Car le corps marque le point où cette posture se rompt. Toute envolée de l'imagination se mesure à l'aune de la résistance physique : tout au moins, c'est la nécessité de cette limite que les romanciers expriment, comme nous l'avons dit, au moyen de la représentation métaphorique de l'alcool, et en ce sens, le corps n'est rien d'autre que le signifiant du réel, - celui qui se venge quand on l'oublie.

« Nous n'étions pas des types ordinaires, mais trois jeunes dieux ivres, dit Jack London, d'une sagesse incroyable, d'une félicité rayonnante, d'une puissance illimitée! Ah ! - je l'affirme aujourd'hui, après toutes ces années - si, grâce à John Barleycorn, on pouvait demeurer en pareil état de grâce, jamais plus on ne m'aurait vu sobre. Hélas ! Tout se paie ici-bas, suivant une loi rigide ; toute force s'équilibre d'une faiblesse, toute ascension d'une descente. A chaque minute fictive passée en compagnie des dieux correspond une autre minute où l'on patauge dans la fange avec les reptiles, et lorsqu'on parvient par un tour de force à comprimer de longs jours et d'interminables semaines en des instants de folie magnifique, il faut les racheter par une vie abrégée, souvent avec une impitoyable usure. »

Le corps est donc ce qui vient borner les prétentions de l'âme à une expansion infinie, à une divine dilatation. On comprend qu'il puisse, dans certains textes littéraires, servir de signifiant éventuel au réel dans son entier. On vérifie alors que, parmi tous les thèmes littéraires, l'alcoolisme occupe une place privilégiée : il thématise lui-même, en une seule fois, tous les aspects variés et contradictoires de la fiction en son principe. Véritable condensateur de la fiction, il résume en lui toutes les modalités que peut prendre la fuite hors du réel et l'épanouissement de l'imaginaire. D'où l'importance du biologique dans cette thématisation. Il se voit partager, avec l'alcool en général, le premier plan dans l'entreprise de symbolisation du symbolique lui-même, puisque le corps est justement ce qui marque la limite de l' « ascension » romanesque, pour parler comme London. A vrai dire, la thématique du corps - souffrant ou exalté - n'est qu'un sous-thème (mais on voit que sa fonction est déterminante est que sans lui on ne parviendrait pas à articuler la symbolique de l'alcool) de l'alcoolisme dans son ensemble. Voici donc le corps - c'est très clair chez Jack London comme chez beaucoup d'autres d'auteurs - installé dans une logique de la rétribution juste (« tout se paie ici-bas), telle que sa description est massivement déterminée, dans la littérature alcoolique, par la position première d'une envolée de l'âme, le désir prométhéen d'en finir avec les « longs jours » et les « interminables semaines ». Désir et envolées qui sont mesurés à l'aune de la déchéance physique. Plus on « monte » et plus l' « usure » se fait « impitoyable ». Le moment où, comme chez Déon, on pouvait se croire physiquement invulnérable n'est qu'un moment passager, et c'est le corps qui donne le signal que ce temps est révolu : il n'avait correspondu qu'à un égarement de l'imagination, et là-dessus London remet les pendules à l'heure :

« L'intensité et la durée sont des ennemis aussi vieux que le feu et l'eau. Ils s'entre-détruisent et ne peuvent coexister. John Barleycorn, tout puissant nécromancien qu'il est, demeure esclave de la chimie organique tout comme nous autres mortels. Nous payons pour chaque surmenage imposé à nos nerfs, et John Barleycorn ne peut intervenir pour nous éviter la juste échéance. Capable de nous transporter aux sommets, il ne saurait nous y maintenir ; autrement, nous deviendrions tous ses fidèles. Or, il n'en existe pas qui n'expient les folles sarabandes dansées au son de la flûte. »

Cette fonction du corps confirme la vocation dialectique des romans de l'alcool, ici envisagée sous les espèces d'une ascension suivie d'une descente. Et elle n'exclut pas l'ambivalence, la « chimie du corps » pouvant être le chemin qui y conduit, on veut dire : le signifiant de son expression. « Le fait, conclut London, est que toute la chimie de mon corps sain et normal m'éloignait de l'alcool, qui ne convenait pas à mon organisme. Malgré cela, l'occasion devait me ramener vers John Barleycorn, m'y ramener sans cesse, jusqu'à ce qu'après de longues années l'heure vint où je le chercherais dans tous les lieux fréquentés par les hommes - je le chercherais et le saluerais joyeusement, comme un bienfaiteur et un ami, en même temps que je le détesterais et le haïrais de toute mon âme. Oui, c'est un étrange ami, ce John Barleycorn ! »

23

Il n'est pas une ligne du *Cabaret de la dernière chance* qui ne méritât d'être citée dans notre étude, et particulièrement celles que Jack London consacre à la description des ravages de l'alcool sur le corps humain. De manière générale, cet ouvrage épuise la question, et nous ne pouvons qu'y renvoyer le lecteur, car il n'existe sans doute pas d'autres livres qui entreprennent de relater l'expérience de l'alcool avec une telle minutie et un si grand bonheur d'expression. L'œuvre de London étant déjà réflexive et analytique, le critique littéraire n'a rien à y ajouter. Seule la comparaison de ce texte avec d'autres du même type, ou de fiction, peut faire apparaître des significations nouvelles, et tout ce qui n'est pas dit explicitement par London lui-même.

Mais au simple plan du contenu manifeste du *Cabaret*, il n'y a en fait rien à ajouter ni à corriger : nous sommes, véritablement, en présence de la bible de l'imaginaire alcoolique.

Ainsi, que choisir parmi toutes les descriptions des effets physiologiques néfastes de l'alcool, dans la phase « descendante », au fond de l'abîme, quand le sujet se roule dans la fange parmi les reptiles ? Cet épisode de la jeunesse de l'écrivain, quand il boit de la bière pour la première fois ? « Je passai l'après-midi à dormir sous les arbres et quand mon père m'éveilla au soleil couchant, ce fut un petit garçon bien malade qui se leva et se traîna péniblement jusqu'à la maison. J'étais épuisé, comme écrasé par le poids de mes membres, et dans mon ventre je sentais une vibration semblable à celle d'une harpe qui me montait à la gorge et au cerveau. Dans l'état où j'étais, j'avais l'impression de m'être débattu contre le poison. En réalité, j'avais bel et bien été intoxiqué. » Car John Barleycorn traque les enfants aussi bien que les vieillards. Quelques années plus tard, c'est encore à une cuite contre-nature que se trouve exposé le petit London: « Je me demande comment mon cœur et mon cerveau n'ont pas éclaté ce soir-là. Les artères et le système nerveux d'un enfant de sept ans ne sont guère en mesure d'endurer les terribles convulsions dont j'étais victime. » Mais il est déjà un jeune homme quand il prend sa première cuite mémorable avec le fameux Nelson, son Modèle en la matière :

« Je me dis souvent que je n'ai jamais été plus près de la mort. (...) Consumé par un feu qui me rongeait intérieurement, je brûlais vivant dans un spasme à suffocation. Je voulais de l'air, j'en réclamais follement : je m'épuisais en vains efforts pour soulever un châssis, car toutes les fenêtres avaient été vissées. » Enfin, lorsqu'il sera devenu l'écrivain célèbre que nous savons, il se plaindra que ses beuveries le laissent à plat et l'empêchent d'écrire ou de mener à bien des conférences ; le voici par exemple « invité par une bande de jeunes et farouches révolutionnaires à présider une réunion qu'ils tenaient dans un café, où la bière devait couler à flots » : « La beuverie commença. Il me fallut trinquer avec les meilleurs d'entre eux. A la rigueur, les autres pouvaient caler, mais l'invité d'honneur devait jusqu'au bout se montrer à la hauteur. (...)

La séance terminée, je gardais encore mon équilibre, je marchais droit devant moi, sans tituber - ce dont peu de convives auraient pu se vanter. Je revois, au coin de la rue, un gaillard qui pleurait d'indignation en faisant remarquer aux autres l'assurance de ma démarche. Il était loin de se douter que grâce à une volonté de fer, fruit d'un long entraînement, je gardais le contrôle de ma lucidité à travers les fumées de l'ivresse, commandais à mes muscles, retenais mes nausées. Il ignorait au prix de quels efforts ma voix restait claire et ma parole facile, ma pensée cohérente et mon raisonnement logique.

Néanmoins je riais sous cape. Ils n'avaient pas réussi à me tourner en ridicule. J'éprouvais même de la fierté à tromper ainsi leur attente - fierté dont je ne puis même pas me défendre rétrospectivement, tant est complexe la nature de l'homme !

Le lendemain matin, le poison m'avait rendu si malade que je fus incapable d'aligner mes mille mots. Je passai une journée épouvantable. Je devais, l'après-midi, prononcer un discours qui fut, je crois, aussi vaseux que moi-même. Certains de mes hôtes s'étaient placés aux premiers rangs pour déceler chez moi des traces de notre orgie de la veille. J'ignore quelles furent leurs déductions mais je me consolai en constatant qu'ils étaient aussi mal en point que moi. »

Dans ces moments-là, l'affaire est grave, car la déchéance du corps compromet le travail d'écriture, défigure la personnalité de l'écrivain. Cependant, ambivalence oblige, ce danger n'est jamais si grave qu'il ne paraît appeler l'expression d'un regret inverse, savoir que l'ivresse intellectuelle, elle aussi, comporte ses dangers, procure, comme le dit Jack, des « lendemains amers » : ainsi, du fond même de l'abîme, sourd la plainte que rien, décidément, en ce bas monde, ne puisse jamais être envisagé positivement. N'est-ce pas là le caractère de toute ambivalence ? La faillite du corps stimule, par antithèse, le regret d'avoir bêtement compromis le jeu de l'écriture, gaspillé les ressources de la création, bref, nourrit la nostalgie de ce que nous venons d'appeler « l'ivresse de la lecture » (ou de l'écriture). Mais cette ivresse, alors même que l'écrivain s'emploie à l'entretenir (par une hygiène du corps), voici qu'elle se retourne contre lui, finit par l' « intoxiquer », comme si l'acte d'écrire ne pouvait être interprété, par les écrivains alcooliques, que comme une alternative à l'ivresse du corps, mais qui participe de la même logique de l' « intoxication ». Encore une fois, par conséquent, le « modèle somatique » de l'ivresse nous fournit directement ce qui pour ces écrivains doit être le modèle de l'écriture, - l' « écriture-intox » : « Je revenais de l'autre côté de la vie pour jouir avec délices de cette simplicité arcadienne des jeunes étudiants et étudiantes. Je trouvais la voie qui me conduisait au royaume de l'esprit, et je m'intoxiquais intellectuellement. (Hélas ! Je devais l'apprendre un peu plus tard : l'ivresse intellectuelle, elle aussi, procure des lendemains amers.) »

Accompagnons maintenant nos écrivains tout au fond du puits où ils « se roulent dans la fange parmi les reptiles », et non seulement des reptiles, d'ailleurs, à en croire les romans de l'alcool, mais aussi toutes sortes de vilaines bêtes peuplant ce que nous décrirons plus loin comme le « bestiaire alcoolique » ; son statut littéraire hésite entre la symptomatologie psychique (*delirium tremens*) et la symbolique de l'horreur, dont les reptiles, ou toutes autres espèces d'animaux, ne sont que les signifiants contingents. Ils n'exigent pas d'être réellement perçus, comme le voudrait une pure et simple description symptomatologique.
Henri-François Rey commence, par exemple, sa *Comédie*[1] en évoquant le blaireau, l'écureuil ou le renard : ces compagnons de lendemains de cuite, son héros les « voit bien », mais ils sont aussi, du point de vue de ce que nous savons de la symbolique de l'horreur dans tous les romans de l'alcool, les équivalents généraux des reptiles chers à London, de pures images littéraires dont la variété est infinie. On aurait donc tort de chercher, dans la représentation des animaux, un modèle sûr des manifestations cliniques des retours de cuite. Dans la littérature alcoolique, cette représentation oscille toujours, indécidablement, entre le réalisme médical et la convention littéraire (cette convention la porte, comme la « tête de mort » ou le spectre décharné de London, dans les parages de la symbolique baroque). Dès lors qu'il est question de « visions », on ne saurait, en effet, trancher nettement entre la part de la prérogative « poétique » et celle de l'imitation « naturaliste ». Nul doute, même, que le romancier joue sur les deux « tableaux », et c'est cette indécidabilité qui confère à l'image littéraire de l'alcoolisme son originalité.

[1] *La Comédie*, Robert Laffont, 1960.

Plus dignes de foi, et plus prosaïques sans doute, sont les descriptions somatiques qui accompagnent ces visions. C'est quand il croit voir un renard sur sa couverture que Frank est assailli des sensations suivantes : « Alors les cloches se mettent à sonner dans sa tête à toute volée, furieuses. Le problème, c'est d'arriver à leur donner un rythme. Frank avait l'habitude de l'exercice. Il comprimait sa cage thoracique, respirait le moins possible pour, après, contrôler son expiration et son inspiration. Les cloches continuent à battre, mais ça devient supportable. Bien sûr, tu as l'estomac sur la pointe de la langue, la langue qui a tendance à se replier vers le fond de la gorge, la gorge calcinée, et tout le corps qui se venge, avec des fourmis dans les jambes, et le cœur qui esquisse un pas de digue. Mais tout finit par se remettre en place. Le miracle à chaque réveil. »

L'ouvrage d'Henri François Rey abonde en descriptions de lendemains de cuite et par conséquent il est un document essentiel de symptomatologie alcoolique. Il nous raconte par le menu le drame du corps, auquel il est demandé de « payer la note ». Comme dans *Le dernier verre* de Jean-Luc Melsen, comme dans *Un monde à part* de Jean Stéphane, les pages qui relatent ces lendemains sont terribles, - à vous dégoûter de boire, certes, mais justement, elles ne sont jamais si terribles que le besoin ne renaisse lui aussi, de ses cendres en une version satanique du mythe phoenicéen.

Ici, par exemple, l'envie de rhum est plus fort que la douleur des crampes : « Il eut une douleur dans la poitrine, un malaise de tout le corps. Il aperçut un coin du ciel à travers les rideaux : il était crasseux. Il se retourna. Le malaise augmentait. Le besoin d'alcool. Les jambes lui faisaient mal : la sensation d'être écartelé. A cette heure-là, d'habitude, je prends le petit dernier avec les clodos ; toujours du rhum, histoire de bien m'achever. L'envie de rhum, et les crampes de plus en plus aiguës. »

Frank se lève, et s'empare d'une bouteille de rhum. Il peut enfin sombrer « dans ses cauchemars familiers », respirant, dit Rey, « comme un opéré sous son masque ». Plus tard, c'est le réveil : « En une seconde, il retrouva la précision rituelle de ses gestes du matin : il avala ses deux comprimés d'aspirine et un grand verre de vodka. Il se contenta de humer le thé. L'instant où l'on se sent dispos, en pleine forme pour recommencer à vivre. Le type qui se réveille après une bonne nuit de sommeil. Il regarda sa montre : il était quatre heures, un peu en avance sur son horaire. Assis sur le bord du lit, Frank se demande ce qu'il va faire. Après tout, il peut finir sa vie dans cette chambre anonyme ; il n'a rien à faire à Paris. Ici il y a du scotch, de la vodka, tous les liquides possibles. Une solution : s'exterminer à coup d'alcool, solitaire, dans cette chambre ! Se recoucher, la bouteille de vodka à sa droite, le verre l'encapuchonnant. Mais les jambes n'étaient pas d'accord. Elles tiraient, fourmillaient, elles avaient besoin d'activité et la chambre n'était pas assez grande pour les satisfaire. Il fallait qu'il marche. »

Voici donc un réveil étonnant, mais ce « miracle » (« l'instant où l'on se sent dispos »), de l'aveu même du personnage, est quotidien. L'ambivalence, décidément, ne nous lâche pas. Ici, elle prend les dimensions du paradoxe : c'est au comble du malaise qu'on se sent le mieux. Il faut même marcher, sortir, donner les apparences de la vie et de l'activité. Ce simulacre d'énergie est bien dans les cordes (meurtrissantes) de John Barleycorn, qui volontiers s'emploie à singer le naturel, la santé par une surenchère de « dopants ». L'image de cet alcoolique en marche n'en est que plus douloureuse, pathétique et funèbre. Elle fait penser à quelque créature artificielle, automate ou nouveau Frankenstein, qui circulerait parmi les vivants avec juste quelques détails qui « clocheraient », le teint un peu trop hâve, les gestes un peu trop saccadés... Image qui s'accorde très bien d'ailleurs, avec la symbolique baroque du squelette qui se dissimule mal derrière un corps de chair, « frais et dispos », et prêt à d'éventuels échanges érotiques.

Pour que le désordre du corps l'emporte sur l'envie de boire, il faut vraiment que le passage à la maladie soit clairement attesté. Plus question alors de miracle : c'est le marasme total et l'aveu de la défaite : « Inerte comme une pierre, aux aguets de la fièvre qui l'envahissait, Frank écoutait son sang battre à ses tempes. Il frissonnait et tremblait, puis il s'endormait pour se réveiller coincé par le délire. Même plus l'envie de boire. Ça faisait trois jours qu'il essayait de résister. Il prenait même un certain plaisir dans ce combat absurde d'où il sortait toujours vaincu. Il avait fini par donner une gueule à sa maladie, une sale gueule hypocrite. Il essayait de jouer avec, de ruser, de la tromper, mais la vache ne se laissait pas faire et parait tous les coups.

À la fin, il eut une violente crise de fièvre et de délire qui lui faisait mâcher des clous rouillés ; il s'étonna de ne pas voir des éléphants roses ou des rats grouillant sur sa couverture. Il s'avoua vaincu et se décida à téléphoner à Salvène, un copain de toujours qui était médecin. »

Entrée en scène du médecin, donc. L'entrecroisement de tous les thèmes ou, mieux, l'infinie possibilité de thématiser n'importe quoi dans une œuvre littéraire, nous permettrait, en cet instant, d'orienter l'analyse sur la figure du médecin dans la littérature alcoolique, et sur les rapports qu'il entretient avec ses « malades ». Nul doute que le repérage systématique de cette figure nous apprendrait beaucoup sur l'imaginaire de l'alcool. Nous avons déjà rencontré différents médecins : le docteur Porter qui soigne London à coups de morphine, le docteur Madinaveita auquel Hemingway voulait échapper, et voici le docteur Salvène qui, dans *La Comédie*, précède le médecin de la clinique où Frank fera sa cure de désintoxication. Tous, évidemment, sont des espèces de réflecteurs de la vie organique des personnages, mais aussi des révélateurs de leur caractère. Le constat qu'ils font des ravages de l'alcool dans le corps de leurs patients accompagne la mise à jour des tendances profondes de leur personnalité, grâce au phénomène du « transfert ». Ainsi en va-t-il de tous les médecins que consulte Marc Sévrin dans *Le dernier verre*, à propos desquels nous reparlerons. Mais il est clair que, dans tous ces cas de figure, le médecin, qui traite le corps, avait surtout pour fonction de contribuer à la constitution de la caractérologie alcoolique à la fois des écrivains et de leurs personnages.

Le médecin survient toujours au dernier moment, lorsque déjà il n'y a plus rien à faire. Il annonce plus les prodromes de la fin que l'espérance de la guérison. Voici l'état de Frank bien après qu'il eut subi le traitement des docteurs : « Chaque jour il comptait les dégâts que causait l'alcool : ses jambes étaient plus rageuses que jamais et il coordonnait difficilement ses gestes... » Tout d'un coup, c'est une crise : « un choc, une déchirure quelque part à l'intérieur de lui. Une décharge électrique dans tout le corps. Un oiseau de proie qui vous fracasse la nuque. Il poussa un cri. La panique le submergea. Dans la gorge une boule qui gonflait et qui l'étouffait ; et partout aux jambes, dans le ventre, dans la poitrine, des milliers de coups de poignard, violents, aigus. Les nerfs disséqués et tordus. Prisonnier dans un corset d'acier, il se tordait sur le lit, encore assez lucide pour avoir peur, pour avoir envie de pleurer.

Soudain, le studio, la ville tout entière éclatèrent dans une formidable explosion. Il eut le temps de penser qu'il était en train de crever. Surpris par l'atroce douleur qui le fit hurler, tomber du lit, se tordre sur la moquette. Plus le temps de comprendre qu'il n'était pas mort, il n'était plus qu'une boule de douleur, qu'un paquet dégueulasse de nerfs tordus et pourris. Il cherchait inconsciemment un trou comme un rat affolé.

Ses doigts se crispaient sur le plancher. Une douleur plus forte dans la tête le fit se relever d'un seul coup de reins. Il bavait. Il fit quelques pas, s'écroula à nouveau, trahi par les jambes. Il essaya de se remettre debout. Il fallait qu'il respire de l'air frais. Il tomba au travers du chevalet, crevant une toile. Il se redressa encore, s'accrocha à la rampe de l'escalier. Il tomba en arrière, sa tête heurta la première marche. Il s'évanouit. »

25

Avec des passages comme le précédent, nous n'avons pourtant pas encore atteint le fond. Le fond se trouve atteint lors de l'épreuve des vomissements forcés, au cours de la cure de désintoxication. Tous les auteurs qui l'ont décrite se sont attardés avec une complaisance morbide sur l'horreur de ce passage obligé, où le patient vomit ses tripes. Tous le font en des termes pratiquement identiques. Nous n'évoquerons que la description de Rey, puisque nous avons affaire à lui en ce moment – mais les textes de Stéphane ou de Melsen ne le cèdent en rien à *La Comédie* dans le genre horrible. Un pas de plus, et nous tombons dans le comique grotesque avec Bukowski, qui vomit à chaque page : là, en effet, le froid constat physiologique ou le documentaire se transforment en une poétique du corps illimité, et le vomissement prend l'allure, dans son exagération même, d'une véritable crue cosmologique invraisemblable. Les vomissements de Bukowski sont proportionnels aux quantités d'alcool qu'il ingurgite, et qui sont déjà invraisemblables. Bukowski reprend, qu'il le sache ou non, la tradition des buveurs gigantesques de Rabelais, eux-mêmes héros d'un imaginaire de l'illimitation ou de l'indifférenciation, où ce qui est au-dehors ne se distingue plus guère de ce qui est au-dedans. Le corps, dès lors, se répand volontiers en coulées liquides, de même qu'il se rend perméable à toutes espèces d'infiltrations extérieures ; ses orifices, la bouche notamment, sont appelés, dans cet imaginaire de la compénétration universelle de toutes choses, à jouer un rôle symbolique dominant, - la bouche par laquelle on boit et vomit. Nous y reviendrons.

Pour l'instant, il n'est que de voir comment le statut apparemment descriptif et réaliste des descriptions de Rey, Stephane ou Melsen, tout en s'accordant à la tonalité générale des écrits de Simone de Beauvoir sur Sartre, participe déjà, au moindre degré, de cette symbolique grotesque de l'indifférenciation des corps et de leur ouverture cosmique que nous venons d'esquisser rapidement sur l'instigation de Bukowski.

Il s'agit donc, dans une cure de désintoxication, de dégoûter le malade de l'alcool qu'il a l'habitude de prendre, en lui administrant un produit, puis en l'obligeant à boire. Le corps subit alors la plus grande humiliation qui se puisse imaginer. Le médecin et l'infirmière, qualifiés de « sorciers » par Rey, sont les témoins de cette débâcle :
« Encore un effort », dit l'infirmière qui suivait la scène avec des yeux gourmands.

Il vida le verre et fut incapable de le reposer. L'infirmière le saisit. Frank retomba, cassé, sur l'oreiller ; il était soûl, soûl comme il n'avait jamais été, soûl comme le premier communiant après le banquet, comme l'ivrogne du samedi soir. Une maison de six étages qui lui tombe sur les épaules, qui lui fonce sur le crâne, et le lit tournant de plus en plus vite, et Marin, et le cheval, et l'autre infirmière sur un manège grimaçant autour de lui. Plus de temps, plus d'espace, agrippé aux draps et la mer houleuse autour de lui, et le bateau enragé se battant contre la tempête. Incapable de sentir la piqûre qu'on lui faisait : comme une pierre fonçant à toute vitesse vers le fond d'un puits. Les trois sorciers silen-

cieux le regardaient. Rien qu'un homme les yeux clos, le visage marqué, rien qu'un homme haletant, les mains crispées sur le drap. Marin regardait sa montre toutes les minutes.
« Vous pouvez préparer la cuvette », dit-il.
L'infirmière s'approcha, la cuvette à la main.
« Le pouls ! » fit Marin.
Elle prit le poignet de Frank.
« Régulier », dit-elle au bout d'un moment.

La respiration de Frank s'accéléra, la sueur se fit plus abondante : c'était le seul signe de vie. Une gueule de cadavre luisante. Puis un spasme de tout le corps ; des pieds à la tête tout se crispa et se noua. Le refus et la révolte. Le diable[1] se débattait, ne voulait pas céder. Un autre spasme. Le cheval s'énervait :
« Ça devrait faire effet, dit-elle à Marin.
- Un peu de patience. »
Deux fois, trois fois, les spasmes secouèrent le lit, un râle crevait le silence.
« Je fais une autre piqûre ? » dit l'infirmière.
- « Pas encore. »
Marin se demanda ce qui pouvait se passer à l'intérieur de ce crâne : probablement rien. Le corps luttait tout seul et la lutte était inégale : il n'y avait plus la tête pour le diriger et le coordonner. »

Voici donc les conditions réunies pour une description du corps *seul*. La plus grande humiliation qui se puisse imaginer, pour le corps, est d'être privé de sa tête, d'être sans conscience ni « direction ». Déjeté dans la pure objectivation, le corps se fait, en quelque sorte, pur phénomène. Nous

---

[1] La cure de désintoxication est imaginée comme un exorcisme, preuve de la réversibilité permanente du matériau physiologique en thématique psychologique, voire morale. Le tout sous le signe de la démonologie habituelle aux romans de l'alcool - l'alcool est le diable.

tenons là, enfin, une image du corps qui semble ne plus rien devoir à quelque axiologie, à quelque système de valeurs. Illusion bien fugitive : car ce corps qui vit tout seul et pour lui-même, comme un morceau de nature, est en réalité le signifiant exaspéré de la chute morale irrémissible. Il est tout ce qui reste de l'homme quand celui-ci a trop bu (vraiment trop) :

« Soudain, continue Henri-François Rey, Frank se souleva droit sur le lit et commença à dégueuler.

« Enfin ! » dit la fille.

C'était comme une victoire personnelle.

Ça dura trois heures. De temps en temps, Marin vérifiait la tension[1] et le pouls ; les vomissements continuaient. Frank reprenait conscience peu à peu. Il essayait d'organiser cette déroute de lui-même, de prévoir les nausées : c'était la seule lucidité qui lui restait ; incapable de penser à rien, sinon à ce formidable naufrage qui l'anéantissait. Les tempes serrées[2], crispé, se baissant, et la sensation que son corps voulait se séparer de lui. Je vais me dégueuler moi-même. »

On ne saurait être plus clair : l'expérience du dégueulis libère bien un imaginaire de la séparation du corps, - œuvre la plus brillante de John Barleycorn. Le comble de la démonologie alcoolique est atteint avec ce sujet qui va « se dégueuler lui-même », et laisse loin derrière lui toutes les représentations traditionnelles de l'exorcisme (où le sujet dégueule plutôt un « Autre »). Nous verrons plus tard comme l'expérience globale de l'alcoolisme, telle que nous la racontent nos écrivains, peut être placée sous le signe du *dédoublement* et d'un trouble de l'identité. Nul doute que cette

---

[1] Nous y voilà !

[2] Nouvelle allusion aux « tempes serrées », souvent faite, comme nous l'avons déjà signalé dans une précédente note, par les romanciers de l'alcool.

fantasmatique de la séparation du corps s'intègre elle-aussi à cette signalétique du dédoublement, en étant même la forme la plus terrible, puisque voici l'homme (l'alcoolique, mais peut-être que cet alcoolique n'est que la figure exagérée, pour la scène, d'une prédisposition constitutive de tout homme) placé *à côté* de son corps, comme d'un « objet » étranger qu'il ne reconnaît pas. Frank désignera cet état de séparation, plus loin dans le roman, sa « schizophrénie ». On aperçoit alors que l'autonomisation du corps, qui paraît être le principal résultat de la cure de désintoxication et donc, extensivement, de l'expérience alcoolique sérieuse, est en dernier ressort un leurre où se laissent prendre ceux qui, comme nous, voudraient trouver dans la littérature alcoolique des thèmes physiologiques purs. Ici, on voit bien que cette prétendue autonomisation du corps, préalable nécessaire à la collecte d'informations à son sujet, n'est que le truchement qui nous conduit, finalement, au constat de « schizophrénie », - donc à la thématique du dédoublement dont nous parlions. L'expérience du dégueulis, en ce sens, ne fait qu'accentuer et amplifier jusqu'au délire cosmologique éventuellement (Bukowski), la signification de cette thématique. Le détour par le corps n'aurait été qu'un prétexte, une ressource dramatique, qui jamais n'oblige, cependant, à transgresser les limites du territoire de la démonologie, dont la surobjectivation du corps (conséquence de sa séparation) est un des signifiants privilégiés : « Au bout de trois heures de bagarre, conclut Rey, Frank s'endormit. Les sorciers sortirent : ils emportaient le diable avec eux pour le jeter à la poubelle. »

26

Chez Bukowski, le vomissement n'est pas un motif moral. Ce qui ne veut pas dire qu'il n'est pas l'élément d'un imaginaire organisé et cohérent. Mais comme nous le disions, cet imaginaire est plus proche de la tradition rabelaisienne des buveurs gigantesques qui peuvent boire (et dégueuler) *sans limites* : c'est donc un imaginaire euphorique, exalté et triomphant qui ne tient pas compte de la réalité du corps. La notation physiologique, du coup, même si elle se présente au premier regard avec la même « neutralité » que chez Simone de Beauvoir ou chez Henri-François Rey, se trouve pareillement prise dans les filets d'une symbolique. Le fait que Bukowski ne paraisse jamais prendre en considérations les limites que lui oppose son propre corps n'implique absolument pas que nous devions prendre au mot ces notations physiologiques comme autant de détails *indifférents*, débarrassés de la coque de la morale ou de la loi, - cette loi *organique* qui empêche de boire autant qu'on veut, et comme on peut seulement le faire dans la littérature.

Bukowski ne moralisera pas sur les défaillances du corps. Il les banalise au contraire, comme une modulation quotidienne de l'existence, aussi nécessaire et insignifiante que manger, dormir, respirer. L'écrivain vomit comme on respire. Son livre *Women*[1] est parsemé de déjections, - mais jamais il ne voit, ricanant dans la lunette des W.C., ce « diable » que le docteur Marin emportait « pour le jeter à la poubelle. » Le dégueulis est toujours imminent, associé d'habitude à l'odeur et au goût du dentifrice : « J'suis allé dans la salle de bain pour essayer de me laver. Le Colgate a failli me faire gerber. » Tous les alcooliques savent que le dentifrice est un vomitif intéressant. Nous entrons avec lui dans la prose du savon et du nettoyage, de l'hygiène aussi, résolument antithétique de la poésie de l'alcool, et il est normal que ces deux éléments, alcool, savon, se rencontrent régulièrement pour exprimer l'enjeu symbolique qui oppose

---

[1] W.H. Allen, 1981. Traduction française, Le livre de Poche, Gallimard.

l'alcoolique à cette part angélique de lui-même où on est propre et tempérant. Le dentifrice symbolise tout cela. Il est le signifiant d'un écartèlement du sujet, pris entre les séductions du bar et les lotions de la salle de bain, laquelle lui rappelle douloureusement sa faute et le confronte aux effets catastrophiques de l'alcool sur son corps. Le dentifrice est assurément le symbole de l'ambivalence puisque, tout en avivant le sentiment de culpabilité du buveur, il lui permet de vomir pour mieux recommencer à boire. À la fois bon et mauvais objet, le dentifrice voit converger vers lui deux pulsions contradictoires qui en neutralisent la signification. Au bout du compte, on peut le prendre lui aussi pour un « petit détail vrai », tout comme le vomissement dont il est la cause ou la promesse, en tout cas un « thème » contigu. Aussi verra-t-on souvent Bukowski dans la salle de bain, qui est la coulisse de l'alcoolisme, un espace de retraite momentanée, où se fabriquent d'importantes significations. La salle de bains est un des *lieux* de l'alcoolisme, tout autant que les bars, et à ce titre doit prendre place dans la grille thématique qui envisagerait de suivre les personnages dans tous les coins où ils s'enivrent ou regrettent de l'avoir fait. De la sorte, elle est moins, elle aussi, un lieu de traitement du corps, qu'une des pièces du dispositif symbolique au moyen duquel l'écrivain dit sa culpabilité.

Cela dit, chez Bukowski, et en raison de l'appartenance de sa littérature au courant du comique-grotesque post-rabelaisien, on vomit partout, pas seulement dans les salles de bain : c'est que, de même que les limites du corps sont indécises, et que celui-ci se trouve fantastiquement ouvert sur l'extérieur, les lieux eux-mêmes doivent se compénétrer et se chevaucher jusqu'à l'indistinction complète. Cette ouverture maximale de la topologie redouble l'illimitation physiologique du corps, capable de recevoir des flots infinis d'alcool, de nourriture, de sperme, et de les rejeter de même façon jusqu'à inonder la terre entière et submerger tous cadastres. Une telle ouverture mythique débouche (c'est le cas de le dire) sur une in-différenciation de toutes choses, au profit d'une extension indéfinie du vivant, loin de toute mesure et de toute économie. L'image du corps chez Bukowski appartient à cette poétique. Dans cette poétique de l'excès et de l'indifférenciation, du grand mélange de toutes choses, il n'est pas rare que l'expérience du dégueulis soit associée à l'expérience érotique. L'écrivain décrit alors des bacchanales copieusement arrosées, de bière, de vin et de vomi, dans une ambiance d'une volupté torride (non sans une nuance de distanciation ironique, d'ailleurs), où toutes les liquidités alimentent la grande crue cosmique. Toute la scène n'est là, semble-t-il, que pour mieux réaliser le mythe bukowskien de la diffusion du corps à l'extérieur, l'osmose de tous les corps entre eux et, bien au-delà du modèle des montres molles chères aux surréalistes, accomplir la vocation de ces corps à devenir liquides pour mieux se répandre et se confondre :

« J'ai continué à boire de la bière et du vin.

Une danse sauvage et décharnée était en cours... Le garçon aux boucles dorées a levé les deux mains au-dessus de sa tête. Lydia s'est collée contre lui. C'était spectaculaire, érotique. Ils levaient leurs mains bien haut au-dessus de leurs têtes et collaient leurs corps l'un contre l'autre. Corps contre corps. L'un après l'autre, il lança ses pieds en arrière. Lydia l'imita. Ils se regardaient dans les yeux. J'ai dû reconnaître qu'ils étaient bons. Le disque semblait sans fin. Puis il s'arrêta.

Lydia est revenue s'asseoir à côté de moi.

« J'suis vraiment lessivée, elle a dit.

- Ecoute, j'crois que j'ai trop bu. On devrait peut-être sortir d'ici. - Je t'ai regardé picoler.

- Allons-nous-en. Il y aura d'autres parties. »

On s'est levé pour partir. (...)

Une fois dehors, je me suis mis à vomir, la bière et le vin sont remontés. Ca gerbait, ça arrosait les buissons - et le trottoir-, un jet d'eau au clair de lune. Finalement, je me suis redressé et me suis essuyé la bouche avec la main.
« Ce type t'a foutu les foies, hein ? demanda-t-elle.
- Oui.
- Pourquoi ?
- On aurait vraiment dit une séance de baise, en mieux peut-être.
- Mais ça ne voulait rien dire, c'était juste de la DANSE.
- Et si j'enlaçais comme ça une femme dans la rue ? Tu crois qu'avec de la musique, ça passerait ?
- Tu comprends pas. Après chaque danse, je revenais m'asseoir à côté de TOI.
- O.K. O.K., j'ai dit. Attends une seconde. »
J'ai balancé une autre gerbe d'alcool sur une pelouse à l'agonie. »

27

Ces « gerbes d'alcool » - et voyez-le : en cet imaginaire de la réversion universelle de toutes choses, le vomi se transforme immédiatement en alcool - sont aussi claires, par ailleurs, qu' « un jet d'eau au clair de lune ». L'image, un peu dans le genre du romantisme fantastique, n'en suggère pas moins que le vin a été magiquement transformé en eau. Du coup, ce qu'on « rend » est dépouillé de connotations péjoratives. C'est quelque chose de limpide et de clair, innocent en somme. Le jet d'eau de Bukowski s'apparente aux *larmes,* qui contribuent, elles-aussi, à la formation de la poétique de la crue cosmologique. À tout le moins, le corps est ici imaginé comme une machine qui transforme les mauvaises liquidités (celles-ci ne sont pourtant jamais assimilées au diable : nous sommes dans un registre décidément « païen », adapté aux bacchanales et aux sarabandes érotiques) en jets d'eau innocents. Cette mythologie, pièce maîtresse d'une poétique dans le cas de l'écrivain, subsiste à l'état résiduel dans les croyances populaires : pisser équivaut à se libérer du poids de l'alcool dans l'organisme, par une opération simple à la portée des enfants, et cette croyance repose elle-aussi, comme chez Jack London, sur une logique des équilibres physiologiques fermement compensatoire, en forme de vases communicants. Le corps est donc cette machine à deux entrées : à l'entrée de l'alcool, à la sortie de l'eau, qui jaillit de préférence au clair de lune, sur les pelouses (connotation horticole et chlorophyllique que rafraîchissante, et bien entendu disculpante).

Il n'est pas dit, cependant, que ce lyrisme se referme définitivement sur cet imaginaire enjoué de l'alchimie des valeurs. Comme London, comme Hemingway, Bukowski voit arriver le moment angoissant où l'alcoolisation compromet la création. Mais, en raison justement du caractère enjoué de l'imaginaire qui fait pleuvoir des gerbes d'alcool, le lien qui réunit, catastrophiquement, l'alcool et l'écriture est présenté de manière indirecte. Ce qui en travestit quelque peu la nature. En effet, l'écrivain a ses plus grandes crises de vomissement lorsqu'il doit prononcer des conférences sur lui-même et son travail de poète, on pourrait alors penser que la « trouille » qui s'empare de lui en ces occasions est ce qui le fait « gerber », mais nous ne devons pas oublier que ces moments sont aussi ceux où il boit le plus. L'homme a beau jeu, alors, d'imputer ses vomissements au « trac ». En tout état de cause, le rapport de contiguïté, sinon de causalité, qui se trouve ainsi instauré entre écriture et dégueulis est intéressant pour nous, puisqu'il permet d'inscrire le thème du vomissement, essentiel, dans la symbolique générale de la loi d'inversion proportionnelle entre écrire et boire, loi qui se manifeste par ailleurs, comme on l'a vu, dans les circonstances décrites par Hemingway ou London.

Ainsi, il n'est guère de notation physiologique qui ne participe à quelque degré d'une symbolique morale quelconque, même les plus « bestiales » en quelque sorte, celles qui paraissent indexer un comportement autonome, purement mécanique ou chimique, du corps. Dans le court extrait suivant, non seulement Bukowski justifie ses vomissements comme un effet de la peur, mais en plus il dégueule sur une tombe, - profanation suprême qui n'est pas sans rappeler le titre du film célèbre *J'irai cracher sur vos tombes*. Bukowski en rajoute : *j'irai dégueuler sur vos tombes*. Le cimetière devient alors un de ces lieux de l'alcoolisme auxquels nous faisions allusion, et l'on voit qu'il s'y fabrique, encore une fois, des significations morales déterminées, bien qu'on semble n'y voir, au premier regard, qu'un homme malade en train de vomir : « Ce soir-là, il faisait très chaud pour la lecture, qui avait lieu à l'église Saint-Mark. Tammie et moi étions assis dans ce qui servait de vestiaire. Tammie a trouvé un grand miroir posé contre le mur et commencé à se coiffer. Marshall m'a emmené faire un tour dans le fond de l'église. Il y avait une sorte de cimetière au fond. Des petits stèles funéraires en ciment étaient posées à même le sol ; gravées sur les stèles, des inscriptions. Marshall m'a fait visiter l'endroit en me montrant les inscriptions. Je devenais toujours nerveux avant une lecture, extrêmement tendu et malheureux. Je vomissais presque toujours. C'est ce que j'ai fait. J'ai vomi sur une tombe.
«Vous venez de vomir sur Peter Stuyvesant», a dit Marshall.

Dans les romans de l'alcool, les notations physiologiques peuvent donc toujours être traduites en termes moraux, et cette traduction s'annonce déjà dans les textes « documentaires ». Un degré de plus, et voici même que le discours physiologique devient partie prenante dans une affabulation mythologique dans le style du comique grotesque, pour laquelle toutes les matières organiques se reversent les unes dans les autres, - sperme, eau, urine, vomissure. À quelles matières avons-nous affaire, d'ailleurs ? C'est une question qu'on peut toujours se poser, et qui restera sans réponse tant qu'on ne quittera pas le registre poétique on se complaisent les romanciers. Ce qui revient au corps, est rendu par lui ou y retourne, demeure pour le moins ambigu tout de même que le corps en sa totalité est ambigu, puisqu'on ne sait jamais très bien s'il est le support conventionnel de valeurs morales (transformateur alchimique, antre du diable, etc.), où l'indice toujours objectif de la réalité « scientifique » de l'alcool et de son action dans l'organisme.

Mieux que d'ambiguïté, et pour rester fidèle à notre remarque de départ, parlons d'ambivalence. Celle-ci, comme on a pu souvent le constater, est saisissable à plusieurs plans. L'indifférenciation du corps et de l'imaginaire alcoolique en est un. Du point de vue même de la caractérisation des phénomènes physiques que cette indifférenciation suscite, on peut observer que le romancier nous place à chaque fois dans l'impossibilité de déterminer précisément ce qui revient au corps ou à un quelconque trouble de l'âme. Cela est bien représenté dans *Moderato Cantabile*[1] de Marguerite Duras, chez qui, certes, nous ne retrouvons pas exprimée avec autant de bruit la mythologie de la réversibilité des matières ou

---

[1] Editions de minuit, 1958 - 1980.

de l'ouverture infinie du corps, mais qui ne répète pas moins à sa façon un peu feutrée l'opération commune à tous les écrivains de l'alcool : intimer, au moins par un rapport de contiguïté troublant, l'échangeabilité des comportements physiques en significations morales.

Ainsi, lorsque Anne Desbaresdes commence à entrer dans le café pour retrouver Chauvin, et toujours sur le coup de l'émotion que lui a procuré le meurtre passionnel survenu dans la petite ville, elle est prise de *tremblements*. Le tremblement est sans conteste, dans ce livre très sobre, l'un des principaux phénomènes physiques affectant le corps d'Anne Desbaresdes que la romancière se laissera aller à décrire. Il s'agit-là, bien entendu, du signifiant métonymique du plus grand trouble, du plus grand désordre intérieur. Si grande est la concentration, l'intensité de ce signifiant-là qu'il peut sans audace être comparé, dans le contexte plus hystérique qui est le sien, aux convulsions terribles auxquelles Henri-François Rey soumet son personnage dans *La Comédie*, et bien qu'il n'y aille pas, pour Anne Desbaresdes, d'une cause alcoolique : mais justement, dans *La Comédie*, les symptômes éthyliques ne sont-ils pas la métaphore d'une formidable angoisse existentielle qui, chez Duras, trouve à s'exprimer sur le mode paradoxal du moindre signe, - le tremblement ?

Alors Anne tremble. Mais tremble-t-elle de boire, elle qui, en raison du réseau strict de conventions sociales qui l'enserre, ne boit jamais, et qui par conséquent a le sentiment de transgresser une loi sacrée ? Tremble-t-elle parce que son corps n'en a pas l'habitude ? Ou en raison d'un émoi indistinct, ineffable, dont le souvenir du meurtre passionnel donne simplement la mesure approximative ? Non seulement nous ne le saurons pas, mais voici même que le vin qui peut-être la fait trembler est aussi ce qui supprime le tremblement: « - Je voudrais un verre de vin.(...) Le tremblement était encore plus fort que trois jours auparavant. (...) Je voudrais un autre verre de vin. (...) Le tremblement de ses mains s'atténua un peu. (...) Je voudrais que vous preniez un autre verre de vin, dit l'homme. (...) Les mains ne tremblèrent plus. »

On voit que dans ces lignes, Marguerite Duras décrit la réaction physique de son personnage dans les mêmes termes que s'il s'agissait d'un alcoolique invétéré, pratiquement au stade terminal, pour qui, justement, l'alcool est à la fois la cause du tremblement et son remède (ambivalence). Anne Desbaresdes n'est pourtant qu'une « commençante ». Mais le trouble qui s'annonce en elle, parce qu'il est le signe métonymique d'une formidable tension intérieure (la passion), trouve déjà à se représenter lui-même au moyen d'un symptôme qui équivaut exactement à celui que l'on observe au paroxysme de l'expérience alcoolique.

L'inextricabilité, dans ce roman, du thème de l'alcool et de celui de la passion, sous le commun dénominateur de l'Excès, empêche une fois de plus d'isoler une représentation du corps « neutre » et qui vaudrait pour elle-même. Ce qui ne veut pas dire, tant s'en faut, que le motif psychologique exclut par avance tout voisinage avec les thèmes physiologiques : le tourment de l'âme provoque lui-même des phénomènes organiques ou physiques qui font partie de sa réalité globale. Du simple point de vue de la vraisemblance naturaliste, il s'agit donc de les admettre dans le tableau complet de la passion. Cependant, eu égard à ce que nous savons du portrait ambivalent que font les romanciers de l'alcool, ce respect de la vraisemblance peut aussi être justifié par sa participation à la symbolique générale de l'alcoolisme en littérature, symbolique qui veut que l'expérience de la boisson soit régulièrement présentée comme ceci et en même temps comme cela, blanche et noire, céleste et diabolique, réversible en somme, et cette loi de la réversibilité implique que, chez Marguerite Duras, le tremblement, signifiant fondamental, soit à tout instant traductible en termes contradictoires, moraux ou physiques, bénéfiques ou désastreux. Peut-être enfin que, comme nous aurons l'occasion de le vérifier encore souvent, cette indécidabilité universelle renvoie elle-même à ce caractère spécifique de la création littéraire qui veut que toutes choses, au fond, y soient indifférentes et comme gratuites, au nom de la liberté infinie du romancier d'inventer ce qu'il désire, sans frein ni autre critère décisif que la nécessité minimale d'être lu et compris. Tout roman, en ce sens, même sous sa forme la plus « moderne », et au creux de ses prétentions les plus « réalistes », n'est que le résidu des grandes affabulations rabelaisiennes ou « grotesques », alors que les auteurs éprouvaient moins de scrupules à pulvériser toutes les limites, et notamment, comme on l'a vu, celles du corps, opération dans laquelle ils voyaient, sans doute, l'ivresse sublime de l'écriture : écrire, à partir de ce moment (le moment où commence véritablement le genre romanesque), ne pouvait plus être que placé sous le signe de la « Dive bouteille », et c'est ce qu'a fait Rabelais.

29

Moderato Cantabile, un « résidu » de *Gargantua* ? Sans vouloir faire de coup de force critique, ni de provocation, on peut répondre que oui, si l'on consent à réserver au thème de l'alcool dans ce roman, d'abord sous l'aspect de son traitement « physique », la place qu'il mérite. Bien d'autres éléments, que nous n'avons pas le temps d'envisager ici, le prouveraient, qui tous vont dans le sens d'une *ouverture* maximale des personnages, des situations, des conventions, d'une compénétrabilité inouïe des lieux et des temps, d'une réversibilité choquante des usages et des paroles. Mais le livre de Duras est certainement, de ce point de vue, plus résiduel encore que les autres, parce qu'il appartient à une époque où le principe même de la narration entre dans une crise qu'il n'a jamais connu, la fameuse « ère du soupçon », ce qui implique que l'esthétique de l'illimitation, jusque-là plutôt glorieuse, subisse elle aussi un affaiblissement concomitant. Les romanciers, dès lors, sont un peu moins « ivres », et quand ils boivent, c'est avec mauvaise conscience. La transgression de la limite les fait *trembler*.

Toute une tradition littéraire associe le vin au tremblement. « Mon verre est plein d'un vin trembleur comme une flamme », écrivait par exemple Apollinaire dans un poème fameux. Autant dire le vin à la peur, ou, comme le dit Marguerite Duras, à l'épouvante : « Elle commanda du vin, dans l'épouvante encore. » Non pas, certes, que ce soit le vin qui par essence (empoisonnée) serait « épouvantable », encore qu'il y aurait beaucoup de raisons de le penser : Jack London, et tant d'autres, n'en font-ils pas une espèce de diable ? Mais la simple relation de contiguïté où, comme nous l'avons vu, les écrivains placent l'alcool avec toutes ces catégories existentielles négatives : la peur, la honte, le remords, la culpabilité, la mort, etc., suffit, par contamination, à imputer au vin toutes les formes de la chute. Aussi bien les auteurs entretiennent-ils la confusion, et le tremblement lui-même se voit assigné indémêlablement des causes physiques et morales tout à la fois.

Chez Duras, le motif du tremblement revient comme une antienne. En ces pages, il est décidément enchaîné à celui de la peur :

« - Je voudrais un autre verre de vin, réclama Anne Desbaresdes.

On le lui servit dans la désapprobation. Cependant, lorsque l'homme se leva, alla vers elle et la ramena dans la pénombre de l'arrière-salle, le tremblement des mains s'était déjà atténué. Le visage était revenu de sa pâleur habituelle.

- Je n'ai pas l'habitude, expliqua-t-elle, d'aller si loin de chez moi. Mais ce n'est pas la peur. Ce serait plutôt, il me semble, de la surprise, comme de la surprise.
- Ça pourrait être de la peur. On va le savoir, dans la ville, tout se sait de la même façon, ajouta l'homme en riant.(...)
- Que je bois du vin en votre compagnie, termina-t-elle - elle rit subitement dans un éclat -, mais pourquoi ai-je tant envie de rire aujourd'hui ? »
C'est que ce rire - passablement « démoniaque »peut-être - est le même que celui qui prend le poète dans *La Nuit Rhénane* :

« Mon verre s'est brisé comme un éclat de rire »

30

Le tremblement s'accompagne d'un certain désordre dans l'apparence physique qui, chez Marguerite Duras, est encore évoqué en touches discrètes, en accord avec son esthétique du moindre signe. Et bien entendu, dans le monde immobile et régulier où évolue Anne Desbaresdes, ces écarts minimaux n'en prennent que plus de sens.

Boit-elle avec Chauvin, ce qu'elle ne cesse de faire d'ailleurs, puisque c'est là la trame « matérielle » du roman, « le visage d'Anne Desbaresdes, écrit la romancière, manquait du soin qu'elle mettait d'habitude à l'apprêter avant de le montrer. » Confusion qui fait écho au lamentable spectacle, mais toujours traité métonymiquement, que la jeune femme offre d'elle-même au cours de la fameuse soirée au saumon : « Elle passe légèrement la main dans le désordre blond de ses cheveux, comme elle le fit tout à l'heure, ailleurs. Ses lèvres sont pâles. Elle oublia ce soir de les farder. » C'est à des signes aussi minces que l'on devine que la *bête* est en train de se réveiller, - épouvantable, celle qui fait trembler, et dont on ne sait si c'est le vin qui l'a réveillée ou s'il en atténue la vision : « ...elle voyait mal, écrit Duras, à cause de son ivresse. » En tout état de cause, la soirée mondaine se clôturera sur la répétition de la même scène : « Anne Desbaresdes passera légèrement la main dans le désordre réel et blond de ses cheveux. » On le voit, la présence du Mal en elle, son cheminement souterrain et silencieux, sont décrits au moyen d'un matériel minimum qui nous place aux antipodes des convulsions hystériques de Frank dans *La Comédie*, voire des vomissements cosmologiques de Bukowski dans *Women*. Seule la pâleur du visage vient s'ajouter aux marques légères du « désordre » : « Anne Desbaresdes se replia sur elle-même, le visage hypocritement baissé mais pâli. » Ou bien : « Son visage chavirait déjà sous l'effet du vin. » Mais Anne parviendra-t-elle à se contenir jusqu'au bout, et Marguerite Duras ne laissera-t-elle aucune chance à son roman de faire *éclater* les limites où elle l'enferme au nom d'une esthétique glacée de la *rétention* ? Une fois au moins, la façade se rompt, et voici que sous le visage à peine troublé d'Anne Desbaresdes se découvre la trogne hirsute et ricanante de Bukowski, secouée de ces vomissements interminables qui sont une des formes privilégiées de l'ex-stase romanesque : « J'ai souvent vomi, mais pour des raisons différentes de celle-ci. Toujours très différentes, vous comprenez. De boire tellement de vin à la fois, d'un seul coup, en si peu de temps, je n'en n'avais pas l'habitude. Que j'ai vomi. *Je ne pouvais plus m'arrêter*, mais voilà que tout à coup ça n'a plus été possible, j'ai eu beau essayer. Ma volonté n'y a plus suffi. »

Il fallait donc que, dans un roman aussi différent, apparemment, que tous ceux qui affichent glorieusement leur parenté avec la tradition du comique grotesque, le thème du vomissement, comme attestation hyperbolique de la présence du corps, se retrouve, chargé du sens d'un « dénoûment », -

au moins d'une gorge qui se dénoue pour avoir d'abord été « nouée », par la peur ou l'angoisse. Sens qui est aussi celui d'une extase accomplie, de préférence dans la direction d'une illimitation du corps et de sa diffusion infinie – « Je ne pouvais plus m'arrêter », entendez : de rendre, de *se* rendre, de se vomir soi-même comme dit Henri-François Rey, restituant ainsi le corps à l'unité du Grand Tout, monde, cosmos ou univers. Le corps qui, au lieu de se contenir, reprend l'image d'une ouverture infinie, et se rend perméable au monde sans réticence ni filtrage, ce corps-là a toujours la signification, dans les romans de l'alcool, de la dissolution du Sujet dans l`infinité des possibles, même les plus contradictoires. Il annonce la formidable crise d'identité qui est au centre de tout imaginaire alcoolique dans 1a littérature, - crise qui n'est pas (et nous retrouvons l'ambivalence) sans susciter les désirs les plus opposés, d'amour et de haine, de répulsion et d'attraction violentes et qui donc, par là-même, est digne de constituer un motif artistique, si l'art, ou la poésie - et c'est ce qui les distingue des prérogatives du « Logos » - ont pour privilège de laisser flotter les significations sans jamais décider d'un ordre hiérarchique qui les organiserait en discours réducteur. Ces significations flottent d'autant mieux sur un océan d'alcool. Ou de vomissures, c'est pareil. Et l'homme qui flotte est à la fois son corps et l'océan.

ALCOOL ET IDENTITE

1

« Monsieur Jadis, la bouche enlisée sous une couche de farine, se pencha vers la glace de la salle de bains : elle lui renvoya l'image approximative d'un clown et la silhouette gauche et empressée de Roger, le smoking entravé par un tablier de cuisine, qui achevait de le maquiller à grands traits de rouge à lèvres.
- C'est fou ce que la pitrerie te va bien au teint, reprit-il en contemplant son oeuvre ; le déguisement c'est la vraie peau de l'homme. »

Ces lignes d'Antoine Blondin font apparaître deux modalités principales de la quête de l'identité dans les romans de l'alcool : le grimage en clown, le travestissement, qui sont l'un et l'autre l'expression imagée du thème de l'inconsistance de l'être derrière le voile des apparences. L'alcoolique se vit comme un sujet incertain de lui-même, prêt à épouser tous les rôles pour se persuader, sans d'ailleurs aucun succès, de la pérennité de son Moi. *Monsieur Jadis*[1] se termine sur l'évocation d'une ultime clownerie : le héros a retrouvé dans une quelconque armoire la jaquette de son père, le chapeau haut de forme gris de son parrain, les guêtres de son oncle. Cette panoplie lui permet de se déguiser en « turfiste » (il s'est de plus muni d'une paire de jumelles), et de surprendre ses amis dans la rue. La mascarade commence juste au moment où Jadis a renoncé à s'identifier au jeune homme avec lequel il se trouvait au violon : « Sous ma défroque du Jockey-Club, annonce-t-il, je viens de le décider : je serai un de ces vieux messieurs qui ont gardé le cœur jeune. »

[1] *Monsieur Jadis ou L'école du soir*, La Table Ronde, 1970.

Dans la littérature alcoolique, on décide toujours d'être quelqu'un. Avec tout l'arbitraire des libres décisions, lorsqu'aucun facteur extérieur objectif ne vient contraindre le sujet éperdu à choisir « une peau » plutôt qu'une autre. Ces peaux, naturellement, changent facilement. Le buveur en fait l'essai sans conviction, mais pas toujours sans angoisse. L'interchangeabilité de tous ses *personnages* compromet la solidité d'une unique image, qui jamais ne parvient à se constituer. D'où l'avidité anxieuse avec laquelle la plupart des héros des romans de l'alcool guettent leur reflet dans le miroir. Le thème du miroir occupe par là-même une place de choix dans la littérature alcoolique. Toute la problématique, si importante, de l'identité finit par s'y condenser en une figure-symbole, dont la récurrence est symptomatique. Sans nul doute, cette figure du miroir est une clé indispensable à l'interprétation de l'alcoolisme de ceux qui s'y contemplent. En tout état de cause, miroir et bouteille font pièce. C'est ce que nous constatons très clairement chez Blondin.

2

Monsieur Jadis se grime à l'occasion des fêtes de Noël, qu'il souhaite passer en compagnie de ses filles. Il n'y parviendra d'ailleurs pas, s'étant endormi avant qu'elles n'arrivent, pour avoir trop bu à les attendre.: « Dans le mouvement que j'accomplis pour me servir à boire, je fis affleurer au carreau le reflet dérisoire de ma face de clown... Au secours ! monsieur Loyal, je suis saoul : je vois deux petits chaperons rouges. - Du calme, monsieur Auguste. »

Auguste-Jadis passera donc le réveillon dans une solitude lugubre, John Barleycorn l'ayant dissuadé de faire ce qui seul pouvait compenser une défection familiale de tous les instants : se donner, pour une fois, à ses deux filles. Le passage, né vraisemblablement du souvenir d'un événement réel, est fort émouvant. Mais son caractère pathétique (en demi-teintes, comme toujours chez Blondin) ne doit en rien le céder au sens de sa contribution à la symbolique générale de l'identité. Ce père qui ne trouve même pas le moyen de contenter, en une soirée exceptionnelle, ses enfants, ne sait vraiment plus qui il est : d'où son visage de clown. Le déguisement anticipe sur l'écroulement de la soirée, alors même qu'il aurait dû en être le clou. Plus clown qu'Auguste, Monsieur Jadis cache « sous le masque où il se voyait dans la glace », « les pommettes et le nez rutilants, la bouche éclatée jusqu'aux oreilles, les yeux cernés au khôl comme des faire-part », un autre masque plus tragique encore : le masque de l'alcoolique, incapable d'effectuer les gestes sociaux les plus élémentaires, ceux qui, comme on dit, sauvent les apparences. Là-dessus, tous les romanciers de l'alcool sont d'accord : arrive un moment où le buveur se montre incapable de faire ce qu'il y a de plus simple pour se concilier la tolérance de son entourage ou de la société (se laver ou se raser, par exemple, ou boutonner son pantalon...). Mais, plus profondément, si Monsieur Jadis n'arrive pas à sauver les apparences, c'est que pour lui rien n'est réel : une apparence chasse l'autre, et il n'est pas, au bilan, d'apparence supérieure qui vaille la peine qu'on la respecte, comme un simulacre (au moins) de réalité.

3

Si ne vaut aucun simulacre de réalité, alors les romanciers de l'alcool préféreront la réalité du masque. Cette réalité, c'est encore le visage du clown qui le symbolise le mieux. Masque qui est le signe du masque, ce visage-là a le mérite de ne tromper personne : il fait, de soi, l'aveu de l'inconsistance de la personne, du rien qui se « cache » derrière l'apparence criarde, d'autant plus criarde qu'elle ne renvoie à rien.

Au cours d'une soirée de beuverie, Michel Déon note, dans *Les Gens de la nuit* que Cassie, l'une de ces « filles du néon » chères au cœur de Blondin (le néon, lumière artificielle...), « entre chaque chanson... revenait m'embrasser brutalement sur le nez, le front, les joues, si bien que je fus rapidement couvert de rouge à lèvres, maquillé comme un clown. » Le lecteur jugera de la nécessité de cette image, en la replaçant dans le contexte général de la symbolique de l'identité, comme, tout à l'heure, il a pu le faire à propos de l'épisode du réveillon manqué, et masqué, chez Blondin.

Dans tous les cas de figure, si l'on ose dire, il s'agit toujours pour le romancier de faire état, sur un mode passablement tragique, même lorsqu'il se recouvre de notations plus ou moins drôles (comme l'exige d'ailleurs traditionnellement la poésie du clown), de l'impossibilité où se trouvent leurs personnages de se définir. L'alcool, présent à chacune des graves crises que ceux-ci traversent dans leur quête de l'identité, accentue les effets de la mascarade et parfois lui confère une dimension hystérique, qui n'est peut-être que le prolongement exaspéré de la mise en scène littéraire, voire du principe même de la représentation romanesque.

Quoi qu'il en soit, il arrive fréquemment que l'alcoolisme du personnage incline la clownerie dans un sens résolument tragique, comme on le voit dans le roman d'Henri François Rey, *La Comédie*.

Dans ce livre, le héros, au terme d'une période d'abstinence de quelques mois, sent venir la crise qui, certes, l'obligera à reboire, mais où surtout il se dressera à lui-même le bilan : je suis fou. L'évidence de sa folie - qui n'est rien d'autre, chez lui, que l'expression quelque peu emphatique d'un sentiment d' « étrangeté » qu'il a éprouvé depuis toujours -

est inséparable de la conviction que, de toute façon, il boira à nouveau : on le voit, le thème de la rechute s'associe inextricablement à celui de l'identité. La crise de l'identité correspond alors, dans ces moments hautement représentatifs, au paroxysme de la compulsion alcoolique, comme s'il y avait un rapport fonctionnel entre les deux, - au point que le narrateur ne sait plus s'il boit parce qu'il est fou, ou est fou parce qu'il boit.

Henri-François Rey : « J'ai fait le bilan. Je sais où j'en suis. Content comme un notaire et logique comme il ne l'avait jamais été. Encore un signe de la schizophrénie. La vérité, maintenant je la connais. Je n'ai pas failli devenir fou parce que je me soûlais la gueule. C'est parce qu'au départ j'étais fou que je me suis soûlé la gueule. Nuance. Nuance importante, décisive même. Et la meilleure preuve, je ne bois plus depuis plus de deux mois et je viens d'avoir cette crise. Alcoolique parce que fou, ou fou parce que alcoolique ? Très importante question. Enfin, je sais de quoi je souffre et de quoi je crève. Enfin je suis sûr de moi. C'est encore sournois, mais je sais que quelque chose s'est installé en moi qui va me détruire. Un oiseau a fait son nid à l'intérieur de moi-même. Un cancer de l'âme, belle formule pour un crétin amateur de formules. Je vais crever et je vais me regarder crever, c'est tout ce qui me reste à faire. Les crises seront plus fréquentes, plus intenses et je ne pourrai rien faire. Et un de ces matins je me réveillerai en hurlant. Je baverai, je me prendrai pour Clemenceau ou le shah de Perse... »

4

La crise en question commence par un *changement de visage*. Il importe dès lors que le romancier imagine un dispositif réglé, au sein duquel un ou plusieurs autres personnages vont pouvoir observer la modification. Comme dans les relations de la rencontre avec les *Alcooliques Anonymes*, chez Melsen ou Stéphane, l'attention portée au visage se fait particulièrement intense. Celui-ci devient l'unique centre d'intérêt, - peut-être comme un objet emblématique de cette pulsion-à-voir sans laquelle il n'est pas de roman. Le visage se découvre alors, il est le théâtre d'une révélation. Ce qui était le plus familier, le plus habituel devient en quelque sorte, et en quelques instants, le comble de l'événement. L'observateur comprend soudain que le héros portait un masque. Le voici maintenant avec son vrai visage. Cette découverte prélude à la rechute. Ainsi, la révélation de l'authenticité paraît s'inscrire elle-même dans la série des masques : le vrai visage provoque la surprise autant que s'il était un masque ultime et nouveau, il est, en somme, la clownerie suprême.

Chez Rey, le rôle de l'observateur est tenu par Kim, la femme aimée du narrateur qui, comme il est habituel dans les romans de l'alcool, romans du dédoublement s'il en fut, passe volontiers à la troisième personne. Elle le surprend, à distance, et sans qu'il la voit, dans le hall de l'hôtel où ils sont descendus à Madrid : « Elle le vit dans le hall qui attendait. Elle s'arrêta. Il était assis dans un fauteuil, il ne pouvait pas la voir de sa place. Il était là, seul, immensément, perdu dans le grouillement des autres qui le contournaient comme une pierre morte. Il ne regardait rien. Des yeux morts, un corps mort, sans geste, sans frémissement. Elle s'arrêta pour le contempler plus longuement, *ce masque fascinant, à cru. Il portait son vrai visage* ; une plaie, une blessure. (...) Il la vit venir. Il se recomposa un masque à peu près normal. » (Nous soulignons)

5

Lorsque la rechute est consommée, peut recommencer le déguisement en clown : en Auguste comme l'aurait dit Blondin. C'est ce qui se passe dans *La Comédie*. Dans le bordel où Frank s'enivre abominablement, nous assistons à un épisode particulièrement pénible : le masque du clown s'y superpose avec celui du Christ, - tout au moins le Christ entrevu dans une procession l'après-midi, et dont la rencontre inaugura, non sans ironie, la rechute du héros. Ce sont les participants de cette procession qui forcent Frank à replonger ses lèvres dans un verre de vin, sous l'effigie d'un Christ peinturluré qui est, bien entendu, le symbole dérisoire de la vanité de toute résolution au Bien. Dérisoire parce que, chez Rey, le caractère inéluctable de la descente n'est pas compensé, comme chez ceux qui ont la foi, par l'espérance concomitante du rachat. Le Christ, dans ces conditions, n'est plus qu'une vaine image, un pur masque, qui ne cache pas bien, derrière la grossièreté de ses peintures, l'absurdité d'une existence réduite à rien. On comprend donc que la symbolique du clown puisse se condenser, chez cet auteur, avec celle du Christ, un Christ qui ferait penser à ceux de Rouault, si toutefois les Christ de Rouault n'étaient l'expression de quelque présence presque tangible : tout autre chose qu'un masque, malgré le poids de la couleur.

Dans le bordel madrilène, « Frank avisa le sac de Laura. Il le prit et l'ouvrit. Il y avait du rouge à lèvres et du rimmel. Il se leva en titubant et alla vers la glace. C'est au hasard qu'il trouva sa bouche et en exagéra les contours avec le bâton de rouge. Au hasard qu'il se dessina des yeux terrifiés et immenses. Il se ramena les cheveux sur le front, les séparant par une raie au milieu. (...)

Ils relevèrent tous la tête et éclatèrent de rire en voyant cette gueule de clown tragique. Kim se mordit la main pour ne pas crier. Outrancière, grotesque, c'était la figurine peinte du Christ de la procession.

« Le Christ de Séville, c'est moi ! cria Frank. Le Christ pour étrangers... L'air con et les yeux fous, c'est moi. »

Le titre du roman, *La Comédie*, trouve dans cet épisode la justification de son sens fort. Le roman de l'alcool est un roman comique. Mais uniquement dans le sens où le clown est comique, ce qui implique les valeurs tragiques. La tragédie provient de l'impossibilité où se trouve le sujet - sujet de l'alcool ou sujet généralement « humain » ? - de se structurer, ne serait-ce que par le langage. Frank recherche dans l'ivresse la confirmation de cette impossibilité, qui est l'effet immédiat de la désintégration de son image dans le miroir. Le miroir lui renvoie l'image d'un pantin. Pour ce pantin, les mots eux-mêmes n'ont plus de sens, et particulièrement le mot « amour » que devrait pourtant garantir la présence du Christ. Mais ce Christ, justement, vient surtout garantir la dérision de sa présence. Entre la destruction de cette image et la ruine du langage qui s'ensuit, où le sujet trouverait-il la confirmation de son identité ? Il ne peut plus progresser que « dans la destruction. Ne plus être qu'un pantin qui parle. Parce que rien n'a plus d'importance, parce qu'aucun mot n'a plus de sens, parce que les mots, après tout, n'ont jamais eu de sens. Qui a donné un sens aux mots, qui, je vous le demande ? Ceux qui avaient intérêt à ce que les mots aient un sens pour qu'ils puissent les servir. Mais les mots sont des outres vides avec un peu d'air dedans. Et dès qu'on les prononce, ils font un minable bruit de dégonflage. Le mot « amour » par exemple, vous êtes persuadé depuis des siècles que ça a un sens, l'amour, avec toutes les majuscules de la solennité. Mais c'est un mot comme un autre, plutôt moins même. »

6

Cette page, dont le ton violent n'est pas sans rappeler les passages les plus désespérés du *Dernier Verre* de Melsen (on reconnaît dans cette emphase un peu poignante l'exaspération à l'égard de soi-même de celui qui « progresse », comme l'auraient dit les saints, dans l'autodestruction), exprime parfaitement le désarroi qui s'empare du héros lorsque tout craque autour de lui et que disparaissent les uns après les autres les points de repère indispensables à toute bonne identification de soi : langage, image.

Il n'est de roman de l'alcool qui ne fasse, d'une manière ou d'une autre, allusion à cette triste expérience. Chez Henri-François Rey, toute l'histoire de Frank paraît culminer dans une exaltation morbide de la crise d'identité. Les toutes dernières pages du roman, alors que le héros est au bord du suicide, décrivent une ultime et convulsive apparition du visage de Frank dans le miroir, et, naturellement, il ne se reconnaît pas : ici, plus que jamais, « Je est un autre », - c'est le bilan le plus ordinaire, et le plus douloureux, de l'expérience alcoolique.

On peut juger, à lire cette dernière consultation, de l'insistance frénétique, presque maniaque, que met le romancier à relater cette crise. Le thème du masque y rejoint celui du miroir : « Ça tremblait devant ses yeux, c'était flou, la table et le bout du lit, et les vêtement sur la chaise de paille. Des petites lueurs comme des cristaux qui dansaient et le narguaient. Des mouches de glace gui se poursuivaient et, derrière, des visages qui se déformaient très vite et devenaient hideux, de la gélatine poisseuse qui coulait. Et les masques défilaient, le regardant, l'épiant. Mais les plus atroces étaient ceux qui détournaient les yeux et faisaient semblant de ne pas le voir. Des masques perfides et beaucoup plus dangereux que les autres. Ouvrir les yeux, nom de Dieu ! Mais rien à faire, les mouches dansaient et derrière les masques glissaient. Il se leva. Faire des gestes, marcher, il fit trois pas en long et trois pas en large. Bouger les bras, bouger les mains. Tenir un objet dans sa main. Il prit son peigne et enfonça les dents dans la paume de sa main. Marcher à nouveau et compter ses pas. Il s'appuya au mur. Je deviens pierre. Je me métamorphose. Il fit un gros effort pour arriver devant la table. Il n'avait pas pensé à la glace, elle le saisit. Il eut un rire idiot. La bonne farce ! Ce n'était pas lui qui était dans cette glace, c'était un autre. Marrant, et une sale gueule, l'autre ! Bouffie et blanchâtre avec une barbe de huit jours. Ce n'est pas moi, ce n'est pas moi. »

Le lecteur appréciera les mesures que prend le héros pour se rassurer sur son identité, et qui sans nul doute évoquent ce que lui-même il désigne comme sa « schizophrénie ». Ce sont des mesures extrêmement primaires et régressives, comme si, au paroxysme de l'expérience alcoolique, le personnage retombait en enfance, avant le fameux « stade du miroir », dans les limbes de la préstructuration, où l'être recherche, par simple préhension des objets – « tenir un objet dans sa main », « il prit son peigne et enfonça les dents dans la paume de sa main », « il s'appuya au mur », etc. - les critères grossiers de sa situation dans l'espace. Il est alors à peine question de s'inventer en « sujet ». Seul le miroir peut en donner la condition de possibilité, ce miroir qui apparaît (« la bonne farce ! ») comme par enchantement et qui, par le reflet clownesque qu'il renvoie au héros, va lui donner le courage de s'ouvrir les veines. Ainsi, la quête de l'identité échoue. Le visage de la Mort se superpose à celui d'Auguste et, peu à peu, vient l'éclipser pour s'imposer, souverain , comme le seul reflet adéquat de quelqu'un qui ne se sent pas exister.

6

L'histoire de cet alcoolique finit ainsi comme elle avait commencé. Dès la quatorzième page du livre, en effet, nous trouvons déjà l'évocation du visage de la Mort apparaissant dans la glace : par une belle symétrie toute classique, Henri-François Rey clôt son récit de façon *spéculaire*, parachevant, au plan formel, la signification de son thème favori, l'enchaînement diabolique des reflets sans référent.

Frank entre dans sa salle de bain, « fit couler l'eau, puis s'approcha à pas de loup du miroir : c'était le rite. En général, il commençait par se faire d'affreuses grimaces : une façon de se dissimuler derrière un masque. Mais aujourd'hui, il n'avait pas d'inspiration. Aujourd'hui, c'était son visage nu qu'il présentait à l'épreuve du miroir. Une bonne gueule, après tout, bien marquée par la vie, comme les aiment les connasses qui lisent *Marie-Claire*. Tous les cheveux en place : ça, c'était la première impression. Il fallait aller plus loin. S'intéresser aux cernes bleuâtres sous les yeux, examiner la couleur cireuse de la peau. Un de ces jours, ça va foutre le camp par plaques, par lambeaux, et on apercevra le squelette se profiler gracieusement sous les morceaux de chair. Tu en as encore pour combien de temps ? Il fit le compte des symptômes : troubles visuels, polynévrites vertiges, pertes de mémoire, et ce visage de cadavre mondain. Ça devrait tenir un an, mettons dix-huit mois. C'était l'éternité ! »

Dans la littérature alcoolique, la glace est vraiment inévitable. C'est le mot employé par Rey lui-même : « le barman posa le verre sur le comptoir. En face, il y avait l'inévitable glace... ». Les personnages de cette littérature sont traqués par les glaces. Dans une chanson de Léo Ferré, on apprend qu'un des moments privilégiés de l'existence consiste,

« à certaines heures pâles de la nuit », à prendre un verre et « à regarder loin, derrière la glace du comptoir ».

Ce regard ne rencontre pas toujours la même apparition lugubre et complaisamment baroque que dans le livre d'Henri-François Rey. Mais la glace est un piège-inévitable, qui se referme sur le buveur hébété, assistant au naufrage de son Moi dans l'alcool.

Parfois, c'est le regard des autres qui, dans la plus pure tradition sartrienne, fait fonction de miroir. On craint alors les autres comme on craint les miroirs : «Je bois, dit Frank,... parce que j'ai peur des autres. Parce que les autres sont des miroirs qui reflètent mes paniques et mes trouilles et mes manques. »

Ce que redoute alors le personnage, c'est de se voir confirmer qui il est, c'est un surcroît d'identité pénible, qui lui fait mesurer, douloureusement, toute la différence qu'il y a entre son « idéal du Moi » et la réalité de celui-ci. Ce décalage, en fin de compte, fragilise encore plus le sens du Moi. Ne pouvant se reconnaître dans le Moi qu'il est vraiment, et dont les autres lui renvoient le reflet objectif, ne pouvant guère croire à son Moi idéal, Frank, et avec lui combien d'autres buveurs, demandent à l'alcool de leur assurer une consistance provisoire et immédiate, mais chèrement payée. Tel peut-être le sens général, du point de vue de la quête de l'identité, du pacte méphistophélique que le buveur signe avec John Barleycorn.

7

Pacte méphistophélique : « À force de te regarder dans la glace, tu verras le diable... », dit Frank en pleine cure de désintoxication. La quête de l'identité rejoint ici la démonologie habituelle aux romans de l'alcool. La particularité de ce passage, c'est qu'il articule très clairement cette démonologie sur une psychologie qui correspond, en gros, à ce que les psychanalystes, forts de la connaissance du fameux « stade du miroir », décrivent comme un ratage de l'identification. En l'occurrence, le héros d'Henri-Francois Rey ne perçoit même pas l'image du diable dans le miroir, ce qui est le comble du satanisme, le meilleur tour de John Barleycorn : « Si au moins je voyais le diable ! Il se leva en tremblant. Je vais aller devant la glace et je ne verrai rien, ou alors quelque chose d'informe. Il se rassit. Je n'existe pas, je n'ai jamais existé. »

Le lecteur aura remarqué l'alternance du « il » et du « je », caractéristique de ce roman, et qui en est, tout au long, le principe formel indispensable : si, en effet, ce qu'il s'agit de dire, c'est que le héros est incertain de son identité, la moindre des choses est de le dédoubler de telle façon qu'il paraisse vivre tantôt comme une subjectivité libre (« je »), tantôt comme un être souffrant d'un sentiment de vide interne et qui n'existe, sur le mode objectif (« il »), que par des instances extérieures - les autres, la société, la nature - qui le soutiennent à l'existence. Or, ne l'oublions pas, ce dernier statut, déplorable du point de vue de l'idéal de liberté et de conscience intérieure, est celui du personnage de roman, pantin dont le romancier tire les ficelles. Ainsi, il n'est peut-être pas interdit de voir dans cette obsession, si commune à tous les romans de l'alcool, une sorte d'allégorie tenace au moyen de laquelle le romancier met en scène le principe même de la dramatisation littéraire. Les romans de l'alcool n'occuperaient une place privilégiée dans ce dispositif obsessionnel que parce que l'alcool, justement, exagère les effets du dédoublement et de l'objectivation de soi. Telle serait alors leur fonction culturelle, ou leur raison symbolique (au-delà donc de toute illusion réaliste ou anecdotique), dans l'histoire du roman.

8

Quoi qu'il en soit, cette prétendue allégorie se présente à nous sous les espèces d'un drame psychologique. Frank, on l'a vu, parle de sa « schizophrénie », mot à la mode à l'époque où fut composé le roman et où l'on avait tendance à voir de la schizophrénie un peu partout, quitte à l'exalter comme une qualité. Il n'empêche qu'on retrouve dans ses paroles ce qui, du point de vue de la psychiatrie, constitue la cause essentielle de la schizophrénie : le sentiment *d'indifférenciation*. Le personnage de Rey se prend pour les objets qui l'entourent, et, bien entendu, de préférence pour un de ces objets : une bouteille. « La bouteille brillait. Sans raison il frissonna, surpris lui-même de ce frisson. Il eut le sentiment que quelque chose allait se passer. Il reconnut les prodromes de ses crises. Il essaya de se rassurer, mais c'était trop tard. A l'intérieur ça commentait à chavirer, sa gorge se serrait. Il regarda de nouveau la bouteille. Je deviens dingue. Ça doit commencer comme çà. On fixe un objet et après on se met à hurler, on se prend pour l'objet... Je vais me prendre pour une bouteille. »

Comme plus haut, Frank recourt à des « trucs » très grossiers pour se prouver qu'il existe : « Il agita sa main de nouveau. Il se pinça. J'ai trouvé le truc. Il se pinça encore, plus fort. La preuve de l'existence par la souffrance. Il écouta son corps. Il était endolori, mais ce n'était pas la vraie souffrance. Il le regretta. Je ne vais tout de même pas me pincer toute la nuit pour me prouver que j'existe ! La chambre était dans l'obscurité. Il alluma. Et tout de suite la bouteille l'attira, toujours là, brillante et lisse. »

Cette méthode, naturellement, est vouée à l'échec : la conscience, elle, est impalpable. Or, ce dont souffre le héros, c'est d'un mal de conscience, né plutôt de la capacité démoniaque de *changer de corps*. Plus loin dans le roman, on lit que Frank « se vit dans une vitrine et il eut du mal à se reconnaître. Plus rien de l'autre fantôme qui dégueulait sa vie dans les bistrots de nuit, un gentleman, costume sombre et cravate stricte. Et même la serviette du gars sérieux[1]. Il pirouetta sur lui-même intriguant une femme qui faisait pisser son chien. Pour l'instant ce nouveau bonhomme lui convenait. Propre et sentant la lavande, sûr et fier de lui, en marche vers la vie .» Ainsi la multiplicité des avatars corporels du personnage prouve surtout sa réalité de personnages social ou littéraire et ne dément pas l'expérience du vide intérieur.

9

« Tout ce qui me reste pour me retrouver, pour me rejoindre, c'est l'alcool », se dit Frank. On le voit, dans la littérature alcoolique, la schizophrénie se soigne à coups de bouteille. D'ailleurs, les petits verres sont le remède à toutes les maladies, de l'âme ou du corps. Panacée universelle, l'alcool se présente à tous les détours du chemin pour éliminer les microbes, étouffer l'angoisse. Mais c'est un médecin jaloux, tyrannique : sa « méthode » disqualifie toutes les autres. S'agit-il de « retrouver », de se renvoyer à soi-même l'image d'un Moi stable et définitivement constitué ? Aucun autre miroir que la bouteille ne vaudra jamais. Dans la clinique où il subit sa cure de désintoxication, Frank regrette que

---

[1] Dans *Le Dernier Verre*, Jean-Luc Melsen se montre également très soucieux de sa serviette. Il s'étonne de ne pas la perdre au cours de ses cuites, il est content de la retrouver, le matin, comme l'unique point de repère familier dans des lieux qu'il ne reconnaît pas. Dans un monde où plus rien n'est sûr, l'alcoolique se raccroche à des petits détails concrets. Sa vue ne va pas plus loin. Au-delà commence l'aventure de la déformation incessante de toutes choses et de soi.

la bouteille qui est sur sa table de nuit ne soit qu'une bouteille d'eau minérale. Du coup, il ne sait plus qui il est, car il est habitué depuis longtemps à se reconnaître dans les bouteilles de whisky. Il imagine alors, sous la contrainte des circonstances, que cette bouteille d'eau minérale est une bouteille de whisky : « Fixer d'abord la bouteille et la transformer en flacon de whisky. Ce n'était pas si difficile. Aller plus loin, reconstituer la couleur ambrée du liquide, la lumière jouant sur les parois du verre. Revoir sa main saisissant le verre et le portant à ses lèvres, retrouver l'odeur même du scotch... », et bientôt : « Frank était lui-même, il se reconnaissait, il était dans son univers familier. »

Cependant, le procédé est coûteux, l'effort d'imagination pénible. Lassé de ce petit jeu, Frank choisit de s'évader de l'hôpital. En somme, pour « se retrouver ». Tout l'épisode de la fugue de ce prisonnier volontaire est décrit comme une reconquête de son identité. De son identité d'alcoolique, s'entend. Mais justement, c'est la seule possible, de l'aveu même de Frank (et donc, tout aussitôt, impossible). Une fois qu'il a retrouvé la rue, les gens, les cafés, il décide d'aller au cinéma, comme çà, *pour voir*. Voir quoi, sur l'écran miroir où en principe devraient apparaître des images ? Rien d'*identifiable*, rien de reconnaissable. Cette séance atteste douloureusement la « schizophrénie » du personnage, manifeste, par contraste, tout ce qui le sépare de la communauté des spectateurs et qui symbolise en cet instant, n'en doutons pas, l'ensemble de l'humanité « raisonnable » : « Il entra. D'abord surpris comme un enfant par la taille gigantesque des visages et des corps qu'il voyait sur l'écran. Et ces visages et ces corps s'agitaient, se déplaçaient. Il ne comprenait pas très bien pourquoi. Des mots lui parvenaient qui eux non plus n'avaient pas de sens. Je suis comme un voyeur qui ne serait pas fier de l'être. Ça devait être un film comique. Autour de lui des gens riaient. Il doit y avoir une clef, un truc pour comprendre. Mais moi je n'ai pas la clef. Maintenant deux types se poursuivaient dans l'escalier. Toute la salle rigolait. Frank regardait autour de lui ces visages hilares, entendait ces gloussements. Je suis dingue. Il n'y a que moi qui ne ris pas. Il aurait donné n'importe quoi pour avoir une raison de rire, une raison d'être comme les autres. Sur l'écran maintenant un orchestre faisait danser une foule élégante. La salle ne riait plus. Frank fut rassuré. La musique ça pouvait aller. Il pensa à Many. J'aime bien danser avec elle. Un homme en chemise se démenait sur la piste de danse. A nouveau des houles de rire. Ça devenait intenable. Je ne peux plus déchiffrer les visages, je ne comprends plus rien aux corps. J'ai peur. »

La peur (née de l'incapacité de déchiffrer les images les plus simples) détermine Frank à retourner à l'hôpital. On comprend, à lire la relation de l'entretien qu'il a avec son docteur, que son angoisse provient surtout de devoir renoncer à une identité précaire, mais connue, pour une autre qu'il ne peut envisager, *tant il est persuadé que l'alcool est pour lui le seul facteur d'identification* :

« -Qu'est-ce qui se passe après ? dit-il sans se retourner.
- après quoi ?
- Après la désintoxication... On n'est plus le même ?
- On s'habitue très vite, dit Marin.
- Supposez que tout marche bien, dit Frank. Après je suis un homme nouveau : qu'est-ce qui me dit que cet homme je pourrai le supporter ? »

Marin se gratta l'oreille.

« C'est difficile de changer de peau, dit Frank.
- Vous ne changerez pas de peau... Vous retrouverez la vôtre.
- Je n'en suis pas sûr. »

Il n'en est pas sûr, et cela l' « agace » : « ... une seule chose l'agaçait : cette décision qu'il avait prise d'être un homme neuf. Il essayait de s'imaginer au futur et il avait peur de ne pas se reconnaître. Et ça le vexait de s'être laissé avoir par l'alcool alors qu'il était persuadé que, jusqu'au bout, il l'avait dominé ».

Ce nouveau personnage à venir l'inquiète décidément beaucoup, et il écrit à Kim : « Au bout, il y aura un autre homme, tout le problème est de savoir s'il me plaira, s'il vous plaira. »

« Comme il vous plaira » : John Barleycorn tient le même langage que Shakespeare, homme de théâtre. Les deux excellent dans les changements de peaux. Arrive un moment où l'homme ordinaire ne peut plus supporter la mascarade de l'existence, l'interchangeabilité des rôles. S'il n'est pas littérateur, John Barleycorn menace de fondre sur lui et de l'affubler d'un nez de clown. Le littérateur, sans doute, a les moyens de résister, en sublimant la mascarade sous forme de représentation symbolique. Mais il joue avec le feu. Beaucoup d'écrivains - ceux, justement, que nous considérons - ne savent pas toujours distinguer nettement le territoire de l'alcoolisme de celui de la littérature. Le génie y parvient assurément. Il fait *comme il lui plaît*, vit sa création comme une ivresse. Les plus nombreux sont sans cesse menacés de confusion entre le réel et l'imaginaire : une vraie bouteille est certainement plus consistante qu'un personnage de papier. Ainsi, les bouteilles dans la littérature sont-elles le lointain écho d'une existence vécue comme un rêve, grâce aux vraies bouteilles. Elles sont les signes décolorés d'une vie qui, parce qu'elle est déjà du texte, est presque une œuvre suffisante. La vie est un songe, disait Calderon. Ce n'est pas toujours forcément agréable à vivre, ce songe, où tout est « comme il vous plaira » La littérature n'apporte alors qu'un supplément de plaisir, qui n'est rien d'autre qu'un supplément de songe. On peut alors l'aborder comme une alternative (hygiénique) à la bouteille, et à ses reflets démoniaques.

Quel que soit l'angle sous lequel on aborde le thème de l'alcoolisme dans la littérature, la mort rôde dans l'espace ainsi délimité. En ce qui concerne la quête de l'identité, elle apparaît comme l'issue inévitable à la ruine des images. Plus généralement, la fatalité de cette issue nous permet d'entrevoir la compénétration, souvent observée ici, de tous les thèmes, de telle sorte que la représentation littéraire de l'alcoolisme manifeste constamment sa belle unité : cette représentation est à prendre comme un tout, que l'analyse décompose sans doute quelque peu arbitrairement et non sans coup de force ni violence ; car si l'écrivain choisit de dire son alcoolisme sous forme romanesque, ce n'est pas par un parti-pris esthétique complaisant, ou bien parce qu'il aurait décidé, librement, de se « sauver » par et dans la création artistique. L'alcoolique est justement quelqu'un qui n'est pas libre. Le projet d'écrire correspond chez lui comme à une tentative plus ou moins désespérée de surmonter son mal en le racontant, et cette entreprise n'est pas différente, en son principe, de ce que font les *Alcooliques Anonymes* lorsqu'ils encouragent leurs adhérents à se raconter. Surtout, la forme du roman permet de se raconter sur un mode qui préserve le mystère, - inséparable de toutes les formes du mal lui-même, dès lors qu'il atteint quelque sommet ; l'expression littéraire de ce mystère ne saurait s'accommoder, d'entrée de jeu, des conforts méthodiques de l'analyse critique, d'un quelconque découpage oiseux des questions à traiter par l'écrivain lui-même. Son texte, parce qu'il est romanesque, présente le caractère indissociable du mythe ; il est, en quelque sorte, la gestion symbolique de l'incertitude, accueil favorable à la surabondance incontrôlable des significations et des contradictions, consentement à la richesse polymorphe de la vie. Cette gestion possible seulement sous cette forme (la forme romanesque), intégrant tant bien que mal des éléments multiples dont chacun réclamerait, du point de vue de l'idéal de l'analyse, toute une étude réglée, implique l'ambiguïté. L'ambiguïté, qui n'est pas négation du sens, mais réunion de tous les sens dans l'unité d'un seul discours, est le prix à payer pour celui qui voudrait rendre compte de la multiplicité du vécu (en l'occurrence, le vécu alcoolique, mais sans doute plus que le vécu alcoolique lui-même) dans toute sa richesse et sa surabondance contradictoires sans s'offrir le luxe, à vrai dire intenable, d'une approche critique organisée de chaque élément intégré. Le *symbolisme* littéraire prend ici son véritable sens, qui est de rassemblement du divers dans l'unité d'une représentation. Il représente le *niveau moyen* d'une écriture prise entre le désir de tout dire et la nécessité de faire vite (même si le texte est très long, il est toujours trop court, par rapport aux exigences de l'analyse qui se proposerait de parcourir, les uns après les autres, tous les réseaux de sens entrevus dans la masse du texte). Que l'écrivain souhaite « développer » tel ou tel élément, et le voici déporté vers une thèse qui l'empêchera, faute de temps, d'assumer ce que l'artiste est le seul à pouvoir assumer : la représentation de la totalité.

Les pauvres lecteurs que nous sommes sont condamnés, face à cette richesse exubérante, à isoler certains rapports entre des éléments limités, à partir du moment où nous décidons de nous déprendre de la séduction de la totalité pour commencer une lecture « seconde », qui marque notre entrée dans la période critique. Alors il nous sera facile de constater la soudure inévitable entre le thème de l'identité et celui de la mort, mais - ô vertige du symbolisme textuel ! - cette soudure existe entre la plupart des autres thèmes. Il n'est, en l'occurrence, question que d'insistance ou d'accentuation. De ce point de vue, la chose est sûre : les romanciers insistent plus volontiers sur l'association de certains thèmes avec celui de la mort. Le thème de la quête de l'identité est parmi ceux-là. Il précipite ainsi, mais à simple titre de modulation privilégiée, non exclusive, le sens général de l'alcoolisme, qui est ruine et perdition.

Ainsi, on pourrait croire que c'est un songe érotique qui retient le regard de Frank dans le miroir où se contemple Kim, nue. Mais ce corps qui s'y reflète est déjà une promesse de corps morcelé :
« Frank voyait le corps de Kim trois fois multiplié, par fragments, par morceaux ». (Il s'agit des portes d'une armoire à glace, dont la rencontre dans une chambre d'hôtel de Madrid sert providentiellement les fins symboliques du texte...) Or, voici que l'image de Kim ne tarde pas à disparaître : « Il la regardait, et soudain il ne la vit plus. Ce n'était plus elle qui s'exhibait à elle-même devant les glaces, mais une ébauche, un fantôme. Il se souleva sur l'oreiller, avec l'envie de se secouer. Je ne rêve pas, il regardait et ce n'était plus qu'un corps très lointain qui dansait une bizarre figure devant les miroirs anonymes. »

Le sentiment de la mort s'empare alors du personnage : « Je vais peut-être mourir... C'est peut-être cela, la mort, se sentir soudain étranger, amputé de quelque chose d'essentiel, mais qu'on ne peut définir. (...)

Une dernière fois il regarda Kim puis ferma les yeux et se laissa tomber sur l'oreiller. Il foutait le camp. Je meurs, je suis en train de mourir et je m'en fous, et c'est agréable. »

11

Les miroirs « anonymes » - et ils le sont parce que celui qui s'y regarde ne se trouve pas de nom - peuvent prendre toutes les formes dans la littérature alcoolique. Ce peut être des vitres : « Dans le mouvement que j'accomplis pour me servir à boire, disait Blondin, je fis affleurer au carreau le reflet dérisoire de ma face de clown » ; ce peut-être, tout simplement, les miroirs des salles de bain, comme on l'a vu au tout début de *La Comédie* : « Frank fit couler l'eau, puis s'approcha à pas de loup du miroir : c'était le rite. » ; ce peut-être enfin les vitrines dans la rue et, plus métaphoriquement, le regard des autres, comme chez Rey encore. Mais voici, plus inattendu, *l'aquarium*, dans lequel se condensent l'idée de la réflexion (en milieu glauque) et celle de la séparation avec un monde (le monde du silence) où vivent des hommes-poissons uniquement préoccupés de leur existence végétative ; globalement, c'est une image de l'enlisement dans la vase, particulièrement désagréable pour un buveur de whisky. L'aquarium évoque ainsi le tombeau et la mort, - mais celle des autres, ces morts-vivants avec lesquels l'alcoolique croit n'avoir plus rien de commun, et qu'il méprise en raison de leur sotte satisfaction d'être simplement en vie et de pouvoir nager. La schizophrénie (et voyez comment celle-ci, ainsi que nous le disions, a pu se trouver chargée, dans l'histoire des lettres, de connotations avantageuses) marque alors la séparation quelque peu triomphale de celui qui a choisi de boire de la foule des « poissons » ; elle est l'origine, ou la conséquence, d'un mépris hautain et d'un refus orgueilleux des valeurs communes, et nous trouvons ici l'expression d'une prétention généralement associée à l'alcoolisme, bien visible chez London par exemple : que ceux qui boivent sont les meilleurs, que c'est dans les cafés, aux dires de l'écrivain américain, qu'on trouve les « bons garçons » et les « héros ». Frank nous dit : « J'ai un nom sur le bout de la langue. Schizophrénie. C'est un beau nom. Un peu compliqué mais noble et qui dit bien ce qu'il veut dire pour les initiés. Depuis toujours je le sais. Je suis fou, je suis dingue, je suis braque. Et voilà la première manifestation conséquente de la maladie. Ce sentiment d'étrangeté, ce décrochage. Et mes déconnages sur la solitude, sur les 'autres' et cette quête de la complicité. A la clinique ils le savaient et rigolaient sous cape en me faisant dégueuler le diable dans la cuvette. Ce n'était pas le bon diable, tout juste un suppléant, une doublure[1]. Je suis dingue et ils le savaient. Presque satisfaisant, cette impression d'avoir fait son diagnostic. Maintenant, je suis rassuré, je sais où je vais. Plus de doute, plus de zigzags. J'y vais tout droit. Le monde vu comme un aquarium. Et les autres qui restent dans l'aquarium, poissons fous, poissons mornes tournant en rond et cherchant une issue à leurs prisons de verre. Curieux de les voir tourner. Des poissons qui défilent. Et moi plus poisson que les autres. Poisson, mais le sachant. Ne tournant plus comme un idiot derrière la paroi transparente. Ayant renoncé une fois pour toutes à trouver l'impossible issue. Poisson lucide et résigné à être poisson, et Kim poisson comme les autres. Et moi fou. »

12

Mais nous voici, du même coup, en plein dans le *bestiaire* commun aux romans de l'alcool. Très souvent, nous avons l'occasion de le faire remarquer dans cet ouvrage : il arrive presque toujours que le récit de l'expérience alcoolique va puiser certaines de ses ressources dans l'imaginaire animalier, que ce soit sous la forme de métaphores, comme dans le texte de Rey, ou sous celle d'agents effectifs du récit, comme chez London ou Hemingway, chez qui loups, chiens, ours, lions, buffles ou poissons disputent aux

[1] On voit que, dans la littérature alcoolique, on n'est même pas sûr que le diable soit le diable, - ce qui est la suprême tromperie de celui-ci et disqualifie même les critères les plus négatifs de l'identité.

hommes l'espace littéraire. Bien entendu, le partage n'est pas facile à faire entre le statut simplement métaphorique de ces bêtes et leur prétendue fonction diégétique : nul, en fait, ne doit être dupe de l'illusion réaliste suscitée par la mise en scène des animaux ; chez Hemingway comme chez London, il n'est que trop clair que leur apparition contribue à la formation d'un univers symbolique producteur de valeurs particulières. Ces animaux sont, de part en part, langage, et il serait vain de rechercher les mêmes dans les zoos ou les parcs naturels. En eux, l'écrivain se projette. Ils sont partie constitutive de l'univers alcoolique ou, à tout le moins, doivent être déchiffrés sous son éclairage. Dans l'ensemble, dès lors que le rapport de l'écrivain à l'animal va jusqu'à *l'identification* (comme chez London, qui se faisait appeler « Le Loup » et ne voulait manger que de la viande), on peut dire que le bestiaire exténue la logique alcoolo-romanesque du dédoublement et de l'altérité. Il est le sommet de la mise en scène hystérique de soi sous les espèces de l'autre. Bref, il complète la mascarade universelle, dont une des formes encore humaine, mais déjà exaspérée, est le déguisement en clown. Après le clown, en quelque sorte, vient l'animal. L'animal est ainsi le suprême masque, dépouillant le buveur de son reste d'humanité. Il est aussi le symbole d'une identité dérisoire, aux lisières de l'horrible. L'homme poisson de Henri-François Rey rejoint l'homme loup de Jack London, la femme-chat de Jean-François Josselin, et cet espèce de prédateur incorrigible que fut, toute sa vie, Ernest Hemingway. Tous sont figures, parfois dans leur vie même, de cette tragique quête de l'identité que les écrivains alcooliques ne se lassent pas de représenter.

En voulons-nous une preuve supplémentaire ? On peut achever ici notre incursion dans le livre de Henri-François Rey en évoquant ces pages où Frank doit assister à un bal... masqué. Dans ces pages décisives, on trouve magnifiquement associés les thèmes de la mascarade, de l'animal et de la mort, qui pivotent autour de celui du miroir. Le caractère éminemment synthétique de ce passage mérite donc que l'on conclue sur lui notre description de la quête de l'identité dans *La Comédie* : « Many le regarda, étonnée. Elle n'insista pas. *Cette volonté soudaine de participer à cette foire ridicule lui semblait contenir une signification redoutable.*

Plusieurs fois, il l'interrogea sur les déguisements qu'ils allaient choisir. *Chacun devait se faire la tête d'un insecte.* Il chercha longtemps, en discuta avec Many, gênée. Au bout de quelques jours, il décida de se faire *une tête de scorpion.* Il chercha dans le dictionnaire à quoi cet animal pouvait bien ressembler : c'était la première fois depuis longtemps qu'il s'intéressait à quelque chose. Many dut lui fabriquer un masque. Lorsqu'il fut prêt, Frank l'essaya : *il se regarda longuement dans la glace*, penchant la tête à droite et à gauche. Many refusait de se masquer, mais Frank insista. Il finit par se décider pour elle. Elle se ferait *une tête de mouche* ; elle obéit ; elle l'essaya *avec dégoût.*

Le soir du bal, Frank mit un soin extrême à s'habiller. Il était resté longtemps dans la salle de bain. Lorsqu'il sortit, il était en smoking, rasé de près. Many comprit qu'il avait mis *ses vêtements de deuil. La tenue de cérémonie pour son propre enterrement.* Elle eut envie de le supplier de ne pas se rendre à ce bal, mais elle se tut ; il fallait aller jusqu'au bout. Frank choisit la robe que devait mettre Many : une robe blanche, très collante. Elle obéit. *Il lui fit essayer son masque une dernière fois.* » (Nous soulignons)

13

C'est fascinant : on a parfois l'impression, quand on entreprend la lecture d'un nouveau roman de l'alcool, que c'est celui qu'on vient de terminer qui se poursuit, si ferme est la cohérence symbolique de tous ces textes, et si assurée leur continuité thématique. Et cela, jusqu'au moindre détail, ce qui prouve que pour cette littérature-là, comme pour toutes les autres, il n'y a pas de détail. Mais enfin acceptons de considérer, par exemple, que ce que dit Henri-François Rey des armoires à glace soit un « détail ». Quelle n'est pas notre surprise, alors, de constater que les romans de l'alcool sont pleins d'armoires à glace !

C'est assurément, outre le comptoir, le genre de meuble avec lequel l'écrivain alcoolique entretient les rapports les plus familiers, et, comme de juste, les plus ambivalents.

Ainsi, chez Jean-François Josselin, dont on finit de dire qu'il a sa place dans la longue tradition du bestiaire alcoolique (nous allons y revenir), l'armoire à glace se trouve évoquée par Madame Foy. Comme chez Rey, cet objet s'intègre à la logique symbolique de la quête de l'identité, il est une des formes du miroir que le buveur rencontre forcément, au détour de chaque chemin. Dans *L'Enfer et Cie*, on en trouve une autre forme, complétant la liste entrevue plus haut : la glace du poudrier, - forme rare car elle convient elle-même à une forme d'alcoolisme rarement représenté dans notre corpus : l'alcoolisme féminin. Josselin :

« - Pour échapper à l'ivresse, on dirait qu'il vous suffit de vous regarder dans une glace, dis-je, un peu agressif.
Elle sourit et me tend le poudrier.
- C'est un peu ça, répond-elle doucement. Il faut savoir composer avec les miroirs. Il y a ceux qui vous réfléchissent cruellement et puis les autres qui vous arrangent. Pour ma part, si un miroir n'est pas mon complice, je le brise, tant pis pour les sept ans de malheur, ou alors je prend la fuite. J'ai souvent changé d'hôtel à cause d'une armoire à glace. »

Suit, de la part du narrateur lui-même, une méticuleuse inspection de son visage, sur le reflet duquel finit par se superposer, non plus, comme chez Rey, une tête de mort, mais le visage de Cécile, - cette Cécile que notre poivrot recherche inlassablement dans le visage des autres, au point que n'importe qui peut être Cécile, c'est à dire, au nom de cette surimposition freudienne et onirique que nous venons d'évoquer, *lui-même.* »

- J'imagine que le miroir de votre poudrier est le fidèle des fidèles, non ?

Elle sourit encore davantage.

- Avec moi, oui. Avec vous, je ne sais pas. Essayez-le. Regardez-vous.

Je me regarde dans le petit miroir qui ne reflète qu'une partie de mon visage, mon sourcil et mon oeil gauche, la paroi de mon nez. L'œil, surtout, m'émeut. Il est indulgent et doux.

- C'est bien moi, dis-je à Mme Foy en lui rendant son poudrier. C'est même tellement moi que, dans votre glace, je me fais penser à une photographie où, à la campagne, dans une petite auberge, je suis attablé avec Cécile. En fait, dans votre poudrier, mon image appelle celle de Cécile. Un souvenir de bonheur... Je vous remercie »

14

« Il n'est pas évident que Cécile doive ressembler à Cécile », proclame le narrateur de *L'Enfer et Cie.* Il n'est pas évident non plus que lui-même doive ressembler à lui-même. Cette conviction, que tout peut-être dans tout et réciproquement, le pousse à s'imaginer que Cécile, qui est morte, peut se réincarner dans d'autres personnages. Délire éthylique ? Ou bien l'alcool n'est-il que le prétexte avancé par l'auteur pour symboliser le ratage de sa propre identification ? Cécile se réincarne d'abord en Philomène :

« - Voilà, dis-je à Mme Foy, je voudrais vous présenter Cécile. Ou plutôt Philomène.
Elle a un petit sifflement de surprise.
- Ça, observe-t-elle, c'est une mission de confiance.
- Bien entendu, je vous demande de lui taire toutes nos conversations. Philomène ne sait pas qu'elle est Cécile. Et Cécile d'ailleurs, par son existence même anéantit Philomène. Ce n'est pas très facile à comprendre, j'imagine ?
Mme Foy sourit :
- C'est même absolument incompréhensible. Mais ça n'a aucune espèce d'importance. Avec vous, j'ai la foi du charbonnier.
Je reprends, encouragé :
- Ce que j'attends de vous, c'est que vous parliez de tout et de rien avec Philomène, que vous l'observiez. C'est un rêve absolument insensé mais je voudrais tant que, devant vous, le visage de Cécile se substitue insensiblement à celui de Philomène ! Voyez-vous ce que je veux dire ? Si, au hasard des mots et des silences, la métamorphose était telle qu'à la fin de votre entrevue il n'y ait plus, devant vous, une femme brune un peu boulotte mais une femme blonde très menue. »

Lorsque cette Philomène, dont on espère tant (rien moins que d'aider le narrateur à retrouver son identité en retrouvant Cécile), a pris place dans le bar, Mme Foy l'entreprend, et conseille à son compagnon de beuverie : « -Mais sauvez-vous vite... Ne craignez rien. Je vais m'occuper de votre amie. » Celui-ci a alors cette réflexion significative : « Me sauver ? *Me perdre*. Au moment de pousser la porte tournante du bar, je me retourne une ultime fois. Mme Foy et Philomène Rateau, souriantes, se regardent en silence. Cécile va-t-elle surgir ? » (Nous soulignons)

Le comble est que - si grande est la complicité des alcooliques - Mme Foy retrouvera Cécile dans Philomène ! Mais s'agit-il de simple complicité ? Bien plutôt, d'une intelligence naturelle de la stratégie du dédoublement, à laquelle recourent toujours, peu ou prou, les alcooliques en mal d'identification ; Mme Foy sait le prix de la réversibilité de toutes choses et, pas plus que son compagnon, ne vit dans le monde des enchaînements raisonnables. Dans cette unité de lieu que constitue le bar, ils se donnent la représentation tragi-comique des identités défaites et refaites avec la promptitude des magiciens du théâtre baroque. Ainsi, on essaie à Cécile plusieurs costumes. Celui de Philomène Rateau paraît bien lui convenir :

« ... Mais revenons-en à l'essentiel, écrit Mme Foy dans une lettre au narrateur, confiée à Martial, le barman : j'ai retrouvé Cécile dans Philomène. Ne pavoisez pas trop pourtant. C'est par l'absurde que j'ai cru la deviner dans la personne de Mme Rateau. Car Philomène me semble le négatif absolu de votre épouse défunte. Ou plutôt, elle est son contraire. Là où vos confidences m'évoquaient intelligence, distinction, modestie, je n'ai découvert que bêtise, vulgarité, et coquetterie. »

Dès lors, le mode de réincarnation de Cécile est annoncé : c'est, pour tout le reste du roman, un mode péjoratif, - jusqu'à l'ultime métamorphose de la jeune femme en animal. Mais cette inversion de signe est justement le signe que le narrateur est chaque fois en présence de Cécile. Ce qui, bien entendu, ne facilite pas la résolution de son problème d'identité, et n'encourage pas un témoin extérieur à accorder quelque crédit à son délire de réincarnation. Comme par un défi dont l'outrance même veut faire figure de preuve, et qui est de l'ordre de la foi, la vraie, celle qui déplace les montagnes, le narrateur affecte d'identifier Cécile jusque dans ses contre-traits. Démonstration paradoxale de la vérité ! Où subsiste quand même, on s'en rend compte, quelque rigueur logique, puisque les traits en question sont constamment négatifs, ce qui garantit le régime de l'inversion dont se soutient la croyance du narrateur. Mais telle est la particularité de l'univers alcoolique qu'il prétend toujours se fonder sur une certaine logique, et la suit jusqu'à son terme...

15

Cette fantasmagorie dépréciative n'est pas propre à Josselin : elle appartient évidemment à la démonologie générale des romans de l'alcool, sur laquelle embraye subrepticement et en souplesse la thématique de l'identité (thématique, rappelons-le, qui n'est précisément pas thématisée par l'auteur, ce qui permet ces embrayages aussi souples que subreptices). Sous les traits charmants de Cécile se devine peu à peu le sourire grimaçant et sarcastique de John Barleycorn. Apparition confirmée par la suite, lorsqu'on voit Philomène Rateau essayer de séduire le narrateur, en un épisode qui préfigure la scène où Norbert, l'homosexuel, et sa « rabatteuse », Cécile (pouvait-elle s'appeler autrement ?), l'entraînent à des abandons érotiques dont il se repentira plus tard. Cette répétition d'une scène déterminante - où Cécile présentera son visage le plus abject - n'est d'ailleurs pas étonnante, dans un monde alcoolo-romanesque qui cumule la logique répétitive du fantasme et le principe de 1a mise en abyme du théâtre baroque.

Au cours de cette répétition, alors que le narrateur et Philomène (dont le prénom rappelle si fortement le théâtre du Grand Siècle) sont assis côte à côte sur un canapé, sirotant du scotch (évidemment), on voit très nettement le corps de Philomène Rateau redevenir lui-même au fur et à mesure que l'étreinte du narrateur paraît devenir possible. Se découvre alors l'horreur de sa réalité, le corps repoussant du diable sous le voile fragile de l'illusion. Et comme pour bien mon-

trer qu'il s'agit de lui, et de personne d'autre, Satan profère ces jurons grossiers dont il a l'habitude[1] :
« - Je me suis levé d'un bond, étonnant d'ailleurs Philomène par ma fougue, et me suis penché sur elle. Hélas, malgré cette ardeur, j'avais été trop lent. Quand mes lèvres se sont posées sur celles de Mme Rateau, j'ai compris aussitôt que Cécile venait de déserter le corps de celle-ci. Je suis resté un instant paralysé, ce qui a déplu à cette femme vulgaire que la galanterie m'imposait pourtant d'honorer.
- « Qu'est-ce qui t'arrive, mon chou ? a-t-elle ricané. Tu veux que je te prépare à la main ?
« Comme Cécile était déjà loin ! Dans un monde meilleur (et ce n'est pas difficile), j'imagine. Mais moi je restais là, devant cette créature repoussante que jamais, évidemment, je ne pourrais aimer. Elle m'évoquait ces personnages de contes de fée dont l'apparence est aussi belle que trompeuse et qu'un sortilège, à un moment donné, rend à leur vérité d'horribles sorcières. Mon visage dut trahir mon dégoût car Mme Rateau devint comme folle et, ne contrôlant plus sa fureur, me jeta hors de chez elle avec des phrases dont la grossièreté m'a profondément choqué et que je ne me permettrai pas de reproduire ici. »

16

Cette page montre bien, assurément, comment tous les « thèmes » s'entremêlent et s'échangent : ici, le doute sur l'identité s'exacerbe en fantastique démoniaque, mais on

[1] Ressource classique de la démonologie, comme on le voit dans le film *L'Exorciste* : une toute jeune fille, d'ailleurs déjà bien dégradée physiquement, dit d'insoutenables grossièretés qui sont la marque de la possession.

voit quel rapport génétique unit l'un et l'autre thème. Lorsqu'une expression a atteint son point d'intensité maximale, elle change de qualité, et verse dans un autre registre symbolique capable d'assumer son développement quantitatif. Le fantastique démoniaque ne suffit-il bientôt plus à représenter le délire d'identification du narrateur ? La démonologie mute alors en bestiaire. Le bestiaire exprime donc le comble du délire, et porte le symbolisme satanique à saturation : celui-ci n'est plus alors directement reconnaissable, - sauf, justement, à en établir la filiation. Ainsi, lorsque Cécile se sera transformée en chatte, l'animal est décrit comme une compagnie agréable en tous points, et seul le mode général de cette réincarnation (bestial) rappelle au fond de quelle diablerie il s'agit là : cependant, les traits avantageux et complaisants de cette description nous font volontiers oublier quel est ce mode. Parce que le comble est atteint, il ne semble plus y avoir de lien entre le monde réel et l'univers alcoolique. Celui-ci se scinde définitivement de son origine de telle sorte que tout rapport de filiation n'apparaisse plus. Alors la rupture est consommée avec le monde raisonnable. Le buveur fou est passé dans une autre dimension, où, sans cesser de croire que les Cécile peuvent devenir des chattes, il n'en refuse pas moins l'horreur de la métamorphose (exploitée esthétiquement, on s'en souvient, dans un film comme *La Belle et la Bête*, où le rapport était plutôt de contiguïté, mais n'en appartient pas moins à la même symbolique du bestiaire). Il faut donc, en quelque sorte, que Cécile ait pu être chatte de tout temps, présentât par avance des signes de félinité, - que le narrateur avoue lui avoir toujours reconnus dans le passé. L'altérité de l'univers alcoolique est donc complète. Dans ces conditions, il paraît vain de vouloir récupérer une quelconque identité : les identités sont désormais constituées de manière ferme, mais dans *l'autre dimension*, qui cesse de s'imposer à l'alcoolique comme une dimension substitutive (symbolique, littéraire, artistique ou onirique). Pour cela, il faut proprement que les habitants de cet univers soient sans histoire, affranchis sans espoir de retour du « background » sur lequel ils continuent de coller tant que la rupture n'est pas entièrement consommée : alors les représentations restent plus ou moins boiteuses, les réincarnations plus ou moins convenables ou satisfaisantes ; il y a toujours un aspect par lequel elles blessent ou déçoivent l'alcoolique, qui, du coup, est rappelé au bon souvenir du monde réel qu'il s'emploie à nier, et ne peut que constater le caractère approximatif et précaire de ses reconstitutions. Bien entendu, tant qu'il en reste aussi à ce régime claudicant de l'imagination, cet alcoolique est guérissable. Entre le monde réel et le monde imaginé, en effet, il y a une tension, une contradiction assez fortes pour faire pencher la balance dans le sens du réel et ramener le malade à l'évidence que les chattes ne sont pas des jeunes femmes. Ce n'est déjà plus le cas du narrateur de *L'Enfer et Cie*, lorsqu'il écrit cette lettre à Mme Foy :

« Chère amie,

« Ma lettre d'hier était désespérée. Celle d'aujourd'hui est au contraire pleine d'espoir. Ainsi va le temps avec ses orages et ses soudaines éclaircies. Je croyais avoir perdu Cécile pour de bon en la ratant chez l'affreuse Mme Rateau. Je ne pouvais pas savoir que j'allais la retrouver sur mon palier, cette nuit. Elle est revenue d'elle-même et je ne puis croire à une telle miséricorde. Et pourtant elle est bien là, près de moi, presque assoupie. Elle semble heureuse, elle ronronne sur le divan. Elle a toujours cette mine délicatement gourmande et coquette quand elle boit son lait. Mon seul souci est qu'elle ne passe pas sa patte derrière son oreille quand elle fait sa toilette. N'est-ce pas un signe de pluie, et donc de chagrin ?

« Grise, tigrée, blanche, avec des yeux pers et ces griffes qui surgissent selon son humeur (toujours imprévisible) de sa fourrure douce, Cécile me ravit et me rassure. Cette métamorphose lui sied à ravir : femme, elle avait déjà la grâce des félins, leur indépendance et leur fidélité de cœur. Rappelez-vous, elle m'attendait en sommeillant dans un fauteuil, les paupières blessées pour échapper à l'éblouissement d'un rai de soleil. *Peut-être était-elle déjà une chatte et ne le devinais-je pas* ? Mon châtiment serait alors d'être, aujourd'hui, lucide et de comprendre combien nos conditions diffèrent. Puisque aussi bien, si je peux chérir Cécile, la combler de sucreries et la caresser, je n'ignore pas en revanche qu'elle ne répondra pas à mes interrogations, que sa douceur restera énigmatique et que la forme de mon amour sera toujours une platonique adoration. Tant pis ou tant mieux. Du moins cet inachèvement amoureux entretiendra-t-il, je l'espère, l'existence même de ma passion et la pérennité de mon désir. L'important, ce n'est plus la cible mais la trajectoire pour l'atteindre, notre croisière. Déjà je me soumets de bonne grâce aux corvées de notre nouvelle existence - bien qu'il y ait quelque chose d'humiliant, vous l'imaginez, dans le nettoyage du bac à sciure où Cécile fait ses besoins naturels. Mais je me dis que ma patience et mon abnégation seront, qui sait ? un jour récompensées. Et puis est-il absolument interdit d'espérer que Cécile reprenne forme humaine ? Ou, qu'à mon tour, je me métamorphose en chat ? Évidemment, nous n'en sommes pas là. Mais enfin nous voilà réunis et, frustrés ou pas, je ne me sens plus aussi malheureux. Je vous prie de croire, chère amie, à l'expression de mes sentiments les plus chaleureux, votre

'B'. »

17

Peut-on aller plus loin que la métamorphose en bête, existe-t-il un registre symbolique plus extensible dans l'horreur, encore, que le bestiaire ? Il semble que oui, en tout cas pour Josselin, et on assiste à une espèce de dilution panthéistique de la personnalité, déjà bien variable, de Cécile dans tous les objets de l'univers. Cet alcoolo-animisme s'en prend d'abord aux fleurs, non sans avoir épuisé auparavant, comme chez Henri-François Rey, le stock des plus hideuses métaphores d'insectes, - mouches ou araignées.

Cécile, en effet, a disparu à nouveau, dans sa peau de chat. Le narrateur la recherche désespérément dans tous les asiles de la Société Protectrice des Animaux : « Cécile n'était pas parmi eux (les pensionnaires de ces asiles : « Fausses apparences et trompeuses moustaches »...), pauvres animaux au demeurant puisqu'ils sont condamnés à une piqûre mortelle. C'est bien cela qui me désespère. Et si à cette heure même la seringue fatale transperçait la fourrure de ma bien-aimée ? » Constatons une fois de plus l'entrelacement du thème de la mort et de celui de l'identité, puis voyons comment le bestiaire s'enrichit, jusqu'à s'épanouir en véritable zoophobie morbide : « La S.P.A., émue par mon chagrin, me propose diverses bêtes disgraciées, sales et de mauvais caractère. Je n'ose refuser et les prends à l'essai, le temps pour elles de saccager mon appartement. Il faut dire que je déteste les chats, les chiens, les chevaux, ces prétendus amis de l'homme. Il est vrai qu'ils me le rendent bien. Si ma pauvre Cécile revenait, elle serait catastrophée de voir ces horribles bêtes faire leurs griffes sur ses jolis fauteuils crapauds ou ses rideaux de velours vieux rose. Mais Cécile reviendra-t-elle jamais ? »

Suit alors le rêve animiste qui nous prouve bien que, comme nous l'énoncions plus haut, pour l'alcoolique tout est dans tout et réciproquement ; nulle hiérarchie, nulle échelle des valeurs ne président plus à la différenciation des choses, qui sont tout au contraire indifférenciées, ce qui nous renvoie, du point de vue psychologique, à l'état de schizophrénie dans lequel paraissait se complaire le héros de *La Comédie* : « Je suis, pour ma part, presque persuadé qu'elle avait déserté le corps de la chatte avant que celle-ci (celle-ci - Cécile, voyez donc la malignité des mots !) ne saute par la fenêtre. Mais alors, si elle ne se cache plus dans la chatte, où est-elle ? N'importe où, me direz-vous, et vous aurez raison. Pourquoi ne pas imaginer, par exemple, qu'elle est un insecte ou un pétale de fleur ? Peut-être est-elle le monde entier, d'ailleurs... Pour ne pas la blesser, je dois désormais rester immobile et silencieux, aphasique. Oserai-je me débarrasser du bouquet de roses fanées, dans un vase sur la cheminée de sa chambre, et le jeter à la poubelle ? Ai-je le droit d'écraser cette araignée qui tisse sa toile, non sans malice, sous mon nez ? Dois-je sauver la mouche prisonnière de la toile de la même araignée et quand la mouche sera mangée par l'araignée, qui me dira si Cécile a bien déjeuné ou si Cécile a été dévorée par cet horrible monstre à huit pattes qui pourrait être, néanmoins, elle-même... »

Sans commentaire... La quête de l'identité, quand elle n'aboutit pas, provoque toujours ces visions cauchemardesques qui sont, dans l'art, l'expression de l'horreur de l'indifférencié.

18

Face à ces visions, la scène où Cécile apparaît au narrateur sous la forme d'une danseuse de « peep-show » pourrait sembler bien pâle, et marquer un degré de moins sur l'échelle de l'horreur. Elle est cependant d'un grand intérêt, au moins double, et c'est ce double intérêt qui justifie sa mise en place, quitte à susciter l'apparence que nous en revenions à des métamorphoses plus tolérables de l'être aimé.

Ce double intérêt est que, d'abord, la découverte surprenante de Cécile derrière la vitre d'un « peep-show » réactive sans aucun doute le souvenir enfoui de ce que Freud appelle la « scène primitive », dont la perception, nous dit-il, est toujours associée à un sentiment d'effroi, d'incompréhension, et la répétition - sous une forme symbolique ou fantasmatique tardive -, d'angoisse et parfois d'horreur, lorsque, précisément, le sens qu'a le sujet de son identité est mal assuré ou fragile. L'intervention inopinée de ce sujet-là dans le jeu sexuel des « parents » équivaut alors à une déstructuration de l'espace réglé, social ou conventionnel des interdits. La vision, quoique involontaire, est vécue comme une transgression ; elle se charge donc d'angoisse de culpabilité et, comme dans les rêves, ce qui est vu prend des allures de cauchemar, sans cesser de provoquer quelque excitation.

Il en va bien ainsi dans la scène au cours de laquelle le narrateur nous raconte l'avatar pornographique de Cécile (avatar, qui, bien entendu, ne cesse d'être diabolique, tous les thèmes étant, comme on sait, surdéterminés). Mais l'autre intérêt de cette scène, et non pas le moindre, est de nous présenter une autre variété de miroir : la vitre du « peep-show », - variété ô combien intéressante, puisque sur sa surface sans tain se condensent des significations diverses : ce « miroir » ne laisse passer qu'une seule image, il n'est pas totalement réfléchissant ni transparent, de sorte que la supposée Cécile ne peut renvoyer, comme le ferait une bonne mère, son regard au narrateur ; il est cependant l'objet d'une excitation folle, délimitant l'espace d'une révélation passionnément attendue, grâce à laquelle, parce qu'il va *voir* enfin, le sujet retrouvera son identité perdue. L'imminence de cette révélation, cependant, relance le cycle de l'angoisse (de l'horreur), diffère à nouveau le moment de l'identification. Cécile apparaît, certes, mais « lointaine et étrangère ». Pour finir, le narrateur se demande si elle n'est pas, comme lui, « en enfer » : la crise psychologique, presque directement exprimée, reprend prudemment les chemins tout tracés de la démonologie : «Je trébuchai puis m'assis sur une chaise, devant un miroir glauque. L'incongruité de ma situation me vint à l'esprit et j'allais sortir quand le miroir s'illumina, devint une glace. Et le plus extravagant des spectacles me cloua sur place sur ma chaise. Derrière le miroir, à quelques centimètres de mon visage, une dame nue mais chaussée d'escarpins à talons très hauts se tenait sur un plateau tournant couvert de luxueuse moquette. C'était Cécile ! Je voulus la toucher mais le miroir, épais au point que le bruit de mes doigts sur sa surface polie fut inaudible, nous séparait d'une façon irrémédiable. Cécile, elle, paraissait me regarder mais sans me reconnaître ni peut-être me voir. Et pour cause car je fus vite horrifié par ses attitudes et ses gestes. Après s'être longuement et langoureusement caressé les seins et les hanches, avec pourtant une simplicité stupéfiante, voici qu'elle saisit une grosse carotte par ses fanes et, après l'avoir sucée avec une volupté gloutonne, l'enfonce entre ses cuisses, ferme les yeux, ouvre la bouche et feint une extase aussi obscène que provocante. L'irréalité de la scène me pétrifie : Cécile n'a ,jamais été aussi indécente dans l'intimité, aussi libre dans l'amour, même lors de notre nuit de noces - et pourtant là, de l'autre côté du miroir, dans cet univers réduit à un plateau tournant, l'enfer, sans doute, je la sens, je la sais irrémédiablement lointaine, étrangère. Mais alors Cécile, elle aussi, est en enfer ? »

Cet enfer - l'enfer de l'indifférenciation - est présenté tout d'abord au moyen de traits séduisants : nous y reconnaîtrons le stratagème habituel de John Barleycorn ; il faut bien qu'en quelque mesure le diable commence par vous séduire, s'il veut vous faire souffrir. Souffrance du désenchantement, et surgescence soudaine, brutale de la réalité : ce qui était perçu comme Même se révèle douloureusement Autre. La déflation du sujet est alors totale. Dans l'alternance fatale de cette montée et de cette descente (aux enfers), on identifie sans peine le vécu psychologique de la cuite et de ses lendemains, qui, vraisemblablement, ne sont que le matériel symbolique à l'aide duquel l'écrivain représente le drame du ratage de sa propre identification. Des traits séduisants : lorsqu'arrive l'épisode crucial où le narrateur de *L'Enfer et Cie* va succomber aux assauts sexuels de Norbert, secondé en cela par sa compagne, ultime réincarnation de Cécile, le couple qu'ils forment elle et lui est décrit en termes positifs. Ces termes insistent aussi sur la valeur d'indifférenciation dont ce couple, en vérité démoniaque, paraît tout d'abord porteur : « Je ne me lasse pas de dévisager ces jeunes gens. Ce qui, d'ailleurs, ne les importune pas, perdus comme ils sont dans une fascination réciproque. Physiquement ils se ressemblent à la manière dont peuvent se ressembler des gens qui s'aiment et qui, en quelque sorte, se reflètent l'un l'autre. Mieux : ils représentent, chacun dans son genre et dans son sexe, une variation de leur commune beauté. Des jumeaux, en quelque sorte, mais qui appartiendraient moins à un même sang qu'à un même sentiment. Elle, fragile et douce, et rieuse, et blonde comme je vous l'ai déjà dit. Lui, plus fort et plus dur, mais aussi rieur, aussi blond et aussi tendre qu'elle, avec néanmoins quelque chose d'espiègle.

Leur différence, paradoxalement, se confond avec leur ressemblance. »

La comparaison avec les jumeaux nous fait penser inévitablement à la vision double du poivrot, source d'effets comiques traditionnels dans la représentation de l'alcoolisme. L'homosexualité de Norbert, et la dégradation du narrateur, ne sont elles-mêmes que des formes affaiblies du thème de la gémellité, que l'auteur introduit en raison de leur appartenance à la symbolique générale de la quête de l'identité (et de sa faillite). Le tout, bien entendu, arrosé de vodka frappée et d'Armagnac.

Si grand est le sentiment d'indifférenciation qui s'empare du narrateur à la vue du couple maudit - mais c'est ce sentiment qui va justement permettre le consentement futur à des gestes coupables - que sa perception des corps eux-mêmes en est faussée : comme chez Henri-François Rey, l'instabilité du Moi, son incapacité à se fixer sur des points de repère sûrs, se traduisent par des confusions grossières qui affectent les objets physiques et, en l'occurrence, les corps : « Et enfin, et surtout, nous dit B., j'adore quand les doigts de la jolie main de la jeune fille se croisent avec ceux, carrés, de son ami : on pourrait presque imaginer que la rude paume de celui-ci a pour prolongement cet annulaire, ce majeur ou cet index si mince ; ou qu'à l'inverse le pouce vigoureux du jeune homme appartient à la menotte délicate de la demoiselle. »

Cette indistinction corporelle évoque quelque chose que nous retrouverons bientôt à propos de l'homosexualité dans 1a littérature alcoolique et que nous avons désigné de l'expression de « corps grotesque », en insistant sur le fait que la thématique de l'indifférenciation, dans l'histoire de la littérature, appartient à un courant de fond qui excède largement toutes les interprétations psychologiques qu'on voudra, et qui ne peuvent être que réductrices par rapport à l'expansion cosmologique que prend ce thème pour cette même histoire. De la même façon que pour l'homosexualité, la quête de l'identité dans les romans de l'alcool déborde sans aucun doute les catégories de la psychologie pour rejoindre le courant de fond de la cosmologie littéraire. Ce courant est un courant d'alcool. C'est d'ailleurs très nettement l'alcool qui va enclencher le processus par lequel la séduction exercée par le couple indifférencié Norbert-Cécile se transformera en un acte irréparable et honteux :

« Or, une idée diabolique me vient à l'esprit. Je prie le serveur de porter un verre de cognac au jeune homme en lui recommandant surtout de ne pas lui préciser que je suis l'auteur de cette offrande. Intrigué, et même un peu ennuyé, puis tout à coup amusé, le serveur s'acquitte scrupuleusement de cette mission. Et c'est alors qu'un événement inouï se produit. Le jeune homme, surpris d'abord par l'arrivée inattendue de ce verre de cognac, dévisage avec une interrogation muette tous les consommateurs de la brasserie (j'ai su rester impassible), tournant à droite et à gauche le beau cou dont je vous ai déjà parlé, puis acceptant avec bonhomie sinon enthousiasme cette aubaine, boit le cognac d'un trait (je ne doute pas qu'il apprécie l'alcool : il a d'ailleurs quelque chose de vos manières dans sa façon de porter son verre à ses lèvres). Et c'est à cet instant que la jeune fille - Cécile, donc - se met à tousser, comme si elle ressentait douloureusement la brûlure du breuvage que son ami avale cul sec. »

Ce « corps grotesque-indifférencié » (« grotesque » parce qu'indifférencié) ne fait vraiment qu'*un seul corps*, puisque Cécile tousse parce que Norbert a bu. Ce système des vases communiquants, digne de la plus pure tradition rabelaisienne, est justement ce que nous décrivons comme une cosmologie, excédant les limites raisonnables des identités corporelles constituées. On comprend que, dans ces conditions, la littérature alcoolique, dès lors qu'elle insiste tellement, en semblant la décrire en termes psychologiques, sur la quête toujours désespérée de l'identité, participe au plus haut point de la tradition du comique grotesque.

20

L'homosexualité, une expression affaiblie de la gémellité ? Voire ! C'est bien plus que de jumeaux qu'il s'agit dans cet épisode décisif, mais d'une identification radicale de l'un à l'autre, telle que la personnalité de Norbert verse tout entière dans celle du narrateur. Celui-ci, en effet, se tient ce raisonnement : « Mais elle, l'innocente, la bonne Cécile, ne m'aimait-elle pas ? Et n'est-ce pas intolérablement injuste de la priver de moi, son amour, parce que je me suis abandonné à mon vice ?[1] Résumons-nous : Cécile vit, continue de vivre auprès de celui qu'elle a l'habitude de chérir mais qui, cette fois, s'appelle Norbert. Bref, Norbert, c'est moi ! »

Le tour est joué : ce qui, en surface, pourra apparaître, dans les pages suivantes, comme une simple expérience homosexuelle (interprétation psychologique) prépare en fait le terrain à l'expression littéraire de l'Indifférencié (interprétation cosmologique) : le comique surgit alors, qui est le résultat de la confusion systématique, soigneusement entretenue et, en quelque sorte, exaltée de toutes les identités. Mais ce qui est raconté ici en termes comiques peut fort bien l'être en termes tragiques, comme on l'a vu à propos de *La Comédie* (qui est, en ce sens, un titre paradoxal).

---

[1] Comme nous aurons encore l'occasion de le remarquer, plus le narrateur boit, plus Cécile s'affaiblit, Elle finira par mourir. Nous tenons là une preuve de plus de la réversibilité de tous les corps les uns dans les autres (comique grotesque à vocation cosmologique), principe déjà annoncé par la règle précédente : plus Norbert boit, plus sa compagne tousse.

La véritable clé de déchiffrement de l'expérience homosexuelle du narrateur réside donc dans l'histoire globale de la diffusion animiste de Cécile dans toutes les choses et dans tous les êtres de l'univers, et même dans cet être qu'il est lui-même : « Je pressens, je soupçonne que Cécile est là, trop proche pour que je puisse la voir, plus intégrée à moi que mes mains ou mes pieds - eux, tendus, je peux les regarder et les dominer. Ou alors, je l'imagine et je la devine loin, diffuse, éparpillée, semée à tous les vents, sans unité corporelle et mentale - et si le personnage Cécile hantait le paysage ? »

C'est ainsi que Cécile pourra apparaître répartie dans un « groupe de vieilles dames. Mais d'une façon déconcertante : elle était la bouche de l'une, les dents de l'autre et la voix de la troisième. L'une d'entre elles levait-elle le bras pour intervenir dans la discussion à propos de la plomberie des caves de l'immeuble, que sa main devenait celle de Cécile. Et puis les cheveux rares et blancs de l'aînée de ces dames changeaient de coloris, je les voyais blonds, souples ; et puis un tic de la paupière de la plus jeune ou le mouvement autoritaire du menton de son amie me désorientaient, semblables à des signaux menant vers des pistes (Cécile), apparemment et également crédibles, mais qui me dirigeraient, j'en suis certain, vers des destinations différentes. »

La crainte que les corps ne s'éparpillent incline même le fameux Norbert à reprendre contact avec le narrateur après leur nuit de débauche, et à lui écrire ces lignes significatives : « Deux corps aussi solidaires et complémentaires que celui de Cécile et le vôtre peuvent-ils être éparpillés entre trois étrangers indifférents les uns aux autres ? » Ce recentrage des corps n'équivaut pas à un contrôle d'identités : il marque un degré de moindre diffusion, dans la totalité tricéphale constituée par Norbert, sa compagne, le narrateur, à condition, bien entendu, d'oublier - nous qui, espérons le, sommes à jeun - que le narrateur est lui-même un condensé de Norbert, de Cécile et de B..

Lorsque l'illusion cosmologique de la diffusion se dissipe, il n'est pas étonnant que le retour au réel soit décrit comme une expérience de la *sur-objectivation de soi*. Surobjectivation qui est le reflet inversé du triomphe de l'animisme alcoolique prompt à voir de la subjectivité partout. Maintenant, au contraire, le prix à payer pour ces instants de participation du sujet à la totalité de l'univers est une espèce d'absence de soi à soi. C'est l'univers qui occupe la place du sujet, le monde des choses qui se venge des prétentions de l'âme à envahir la réalité dans son ensemble. Encore une fois, c'est un état d'ivresse qui justifie, en termes anecdotiques, ce dessaisissement du sujet. Émergeant d'une espèce de coma, suite à des orgies d'alcool, le narrateur de *L'Enfer et Cie* entend confusément que l'affreux Norbert et sa compagne parlent de le dépouiller de son portefeuille, de le « torturer », de l' « assassiner », etc. Ce passage douloureux (de plus, B. s'est fait rouer de coups) peut certes être analysé comme une description « réaliste » de ce qui se passe lorsqu'on fréquente de petites frappes. Il ne s'agirait alors que d'une page d'un roman passablement... noir. Mais quand on sait dans quel contexte quasi-obsessionnel s'inscrit cette page, avec beaucoup d'autres, celui d'une quête frénétique de l'identité, alors l'abrutissement du héros, condition de son passage à l'objectivité, prend une tout autre résonance symbolique. « Qui suis-je », ont coutume de dire (dans les romans seulement) ceux qui reviennent d'un évanouissement; mais le personnage de la littérature alcoolique est quelqu'un qui est toujours en train de se poser cette question. Il a donc toujours l'air de revenir d'un évanouissement, et l'on voit quel peut être l'intérêt du thème de l'alcool pour l'écrivain qui voudrait dire son mal d'identification. La cuite, sorte de syncope contrôlée, est une forme parmi d'autres de l'absence à soi, propre à symboliser la crise de l'identité. Comme on l'aperçoit dans cette page de Josselin, cette crise elle-même atteint son paroxysme lorsque le sujet, qui n'est pas encore tout à fait *revenu à lui*, s'entend parler de lui à la troisième personne, à laquelle il accepte momentanément de s'identifier, comme le font, dit-on, les enfants à peine sortis du « stade du miroir » : « Ils parlaient de 'faire cracher un mec ringard', de l'arranger à leur façon, de le dépouiller, de le torturer, de l'assassiner, que sais-je ? Du moins c'est ce que je crus comprendre car cette conversation m'était difficilement perceptible et m'évoquait ces musiques exotiques, orientales, dont on saisit moins la mélodie que de brefs accents harmoniques, familiers soudain, mais aussitôt effacés par d'autres accents, tout à fait étrangers ceux-là, et qui blessent l'oreille. Pourtant deux mots revenaient régulièrement dans leur discours : 'mec ringard'. Je compatissais déjà aux misères que ce personnage allait subir de la part de ces deux monstres lorsque je compris d'une manière aveuglante que le 'mec ringard' c'était moi et que les misères sur lesquelles je m'apitoyais n'étaient autres que celles qu'ils se proposaient de m'infliger. »

21

Ira-t-on plus loin encore ? Ira-t-on plus loin que la transformation de soi en objet, en un autre homme, une autre femme, un chat, une mouche, une araignée, une plante, une dent, un œil, une touffe de cheveux ? Bien évidemment, oui. La crise de l'identité ira jusqu'à l'anéantissement total de sa propre image, entendez : anéantissement physique, suppression du reflet optique sur la surface du miroir qui, plus que jamais, en cet instant crucial, prend une importance symbolique extrême. Mais, comme pour rappeler à quel point son personnage a besoin du regard des autres pour se structurer comme sujet (ce qui représente d'ailleurs la condition normale de cette structure pour la psychanalyse), le romancier fera apparaître dans ce miroir l'image de ce qu'on peut appeler globalement la tierce personne. Le fantastique commence (il a aussi été exploité au cinéma) lorsque l'image du narrateur n'apparaît pas en même temps que celle des autres. Cependant, ce fantastique, dans le texte de Josselin, se trouve mitigé de dérision. On apprend en effet, quelque peu tard, que les autres, eux, voient le personnage dans le miroir, et qu'il est le seul à ne pas s'y reconnaître. Le lecteur comprend alors que le monde dans lequel vit le narrateur, s'il confond et finit par supprimer toutes images, n'en est pas moins un monde imaginaire où il est seul à évoluer. Parlera-t-on d'un passage à la limite de l'imaginaire ? On le pourrait en effet, tant ce procès de description de la néantisation de l'image conserve l'empreinte et le souvenir de ce stade structurant où le miroir, de toute urgence, doit renvoyer l'image. C'est parce qu'il est conscient de ce que la dialectique du miroir est devenue stérile que Jean-François Josselin se plaît tant à en évoquer, une dernière fois, le privilège identificatoire. Mais cette ultime évocation démontre plutôt en creux, sur le mode paradoxal de l'absence, ce qu'aurait dû être ce privilège. Cette mise en scène négative n'en confirme pas moins la valeur du miroir dans les romans de l'alcool. Cette valeur paraît d'autant mieux s'imposer que le miroir est devenu incapable de jouer son rôle : le regret, qui sourd de l'évidence fantastique de la surface désormais vide, administre, par antiphrase, la preuve que l'image de soi est bien le bon objet perdu, dont le sujet effaré recherche désespérément le reflet dans la glace muette. Elle s'y trouve pourtant, mais il ne la voit pas. Que ferait-il d'une image de lui-même qui ne concerne que les autres ? Comment pourrait-il l' « habiter », si l'on peut dire ?

Cette image insolite n'adhère pas au sentiment intime qu'il a de sa propre existence. Ceci, pourtant, ne représente que le stade du dédoublement, du masque ou de la « comédie », au cours duquel le sujet, parce qu'il ne parvient à se structurer *que* par le regard d'autrui, est condamné à essayer tous les costumes. Au-delà, commence la phase d'anéantissement total de l'image, où même les costumes ne sont plus possibles, et où le seul regard d'autrui ne suffit plus à structurer le sujet. En bref, il n'y a plus rien. Il faut citer en entier, sous ce rapport, la lettre que B. envoie à Mme Foy ; on y lit que, bien loin que son « personnage » ne coïncide pas avec le sens de sa propre existence, le narrateur croit n'avoir plus d'existence. Tel est l'effet de la privation de l'image, suscitant ce passage à la limite de l'imaginaire, au moyen duquel le narrateur s'imagine vivre sa mort, être conscient de ne plus être : « Enfin je tiens la preuve que je n'existe pas. Et que, peut-être, je n'ai jamais existé. Ce matin, à la poste, j'ai été le témoin de mon propre anéantissement. J'attendais mon tour à un guichet quand mon regard s'est arrêté, distraitement, sur un miroir placé derrière la demoiselle qui délivrait les timbres. Je contemplais sans avoir conscience de le voir le groupe que nous formions quand un détail, un simple détail, a interrompu mon vagabondage mental et rétabli le monde dans sa complexité. Ma voisine de gauche portait un chapeau orné de plumes vertes sur ses cheveux blancs ; mon voisin de droite, lui, allait nu-tête et se remarquait d'ailleurs par une calvitie presque totale, un crâne si poli qu'on l'eût cru ciré ; derrière moi, se tenait un gigantesque Noir[1] donnant la main à une toute petite fille blanche.

[1] Entrée glorieuse (majuscule) du thème racial, dont nous reparlerons amplement dans notre chapitre sur l'homosexualité, et qui n'est, à tout le moins, qu'une modulation du thème général de l'indifférenciation, ici inversé en son contraire.

Dans le miroir, donc, je pouvais reconnaître à droite ma voisine de gauche au chapeau orné de plumes vertes ; à gauche, mon voisin de droite au crâne luisant ; et derrière, le Noir gigantesque - mais pas la petite fille blanche : celle-ci était en effet trop petite pour apparaître dans le miroir. Bref, à ce dernier détail près - détail logique puisqu'il s'expliquait par la petitesse de la taille de la petite fille et la hauteur où le miroir avait été posé - le monde reflété semblait exactement conforme à celui auquel nous participions. Et pourtant, dans notre groupe, un seul être manquait et tout fut alors dépeuplé. Vous l'avez deviné, ce personnage absent, c'était moi. Voilà que je ne figurais plus auprès de la dame au chapeau orné de plumes vertes, du chauve et du Noir gigantesque. La pensée que j'étais trop petit, comme la petite fille, pour apparaître dans le miroir, me traversa mais s'évanouit. La réalité était infiniment plus sombre et plus tragique : si dorénavant j'existais pour moi (puisque aussi bien je pouvais me poser des questions sur mon absence), je compris que j'étais mort aux autres. J'échappais à leur vision, à leur radar, à leur perception, à leurs désirs, à leurs répulsions. Je n'étais plus rien pour eux mais aussi, comme par contrecoup, je le serais bientôt pour moi. N'avais-je pas disparu à mes propres yeux ? Pour vérifier mon évanouissement, je me fis des grimaces puériles dans le miroir, tirai la langue, louchai, plissai le nez. Personne, évidemment, ne sursauta puisque personne ne pouvait *voir* ces singeries. Et pourtant, si ! Quelqu'un les surprit ; la petite fille qui, effrayée par mon manège, tira le gigantesque Noir par la manche. Celui-ci eut une réaction extraordinaire : il se pencha vers moi avec cette patience légèrement agacée qu'ont les grandes personnes indulgentes pour les caprices ineptes de leurs enfants et, soudain, me découvrit avec l'air à la fois interdit et intéressé que l'on a devant un insecte. À quel monde appartenais-je désormais? Sous quelle forme, sous quel avatar apparaissais-je devant mon prochain ? Cette interrogation m'angoissait tant que je perdis mon tour dans la file d'attente. Le Noir gigantesque me brûla la politesse. Ce qui me vexa. Je quittai le bureau de poste sans acheter mes timbres. En avais-je besoin, d'ailleurs ? Il n'y a qu'à vous que je puisse écrire ces mystères. Et je sens que j'arrive au bout de mes aveux. Croyez en tout cas, à défaut de mon existence, à celles de mes pensées les plus chaleureuses. Votre...

B. »

22

On pourrait croire, à partir de ce constat d'inexistence, que le récit de Jean-François Josselin s'arrêtera là, faute du protagoniste essentiel. Et que l'histoire au début de laquelle figure, en exergue, cette citation de Borges : « Je lègue mon néant à personne », et qui est l'histoire d'un homme progressivement convaincu que rien n'existe autour de lui, et pas même lui, pourrait servir d'épilogue au roman. Ce serait s'illusionner sur la bonté de John Barleycorn, et mettre un terme un peu trop rapide aux mirages de la quête d'identité. Au-delà du constat d'inexistence, des *complications* sont encore possibles, et lesquelles ! Le diable n'a pas épuisé son stock de diableries, le miroir n'a pas cessé d'envoyer des reflets trompeurs, dont la subtilité prend des allures précieuses. En effet : mort à lui-même, le narrateur de *L'Enfer et Cie* peut enfin retrouver Cécile, de manière tout à fait imprévue, bien qu'elle marque - on s'en rend compte après coup - l'aboutissement normal et pour ainsi dire logique du délire identificatoire, *en s'identifiant à elle*. Le narrateur devient Cécile. La métamorphose a lieu, bien entendu, grâce au miroir : « C'est dans un miroir que j'ai retrouvé Cécile. Un miroir dans lequel, les yeux dans les yeux, je m'inspectais, hier soir. Et qu'ai-je vu au fond de mes yeux ? Cécile, bien sûr, Cécile. Je suis Cécile. Cécile m'a envahi, inondé. Cette évidence, je n'en ai pas douté une seconde. Au fond de l'iris, j'ai retrouvé cette étincelle d'indulgence moqueuse et amusée qui, naguère, m'apprenait mon pardon et l'oubli de mes débordements. Or, et vous le savez, je n'ai jamais su être, hélas, moqueur et indulgent. Il n'y a pas de trompeuses apparences... L'évidence de Cécile dans mon regard ne m'a pas étonné une seconde. Car devant ce miroir déjà, ce n'était plus moi qui regardais Cécile, mais Cécile qui me contemplait avec ce demi-sourire plein de malice. Comment vous l'exprimer, je me sentais plus vu que voyant. Et pourtant je ne doutais pas que ces deux êtres à la fois, moi-même et ma femme qui, longtemps cachée au tréfonds de mes artères, renaissait avec assez de force pour balayer mes incertitudes et m'apprendre que son absence n'avait été qu'une illusion d'absence, que j'avais toujours été ma propre femme évanouie dans mon propre corps... »

Et voici que, pour préparer les voies de ce que la psychanalyse appellerait peut-être une « introjection » du bon objet (qu'ainsi on ne peut plus perdre, - mais c'est au prix d'une régression infantile), survient le meuble le plus populaire aux yeux (anxieux) des romanciers de l'alcool, *l'armoire à glace* : « Au reste, je me guettais déjà depuis longtemps. Il y a quelques jours, passant distraitement devant l'armoire à glace de notre chambre à coucher - distraitement parce que j'allais dans la salle de bains chercher un mouchoir en papier (depuis que je ne bois plus, je suis toujours un peu enrhumé) - j'avais eu la sensation bizarre qu'on m'épiait, précisément dans cette glace qui sert de porte à l'armoire. » C'est dans la glace de l'armoire que Cécile effectue sa première apparition. Depuis, dit le narrateur (on admettra qu'il ne puisse s'agir que de lui), « nous sommes heureux ensemble, plus unis que ne le furent jamais les plus passionnés des amants. »

Mais, voyez où peut conduire la logique du délire, voyez aussi quelle exploitation littéraire peut en faire le romancier et quels coups de théâtre il peut préparer grâce à elle. Comme il s'identifie tout à fait à Cécile, le narrateur peut enfin croire que c'est Cécile - et non plus lui - qui recherche désespérément le bon objet perdu. Qui recherche-t-elle, sinon lui, « B. » ? C'est B. qui est mort (d'avoir trop bu), et c'est B. que Cécile recherche. Il convient donc d'inverser toute la mise en scène depuis le début. Ceci n'aurait pas d'autre intérêt que d'en rajouter sur la confusion des personnes et de toutes choses, si cette inversion ne servait pas, de manière très fine, à suggérer une ruse du personnage et, plus profondément, la complexité de son caractère : cette inversion, en effet, paraît le prélude indispensable à ce qu'enfin il puisse déclarer sa passion pour Mme Foy, en laquelle il affecte de reconnaître B., c'est à dire lui-même, bien entendu, - mais n'oublions pas qu'il se vit comme étant Cécile. Passion qui ne peut même pas être dite homosexuelle, puisque après tout nous savons qu'il est un homme, mais qui peut l'être tout de même, puisque lui ne le sait pas, et s'identifie à sa femme Cécile... Encore une fois, le thème homosexuel, quelle que soit sa forme, ne fait que compliquer le partage des identités et facilité l'accès au comique grotesque. Plus prosaïquement, on se délecte de ce que la sexualité du narrateur, jusque-1à soigneusement réprimée (on s'étonne, en effet, que sa liaison avec Mme Foy paraisse dénuée d'attraction érotique et qu'il se contente si facilement d'entretenir une relation simplement amicale avec une femme si séduisante) a trouvé ce moyen retors de s'exprimer, mais pouvait-il en être autrement de la part d'un personnage qui entretient avec sa propre image des rapports déjà si détournés ? Lisons la dernière lettre qu'il adresse a Mme Foy : « Je vous ai suivie, hier soir. Vous sortiez du bar. De votre belle voix grave, vous avez salué Martial. Vous étiez vêtue d'un blouson d'aviateur (vestige du capitaine Foy ?) et coiffée d'une casquette qui donnaient à votre silhouette une émouvante rigueur. Tout d'un coup j'ai ressenti combien je vous admire et je vous aime.

Si je n'ai pas osé revenir dans notre bar chéri, c'est que depuis l'autre soir de mystérieux événements se sont déroulés dans mon corps. Rappelez-vous, j'avais vu Cécile dans mes yeux. Eh bien, depuis, Cécile m'a dévoré. Je n'existe plus. Il m'est pratiquement devenu impossible de parler de moi au masculin. Je suis Cécile, je ne suis que Cécile. Ce qui d'ailleurs est tout à fait logique et moral. L'odieux et l'absurde, en effet, auraient été de voir Cécile victime des vices de son époux. Il faut être abject pour croire que le fait de s'abandonner égoïstement à ses perversités condamne davantage votre prochain que vous-même. Le mari de Cécile, mon époux, buvait à la folie. Son alcoolisme l'a tué, il a disparu, voilà tout. Je suis certaine qu'il n'a pas trop souffert. Il est entré dans le coma comme on se libère, s'évade. Son enfer, c'est avant de sombrer qu'il l'a connu, quand il me cherchait derrière les apparences les plus extravagantes.

Où est-il maintenant cet homme que j'ai tant aimé au point de lui pardonner ses trahisons et ses mensonges ? Vous avouerai-je que je ne pense pas avoir mérité de le perdre ? Vous dirai-je que ma foi dans le Seigneur me souffle que s'il est mort à lui-même - et cela par sa faute - il ne peut être mort à jamais pour moi ? Oserai-je vous révéler enfin que je crois savoir où il se cache... Je l'ai deviné depuis toujours. Simplement je ne voulais pas l'admettre. Seule devant ce papier à lettres, je trouve l'audace de vous l'écrire. Ne me repoussez pas. Acceptez, je vous en supplie, l'évidence de notre amour. En dépit de vos errances et de vos perversions[1], vous m'avez tant et si bien aimée. Et vos perversions, eh bien, je les accepte, comme vos passions. J'accepterai tout de vous sauf votre absence[2]. Ma santé est délicate mais mon cœur est fort.

Et si vous le faites saigner, il continuera de battre pour vous. Je n'ai plus peur de la vie qui s'ouvre devant nous, même si elle doit s'achever par un cauchemar. Je vous attends et je vous chéris. Votre

Cécile. »

Nous écrivions plus haut : les alcooliques sont facilement complices de leurs délires réciproques. Eh bien, Mme Foy acceptera de bon gré ce moyen détourné de lui faire la cour. Elle n'était d'ailleurs pas pressée. Les dernières lignes du livre sont les suivantes :

« Télégramme adressé par Mme Foy à Cécile B. :
'D'accord. Simplement, méfiez-vous : J'ai soif.
Votre… B' »

* * *

Ainsi se poursuit, inlassablement, la quête de l'identité dans les romans de l'alcool. On peut se demander, ici comme en bien d'autres points, si cette insistance n'est pas l'expression, travestie en forme de délire éthylique, du vertige qu'éprouve tout romancier à inventer toutes les situations et tous les personnages qu'il lui plaît. Cette infinie liberté ne

---

[1] N'oublions pas que Mme Foy est une grande alcoolique, ce qui prédispose le narrateur à y reconnaître son double parfait.
[2] Et pour cause !

peut être toujours agréablement vécue. Ne représente-t-elle pas, sur son versant négatif, une crise du référent, condition d'une exubérance inflationniste des signes et des significations ? Combien plus, lorsque la multiplication des images met en péril, à la fin, la seule image à propos de laquelle on ne peut tolérer aucun doute, ni dénier qu'elle ne possède un référent définitif : l'image de soi. Mais l'écrivain n'est-il pas justement celui qui doute que ce référent soit « définitif » ? Son oeuvre n'est-elle pas là pour nous dire son angoisse qu'il ne le soit pas ? On comprend mieux, à cette lueur, l'obsession méticuleuse avec laquelle un Jean-François Josselin nous décrit son héros à la recherche de sa propre image, dont pour finir on ne sait quelle elle est. Des textes comme le sien sont hautement révélateurs du rapport ambivalent que tous les romanciers, sous ce rapport - mais c'est un rapport fondamental -, entretiennent avec leur propre capacité d'invention, autrement dit avec leur « art ». Il ne nous appartient pas de décider dans quel sens procède l'arc qui, d'un malaise identificatoire, conduirait au projet d'écrire ou inversement. Cet arc, vraisemblablement, ne peut pas être fléché, et sans doute faudrait-il plutôt conclure à une circularité parfaite de l'œuvre, à l'angoisse existentielle de l'incertitude de soi : en ce cas, l'œuvre réactiverait et soulagerait cette angoisse tout autant que celle-ci stimulerait l'œuvre. On retrouve ici le même genre de dialectique qui entretient le romancier dans son état alcoolique : comme l'écriture, en effet, l'alcool est apaisement et aggravation, stimulus et calmant. Le caractère circulaire de cette relation empêche de toute façon tout dépassement du conflit. L'ambivalence demeure jusqu'à la fin. Voilà pourquoi tous les textes que nous évoquions préservent de part en part une tension, qui se manifeste sous divers modes, et qui est le signe de l'irrésolvabilité du problème. D'où l'aspect volontiers lancinant, répétitif ou rituel de ces divers modes de manifestation de la tension. Michel Déon, par exemple, s'étonne que les êtres humains puissent présenter un double visage. Parlant de Stan Kosslawski, qui a, comme par hasard, des ambitions littéraires, il écrit à son propos : « ... je découvris qu'il possédait réellement un grand talent, gâché par sa propre veulerie, son appétit d'argent et son désespoir de ne pas être Henry James ou Dos Passos, ambition qui le hissa si fort à mes yeux que je le vis sous un autre jour. Lui aussi avait deux visages et, sans un minimum d'attention, je serais passé à côté de lui, le prenant pour un simple ivrogne échappé du zoo du cinéma et de la littérature alimentaire. »

Suit alors l'édiction de la règle : « La vie aurait dû m'apprendre plus tôt que les êtres peuvent avoir des profils différents », - et l'on pourrait ajouter : la littérature aussi aurait pu lui apprendre, à moins que l'écriture ne soit réparation de cet oubli. Cependant, l'auteur tempère aussitôt son jugement, en évoquant quelque réalité substantielle des êtres, susceptible de stopper l'emballement inflationniste de tous les visages. Sous le masque se révèle l' « essence », et la morale est sauve. Chez Josselin ou chez Rey, il n'y a rien sous le masque, et le déchaînement des images conduit à la mort ou à la folie. Ce n'est pas le cas dans *Un Taxi Mauve*, dont le conducteur, Seamus Scully, personnage emblématique de toute l'histoire, possède - fait rarissime dans la littérature alcoolique - *un seul visage* : « ...sans doute avais-je été trop paresseux, écrit Déon, ou trop tôt satisfait de mes jugements, manquant ainsi l'essentiel, c'est-à-dire l'essence des êtres. Mais pourquoi se cachent-ils ainsi ? Seamus Scully ne trompait pas son monde. Il avançait ouvertement dans l'existence, le visage nu, avec sa seule folie, son taxi mauve dont il triturait comme un perdu le volant de bois et la manette réglant l'allumage. »

Ce Scully, dont l'étrange taxi (une folie quand même...) fut digne d'inspirer le titre du roman, est bien l'exception qui confirme la règle. Il est, en quelque sorte, le symbole même de ce référent « définitif » que tous les autres personnages de la littérature alcoolique cherchent vainement à atteindre ou à retrouver. Aussi bien n'est-il astreint par Déon qu'à jouer un rôle léger, très effacé du point de vue de l'action. Sa fonction symbolique n'en ressort que d'autant mieux. Seamus Scully est en somme le gardien de l'identité, - quelqu'un vers qui on se retourne lorsque toutes les certitudes se défont et que le monde chancelle sur ses bases. Ce n'est pas un hasard si ce personnage est médecin. Pour le narrateur du *Taxi Mauve*, c'est surtout un médecin des âmes, sorte d'image paternelle rassurante et bienveillante, qui ne manque jamais à sa place. Pour une fois, nous tenons une référence qui ne se défile pas. Mais c'est au prix d'une relative séparation du personnage du réseau emmêlé et complexe des actions, qui apparaît ainsi sans histoire, comme si le prix à payer pour une identité stable était de n'avoir pas d'histoire, - de n'être pas un véritable personnage de roman.

Ici, on voit clairement comment se module la tension : dans le sens du freinage. Le romancier espère qu'il y a au moins un point sur lequel pourrait venir buter la course emballée des visages qui se défont. Mais ce point une fois atteint, on risque de sortir du roman et de son espace propre, qui est justement l'espace de la mascarade. Les personnages qui sont de plain-pied avec la fiction, eux, revendiquent hautement leur appartenance à cet espace, leur participation à la mascarade. Dès lors, il n'est plus question d'espérer que la course s'arrête. Au contraire, l'auteur met l'accent sur le caractère de bal costumé de son histoire. À chaque fois, aussitôt que la duplicité fondamentale des acteurs est évoquée, des traits de ce que nous avons appelé le comique grotesque ressurgissent. Ainsi, dit Michel Déon, « il y a eu deux Taubelman ».

Mais à quoi ressemble Taubelman, dans la description qu'il nous en fait, sinon à une de ces créatures tout droit échappées de l'univers rabelaisien, à moins que ce ne soit des tableaux de Jérôme Bosch, - bref de ces performances où nous avons accoutumé de voir les manifestations historiques et artistiques les plus spectaculaires de la tradition de ce comique grotesque ? De plus, ce qui ne gâte rien, Taubelman, dans les lignes qu'on va lire, est comparé à un Noir, dont nous découvrons à cette occasion qu'il « fonctionne », dans les romans de l'alcool, comme une figure de l'étrangeté, de la différence massive, toujours près de se renverser en similitude parfaite ; c'est dans notre chapitre sur l'homosexualité que nous trouverons la place de développer ce point, dans la mesure où le thème de l'homosexualité, arbitrairement découpé dans la totalité symbolique des textes, n'est lui-même qu'une ramification de l'arbre somptueux de la quête de l'identité. Mais écoutons plutôt Déon : « En un sens, à tous ces Celtes, Taubelman apparaissait aussi étranger que Réginald[1] et dans le brouillard tabagique qui commençait à nous envelopper, le visage noir du luisant séide de Moïra, le visage basané aux yeux cernés de bistre du châtelain de Dun Moira se confondaient et me firent penser à ces faces grotesques aux bouches béantes que l'on bombarde de balles empaillées dans les tirs forains. »

La tension ne se module donc pas toujours dans le sens du freinage. Plus on se rapproche du centre dramatique du roman, plus le doute sur l'identité se fait insupportable, et plus graves sont les enjeux. Anne, le personnage féminin le

---

[1] C'est lui le nègre. On notera que le thème racial, si important dans la littérature alcoolique, se trouve confirmé en ces lignes par l'allusion aux « Celtes ». Ce thème est une des modulations de la tension, comme celui de l'homosexualité. L'un et l'autre entretiennent le doute sur l'identité, éventuellement et faisant mine d'assurer le partage entre les êtres, jamais si garanti qu'il ne puisse se renverser en confusion.

plus « lointain » d'*Un Taxi Mauve*, ne sait pas si elle est la fille de Taubelman ou bien de son frère. Sa mère, dit-elle, « était la femme de l'un et la maîtresse de l'autre. Une artiste... elle ne s'inquiétait pas beaucoup de ces détails. » Réversibilité sexuelle où l'on n'a pas de peine à reconnaître, là encore, un trait significatif de la tradition grotesque, même si, en ce passage, il n'apparaît pas particulièrement comique (mais il faut donner à ce mot de « comique » une acception très large qui permet d'accueillir les créatures d'un Jérôme Bosch, qui ne font pas toujours rire...). En tout cas, on apprend qu'elle est surtout le fait des... artistes. Les artistes, les écrivains, dans l'ivresse de la création, sont les champions de la réversibilité. En l'absence du « référent », liberté leur est laissée d'échanger toutes les identités les unes contre les autres jusqu'à ce que tout devienne identique. Y-a-t'il, alors, quelque chose qui soit *vrai* ? « Qu'y a t'il de vrai dans les histoires de Taubelman ? », demande le narrateur d'*Un Taxi Mauve* ; et Anne de répondre : « Il y en a de vraies, et d'autres qui sont à mon père. »

Le roman confesse alors qu'il est jeu sur l'indécidable, il fait poser par ses propres personnages la question qui s'adresse en réalité à lui-même : qu'y-a-t'il de vrai dans toute cette histoire ? C'est comme si le roman doutait de lui-même, de sa légitimité à raconter des choses qui, jamais, ne trouvent leur ancrage dans quelque critérium extra-romanesque. Dans cet univers où tout est vrai, tout peut y être aussi bien faux. Tel est l'effet, inquiétant à plus d'un titre, de la règle de l'équivalence générale de toutes choses, rançon de la liberté infinie de s'inventer des mondes. La souveraineté de l'écrivain, digne, sans aucun doute, de la souveraineté de l'ivrogne, s'expose à la même sanction : le chaos des lendemains d'ivresse, la retrouvaille des limites dont on avait cru s'affranchir divinement.

Mais n'y a-t-il vraiment que l'univers romanesque qui soit soumis à pareille instabilité ? Les écrivains, et surtout ceux qui confessent un penchant acéré pour la bouteille, ne subissaient-ils pas, dans leur vie même, le vertige de l'infinie défiguration des êtres et des choses ? En ce cas, l'écriture elle-même pourrait être décrite, globalement, comme une modulation de la tension. En soi, elle ne marquerait rien d'autre qu'un passage plus ou moins obligé de la quête d'identité, une modalité de la vie imaginative, déjà bien stimulée par l'alcool, mais qui ne se distinguerait pas fondamentalement de toutes les autres modalités de cette vie. Bref, écriture il y aurait lorsque l'alcoolique se proposerait (sans que cette proposition ne cesse de poser problème) de mettre l'accent sur cette modalité-là de l'imaginaire, de telle sorte que, pour un regard pressé, on puisse penser que le passage à l'écriture représente une différence de nature avec toutes les autres formes que peut prendre la quête, alors qu'il n'y a entre elles qu'une différence de degré. On ne peut que laisser à l'appréciation du romancier lui-même d'établir si l'expérience littéraire se trouve à un moindre degré que l'expérience alcoolique sur l'échelle des intensités existentielles. Qu'est-ce qui amuse plus London, au-delà même de l'euphorie alcoolique, la comédie qu'il joue dans la vie ou celle qu'il joue dans ses livres ? Son biographe Andrew Sinclair est prompt à remarquer que Jack London fut, dans sa vie même quelqu'un qui aima tricher au jeu de sa propre identité, parce que, dit-il - mais cette raison est peut-être bien restrictive et le simulacre peut avoir des causes bien plus profondes, même sans sortir de la « psychologie » -, il souffrait de la modestie de ses origines : « Jack était un Californien de fraîche date et... il voulait prouver au monde entier qu'il était un être différent, supérieur au milieu dont il était issu. Sa manie de jouer des tours lui permettait de l'imposer et de se mettre en valeur sans montrer l'ostentation vulgaire du parvenu. D'ailleurs, il avait toujours adoré jouer ; Anna Strunsky disait de lui qu'il avait cherché à s'enrichir plus par goût du jeu que par sens du profit. Duper ses éditeurs et son public, l'Establishment et les crédules était un de ses jeux préférés. 'Cela fait quatorze ans que je mets New York en boîte depuis la Californie, se vanta-t-il dans une lettre à Eliza, et je crois bien que je continuerai à mettre New York en boîte comme je l'ai toujours fait.' »

Qu'est-ce qui est vrai dans la vie de London ? Jusqu'à quel point met-il tout le monde en boîte ? Le sait-il lui-même ? Les mêmes questions qui intéressent la création littéraire peuvent être posées à propos de la vie même de ses auteurs. La quête de l'identité ne s'arrête pas une fois qu'on a eu franchi le seuil de l'existence. Elle continue, bien au contraire, simplement en prenant d'autres modes. D'autres modes ? Mais si le romancier vivait sa vie comme un roman ? Souvent, cette comparaison est avancée par une critique un peu facile. Ce n'est jamais alors qu'à simple titre de clause de style. Or, n'avons-nous pas, avec des écrivains comme London et Hemingway, des exemples d'hommes chez lesquelles les fonctions ordinairement réparties avec rigueur dans des espaces délimités, loin de toute compénétration «grotesque», sont à tout moment *réversibles* les unes dans les autres ? Quel personnage prend le pas dans la conscience intime de ces deux écrivains ? Est-ce le guerrier, le chasseur, le buveur, le romancier ? Peut-on d'ailleurs se contenter de les présenter comme des écrivains ? Ne sont-ils pas plutôt la démonstration brillante qu'aucune de ces cartes d'identité ne leur suffit ? Nous voici alors en présence de véritables «complexes» ou constellations dont il serait vain de chercher le centre, car ceux qui s'y meuvent, et les constituent en s'y mouvant, sont en perpétuel décentrement par rapport à un hypothétique « soi-même », finalement introuvable.

C'est peu dire que, dans ces constellations, tout est double. Mais tout est *au moins* double. Double le romancier, et double l'alcoolique qui n'entend pas renoncer à changer le monde par une action énergique, lucide. Il n'est pas sans drôlerie d'interpréter à la lumière de cette duplicité fondamentale ce que dit Andrew Sinclair des « doubles » qui auraient traqué, sa vie durant, Jack London, - ces gens qui se seraient faits passer pour lui, transformant ainsi en réalité « objective », en *faits* divers pourrait-on dire, ce qui aurait dû normalement en rester à l'état de fantasme, le fantasme de la multiplication de soi. Nous sommes ici au comble de la réflexion, en termes optiques. On savait que le buveur voit double. Quel miroir incomparable que celui constitué par nos doubles historiques, éventuellement photographiables ! Quel triomphe de la « schizophrénie », comme l'aurait dit Henri-François Rey d'apprendre, par les journaux du matin, qu'on s'est fait arrêté la veille, au cours de quelque rixe qui s'est produite à des milliers de kilomètres ! Si, comme nous y reviendrons plus tard, la quête de l'identité se parachève dans l'hypostase d'un *alter ego*, alors les romanciers doivent jouir des exactions de leurs doubles, caution inespérée de leur délire. D'ailleurs, on voit bien, dans les lignes qui suivent, que c'est avec une complaisance attendue que London finit par admettre l'existence de ces doubles, c'est-à-dire affecter de croire qu'ils aient pu être, en quelque mesure, une incarnation de lui même ; et naturellement, l'image qui lui apparaît ainsi, il veut lui « casser la gueule », comme à chaque fois que London rencontre son *semblable* et qu'il s'éprend de lui. Le lecteur sait maintenant quel rapport ambivalent unit le sujet à sa propre image dans la littérature alcoolique. Cette rencontre finit toujours par un coup de poing dans la glace, par la démolition du reflet, dans l'éclat des bris de verre et le sang qui jaillit : « Jack s'était si bien fabriqué une image publique de bagarreur, de gros buveur et de coureur de jupons que certains individus prirent l'habitude de se faire passer pour lui quand ils se faisaient appréhender au cours d'une rixe ou dans le lit d'une femme qui n'était pas la leur. C'est ainsi qu'on retrouva un prétendu Jack London qui se droguait à Guthrie, dans l'Oklahoma, un autre accusé d'être empoisonneur au Mexique, un ivrogne à Sioux City et un marchand de tableaux adultère à Saint Louis. Jack, furieux, dut se défendre pour prouver qu'il n'avait pas mis les pieds dans ces lieux et qu'on s'était servi de son nom. 'J'ai un double qui m'empoisonne l'existence depuis longtemps, écrivit-il du ranch à un ami. Il signe des chèques sans provision sous mon nom, fait l'amour en mon nom à des femmes mariées, des vieilles filles, des vierges et des veuves, mères de familles nombreuses, et encore un certain nombre de choses inavouables fort gênantes pour moi.' » Il n'est pas exclu que Jack ait pu occasionnellement cacher certaines de ses propres frasques sous le couvert d'un double, mais il ne fait aucun doute qu'il n'était pour rien dans la plupart des incidents scandaleux dont la presse à sensation lui attribuait la paternité. 'Si jamais vous rencontrez un de mes doubles, supplie Jack dans une autre lettre, rendez-moi le service de lui casser la gueule' ».

Or, c'est le même Jack qui écrivait : « La personnalité est une notion trop vague pour que nous parvenions à la saisir. Il y a des hommes qui, en réalité, ont une personnalité féminine. Il y en a d'autres qui ont des personnalités multiples ; certaines créatures d'apparence humaine ne sont ni poisson, ni volaille, ni mammifère. Nous-mêmes, à l'image de nos personnalités, nous flottons comme des nappes de brume dans la nuit obscure, traversés d'éclairs fugitifs. Tout est brouillard et brume et nous demeurons embrumés et embrouillés au cœur même du mystère. » Certains hommes ont *des personnalités multiples* : l'alcoolique, n'en doutons pas, est de ceux-là. L'alcoolique mais, bien entendu, l'écrivain. Et lorsque l'alcoolique *se double* d'un écrivain, l'homme à personnalités multiples devient un véritable spectre, comme ceux auxquels songeait Jack dans des notes en vue d'un roman qu'il n'écrira pas : « trois fantômes, des spectres à demi femmes ou partiellement féminins, à demi hommes ou partiellement masculins, qui occupaient toute leur place au soleil mais qui étaient des fantômes, des apparitions spectrales, des ombres et des ombres d'ombres - rien de précis, rien de certain. » L'immersion de cet homme spectral dans une nappe de brouillard et de brume, un homme qui est la moitié de tout (ce qui prépare la voie à l'hypostase de *l'alter ego*), ne fait pas qu'évoquer, abstraitement, les difficultés de la quête de l'identité. Elle pose un problème concret, pratique : comment s'arrêter de boire (éventuellement d'écrire) lorsque la décision doit en être prise par un personnage aussi inconsistant qu'un spectre ? C'est tout le problème de la *résolution*, et nous l'aborderons dans un chapitre ultérieur.

L'ALCOOL ET LES FEMMES

1

Dans la littérature alcoolique, les femmes se répartissent en deux groupes : celles qui boivent et celles qui ne boivent pas. Répartition qui n'a rien de spécifiquement littéraire à première vue, puisque cette répartition affecte la réalité elle-même. Mais il va sans dire que dans les romans, l'existence de ces deux types de population féminine prend une signification symbolique. Elle montre que l'alcoolisme ne peut jamais faire l'objet d'une représentation simple, non dialectique. Ici, deux modèles de femmes expriment la tension contradictoire vers l'ivresse et la tempérance : elles sont les figures de cette tension, équivalentes à toutes les autres qui l'expriment aussi. Lorsqu'un modèle de femme apparaît, l'autre suit, c'est inévitable. L'ambivalence caractéristique du sujet - l'alcoolisme - impose que tous les thèmes se produisent par couples oppositifs. Le dédoublement « satanique » qui est le principal effet de la prise d'alcool est responsable de la *structure double* des romans alcooliques. Aucun de ceux-ci n'est jamais dominé par une seule figure féminine, mais par deux. Entre ces deux femmes, images de pôles de fascination incompatibles, se joue tout le drame de l'alcoolique.

2

Les femmes qui ne boivent pas ont généralement le visage de la *Mère*, - au propre ou au figuré. Au propre : c'est la mère de Monsieur Jadis qui va le rechercher au commissariat, et que cette apparition rassure tellement : « Depuis que sa mère avait pénétré dans le poste de police en balançant des regards affectueux et qu'il l'apercevait là-bas, un peu voûtée, bavardant avec vaillance sous la tulipe verte d'une lampe, il se sentait léger, comme délié et relié. » Au figuré, c'est une image de la mère que Fouquet[1] voit en madame Quentin, et cette image le « réchauffe » lui aussi : « Ce qui m'a réchauffé en arrivant au Stella, c'est d' abord la présence de Mme Quentin. Dans une certaine mesure, les personnes d'âge me rassurent, surtout les femmes... » ; cette figure maternelle est associée, comme précédemment, à l'idée de la lumière, d'une lampe : « Elle éclaire où il convient, précise et douce comme une lampe de chevet. J'ai tout de suite senti que je ne tombais pas exactement sous sa lumière, qu'il faudrait accommoder. » Par contre, Quentin, qui représente le pôle de fascination alcoolique, est placé dans la pénombre : « C'est dans la pénombre, en revanche, que je risquais de rencontrer M. Quentin. »

De manière générale, les mères jouent un rôle important dans l'œuvre d'Antoine Blondin. Elles sont, par excellence, les symboles d'une certaine sagesse, susceptible de faire contrepoids à l'attirance alcoolique. Fonction qui ne va pas toujours sans beaucoup de complaisance à l'égard de fils un peu trop fragiles, comme on le voit bien dans *Monsieur Jadis*. De même, Suzanne Quentin « avait eu la sagesse de ne jamais rien démontrer, ni exiger. » Ces présences discrètes, mais vigilantes, protègent le buveur avec diplomatie. Elles sont aussi les symboles de la loi et de l'ordre, constituant le fond sur lequel les escapades des fils se détachent, non sans une certaine dérision : l'épopée du buveur, qui est une fuite imaginaire, est un retour à l'enfance. La figure de la loi, du même coup, ne saurait prendre que le visage fort peu sévère en vérité d'une vieille maman. Dans *Monsieur Jadis*, celle-ci prend manifestement le relais du policier dans l'opération de récupération du fils égaré.

---

[1] L'un des personnages de *Un Singe en hiver*, La Table Ronde, 1959

3

Un autre grand groupe de femmes sobres est représenté par les épouses. Mais celles-ci, au fond, ne sont qu'une variante des mères et assurent la même fonction : soustraire les hommes à la zone d'attraction de John Barleycorn.

C'est ainsi que nous devons interpréter la thèse de Jack London, selon laquelle « les femmes sont les vraies conservatrices de la race. Les hommes en sont les enfants prodigues, aventuriers et joueurs, et en fin de compte c'est par leurs femmes qu'ils sont sauvés. »

Mais, alors que les fils s'abandonnent volontiers à la sollicitude maternelle, leur rapport à leurs épouses est chargé d'ambivalence : tout se passe comme si la débauche alcoolique avait lieu *contre elles*. Manifestement, l'épouse représente un pôle de fascination dont il faut s'arracher. Son existence exprime encore une fois que jamais l'expérience alcoolomane ne peut être présentée de façon simple, non dialectique. L'écrivain constitue régulièrement du buveur une image où celui-ci se trouve écartelé entre deux sollicitations contraires. Cette image est un véritable champ de tension, parcouru par des courants inverses qui se rencontrent en tourbillons tumultueux, constituant cette crise permanente dont le roman est le théâtre.

Le buveur ne cessera donc de penser à sa femme, mais sans trouver dans cette pensée la force suffisante pour résister à la tentation alcoolique, et à la compagnie d'autres hommes. Le plus souvent même, la dérive nocturne est provoquée par une dispute avec l'épouse ou la maîtresse (qui, en l'occurrence, n'est qu'une autre version de la femme au foyer).

Ainsi, c'est à la suite d'une brouille avec Odile que commence la première nuit de Monsieur Jadis. Fouquet se retrouve à l'hôtel Stella après voir fui les remontrances de Claire, sa compagne ; celle-ci ne fait d'ailleurs que répéter l'attitude de Gisèle, son ex-épouse. Marc Sévrin, dans *Le Dernier Verre*, commence de boire parce que son ménage ne va pas ; plus tard, deux expériences amoureuses avortées lui servent de prétexte à intensifier son alcoolomanie. Au bilan, on s'aperçoit que l'alcoolisme est représenté comme une forme de révolte contre la féminité et les valeurs que les hommes croient pouvoir lui associer.

4

En opposition concertée à ces femmes abstinentes, on trouve celles qui boivent. Bien entendu, leur fonction symbolique est diamétralement opposée à celle des premières : elles accompagnent et soutiennent le héros dans sa descente aux enfers. Mais, du même coup, on ne peut pas dire que ces gaies compagnes soient vraiment différentes des mères ou des épouses, ni dépouillées de toute connotation de maternage, puisque ici aussi elles viennent en aide au buveur et évitent de le laisser seul sur les chemins de la perdition.

On le voit bien dans *Clair de femme*[1] : Michel ne fait que demander son aide à Lydia. Ils ont bien un bref rapport sexuel raté, comme pour vider d'emblée la question. Et tout de suite se substitue à l'amour la quête de l' « entraide » : « Vous pensez bien que je ne vais pas vous parler d'amour ni même d'amitié... Seulement d'entraide... »

D'ailleurs, toutes ces femmes rencontrées au cœur de la nuit et que la nuit « résorbe », comme l'écrit Blondin, sont rarement des objets sexuels : leur statut est massivement celui de « compagnons », et elles s'identifient volontiers aux

[1] Romain Gary, *Clair de Femme*, Gallimard, 1977.

présences masculines dont la nuit est le royaume. Ce qui ne laisse pas de susciter quelque ambiguïté puisque, aidant le buveur à bien se tenir sur la route de la déréliction, elles adoucissent son sort comme pourrait le faire une mère ; mais leur complaisance paraît tout autant autoriser la débauche alcoolique, en brouillant toute différence sexuelle. Ne peut plus alors jouer ce mécanisme de forces contraires, à partir de pôles nettement définis, dont le buveur faisait dépendre son salut.

5

Ces femmes qui boivent ne sont donc que des avatars de John Barleycorn. Leur apparition confirme généralement que le héros du roman a cédé à la tentation de boire. Après avoir refermé la porte de chez Odile, Monsieur Jadis s'abandonne « au décret du chauffeur de taxi. S'il s'engageait vers Saint-Germain-des-Prés, c'était la nuit au long cours... S'il suivait la terrasse des Tuileries jusqu'au Pont-Royal, c'était le retour de l'enfant prodigue ; le vieux balcon muet sur la rive familière agitée de reflets ; le sourire dans l'obscurité d'une mère qui écoute monter un ascenseur. »

Ce sera la nuit au long cours. L'entrée dans la nuit alcoolique est tout de suite marquée par la rencontre de Popo, archétype de la femme qui boit, de « ces filles du néon », écrit Blondin, vivant « avec ce qu'elles portaient sur elles, un attirail futile et encombrant qu'elles déposaient dans l'arrière-salle d'un bistrot tolérant pour dormir, ou sur la banquette d'une voiture de course pour tourner en rond, l'espace d'un caprice. Leurs expédients de bouts de ficelle prolongeaient une migration perpétuelle où elles changeaient de noms et de dégaines, toujours menacées, prodigues et retorses. »

Ce portrait est l'anti-portrait de la femme au foyer. Il insiste sur l'instabilité, le nomadisme et la liberté de mouvement de la « fille du néon », - caractéristiques qu'elle partage avec les mâles, affranchis, provisoirement ou durablement, des obligations familiales et conjugales. Prodigues comme les hommes (selon London), ces femmes de la nuit sont inévitablement célibataires et attestent une sexualité aussi mobile que leur façon d'habiter les lieux. Les romanciers nous les montrent accumulant les aventures, passant volontiers d'un homme à l'autre, au gré des rencontres de fortune. Image projetée d'un idéal de sexualité masculine, stimulé lui-même par la prise d'alcool, car l'alcool augmente le désir de mouvement et de changement. Propulsé dans la nuit alcoolique, le buveur commence par rencontrer son double au féminin.

6

Dans *Les Gens de la nuit*, Michel Déon ne tarde pas à rencontrer, lui aussi, son modèle de « fille du néon ». Bien que le portrait qu'il en brosse soit infiniment moins sordide que celui de Popo, on y reconnaît tous les traits distinctifs énumérés par Blondin. Popo avait un pied, et même les deux, dans l'univers de la prostitution ; Gisèle, chez Déon, trempe dans les milieux de la drogue. Cependant, ces connotations infernales restent discrètes. Ce qui est mis en avant, c'est le caractère insaisissable de ces personnages. Où trouver Gisèle ? Elle-même ne le sait pas d'avance : « Où serez-vous ? » interroge le narrateur, « -Oh ! je ne sais pas. Dans le quartier. Vous chercherez ». Cette indécision, naturellement, fait contrepoint à la certitude de toujours trouver sa mère ou son épouse (et c'est contre cette certitude qu'a lieu, justement, la révolte alcoolique). Quel sens donner à son comportement, à son visage ? Ces femmes changent tout le temps, Protée est leur dieu. Le mieux, dit Déon, est encore de s'en tenir à l'apparence de leur seul visage : « ... dès cette minute je compris que Gisèle était de ces êtres dont il ne faut tirer de l'ombre qu'un seul visage. » Ce visage né de l'ombre en conserve la trace de la caresse voilée. Il est le visage même de l'indétermination de la nuit alcoolique, sur lequel le buveur déchiffre le reflet de sa propre indétermination.

7

Les compagnes de beuverie ne sont pas des objets sexuels : en trouvera-t-on jamais meilleure preuve que dans le livre célèbre de Hemingway, *Le Soleil se lève aussi*[1] ?

En effet, le principal personnage féminin de l'ouvrage (il paraît même être le seul, et le lecteur ne se souvient que de lui une fois le livre refermé) boit beaucoup. C'est lady Brett, dont le modèle semble avoir été fourni à Hemingway par Duff Twysden. Celle-ci était un pilier des bars de Montparnasse. Carlos Baker écrit que Hemingway « était impressionné par sa beauté, son allure, son insouciance, son accent anglais et sa résistance à l'alcool. »

Duff était généralement accompagnée d'un nommé Pat Guthrie, qu 'on retrouve vraisemblablement dans *Le Soleil se lève aussi* sous les traits de Mike. « Quand Pat avait bu, nous dit encore Baker, il devenait bête ou maussade, selon son humeur du moment. Duff, quant à elle, supportait si bien l'alcool qu'elle était capable de jouer très convenablement au bridge après avoir pinté plusieurs heures d'affilée. »

---

[1] Ed. Scribner, New-York, 1926. Traduction française Gallimard, folio.

Or voyez : cette Duff a une allure *masculine*. Elle portait toujours, selon Baker, « des tailleurs en tweed de coupe masculine et un feutre d'homme campé un peu n'importe comment en arrière ». Par contre, Pat aimait s'entourer d'hommes à l' allure efféminée, « aux cheveux pommadés. »

C'est en compagnie de Duff, Pat, Harold Loeb et Bill Smith qu'Ernest fit un deuxième voyage en Espagne. Les comparses figurent tous, à peine transposés, dans *Le Soleil*. Nous savons par ailleurs que ce roman est le roman de l'impuissance : le narrateur, Jake, est affligé d'une blessure de guerre au bas-ventre, qui l'empêche d'honorer les dames. Brett est cependant éperdument amoureuse de Jake. Voici donc une femme avec laquelle il n'y a plus qu'une chose à faire : boire. Ce que l'impuissance du héros symbolise ici, c'est que l'alcool a dissous la féminité de Brett. Celle-ci reste donc fidèle à son modèle, Duff Twysden, présentée comme masculine. Nous trouvons là un merveilleux exemple des rapports particuliers que la littérature entretient avec la réalité. Lorsqu'il rencontre Duff Twysden, et alors qu'on pourrait penser que l'écrivain ne fait que transporter son modèle dans l'espace de la fiction sans altération notable, Hemingwav voit *déjà* en elle un symbole. En d'autres termes, sa relation *réelle* avec Duff est, dès le commencement, placée sous le signe de la littérature. En l'occurrence, Duff intéresse Ernest, parce qu'il voit en elle une première figure de l'indistinction des sexes qui, à la faveur de la nuit, est un des résultats de l'alchimie alcoolique, un des sortilèges de John Barleycorn.

8

Ce n'est pas que tous les récits atteignent à la même pureté. Tous les alcoolomanes ne sont pas castrés. Même, la plupart avouent que l'ivresse déchaîne en eux les passions les plus bestiales. La « chair », comme dit Melsen, les conduit « vers de troubles aboutissements » ; ils ont besoin d' « autre chose, d'aussi exigeant que (le) besoin d'alcool ».

Ce besoin pousse Marc Sévrin dans les bras des prostituées. Mais la prostituée n'est pas une compagne de beuverie, c'est sans doute la seule figure féminine dénuée de toute connotation maternelle. Elle assure, en catastrophe et en toute dernière instance, la satisfaction des plus bas besoins. Pour les satisfaire, le buveur doit descendre « dans l'abîme, où les femmes tentaculaires comme des pieuvres, guettent la proie facile, le mâle en perdition ».

Ainsi, Brett a beau être volage, ce n'est pas une putain. De même, dans *Les Gens de la nuit*, Gisèle a certainement couché avec les Brésiliens en goguette que le narrateur avait promenés dans le Paris nocturne, mais, précise-t-il, « pas pour de l'argent, car au début du dîner elle m'avait emprunté cent francs pour acheter des jetons de téléphone. » Popo, dans *Monsieur Jadis,* semble bien vivre du trottoir à l'occasion - elle y roule quelques arabes -, mais le héros se garde bien d'avoir avec elle le moindre rapport érotique. (Il la présente d'ailleurs comme peu appétissante.)

Dernier exemple, enfin, dans *Clair de femme*, lorsque Michel bavarde avec Lydia dans sa voiture : « Une prostituée sortit de l'hôtel en face du *Clapsy's*. Elle aperçut un couple silencieux qui attendait dans la voiture et vint vers nous avec la conviction d'une longue expérience.

- « Je vous emmène ?
- Non merci, dis-je. Ça va mal, mais pas à ce point. »

Dans ce passage, la confrontation est directe entre la femme qui « aide » (Lydia, à l'intérieur de la voiture) et celle qui « baise », ou veut le faire (la prostituée, à l'extérieur).

En bref, la dérive nocturne et alcoolisée conduit rarement dans le monde de la prostitution, et quand cela arrive le buveur n'y fait qu'un rapide séjour, le temps, si l'on ose dire, de baisser et de remonter son pantalon.

Cependant, lorsqu'il a des rapports sexuels avec des femmes qui, pour être de la nuit, ne sont pas pour autant des prostituées, ces rapports sont également fugaces et rapides Leur modèle reste, de manière plus ou moins lointaine ou explicite, prostitutif, comme si le personnage trouvait dans ce modèle la garantie de sa liberté. L'essentiel, en effet, est de ne pas s'attacher. Parce que l'expérience alcoolique a lieu, comme on l'a vu, contre la femme qui retient ou qui « conserve », cette expérience doit rester fondamentalement *célibataire*. D'où sa forte connotation masculine, qui n'évoque pas forcément quelque inclination homosexuelle, mais, par antiphrase, la peur de toute fixation, de toute *liaison*.

Avec toute femme, le buveur n'aura donc que des rapports *incertains*. Leur incertitude complète l'impossibilité où se trouvent les gens de la nuit de se faire une représentation sûre des uns et des autres, de reconstituer, à partir d'indices toujours maigres, toujours trompeurs, leur image totale.

Ces rapports seront bien sûr intermittents, dans une large mesure soumis au hasard et conditionnés par la fantaisie de l'errance nocturne. Lorsque, toujours un peu par miracle, les corps parviennent enfin à se rencontrer, on ne demandera rien de plus à l'autre qu'une satisfaction charnelle, sans engagement de sa part. Tels sont les rapports faciles dont parle Déon : « C'était bien ainsi : avec elle, il n'y aurait pas de tendresse. Je garderai ma tendresse pour le souvenir de qui j'avais trop aimé. La tendresse venait de trop loin au fond de mon cœur. Avec Gisèle, j'aimerai le désir, les rapports faciles. Notre plus grande déclaration l'un à l'autre serait de s'avouer d'une voix neutre[1]: ‘Je suis bien avec toi.’ - 'Moi aussi', comme si nous éprouvions une lourde incapacité à nous engager plus loin. Cette aventure était pourrie d'avance. Il ne fallait pas y risquer des sentiments précieux qu'une fois atteints on désespère de jamais reconstituer. Oui, tout était très bien ainsi. »

9

En dépit de son aspect tonitruant, le récit que nous fait Bukowski de la sexualité d'un écrivain alcoolique, dans *Women*, met en scène les mêmes types féminins que nous avons dégagés. Certes, le portrait que l'écrivain brosse ici de lui-même est sur-sexualisé. Mais l'accumulation héroïque des traits sexuels laisse bientôt apparaître, sous cette façade trompeuse, l'aveu d'une grande indigence sentimentale et érotique. En tout état de cause, la seule, la véritable passion de Chinaski (le double de Bukowski dans le roman), c'est la bouteille. Toute passion est exclusive, et prétend régner tyranniquement dans le cœur du sujet. L'écrivain n'arrive pas à lui opposer la passion amoureuse, et l'enjeu du conflit qui le dresse contre Lydia[2] (que pourtant il reconnaît aimer sincèrement), c'est la bouteille. Cette femme qu'il aime est la seule à lui interdire de boire : nous reconnaissons là le type de la mère ou de l'épouse, sous les espèces de la maîtresse au foyer, - celle qui conserve et protège. Cependant, les connotations maternelles qui sont habituellement associées à cette figure sont absorbées ici par la violence du per-

---

[1] La neutralité (autre nom de l'indifférenciation, voire de l'indifférence) caractérise bien, en effet, le régime tempéré de la sexualité alcoolomane au cours de l'errance nocturne.
[2] Ce n'est pas la même que dans *Clair de Femme* !

sonnage, nécessaire à l'esthétique ordinaire de Bukowski. Les scènes de ménage auxquelles le penchant de l'écrivain pour la bouteille donnent lieu sont terribles, et peuvent sans doute être interprétées à bon droit comme éléments constitutifs d'une vie sexuelle passionnée, explosive. Lydia n'en assure pas moins sa fonction de gardienne. La modalité particulière assez rare de cette fonction est l'effet des contraintes auxquelles l'écrivain doit se plier, s'il veut rester en accord avec ses propres principes esthétiques. C'est aussi la preuve de la souplesse d'adaptation de certains clichés. Le plaisir de l'interprétation consiste souvent à les débusquer sous la complexité apparente de situations qui, au premier coup d'œil, participent de la variété du réel.

10

Nous disions : l'aveu d'une grande indigence sentimentale et érotique. C'est vrai que le doute s'empare de l'écrivain chaque fois qu 'il est au bord d'honorer une femme. Lorsqu'il a réussi - ce qui n'arrive pas toujours -, il montre une grande satisfaction un peu juvénile comme s'il s'agissait chaque fois d'un miracle. Il sait que l'alcool réduit ses moyens, et c'est ce que craint Lydia : « Mon penchant pour la bouteille irritait Lydia. Elle aimait le sexe et mon penchant pour la bouteille ne m'aidait pas à baiser. 'Soit t'es trop soûl pour baiser le soir, soit t'es trop malade pour baiser le matin', disait-elle. Lydia se mettait dans une colère noire si j'avais le malheur de boire ne serait-ce qu'une canette de bière devant elle. » Lydia utilise donc l'argument sexuel - en toute sincérité - pour protéger Chinaski des ravages de l'alcool : bel exemple du fait que la fonction de conservation exercée par certaines femmes peut prendre des moyens détournés qui ne sont pas forcément moraux. En principe, les situations sont rarement aussi paradoxales, et les femmes que l'écrivain considère comme des objets sexuels possibles ne sont pour lui qu'un « passe-temps ».

Lorsque Chinaski rencontre Nicole, il écrit : « J'ai découvert qu'elle ne m'intéressait pas énormément, mais cela m'aidait passer le temps. » Surtout, il observe que Nicole boit « sans mollir ». Pour cette fois, le sexe de l'écrivain ne mollira pas non plus : « Je l'ai gratifié de trois ou quatre estocades particulièrement vachardes, elle a geint. *Elle connaissait enfin un écrivain, en chair et en os.* » (Nous soulignons)

Ainsi, Bukowski ne demande rien de plus aux femmes que ce que le narrateur des *Gens de la nuit* attend de Gisèle. L'amour n'est pour lui, en somme, que l'expansion de la cuite en forme de sexe. Une modalité de l'ivrognerie. Parfois aussi, l'amour est un remède à la cuite : il soigne la gueule de bois : « Quand j'ai la gueule de bois, je me sens en appétit - pas pour manger, pour baiser. Une bonne partie de jambes en l'air est le meilleur remède à une gueule de bois. Ça remet les esprits en place. »

Que dire de cet amour, sinon que tout amour en est exclu ? Bukowski avoue lui-même que s'il avait été une femme, il serait certainement devenu une prostituée. Et il ajoute : « Mais puisque j'étais de sexe masculin, je désirais sans cesse des femmes, et plus elles étaient tombées bas, plus elles me plaisaient. Pourtant les femmes - les femmes estimables - m'effrayaient parce que en fin de compte c'est à votre âme qu'elles en ont, et ce qui restait de la mienne, je tends à le conserver. La plupart du temps, je m'attaquais aux prostituées, aux femmes déchues, parce qu 'elles étaient mortelles, dures, et qu'elles ne formulaient aucune demande d'ordre personnel. Quand elles partaient, on n'avait rien perdu. »

Mais voici bientôt le deuxième pôle de fascination : « Et pourtant, en même temps, j'avais envie d'une femme douce et gentille, malgré le prix terrifiant à payer. Je perdais sur les deux tableaux. Un homme courageux aurait tout laissé tomber. Mais je n'étais pas courageux. Si bien que je continuais à me battre avec les femmes, avec l'idée des femmes. »

Ce passage atteste admirablement la « double postulation », vers Dieu et vers Satan, caractéristique de l'expérience alcoolomane en général, et qui décide aussi de l'allure contrastée de l'image que le buveur se fait de la femme. Comme, ainsi que nous le montrons par ailleurs[1], le sujet alcoolomane est un sujet « clivé », il est normal qu'il projette ce clivage sur la représentation qu'il se forme du sexe féminin.

11

Il arrive que l'image d'une seule et même femme soit l'objet des deux postulations *ensemble*. C'est ce que nous avions entrevu à propos de Lydia. Mais le cas est encore plus net en ce qui concerne Gisèle pour Michel Déon : Gisèle, femme nocturne et alcoolisée, *équilibre* la vie du narrateur. Elle est pourtant la compagne d'un temps de grande déréliction et de grande détresse, - quelqu'un que le narrateur, sans nul doute, s'empressera d'oublier après sa guérison. Comme le dit d'ailleurs Antoine Blondin, ces créatures rencontrées au cours de la nuit alcoolique sont éphémères, elles disparaissent avec les premières lueurs du jour, et n'engendrent des amitiés durables qu'exceptionnellement ; le plus souvent, dit Blondin, « elles truffaient les relations amicales de calamités somptueuses, qui incitaient à les éviter lorsqu'on était à jeun. Si bien qu'elles se faisaient

[1] Notamment dans notre chapitre sur la résolution de ne plus boire.

de l'humanité l'idée d'un grand troupeau ivre mort depuis l'Arche de Noé et calquaient leur comportement en conséquence. Elles n'avançaient qu'à grand fracas. À la longue, la nuit résorba la plupart de ces figures qu'elle avait engendrées ; certaines, surmontant une sélection naturelle, sans un effort d'accommodement, devinrent des compagnes à toutes épreuves, judicieuses et dépourvues de vanité. »

Ainsi, même du strict point de vue moral, la valeur de ces femmes est de transition. L'originalité de Gisèle, comme celle de Lydia sous ce rapport, est de condenser en un seul pôle les tensions contradictoires qui agitent le buveur, et le portent, tantôt à se vouer au diable et à sacrifier à toutes les formes de dépense, tantôt à rêver d'un ange protecteur et à se garder de tout excès. Déon écrit à propos de Gisèle : « À me retrouver près d'elle, la vie reprenait son cours : je ne conduisais plus comme une brute, *je buvais moins*, je ne pensais presque pas à *l'autre*.

Je redevenais un homme ordinaire : un amant attentif aux petites choses, détaché des grandes. Il y a des femmes qui vous paralysent, d'autres qui vous poussent à la vanité. Gisèle me rendait ma mesure, celle que je n'aurais jamais dû perdre. »

12

Ces femmes disparaissent-elles ? L'amant, comme dit la chanson, ne court pas se pendre pour autant. Même cette disparition l' « allège » : « La fuite de Gisèle qui mettait fin à une certaine quiétude, qui coupait avec un peu de tendresse, qui me rendait à moi-même, la fuite de Gisèle au lieu de m'affliger d'un nouveau poids, m'allégeait. »

13

Une autre forme du paradoxe de ces rencontres nocturnes réside en ceci : le buveur se surprend quelquefois lui-même à *protéger* les créatures (il s' « identifie » alors tout à fait à la mère ou à l'épouse). Dans *Monsieur Jadis*, le héros, bien nommé en l'occurrence, s'obstine à vouloir raccompagner Popo jusqu'à un domicile hypothétique et s'expose pour elle à de graves dangers (les arabes qu'elle a « roulés » le rouent de coups.). L'envie de protéger Popo le prend dès qu'il l'aperçoit, poursuivie par ses dupes : « Monsieur Jadis, qu'elle avait contraint si souvent à changer de trottoir, enveloppa d'un bras protecteur ses épaules rompues à toutes les gouttières. »

Or, une fois de plus, ce comportement nocturne est déterminé par une espèce de révolte contre l'épouse. Monsieur Jadis y voit un moyen de se dédommager de ce que la vie conjugale le prive d'héroïsme, ou de compenser l'image un peu grise que sa femme lui renvoie de lui-même : il se sentait gonfler de cette importance inespérée qu'elle lui donnait, prêt à renchérir sur ce que la situation avait de chevaleresque. Il aurait voulu qu'Odile, enfouie dans ses lointaines cretonnes, le vît à cet instant, responsable et efficace. Odile, et pourquoi pas sa mère qui semblait parfois peu convaincue d'avoir mis au monde Zorro, d'Artagnan ou le rusé Ulysse. »

14

La typologie des caractères féminins à laquelle nous nous essayons est donc relativement instable : des femmes sauvent quand elles devraient perdre, d'autres qui devraient protéger excitent les tensions démoniaques, etc. Il y a à cela, principalement, des raisons de deux ordres. Les unes, psychologiques, tiennent à l'ambivalence de tout objet de désir. Les autres, esthétiques, proviennent du souci de mettre l'art à l'abri de toute règle de symétrie ou d'opposition absolues, géométriques. L'art ne survit pas à ce genre de structures simplistes. Le talent des plus grands romanciers proviendra donc généralement de leur habileté à agencer un compromis entre le modèle psychologique de l'ambivalence et la nécessité formelle, stylistique au sens large, de nuancer tous les contrastes, afin de donner à leur texte l'allure même de la vie.

Il n'empêche que la répartition des femmes en deux grandes catégories obéit, dans la littérature alcoolique, au principe que nous avons dégagé, en fonction de tendances dominantes qui supportent l'exception ou, plutôt que l'exception, le mélange temporaire. Les romanciers ont conscience de cette rhétorique de l'opposition. Ils conçoivent que leurs personnages féminins appartiennent à des sphères différentes. Ils conçoivent même que ces sphères puissent se télescoper, comme pour confirmer qu'elles existent : telle est la preuve catastrophique de la querelle des femmes dans la littérature alcoolique, du véritable enjeu de leur opposition.

Ainsi, lorsque la maman de Monsieur Jadis l'a eu arraché au poste de police, elle le mène au *Bar-Bac*, ce qui remplit son fils d'effroi, car le *Bar-Bac* est pour lui, selon sa propre expression, « l'endroit de perdition ». La présence de sa mère en ce lieu (maudit) est comme la présence du jour dans la nuit. On ne voit cela que dans les tableaux de Magritte. Comment ne pas voir, en cet exploit surréaliste, l'image même du paradoxe? Mais c'est aussi une image de l'inversion des valeurs habituelles de la féminité. Le comble est atteint lorsque Popo surgit et rencontre la mère, - rencontre qui eût paru, la veille encore, dit Monsieur Jadis, « impensable » : « Ce télescopage de mes deux univers me broyait... Dès qu'elle m'eut aperçu, Popo freina son élan, se contenta d'un vif signe des doigts, en observance de la règle de discrétion que son instinct lui imposait. »

Finalement, la rencontre des deux femmes se passe sous d'heureux auspices. Cette scène au demeurant rare dans la littérature alcoolique, est celle de la réconciliation de deux mondes, dont la synthèse s'opère, pour peu de temps, sous le regard quelque peu incrédule du sujet : « Mes bons jardins secrets retournés au grand air, mes mondes confondus sans faire de jaloux, je les avais sous les yeux. » Mais cette réconciliation ne peut avoir lieu que parce que le partage des deux mondes avait été auparavant parfaitement institué.

15

La sphère de la sobriété est placée sous la domination des mères ou des épouses. Lorsque Jack London doit se rendre une deuxième fois à New York en janvier 1914, il part seul, sans sa femme. Ce qui permet à Andrew Sinclair d'écrire :

« Cette fois-ci, il n'emmena pas Charmian, *et put donc se livrer à tous les excès sans contrainte aucune.* » (Nous soulignons.)

Jack ne manquera pas, en effet, de s'enivrer tard le soir au bar du Van Cortland Hotel, en compagnie d'amis de Broadway. L'écho de ses débauches ne tarde pas à venir aux oreilles de Charmian. Jack essaie alors de se justifier auprès d'elle, par une correspondance où apparaît clairement la conception idéale qu'il se forge de la femme, dès lors que celle-ci doit être rangée dans la catégorie des « conservatrices ». Charmian est comparée à un pur-sang, - métaphore hippique qui en dirait long sur le faible coefficient d'érotisation de cette image de la femme, si nous ne savions par ailleurs que la zoophilie de l'écrivain n'était que l'expression indirecte d'une forme d'homosexualité : « C'est ça qui m'agace, et qui en même temps me remplit de joie. Tout homme qui a monté une jument pur sang connaît l'énervement et la tension que cela représente, ainsi que l'exaltation qui est, justement, la contrepartie de cette tension et de cet énervement. Tu sais bien que les vaches ne m'ont jamais intéressé. Voilà pourquoi c'est toi que je veux serrer dans mes bras et que je continuerai à serrer dans mes bras par amour pour toi et parce que je t'apprécie - O toi, mon maudit pur sang[1] ! »

Les femmes-pur sang, ce sont donc celles qu'on épouse. Elles ne boivent pas et sauvent « la race ». Dés qu'il échappe à leur zone d'attraction, l'écrivain n'a qu'une envie : aller s'enivrer avec des copains ou des « femmes-vaches » qui, selon son propre aveu, ne l'intéressent pas vraiment. Ce qui est pourtant décrit, dans *Le Cabaret de la dernière chance*, comme une passion envahissante, impérieuse et irrésistible, *l'alcool*, est présenté comme peu sérieux, futile et insignifiant, quand on le rapporte à cette image sublimée de la femme-mère. L'écrivain affecte de ne monter que des pur-sang, mais se rue sur les vaches aussitôt qu'il en a l'occasion. Tout se passe comme s'il mettait à l'abri de sa propre existence, en réserve, un modèle de la femme relativement abstrait, dont la réalité est surtout intérieure, psychique.

16

L'idéal londonien de la Femme est celui d'une femme *masculine*. Sans songer plus avant à la thèse de l'homosexualité, l'utilité d'une telle image est d'abord de soustraire la femme à la souillure du sexe. Celle-ci peut alors rester pure, et s'accorder avec la quête inlassable de la Mère,

[1] Lettre à Charmian, 29 janvier 1914.

que Jack paraît avoir reconnue en lui avec la découverte de la psychanalyse naissante. Andrew Sinclair écrit à ce propos : « Jack commençait ainsi à reconnaître en lui-même certaines névroses qu'il n'avait jamais encore soupçonnées ; que, par exemple, il recherchait un amour maternel qui lui avait manqué auprès des femmes, qu'il avait souvent appelées 'Maman - ma mère' ou 'Ma maman à moi'. Il se demandait pourquoi il avait joué toute sa vie le rôle de dur, pourquoi il avait cultivé avec tant d'acharnement le mythe de surhomme assoiffé de fraternité humaine. 'Tu sais, femme, dit-il à Charmian vers la fin de sa vie, je suis sur le point de découvrir un monde si nouveau et si merveilleux que j'ai presque peur de le contempler' ».

La masculinisation de la femme idéale (ici, en forme de « pur-sang ») correspond alors au souci de distinguer cette femme de tout objet sexuel possible, au nom de la « fraternité humaine », généralement célébrée devant les comptoirs. Parce que l'image supérieure de la Mère absorbe tout l'amour du monde, toutes les autres femmes ne sauraient plus être que des copains. Ainsi, dans *Le Soleil se lève aussi*, le personnage de Brett pouvait passer pour un exemple de la femme-copain : elle boit avec les hommes, boit comme un homme, mais ce n'est pas un homme.

Ce n'est pas une femme non plus, puisque Jake Barnes ne peut pas coucher avec elle. Disons qu'elle est sexuellement neutre, comme l'est aussi Charmian pour London : « Jack avait voulu, écrit Sinclair, qu'elle demeure éternellement la femme-enfant et la femme-copine de ses rêves, et elle s'était efforcée de ne pas le décevoir malgré les années qui passaient. »

Charmian accepte donc de bon cœur de jouer son rôle de mère (ou de femme-enfant, ce qui est pareil...). Elle accepte de renoncer à ce qu'elle est elle-même en réalité, pour présenter à Jack l'image qui lui convient. Cette femme, en somme, se sacrifie. Elle fait don de sa personne et, ce faisant, s'installe spontanément dans la stratégie alcoolique de Jack London où doit obligatoirement figurer, en bonne place, l'image d'une femme-repoussoir. Celle-ci sert alors d'antithèse à la fois aux femmes viles et vénales et aux amitiés de comptoir, principales figures associées au temps de la prise d'alcool. Charmian, dit Sinclair, « se rendait bien compte que, pendant tout son mariage, elle n'avait fait que copier la vision qu'il se faisait d'elle. C'était un idéal de femme très valable, mais quand même assez éloigné de sa nature profonde. Charmian avait lu les livres qu'il lui imposait, avait adopté ses idées sur le bien et le mal, son pessimisme, son enthousiasme ; elle avait fini par perdre toute identité en dehors de celle de 'Mrs Jack London'. »

Et les épouses de Hemingway ? Ont-elles été autre chose que des « Mrs Hemingway » ? N'ont-elles pas du partager sa conception de l'existence comme d'une « guerre totale », comme le dit Bukowski ? N'ont-elles pas dû chasser, pécher, naviguer, faire des safaris en Afrique comme lui, adopter ses haines et ses enthousiasmes ? Sans aucun doute, elles ne purent que s'identifier sans réserve à l'écrivain, avec plus ou moins de mauvaise grâce, mais sans jamais de résistance véritable. Dès lors qu'ils songent à épouser une femme, ces écrivains virils l'introduisent tout naturellement dans leur monde viril.

17

Dans l'ensemble, par conséquent, les femmes de la littérature alcoolique sont rarement l'objet d'une attirance sexuelle très forte, et cela quel que soit leur statut symbolique, de mère, d'épouse, de maîtresse, de prostituée ou de « femme-copain ». Toutes se définissent par rapport à l'unique bon objet: l'alcool, et servent à en exprimer l'ambivalence propre, soit en en détournant le sujet, soit en le poussant vers lui. Toutes, aussi, peuvent alternativement assurer chacune de ces fonctions, mais finissent par se regrouper dans des grands types plus ou moins fixés, dont la ligne de partage est suffisamment définie. De la manière la plus générale, on peut dire qu'un idéal de pureté, dominée par la figure de la Mère, s'oppose à la tentation de la dérive alcoolique, représentée surtout par les « copains ». Certaines femmes, placées à équidistance de ces deux pôles d'attraction contradictoires, assurent une transition malaisée, difficilement descriptible en termes clairs, entre l'un et l'autre pôle, oscillant tantôt vers le négatif (Brett, Gisèle), tantôt vers le positif (Charmian, mais aussi Gisèle). En tout état de cause, ce qui est sûr, c'est que seul l'alcool, et non le sexe, règle le jeu de cette attirance élastique. L'alcool devient ainsi le principal critère de la vie sexuelle de l'alcoolique. Ses images de la femme, comme toute autre chose, s'y rapportent constamment.

18

Jack London s'était déclaré en faveur du vote des femmes, parce qu'il était persuadé, disait-il, que celles-ci voteraient à leur tour pour la prohibition de l'alcool sur le territoire des Etats-Unis.

Remarquable exemple d'une exploitation fantasmatique d'un processus historique objectif ! L'écrivain croit trouver dans l'histoire la vérification de son rêve, la réalisation du désir de presque tous les alcooliques que la femme-mère les sauve de leur vice, grâce à l'instauration d'un dispositif macro-social. Le fantasme, autrement dit, doit passer dans la loi. Un modèle imaginaire de la femme doit féconder la réalité historique.

Freud lui-même avait bien vu que l'expérience de la prohibition ne pouvait qu'être placée « sous l'influence du règne des femmes ». Il l'écrit en toutes lettres dans *L'Avenir d'une illusion* : « On veut là-bas (en Amérique) priver les humains - évidemment sous l'influence du règne des femmes - de tout excitant, de toute boisson enivrante, et on les gave en échange avec de la piété. voilà encore une expérience dont le résultat ne saurait être douteux. » Si, comme nous le disions il y a un instant, toutes les représentations que l'alcoolique se fait de la femme sont conditionnés et réglées par l'alcool, il est normal que dans le cadre historique de la prohibition aux Etats-Unis domine une image de la femme qui coïncide adéquatement et sans reste avec sa seule fonction prohibitrice. La valeur de la femme tient toute dans sa capacité, plus grande que chez l'homme[1], à s'interdire l'alcool et, bientôt, lorsque la loi aura été votée, à l'interdire aux hommes.

Lumineuses sont les lignes que Jack London consacre à ce sujet : « J'ai voté en faveur du vote des femmes car je sais que les épouses et les mères de la race voteront la mort de John Barleycorn et sa relégation aux limbes de l'histoire, où gisent toutes coutumes de la sauvagerie disparue. (...)

L'une des premières expériences chimiques de l'homme a été la fabrication de l'alcool, et, de génération en génération, jusqu'à ce jour, l'homme a continué à fabriquer et à absorber cette drogue. Et il ne s'est pas écoulé un seul jour où les femmes n'aient déploré cette habitude de l'homme, bien qu'elles n'aient jamais eu le pouvoir de donner du poids à leur ressentiment. Du jour où les femmes auront le droit de

---

[1] Le psychanalyste Abraham dit encore que l'alcoolisme est un phénomène essentiellement masculin.

vote dans la communauté, leur premier acte sera de fermer les bars, ce que les hommes ne feraient pas d'eux-mêmes d'ici un millier de générations : autant vaudrait s'attendre à ce que les victimes de la morphine présentent une loi pour en prohiber la vente.

Les femmes savent à quoi s'en tenir. Les habitudes alcooliques de l'homme les ont soumises à un lourd tribut de sueurs et de larmes. Toujours sur le qui-vive pour défendre la race, elles légifèreront au bénéfice des petits-fils de leurs enfants encore à naître ; et dans l'intérêt de leurs petites-filles aussi, de celles qui seront les mères, les épouses et les sœurs de cette postérité. »

19

Agnès von Kurowsky fut le premier grand amour de Hemingway. C'est elle qui le soigna à l'hôpital de Milan, après sa blessure du 8 juillet 1918 à Fossalta. Elle aussi qui inspira, comme on sait, l'héroïne de *L'Adieu aux armes*, Catherine Barkley.

Cette femme qu'il aima tendrement finit par le tromper. Première désillusion, première grande douleur. Or, comment Ernest avoue t-il avoir surmonté sa peine ? *Au moyen « d'alcool et de femmes »*... L'écrivain formule lui-même l'équation alcool = femmes. Le dernier mot restera au pluriel. Car cette équation implique aussi que la femme se trouve clairement opposée à la femme, mais comme une singularité à une multitude, la singularité du « pur-sang », dans le jargon londonien, à la multitude des « vaches ». Bref, on combat le mal par le mal. Quand tout amour s'est enfui, il ne reste plus que le sexe. Le sexe peut alors être associé à l'alcool comme un exploit viril. Le psychanalyste Abraham que nous venons d'évoquer, le savait bien : les « exploits du boire et du sexe », dit-il, sont étroitement liés. Et ils le sont au nom d'un idéal de la vie virile, qui se soucie fort peu des femmes. Hemingway, comme tant d'autres buveurs, confie à l'alcool son espérance de liberté définitive. L'alcool rend libre : il est, nous le savons, promesse d'un déplacement continuel. Ce programme voyageur ne tolère que des femmes-objets. Rapidement, des déceptions sentimentales plus ou moins feintes, plus ou moins jouées, pourront devenir le prétexte au *secours alcoolique...*

20

Cet idéal de disponibilité implique deux choses : premièrement, une grande fermeté vis à vis des femmes ; deuxièmement, une certaine dose de misogynie, - surtout lorsque la femme menace deux territoires réservés : l'alcool et la littérature. Une grande fermeté. Ernest avait connu le colonel Sweeney pendant la seconde guerre mondiale et s'en fit un ami. Or, ce qu'il admirait surtout chez le colonel, raconte Carlos Baker, c'est la façon dont celui-ci traitait les femmes : « Si elles lui causaient des ennuis, il prenait simplement le ton du commandement avec elles. Tout homme qui permettait aux femmes de le faire souffrir, dit Ernest, était atteint d'une maladie aussi incurable que le cancer. »

Le « cancer de la femme » explique que les méthodes de la guerre - « le ton du commandement » - puissent être appliquées à la vie amoureuse. Nous sommes ici en présence d'un exemple frappant de « télescopage », comme l'aurait dit Blondin, de deux mondes, dont l'écrivain espère réaliser la synthèse au moyen du catalyseur ordinaire : l'alcool. Parce qu'il concevait l'existence comme une lutte perpétuelle, Hemingway ne pouvait voir en la femme qu'un adversaire, exigeant prudence et fermeté. Ceci explique aussi que, comme nous venons de le voir dans les lignes précédentes, il parle surtout de la femme au pluriel. Le pluriel atteste toujours, en l'occurrence, que la guerre est déclarée.

Une certaine dose de misogynie. Au cours d'une visite à la Havane en 1945, l'épouse d'un autre colonel, Mrs Lanham, « jugea bientôt, écrit Baker, que (Hemingway) était foncièrement misogyne. Il accusait ouvertement sa mère[1] d'être une mégère dominatrice qui avait poussé son mari au suicide. Il critiquait aussi violemment Martha Gellhorn[2]. Il vint à l'idée de Mrs Lanham que Grace[3] et Martha étaient les deux seules femmes qui aient tenu tête à Ernest et l'avaient bravé. (...)

En quittant Cuba, Pete fut convaincue qu'Ernest l'avait classée dans le vaste monde qu'il abhorrait... la population féminine du Globe. »

Cette misogynie s'exacerbe lorsque, ainsi que nous le disions, la femme paraît compromettre le travail d'écriture. En ces moments, le comble est atteint. L'écrivain peut donner libre cours à son mépris ou à sa haine. Ainsi, après un voyage à Lyon en mai 1925, Hemingway rend visite à Scott Fitzgerald et à son épouse Zelda, qui résidaient à Paris, rue de Tilsitt. Bien que Zelda fasse partie des « femmes qui boivent », elle n'inspire aucune sympathie à Ernest. Il constate en effet qu'elle exploite l'ivrognerie de Scott dans le mauvais sens : jalouse du temps que son mari consacre aux lettres, elle sourit quand Scott boit, « apparemment heureuse, dit Baker, à l'idée qu'après (il) ne serait pas en état d'écrire. Ernest réprouvait une telle attitude chez la femme d'un écrivain. »

---

[1] Nous y voilà. Les preuves abondent, chez l'un ou l'autre écrivain, que l'aventure alcoolique a souvent lieu comme une révolte contre la Mère ou l'épouse.

[2] Prénom de la mère de Hemingway.

[3] Deuxième femme de Hemingway.

Pour Hemingway, le critère qui, par excellence, permet de jauger la valeur d'une femme, et de savoir si elle est digne de participer à la beuverie virile, c'est sa réaction à la corrida. Une femme qui aime la corrida est digne des hommes. Ernest peut l'admettre dans le phalanstère des braves, et récompenser son courage en l'emmenant boire un coup.

Dans *Le soleil se lève aussi*, Brett aime naturellement la corrida, suivant en cela son modèle réel, Duff Twysden. Ernest écrit à propos de Duff que « la vue des toreros et l'émotion qui étreignait l'assistance la plongeaient dans un tel état d'excitation qu'elle se fit le champion des courses de taureaux. » Et Baker ajoute : « à ceci près qu'à force de boire, elle oubliait tout de la corrida quelques instants après. » Duff est le prototype de la « petite femme extraordinaire ». Comme Duff, Brett a le courage de regarder jusqu'au bout le massacre des chevaux dans l'arène de Pampelune :
- « Elle ne les quittait pas des yeux, dit Mike. C'est une petite femme extraordinaire.
- Evidemment, il leur arrive des choses horribles, dit Brett, mais je ne pouvais pas m'empêcher de regarder. »
Par contre, Robert Cohn est un lâche : il est « vert de peur » au spectacle de l'horrible. Cohn accuse plus de traits « féminins » (évidemment dans le mauvais sens du terme) que Brett, et c'est pourquoi il est le personnage négatif du roman, le trouble-fête qui finit par se mettre tout le monde à dos.

L'existence du couple contrasté, symboliquement complémentaire représenté par Brett et Cohn prouve bien que la différence de valeur ne se confond pas avec la différence des sexes. La ligne de démarcation est mobile et se déplace constamment. Il arrive certes qu'elle recoupe la différence des sexes, comme on l'a vu avec Zelda Fitzgerald. Mais ce n'est nullement une nécessité. Est « féminin » - mauvaisement féminin - tout être, homme ou femme, qui ne supporte pas la corrida. On perçoit clairement que le rêve tauromachique, traditionnellement associé chez Hemingway à l'orgie alcoolique (comme on le voit bien dans *Le soleil*), ne coïncide absolument pas avec une quête sexuelle, même quand des femmes y participent. La fascination de Brett pour les courses de taureaux est le signe de sa masculinisation, et la masculinisation de Brett est le signe du détachement d'Ernest à l'égard de toutes femmes. Ceci, bien entendu, s'arrose :

- « Ces courses de taureaux vous foutent à l'envers, dit Brett. Je suis comme une loque.
- Oh, on va te faire boire un coup, dit Mike. »

22

On boit donc plus de coups qu'on en tire dans *Le soleil*, et comment pourrait-il en être autrement, puisque Hemingway a lui-même situé le niveau du discours en le plaçant, irréversiblement, sous le signe de l'impuissance *organique* de Jake Barnes ? *L'escamotage principiel du sexe* permet de drainer toute la signification, et l'attention du lecteur, vers le pôle symbolique du compagnonnage viril. Que ce pôle puisse être surinvesti, de manière latente ou sublimée, de désir homosexuel est une autre affaire qui ne nous intéresse pas ici. Il importe simplement de voir, en un premier temps, que l'écrivain se constitue une image de la féminité (plutôt que de la femme) dont le critère de régulation se situe, ne serait-ce que par antiphrase, dans un idéal de courage et de bravoure.

La corrida, mais aussi d'autres exemples de performance héroïque comme la boxe ou la guerre, sont autant de modulations de cet idéal, qui continueront de déterminer l'idée qu'on doit se faire de la femme. Au cours du deuxième conflit mondial, on verra souvent Ernest rivaliser de courage avec son épouse Martha, correspondante de guerre comme lui...

Le sexe est donc constamment repoussé à l'arrière-plan de la scène où se situe le véritable enjeu. Tel pourrait être le sens général de l'impuissance de Barnes dans *Le soleil*. La différence des sexes est un résidu biographique qui ne doit pas gêner la perception de la hiérarchie réelle des valeurs.

23

La neutralité sexuelle semble être aussi la règle en ce qui concerne le narrateur du livre de Michel Déon *Un taxi mauve*. Elle ne s'exprime pas avec la même brutalité que dans *Le soleil se lève aussi*. Mais le narrateur cumule un certain nombre de traits distinctifs qui l'isolent du nombre des individus normalement sexués, encore que ceux-ci soient fort rares dans le roman : Jerry, peut-être, mais sa sœur avoue qu'il peut rester toute une année sans avoir de rapports, et que cela ne le dérange pas ; sa propre sœur serait elle-même plus gourmande, manifestant une « curiosité » sexuelle et un goût de l'aventure qui sont autant d'apanages des hommes, - preuve supplémentaire que, dans la littérature alcoolique, l'exaltation d'une certaine forme de liberté ne prend jamais pour mesure la différence organique des sexes ; mais surtout, c'est le personnage quelque peu monstrueux de Taubelman qui absorbe, sur un mode volontiers pervers et excessif, toutes les formes les plus bestiales de l'érotisme, encore que cela soit plus suggéré que montré : il excite, en tout cas, la curiosité de Sharon, la sœur de Jerry (« Un type qui doit être formidable au lit c'est Taubelman », dit-elle.)

Taubelman est aussi le plus grand boit-sans-soif de l'histoire. Mais toutes ces illusions sexuelles le cèdent de beaucoup au tableau de l'« impuissance » relative du narrateur. Elle est symbolisée par son âge : cinquante ans, - ce qui n'est certes pas catastrophique, mais est présenté par le personnage comme un temps de décrépitude ; le voici donc une première fois séparé. Il l'est une deuxième fois par son histoire : son exil dans la solitude des marécages irlandais est motivé par un mariage qui a dérapé ; cet amour ancien continue pourtant de le hanter, récapitulant toute son expérience de la vie et des relations humaines, et le rendant indisponible pour de nouvelles liaisons. Enfin, une mauvaise santé, une fragilité cardiaque l'empêchent de s'abandonner entièrement à toute espèce de fête et notamment aux orgies alcooliques, - ce qui d'ailleurs fait de lui un témoin lucide de l'ivresse des autres. Autour de ce personnage symboliquement castré et qui, de fait, n'aura aucun rapport sexuel dans toute l'histoire, vont graviter une nuée de femmes très diverses, dans les exhalaisons du whisky irlandais.

24

La retraite du narrateur dans les solitudes glacées et humides de l'Irlande est en effet bientôt troublée par l'invasion de toute une population féminine, comme si le beau sexe dans son ensemble s'était donné rendez-vous sur cette terre oubliée. Même une actrice de réputation internationale, sœur du cosmonaute qui, pour la première fois, posa un pied sur la lune, daigne apparaître dans le coin, en grandes pompes! L'invraisemblance d'une telle profusion de créatures, toutes désirables, en dit long sur les pressions symboliques qui assaillent le narrateur, et le déterminent à pareille mise en scène un peu forcée. Chacune de ces femmes assume sa part de signification, qui finit par se résorber entièrement dans l'image que le narrateur veut donner de lui-même. Nous devons chercher celui-ci quelque part sur la carte où de multiples modèles de femmes sont posés comme des points de repère, et cheminer dans son âme selon le parcours sinueux et complexe suggéré par cette topographie féminine. Aussi bien ne nous risquerons-nous pas à une synthèse des significations riches et nombreuses que cette trajectoire permet de relever. Nous nous limiterons bien entendu à celles que délivrent simplement les rapports qu'entretiennent toutes ces femmes à l'alcool.

25

L'Irlande est un pays de buveurs et d'amateurs de chevaux et c'est pourquoi l'un des lieux « chauds » de ce roman est un pub qui s'appelle « *A l'éperon* ».En Irlande comme en Angleterre les pubs sont des lieux essentiellement « masculins ». Les trois sèmes alcool-chevaux-hommes constituent une trilogie symbolique fondamentale, qui est le système de référence de toute typologie féminine dans le roman.

Le bar de *L'éperon* est le soleil qui éclaire et réchauffe cette portion de terre froide, accablée de trombes d'eau. Il est le noyau à partir duquel irradie tout le sens symbolique du livre, et, alors même qu'on ne parle pas de lui, on sent derrière les actions et les personnages du moment l'effet de sa présence tenace, comme d'un temple qui dominerait les rues de la ville. Il est bien des romans qui se passent à l'ombre d'une cathédrale. Celui-ci se passe à l'ombre d'un pub.

Les femmes reçoivent inévitablement les ondes qu'il propage dans tout le pays, à quelque distance qu'elles s'en situent. Certaines y pénètrent. Toutes, au demeurant, lui appartiennent. La nature elle-même semble lui appartenir, et on passe sans s'en apercevoir d'un brouillard de pluie à l'intérieur du temple, - qui fait partie du paysage : « La nature est un pub dont les vivants piliers... »

Ces femmes, qui sont-elles enfin ? Il y a d'abord *les sœurs*. Ici, elles s'appellent Sharon et Moïra et ces sœurs ont un frère, Jerry. La littérature alcoolique fait une certaine place aux sœurs, naturelles ou symboliques, pour les raisons qu'on devine aisément : elles sont des substituts de la Mère ou de la femme-copain, et, à ce titre, peuvent boire ou ne pas boire ; elles boiront s'il s'agit d'accompagner le frère-fils sur le chemin difficile de la débauche ; elles seront sobres s'il faut au contraire le protéger contre la tentation. Ainsi, la vie de Jack London fut riche de la présence d'une sœur, Eliza, que l'écrivain considéra toujours avec vénération, - à condition que celle-ci voulût bien s'identifier à lui comme le faisait Charmian : « Il avait en elle une confiance illimitée, dit Andrew Sinclair, et personne ne savait aussi bien apaiser ses doutes et ses tourments... Un de ses amis, le sculpteur Finn Frolich, dira qu'Eliza avait appris comment se substituer à son frère par amour pour lui. »

La première apparition de Sharon à *L'éperon* est présentée comme un grand événement religieux. Les clients, écrit Déon, « en restèrent la bouche ouverte, pétris d'admiration, prêts à se jeter aux pieds de cette nouvelle divinité dont ils avaient cru devoir se contenter de rêver. Mal préparés à l'idée que la Princesse[1] entrerait dans le pub enfumé et puant la bière de Willie, ils ne surent pas dire un mot et ce fut Jerry

---

[1] Déon donne sciemment à ses personnages féminins l'allure de ceux des contes de fée : une princesse, une actrice ; plus loin, Anne est présentée comme une espèce de Cendrillon, qui de plus est muette. Présences irréelles qui planent sur la fiction comme un rêve de femme : clair de femme aurait dit Romain Gary.

qui sauva la situation en les appelant du doigt pour les présenter à sa sœur... »

Voici donc un monde d'hommes bouleversé par l'intrusion de l'élément féminin. Cet élément intervient à titre de sœur, qui n'est la maîtresse de personne, et ne le deviendra pas dans tout le reste du roman. Décrite comme une femme sensuelle et attirante, elle n'en est pas moins, *effectivement*, un personnage peu sexualisé, même si le romancier se plaît à l'entourer d'un halo diffus de connotations érotiques.

Sharon appartient à la catégorie des femmes qui boivent. Elle accompagne volontiers les hommes dans leur descente alcoolique. Sa sœur Moïra, par contre, s'abandonne moins facilement, paraissant surtout soucieuse de ménager son physique et sa carrière de star : plus intéressée, en quelque sorte, plus calculatrice. Elle veille à ce qu'on s'enivre autour d'elle dans des limites décentes, sans prétendre (ce qui serait utopique dans ce milieu dominé par la trilogie fondamentale) à une parfaite sobriété. Lorsque son scénariste Kosslawski se soûle à une soirée offerte par Taubelman, elle a tout à fait avec lui le comportement d'une mère énergique : « Très vite, Kosslawski ne tint plus debout, agrippant chacun par l'épaule pour lui raconter comment il venait de perdre au gin. Moïra lui intima sèchement l'ordre d'aller dormir dans la Rolls et à notre surprise, il obéit sans même un au revoir. »

La troisième figure féminine prédominante du roman n'est pas une sœur, mais une fille, - la fille de Taubelman[1] -, c'est donc encore un personnage peu sexualisé. La « fille » prend le relais de la « sœur » dans l'économie symbolique d'un texte qui se règle sur l'expression du mystère. Il répugne

[1] A tout le moins est-elle présentée comme sa fille, mais un doute demeure sur sa véritable identité. Ceci conforte tous les autres aspects troubles du roman, et confirme que la thématique de l'alcool s'accorde généralement avec l'expression de l'incertitude de toutes choses.

par conséquent à toute idée de proximité, multiplie les suggestions du lointain. Toute représentation directe de la volupté, du contact charnel, nuirait au principe de la séparation des personnages, de leur isolement. Comme les personnages nocturnes de Blondin étaient finalement résorbés par la nuit, ceux de Déon disparaissent aussi subitement qu'ils étaient venus, après un épisode irlandais décrit comme un rêve. Les femmes ne peuvent guère prendre de consistance « physique ». D'où cette accumulation de fiches d'état civil familiales, qui sont autant de remparts contre la tentation d'une interprétation érotique du texte. Mais en même temps, la consanguinité de la plupart des personnages permet de les rattacher à ce que nous savons être par ailleurs les familles de femmes dans la littérature alcoolique, et c'est naturellement cela (et cela seul) qui nous intéresse ici.

Anne pourra donc être tout de suite définie comme un pur exemple de femme sobre qui protège le sujet contre tous les excès alcooliques. Ce n'est pas un hasard si son père est le plus grand buveur de l'histoire. Anne ne lui interdit pas vraiment de boire, mais assure la double fonction, familière au lecteur, de réduire au maximum la consommation d'alcool de son protégé et, lorsque la beuverie a lieu, de lui faciliter le retour nocturne. Telle est la façon dont Déon nous la présente, lorsque, au cours de soirées particulièrement alcoolisées, elle vient « rechercher » son père à minuit ; son apparition est alors le signe que la soirée est terminée pour lui : « Vers minuit, il était au milieu d'un de ces grands rires quand Anne poussa la porte et apparut sur le seuil, habillée comme toujours de son jean délavé, de son blouson de cuir, les cheveux protégés par un foulard de soie. Le rire de Taubelman s'étrangla. Il dit d'une voix brouillée par l'alcool : 'Bon, je viens' ! et s'extirpa d'un mauvais fauteuil en rotin. Il parut soudain peser tout son poids. Anne ne bougeait pas. On aurait pu croire qu'elle ne nous voyait pas. Quand il s'approcha de la porte, elle tourna les talons et disparut dans la nuit. »

Même apparition irréelle quelques pages plus loin avec indication des rapports éthérés, platoniques que le narrateur entretient avec toute femme dans le roman : « Minuit était l'heure où Anne venait le chercher (Taubelman). Je sortis sur le prétexte le plus plausible et restai quelques minutes dans le jardin. Au-dessus se déployait un ciel d'une beauté inouïe, serti d'or, traversé de traînées ivoirines, un ciel comme il n'en existe nulle part ailleurs qu'en Irlande la nuit. J'étais là tête levée, quand la barrière cria. Par une fenêtre, une lame de lumière striait la pelouse et l'allée. Anne s'avança et s'arrêta dans la lumière. Nous étions si près l'un de l'autre que j'entendis son souffle écourté par l'ascension de la colline. Puisque nous ne pouvions parler, j'avançais le bras. Nos mains se rencontrèrent pour une brève pression, puis Anne se dirigea vers la porte à laquelle elle frappa avant de la pousser et de se tenir debout sur le seuil. Taulbeman la suivit presque aussitôt. Je crois qu'il m'avait oublié car il pissa près de moi sans me voir, titubant, appuyé d'une main sur l'épaule de sa fille. La nuit les prit et je les entendis descendre avec lourdeur le sentier. »

26

Le caractère fantomatique d'Anne ne laisse pas d'influencer les sentiments que les autres personnages peuvent nourrir à l'égard de leur propre identité. Certes, on se demande expressément si elle existe :

« Jerry, le nez dans son assiette, murmura :

- Comment existe-t-elle ?

- Oui, c'est vrai, comment existe t-elle ? demanda Taubelman. J'ai peine à y croire. Pourtant elle est là ! Vous l'avez vue tous les deux, je ne rêve pas. »

Mais on se demande aussi au contact surnaturel d'Anne, si nous-mêmes existons vraiment : « Parce qu'elle était, à sa manière, belle, hiératique dans son fourreau bleu, elle nous éclipsait à tel point que nous avions l'impression d'exister à peine, d'être là comme des ombres fugitives dont le seul devoir était de la servir, de donner plus de grâce à ses gestes. »

Ses gestes, à quoi servent-ils en l'occurrence ? À verser à boire. Ainsi, de même que tous les thèmes (femme, identité) sont en concaténation, il n'est de tableau si pur qu'il ne se mitige d'éléments étrangers, contradictoires. Cette femme, parangon des femmes conservatrices chères à London, peut éventuellement servir à boire, au nom, sans doute, de ce principe esthétique que nous avons déjà découvert et qui consiste à écarter de droit toute schématisation trop rigoureuse.

Une jolie femme qui vous verse à boire : c'est sans doute l'avatar le plus insidieux, le plus irrésistible de John Barleycorn. Le verre qu'elle vous tend, parce qu'elle vous le tend de sa main de femme, comporte inévitablement une connotation sexuelle, une promesse de transgression érotique. L'invitation à boire s'identifie alors à l'invitation à faire l'amour. Il ne saurait en être autrement. Surtout lorsque cette invitation provient d'Anne, qui est par ailleurs un modèle de tempérance, sexuelle et alcoolique !

Et plus encore, l'image de l'interdit de boisson ! Elle, pourtant, ne boira pas avec vous (cette obstination angélique peut être le comble du satanisme.)

- « De la main, elle désigna le canapé en tapisserie et se dirigea vers une table où étincelaient des verres de cristal, un shaker en argent et des bouteilles. Anne posa le doigt sur une

bouteille de whisky et je dis oui. Elle remplit un demi-verre, ajouta de la glace et me l'apporta.
- Merci, et vous ? Elle hocha la tête négativement. »
Un peu plus tard, « Jerry ouvrit la porte en trombe.
- « Anne, le cuisinier meurt de soif ! C'est bientôt prêt...
Elle remplit de vodka un grand verre qu'il emporta dans la cuisine.
- Vous ne buvez pas?
Non, dit-elle. Je n'en ai pas besoin[1]. »

Le tableau est même beaucoup plus impur qu'on ne le pensait, et le geste de servir à boire encore moins innocent. On s'en rend compte lorsque, au cours d'un autre épisode, une partie de cartes où Taubelman rafle toutes les mises, l'empressement d'Anne à remplir les verres a surtout pour fonction de distraire l'attention des autres joueurs, sinon de communiquer discrètement des renseignements à son père. C'est ce que suppute, après coup, un de ces joueurs :
- « En tout cas, la prochaine fois que nous jouerons avec Taubelman nous demanderons à cette belle jeune fille - ah ! quelle Deirdre elle ferait dans la pièce de Synge - de rester assise près du feu, quitte à laisser vides nos verres. Son dévouement à notre soif - pourquoi tant de poivre dans la vodka ? - a distrait mon attention. J'ai horreur qu'on s'occupe de moi, qu'on passe derrière moi quand je joue. Une présence même discrète et furtive me retire la sensation de néant absolu dont j'ai besoin dans mes reins, ne serait-ce que pour foncer... »

---

[1] Anne, présentée tout d'abord comme muette, pour des raisons psychologiques, retrouve bientôt la parole. Son silence du début augmentait le mystère. La parole retrouvée ne le lève pas mais ne fait que le moduler.

Michel Déon inscrit expressément Anne dans un rapport antithétique avec Sharon. Anne est aussi brune que Sharon est blonde, et l'auteur insiste volontiers sur le contraste formé par ces deux chevelures : « une note sombre, une note claire sur une portée dont on aurait en vain cherché l'harmonie. »

Si Anne lui livre, à un certain moment, « un peu de son mystère et de son inquiétude », c'est à Sharon par contre qu'il laisse lui-même entrevoir certains recoins de son passé. Il en avait, dit-il, « éprouvé un moment de panique, heureusement vite effacé par le séjour à Leenden. Mais on pouvait difficilement espérer que toutes les femmes se jetteraient dans mes bras à chaque aveu de ma situation, malgré leurs irrésistibles vocations d'infirmière... »

Ainsi, Sharon et Anne remplissent, chacune à leur manière et pour des hommes différents, leur devoir de « Mère ». Le narrateur voit surtout en Sharon une femme à laquelle on peut s'abandonner, se confier[1]. L'attraction physique qu'il croit subir est sûrement le passe-droit de son véritable désir : s'endormir dans ses bras, oublier. « Je marchai derrière elle, écrit-il, le regard attiré par sa nuque et cet espace si délicat sous l'oreille, espace qui m'avait ému et retenu un soir au bar du Geat Southern et qui, maintenant où nous nous retrouvions seuls, m'inspirait presque de la faim ou, en tout cas, un si grand désir d'oubli que je me serais plongé à la folie dans cette chevelure blonde pour m'endormir, les lèvres posés sur un espace de chair rose, peut-être le lieu géométrique des plaisirs physiques de Sharon et des miens. M'endormir, oui, pour le reste de l'éternité. »

---

[1] De même, le narrateur de *L'enfer et Cie* déclare à Mme Foy « Vous êtes l'unique être humain à qui je puisse me confier. »

Ce désir de sommeil, aussi « impérieux, irrésistible » que le désir d'alcool, détermine le niveau exact des rapports que l'homme entretient avec la femme dans la littérature alcoolique. Jean-François Josselin fait dire à son personnage : « J'ai d'ailleurs envie de me laisser aller contre elle, de m'endormir sur son sein. Je serais tout petit, elle me caresserait les cheveux, je ronronnerais. » Le fantasme de régression à un stade « pré-génital » de la sexualité est ici très apparent. Quant au désir de sommeil, il évoque peut-être la nostalgie d'un état d'indifférenciation, dans lequel l'enfant ne se sentait guère distinct du corps de sa mère. La formation de la personnalité s'effectue, on le sait, par la grâce du fameux « stade du miroir », et par les soins de la mère qui porte l'enfant à la rencontre de son propre reflet. Or, chez Josselin, quelle surprise de constater qu'un... verre fait office de miroir ! Madame Foy, « mère » toute désignée et compagne de beuverie, avec qui ses rapports ont un « caractère exclusivement amical et platonique », sera tout naturellement celle qui lui renverra son regard déformé par cette « vitre incertaine », - trouble comme son esprit d'ivrogne : « comment me voit-elle ? déformé ? immense ? vert de la tête aux pieds, recouvert de poils ? Quelle importance d'ailleurs ? Je n'en suis plus à un avatar près.

Certes, le sujet rate plus ou moins son identification (cause ou effet de l'alcoolisme ?). Il n'empêche que, si trouble que soit son image, la femme qui la lui renvoie en le contemplant à travers son verre possède le statut le plus digne : celui de Mère. L'exclusion *à priori* de tout autre statut a pour conséquence de maintenir le sujet dans un état de relative confusion, à la limite du Moi et du non-Moi, de la responsabilité et de l'innocence, qui légitime théoriquement l'absence d'une vie sexuelle « adulte ».

28

Sans régresser aussi loin que le « stade du miroir », le narrateur d'*Un taxi mauve* est cependant condamné par Michel Déon à une sexualité d' « objets partiels ». Le petit « espace de chair rose » dont il parle plus haut est tout ce qu'il possédera de Sharon : « Elle était toute proche, et je la pris dans mes bras, dégageai son oreille, la baisai à cet endroit sacré. Son long frémissement fut presque du bonheur. »

Cet érotisme résiduel est tout ce qui reste du sexe lorsque le désir s'est déplacé de l'amour à ce que Romain Gary appelle, dans *Clair de femme*, l' « entraide ». Elle dégrève le personnage du soupçon d'impuissance qui plane sur lui, et libère une perspective d'interprétation où l'image de l'« infirmière » doit l'emporter sur celle de la maîtresse.

On ne s'étonnera donc pas de ce paradoxe : le narrateur passe toute une nuit avec Sharon sans faire l'amour avec elle. Coucher avec elle aurait été trop vulgaire, selon les propres dires de Sharon elle-même : « Ne nous quittons pas ce soir, voulez vous, ne nous quittons pas cette nuit. Je ne vous offre pas de coucher avec moi, ce serait trop vulgaire... »

Par contre, ils boiront beaucoup tous les deux, comme si l'escamotage du sexe avait autorisé la consommation effrénée d'alcool. « Je passai la nuit avec elle, écrit le narrateur, étourdi, abreuvé, saturé de son monologue qui se déroulait comme une vie sans fin. On nous monta un seau à glace, des alcools dans la chambre du Great Southern et tout ce que j'eus la force de faire fut de changer de fauteuil pour écouter Sharon de face ou de profil, préférant son profil dessiné d'un trait si fin, si délicat qu'il semblait irréel dans la fumée bleuâtre des cigarettes[1].

Parfois même, il est sur le point de réaliser son rêve d'enfant, le même que celui de Josselin, - « dormir avec elle » (au vrai) : « un moment même, allongé en travers du lit, de droite à gauche et Sharon allongée de gauche à droite parlant au plafond, je somnolai, bercé par sa voix, à demi conscient de ce qu'elle disait et qui levait en moi des fantasmes légers... »

Le matin trouve les personnages dans un désordre digne des plus grands ébats amoureux, - sauf que le lit n'a pas été défait. Mais ce désordre n'est que celui de la fatigue et de la gueule de bois : « L'aube pointa. J'avais trop fumé, trop bu et mourais de sommeil tandis qu'elle continuait, la voix à peine plus rauque... Je me levai avec peine du fauteuil, il me sembla que je pesais cent tonnes, que je n'arriverais jamais à quitter cette chambre bourrée à éclater des confidences de Sharon. »

Au cours de cette nuit épuisante, platonique et alcoolisée, une forme de communication a été rendue possible, qui ne doit rien au sexe. Elle est en tout point comparable à celle qui réunit, dans l'espace d'une seule nuit également, Lydia et Michel dans *Clair de femme*.

La nuit, finalement, « résorbe » ces apparitions féminines qui, pour un instant, ont aidé l'homme à se libérer du poids des relations amoureuses ordinaires. Il est inévitable que l'alcool contribue à cet allégement. Et garantisse le paradoxe : la femme protège l'homme contre le sexe, la femme protège l'homme contre la femme. Des *mots* s'échangent, et

---

[1] Sharon et Anne sont présentées toutes deux comme des personnages passablement irréels (sans doute parce que la motivation profonde du thème de la femme dans la littérature alcoolique réside dans le problème de l'identification de soi.) Plus loin, Déon nous rassure sur la réalité de Sharon : « Non, non, ce n'était pas un elfe, une créature de rêve... »

non pas des caresses. Cela , il faut bien le dire, arrange les écrivains...

29

Ce qui transparaît au fil de ces considérations, c'est en somme une certaine peur de la femme. Le buveur pressent-il tout ce que l'extase érotique a d'incompatible avec l'euphorie alcoolique ? Au nom de l'intransigeance de chaque passion, comprend-il confusément qu'il n'est jamais donné à un seul homme de se livrer aux deux avec un bonheur égal ? Ou bien, ce qui paraît plus plausible, et plus respectueux de vérités psychologiques terre-à-terre, craint-il d'entrevoir que la peur de la femme est à l'origine de sa manie, de sorte qu'il évite régulièrement de s'opposer à lui-même une image *juste* de la femme ?

Toutes ces conjectures sont raisonnables. Il ne nous appartient pas de les épuiser ici. Ce sont au contraire les représentations imaginaires de la femme qui retiennent notre attention, lorsque celles-ci constituent des pièces éminentes de l'univers alcoolique. Nous abandonnerons aux psychologues la recherche du fin mot de l'histoire, pour mieux protéger notre espace propre, la littérature.

C'est pourquoi le livre de Michel Leiris, *L'âge d'homme*[1] est, sous le rapport de cet imaginaire de la femme dans la littérature alcoolique, du plus grand intérêt, accentuant sensiblement les tendances que nous avons cru déceler jusqu'à présent chez nos auteurs : tous, en effet, s'évertuaient, à mesure que se dilate leur univers alcoolique, à renforcer les aspects fictifs, « romanesques », de leur expérience de la femme. Chez Leiris, la chose est consommée, puisque l'écrivain, reconnaissant expressément son goût précoce pour les

---

[1] N.R.F. 1966. Folio Gallimard 1989.

allégories, place tout son récit sous le double signe de « Lucrèce la froide et Judith la manieuse d'épée », et prétend clairement faire coïncider de la sorte *l'érotisme et la peur,* coïncidence, dit-il, « par laquelle ma vie sexuelle a sans nul doute été dominée, du plus loin qu'il m'en souvienne. »

30

Certes, *L'âge d'homme* n'appartient que partiellement à l'univers alcoolique. Il n'empêche que la plupart des événements sexuels qui y sont décrits sont associés à des beuveries, tout de même que l'auteur déclare que l'alcool est indispensable à la communication entre les êtres, dès lors que cette communication prétend à quelque intensité.

Mais surtout, évoquant sa passion pour les allégories et la mythologie, Leiris établit lui-même un rapport explicite entre la littérature et l'alcool, - rapport qui commandera ultérieurement l'association de l'ivresse et de l'érotisme, si l'érotisme doit prendre, pour cet écrivain, un visage littéraire (celui de Lucrèce ou de Judith par exemple).

Ainsi, avant même que toute femme apparaisse dans la vie de l'auteur, il institue, avec quelques camarades, un culte « en l'honneur de cette trinité païenne de (leur) invention : BAÏR, CASTLES, CAUDA. » « Le culte, dit Leiris, était célébré dans ma chambre, et sur le marbre de la cheminée, qui servait d'autel, étaient disposées la bière que nous buvions en l'honneur de Baïr, dieu de l'alcool, et les cigarettes 'Three Castles' que nous fumions en l'honneur de Castles, dieu du tabac. Seul le dieu Cauda, frappé d'un tabou, n'était pas représenté. Mon ami et moi ne commettions ensemble rien de répréhensible en l'honneur de cette dernière divinité ; c'était seulement chacun chez soi, et isolé, que nous lui sacrifions. »

Et il ajoute, - ce qui consigne la participation au champ de la littérature à la fois de la mythologie et de l'alcoolisme sous le signe du sexe : « Peut-être ces pratiques étaient elles teintées de littérature (goût de la mythologie - qui m'avait fait établir, peu d'années auparavant, des tableaux de concordance entre panthéons grec, latin, germanique -, histoires genre orgies romaines à vomitoires ou banquets à la Lord Byron où l'on boit du punch dans des crânes).

31

Mais quelle image de la femme va favoriser le sacrifice au dieu Cauda ? La réponse est sans guère de surprise : c'est celle de la prostituée. Nous savons, en effet, que chaque fois que l'expérience érotique est associée à une prise importante d'alcool, la prostituée surgit comme le seul partenaire sexuel possible, - toutes les autres femmes étant rangées dans la catégorie sublimée des femmes-mères, avec lesquelles on ne couche pas.

Il n'est donc pas surprenant de voir la prostituée apparaître chez Leiris. Chez lui, elle prend simplement une connotation non littéraire supplémentaire, puisqu'il ne consent à s'adresser qu'à des courtisanes de l'Antiquité (ce qui, d'ailleurs, ne manque pas de susciter quelque ambiguïté sur l'appartenance de cette image à la catégorie des femmes idéales, désexualisées, ou bien à celle des femmes « qui couchent » : la prostituée antique paraît bien lointaine pour arriver à ce résultat, et semble donc confirmer la vocation onaniste du « sacrifice »...)

Mais enfin, nous lisons bien : « Un des mots auxquels j'ai accordé le plus tôt une valeur érotique, c'est le mot *courtisane*, que je prenais dans le sens de féminin de 'courtisan' bien que je sentisse qu'il y avait là quelque chose de spécial et, pour moi, d'assez mystérieux. Or, une courtisane, je ne la voyais qu'en péplum et cela voulait toujours dire une courtisane antique. »

Ce modèle de la courtisane n'est pas exempt de certaines connotation de froideur et de rigidité, comme pour accentuer encore le caractère inaccessible, purement littéraire, de cette femme. En la décrivant, Leiris se souvient volontiers de l'idéal baudelairien de la déesse de pierre : « Depuis longtemps, je confère à ce qui est *antique* un caractère franchement voluptueux. Les constructions de marbre m'attirent par leur température glaciale et leur rigidité. Il arrive que je m'imagine allongé sur les dalles (dont je sens le froid sur ma peau) ou debout contre une colonne à laquelle est collé mon torse. Parfois, je formulerais volontiers mon désir en disant que je veux 'une croupe froide et dure comme un édifice romain'. La solennité de l'antique me séduit et aussi son côté salle de bains. Je pense au genre Messaline, aux matrones dévergondées. »

32

Bukowski nous a dit plus haut que, s'il avait été une femme, il aurait été une prostituée. Le fantasme de ce grand buveur ne doit pas être pris à la légère. Ce qui nous en défend, ce sont justement ces lignes de Michel Leiris où celui-ci avoue, non seulement que la sollicitation onaniste a recours à l'image de la putain, mais que l'expérience ne serait pas complète si elle ne débouchait sur une *identification* totale à la « courtisane » rêvée : « Vers l'âge de onze ou douze ans, lorsque à la lueur de la veilleuse (dont je perçois encore la teinte cuivrée, l'humidité grasse et l'odeur de pétrole) je me livrais dans mon lit au plaisir solitaire, j'accomplissais un lent cérémonial qui consistait à faire glisser ma chemise de nuit le long de mes épaules afin de me dégager le buste et de ne plus avoir d'étoffe que ceignant mes reins comme un pagne. Je m'imaginais alors - comme si j'étais parvenu à m'identifier à l'objet inventé et désiré - être une 'courtisane', une de ces personnes un peu en marge sans doute, bien qu'elles eussent à coup sûr quelque chose de royal, et dont je fus longtemps avant de découvrir quelle était exactement la position sociale. »

Dans ce rêve identificatoire, la neutralisation de la femme est accomplie. Les prostituées, anciennes ou modernes, peuvent se mettre au chômage, car l'identification ne facilite pas le rapprochement. Mais du même coup, la voie est libre pour John Barleycorn, qui saura profiter de ce dégagement...

33

Et en effet. À partir du moment où « Lucrèce » et « Judith » entrent en scène, la dépense érotique va de pair avec l'orgie alcoolique, et l'expérience sexuelle de l'écrivain ne compte plus guère que des rapports prostitutifs ou équivalents. Michel Leiris, en ces pages où il nous présente cette expérience, procède lui-même sur le mode d'une énumération un peu lourde, par laquelle il espère rendre compte du caractère satanique, enchaîné et cumulatif de sa vie érotique, dès lors que celle-ci est affranchie du sentiment. Il nous faut donc le citer dans cet esprit, de sorte que nos propres citations attesteront, pour quelques instants, la lourdeur répétitive des passages d'où elles sont extraites. On ne peut faire l'économie de cette attestation, car elle manifeste un effet littéraire typique de l'emportement alcoolo-érotique lorsque le sexe est placé sous le signe du neutre, de l'indifférence : sa description, toujours forcément saturée, reflète formellement la monotonie de son mode d'être. La longueur de nos citations, dès lors, n'est plus qu'un échantillon insuffisant, un maigre indice, de l'emprise du nombre sur le sujet, fatalement voué à la multiplicité diabolique, - de cuites ou de femmes[1].

Ces femmes, nous les voyons : « celle devant qui, alors que pour la première fois je la voyais (elle était devenue la maîtresse de l'ami qui fut mon complice dans les trois précédentes aventures) et *étant ivre royalement*, je tentai de faire l'amour dans une brasserie de bas étage, couché sur un énorme lit à baldaquin avec une fille très jeune, très douce et pure comme une Lucrèce, fille que, furieux de *l'incapacité où me reléguait l'ivresse*, je mordis stupidement, tandis que le couple (mon ami et sa compagne au sourire aigu, aux yeux désarmants de Judith) assis dans de vastes fauteuils semblait se réjouir de ma honte et qu'une autre fille qui se tenait à côté d'eux, essayant en vain de les faire se mêler à la scène, riait frénétiquement ; tout ceci pour relever un muet défi (celui que sans même le savoir m'avait lancé cette magnifique Judith, de tout l'éclair de ses yeux de Gorgone, à la suite d'un long dialogue au cours duquel je m'étais placé orgueilleusement sur le socle de l'amoral, parlant en incrédule et en désespéré) et parce que j'estimais qu'après un pareil entretien il ne me restait littéralement rien à cacher ;

Celle avec qui *je me saoulai pendant quatre jours*, brave fille, mais vulgaire et pas jolie, avec des jambes bien dessinées (sur lesquelles elle me montrait les bleus qu'un client de hasard avait marqués) mais trop minces pour le buste qui était paré de seins énormes, dont elle cachait les mamelons avec ses mains comme elle eût fait d'infirmités, car leur diamètre démesuré les faisait ressembler à des taches de vin, à des traces de brûlures, à des fraises écrasées ou en-

[1] C'est le principe même du livre de Bukowski, *Women*.

core à la cicatrice hideuse qu'aurait laissée le coup de rasoir qui les aurait tranchés ; je la désirais parce que j'étais très seul, que c'était elle qui, au bout d'une longue période de cafard, s'était trouvée sous ma main, je la désirais - bien qu'elle fût le contraire du genre de femmes que j'aimais - et je mesurais ma bassesse en même temps, peut-être, que j'étais fasciné du fait qu'elle me couvrait absolument de honte par sa façon de se conduire partout où nous allions, manquait de me faire casser la figure avec une quantité de gens, semblait vouloir ma mort *à force d'alcool* et d'insomnie. » (Nous soulignons.)

Etc, etc.. La liste est longue de ces rencontres que Blondin aurait appelées « nocturnes » ; comme l'écrit Michel Leiris lui-même « j'aurais peine à énumérer tous mes déboires ». Ce mot « déboire », que l'on aurait peut-être intérêt à écrire « dé-boire », est hautement suggestif. D'abord, de ces « nombreux cocktails payés à des catins », dont, dit Leiris, « j'obtenais à peine quelques caresses » de ces « noires saouleries à plusieurs dans des chambres » d'où je ressortais toujours vierge ». Ensuite, mais on voit par ces mêmes lignes que les deux plans se confondent dans l'expérience, que les « amours d'Holopherne » comme dit l'auteur, sont inéluctablement placés sous le signe de l'échec, de l'impuissance et de la frustration. Même quand il y a un commerce charnel effectif, celui-ci ne manque jamais de laisser dans la bouche un arrière goût d`insatisfaction et d'irréalité, qui relance le désir secret d'un amour authentique : « Cependant j'éprouvais une langueur inavouée, rejetant en paroles tout amour et le qualifiant d'impossible, bien qu'aspirant souterrainement à cette révélation qui me consacrerait en tant qu'homme et serait la revanche de mes échecs passés. »

L'écrivain connaîtra-t-il la grâce de cette révélation ? Il semble que oui, en la personne de Kay. Mais comme on va le voir, c'est à l'extrême pointe de la fatigue et de la tension, dans une atmosphère qui garde l'odeur de l'alcool, que cette révélation a lieu. L'amour, dialectiquement, s'explique comme le dépassement de la « noire saoulerie », qui est elle-même de nature réactionnelle. Une image de la femme, instable, mouvante, longtemps indéterminée est le centre de gravité de cet ensemble qui doit, rester, pour Holopherne, à deux têtes.

34

La vie du jeune homme se fondait « dans une entière frivolité ». Elle ressemble à celle de Monsieur Jadis, sauf que Monsieur Jadis est encore un jeune homme à quarante ans et souhaite le rester. Leiris passe son temps à boire et à chanter, à fréquenter les bars et les dancings, jusqu'à plus-soif, jusqu'à la limite de sa résistance nerveuse : « Sortant à peu près nuit et jour, buvant assez volontiers (surtout en ce qui concerne l'Homme-à-la-tête d'épingle et moi), nous énervant beaucoup par nos conversations, nos intrigues, nos secrets et le caractère trouble de nos rapports, nous parvînmes rapidement à un état de fatigue extrême qui ne faisait qu'accentuer notre hypersensibilité. »

Survient alors, par un concours de circonstances « merveilleuses », l'image de la femme-mère, celle qui « sauve ». Lorsqu'elle survient, note Leiris, il est « parvenu au comble de la fatigue ». Comblant le « vide » dont il éprouvait depuis longtemps l'insupportable sensation, et celui qui le vouait à la débauche et à l'alcoolisme, la Femme (majuscule) enfin rencontrée assouvit la faim d'amour dont le jeune homme entretenait la secrète flamme. Voici donc encore un modèle de femme qui prend toute sa valeur par comparaison avec le passé alcoolique du garçon, - de même que l'expérience alcoolique ne saurait être comprise sans la référer au désir d'amour (que l'auteur décrète d'ailleurs par avance impossible à satisfaire : ne reconnaissons-nous pas là l'un des stratagèmes habituels et les plus grossiers de John Barleycorn pour justifier la consommation d'alcool ?).

« Je ne me rappelle pas du tout quel effet me fit Kay au moment où je la vis ; il me semble seulement qu'il dut y avoir entre nous, dès les premiers instants, une sorte de complicité. *Peut-être même me disais-,je : 'C'est par cette femme que ,je serai sauvé*:' » (Nous soulignons.)

Tout de suite s'instaure entre l'auteur et Kay un régime tempéré de la boisson : « Nous bûmes un peu et nous causâmes ». Kay ne dédaigne pas un verre : c'est une mère diplomate et souple, sûre de parvenir à ses fins autrement que par une prohibition intransigeante. Leiris, par contre, continue de subir l'héritage catastrophique de ses années de débauche alors même qu'a commencé l'époque de la délivrance. Il nous le dit, en un passage où se mélangent, de manière significative, l'expression de la peur de l'amour (ou des femmes) et celle de la défaillance physique due aux excès alcooliques. « La soirée n'était pas très avancée quand - nervosité ou épuisement ? - je fus pris d'un soudain accès de fièvre qui me fit claquer des dents. À l'heure actuelle je ne sais positivement pas si cette fièvre était réelle - provoquée par mon état physique - ou due plutôt à l'émotion que j'éprouvais à me trouver devant Kay. Le plus probable est que j'étais en proie à cette *horreur sacrée, à cette impression de pétrification et de membres cassés qui ne m'a jamais quitté et qui m'étreint toujours dès que je suis en face de l'amour*.

J'étais si mal qu'on m'étendit sur un divan. Tous s'empressèrent autour de moi, y compris Kay, qui me soigna avec une grande sollicitude[1]. Nous nous en allâmes dès que je fus

[1] Vérification de la « vocation d'infirmières » des femmes selon Michel Déon...

remis, non sans que je me sois excusé pour le grotesque accident et que rendez-vous ait été pris pour une autre soirée. Mes amis me ramenèrent en taxi. Kay me raconta par la suite que l'étudiante m'avait dépeint à elle *comme un grand buveur de cocktails et avait expliqué par ce précoce alcoolisme le malaise qui m'avait terrassé.* » (Nous soulignons.)

35

Pendant plusieurs jours après la rencontre de Kay, le jeune homme se révèle incapable de consommer l'acte sexuel, l'alcool continuant à lui servir d'alibi : « Kay, écrit Leiris, n'avait pas mis cette impuissance sur le compte de la timidité mais l'avait attribuée à mon état de fatigue et d'alcoolisme. »

L'alcoolisme a-t-il vraiment quelque chose à voir avec une sexualité d'objets partiels ? Comme le narrateur du *Taxi mauve*, Leiris paraît vouloir se contenter d'embrasser l'aimée sur la nuque : « À un certain moment je descendis avec Kay chercher des bouteilles à la cave ; comme elle me précédait dans l'escalier j'eus envie d'embrasser sa nuque, mais je n'osai le faire. » Toute la différence avec Déon, mais qui confirme peut-être la nécessité symbolique du lien entre objet partiel et alcoolisme, c'est que Leiris a envie de le faire en descendant « chercher des bouteilles à la cave »...

36

Le lien peut même se resserrer, semble-t-il, au point que l'objet partiel soit lui-même considéré comme un alcool, le bénéfice de cette identification étant de déréaliser l'expérience sexuelle, de la transformer en « fantasmagorie nocturne », selon la propre expression de Michel Déon : « C'était encore une façon d'effacer la voix de Marthe et surtout de fuir Sharon, d'oublier le parfum qui la suit comme une traîne de mariée que de petits pages doivent se contenter de respirer avec extase, en levant les yeux au ciel, et que j'avais moi-même goûté tel un alcool fort transfigurant en irréalité totale les trois jours à Leenden[1], et ne laissant de vraies que les fantasmagories nocturnes. »

Qu'importe ici que l' « objet partiel » soit constitué d'un parfum. Et même, c'est mieux : l'identification de l'objet à l'alcool n'en est que plus apparente, transportant l'évocation du plaisir dans le registre thématique de l'inhalation de produits subtils, de la drogue en quelque sorte, - comme on dit aussi : des « spiritueux », que connote avec clarté, d'ailleurs, l'allusion aux anges et au ciel. L'extase érotique, dès lors, correspond à une sorte d'extase mystique, assimilation rendue possible par le caractère spirituel des spiritueux. L'objet partiel, sublimé en parfum subtil, essence véritable de toute vie sexuelle, nous met ainsi sur le chemin d'une religion de l'alcool.

37

On s'en souvient : le principal critère de la valeur d'une femme, pour Hemingway, c'était sa résistance au spectacle de la *corrida*. Le lecteur ne sera donc pas surpris de voir Michel Leiris placer *L'âge d'homme*, lui aussi, sous le signe du taureau, - on veut dire : de la tauromachie comme emblème de toute vie sexuelle, déterminant par conséquent la composition d'une certaine image de la femme.

---

[1] Trois jours à Leenden que le narrateur a passé avec Sharon, dans des conditions d'intimité exceptionnelles.

Remarquons, en passant, la tendance de nombreux écrivains buveurs à parler à la fois de l'écriture et de la femme en termes de bestiaire. Hemingway et Leiris comparent volontiers l'amour ou la littérature à une course de taureaux. London voit Charmian en pur-sang, toutes les autres femmes en vaches. Les Irlandais virils de, Déon font passer leur amour des chevaux avant celui des femmes, et Cécile, morte parce que son amant a trop bu, se réincarne en chat dans *l'Enfer et Cie*.

Il ne s'agit point là, assurément, d'une forme de *delirium tremens*. Nul éléphant rose n'apparaît dans ce bestiaire, et les véritables manifestations du *delirium* sont décrites, comme chez J-L. Melsen par exemple, au moyen d'animaux monstrueux et chimériques dépourvus de toute noblesse. Seul le cauchemar de la vache pourrait passer, chez London, comme une apparition de *delirium*, - c'est en tout cas l'animal le moins « noble » de tous parmi ceux précédemment énumérés -, mais nous savons qu'il n'en est rien, et que l'écrivain ne dédaigne pas la compagnie des vaches lorsque celle-ci s'agrémente d'un verre d'alcool.

En réalité, la raison de la symbolique animale dans la littérature alcoolique se situe ailleurs. Grâce à elle, l'écrivain veut placer très haut la barre de l'érotisme (et de l'écriture) en l'associant par principe à la violence, au danger et à la mort. Le « sadisme » de cette représentation est sans aucun doute à mettre au compte, si l'on veut penser la chose en termes de psychologie, de la « sexualité perverse » de ces écrivains. Nos considérations sur l' « objet partiel » nous en avaient d'ailleurs mis sur le chemin. Mais à celui qui dédaignerait l'interprétation psychologique, il suffira de relever que l'association de la femme à la sphère du danger et de la mort marque simplement la vocation *sacrificielle* de l'érotisme.

Si, maintenant, l'on consent à ce que la signification de toute *fête* réside, profondément, dans la nécessité sociale ou individuelle du sacrifice, alors on comprend comment l'érotisme implique l'orgie alcoolique, car tous les deux sont des modalités incontournables de la fête. L'image de la femme autour de laquelle gravitent tous les aspects de la fête et, notamment, de cette fête que doit être l'écriture (ce qui n'exclut ni le danger, ni le risque, ni la violence), exprime enfin la vocation *religieuse* de la littérature alcoolique, et c'est bien ce que nous avions cru entrevoir, encore une fois, mais toujours en termes de psychologie, dans notre précédent développement.

38

Il n'est pas de religion sans sacrifice. Cela, nous le savons, - ne serait-ce que par l'étymologie qui réunit le mot sacrifice à celui de « sacré ». Un livre comme *L'âge d'homme* illustre donc une certaine religion de la femme, exalte le sens sacré de toute fête. Mais ce qui transforme les événements de la vie en fêtes et les rend dignes de l'écriture, c'est leur proximité d'avec la mort et la violence. C'est cela aussi qui les rend dignes de libations, conçues comme un moyen de libération et d'intense communication entre les hommes. Tel est, dit Leiris, le « vrai sens de ces fêtes, un sens *religieux*, avec communion par la danse, l'érotisme latent ou manifesté, et la boisson, moyen le plus efficace de niveler le fossé qui sépare les individus les uns des autres dans toute espèce de réunion ». (souligné par l'auteur.)

Parce que l'écriture est une fête, elle comporte la mort, et, plus généralement, toutes les formes de la perte. L'alcoolisme en est une, et il est normal qu'il accompagne, pour cette raison, les événements de la vie sexuelle. C'est dans l'esprit d'une philosophie de la « dépense », comme l'aurait

dit Georges Bataille, que nous devons lire ce passage de *l'âge d'homme* :
« En novembre 1929, après divers déboires remontant à avant l'été (tentatives amoureuses régulièrement avortées ; ivresses scandaleuses ; morsures presque sanglantes que je m'étais fait infliger aux mains par une femme dont j'avais été amoureux autrefois ; beuverie nocturne à la suite de laquelle, faute d'avoir pu parvenir à mes fins avec une petite danseuse nègre américaine, je débarquai chez un ami vers 5 heures du matin et lui demandai son rasoir dans l'intention, d'ailleurs plus ou moins feinte, de me châtrer, - demande que l'ami éluda en me répondant simplement qu'il ne disposait que d'un rasoir automatique), je me rendis compte que dans tout cela il entrait une part de maladie et je me décidai à suivre un traitement psychanalytique. »

La psychanalyse, en la bouche de Freud, nous dit justement que certaines formes périmées de la vie sociale - dont l'institution du sacrifice - subsistent activement, à l'état résiduel et vécu comme pathologique, en l'espèce des névroses: la névrose elle même, dit Freud, est une sorte de religion personnelle. Eh bien, nul doute que la volonté autocastratrice, chez Leiris, manifeste la nostalgie d'un temps où le sacrifice était le mode de communication suprême entre les hommes, et surtout entre les hommes et les femmes, si tant est que l'échange sexuel représente déjà un modèle de « réunion ». La nostalgie d'un temps où l'alcool entrait dans la composition du culte, l'ivresse un passage obligé de la liturgie. L'écriture, pour Leiris, doit conserver la trace de la nostalgie de ce temps-là : elle a des relents d'alcool, de sacrifice et de mort. C'est pourquoi la corrida inspire l'écrivain, et que l'écrivain - comme c'est tellement visible chez Hemingway - se pense volontiers comme un torero raté. Le thème de l'impuissance sexuelle traduit peut-être, dans ces conditions, celui de l'incapacité de tuer. Un imaginaire de la femme peut alors se constituer dans les parages de toute tuerie (potentielle : il s'agit en ce cas d'une tuerie littéraire ou mythologique). À l'ombre de la mort, la femme trouve enfin sa dimension *virile*. Curieusement, nous retrouvons ici le motif si souvent repéré de l'indifférenciation sexuelle, presque caricaturalement mise en scène par le rasoir de Leiris. Cette poésie du neutre, consacrée de manière sanglante, enveloppe comme on sait la nuit alcoolique.

39

Chez tous ces écrivains qui boivent parce qu'ils ont *le sens de la fête* (qui est un sens fort), on comprend mieux que, comme le déclare expressément Leiris, l'érotisme soit associé à la peur, mais aussi qu'ils ne cessent de viser le dehors de la littérature comme le seul terrain d'exercice (une arène) digne du torero qu'ils portent en eux. L'alcool, à coup sûr, les met passagèrement (ou si constamment qu'ils finissent par en mourir) de plain-pied avec ce milieu stimulant, véritablement festif. Pour le reste, ils ont conscience du caractère substitutif de l'écriture, et la méprisent parfois comme une forme d'héroïsme affaibli, un ersatz de sacrifice. C'est qu'elle est une médiation lourde, coûteuse, fleurant le travail et l'ordre des tâches prosaïques, quotidiennes. Avec l'alcool au moins, on accède *immédiatement* à l'état de souveraineté souhaitable. Mais la précision d'un style est toujours le fruit laborieux d'une économie, qui falsifie à mesure le sens authentique de la fête.

À tout le moins pourra-t-on en rajouter sur le travail, jusqu'à développer une ascèse stylistique qui, de par ses excès mêmes, est susceptible, dans le travail, de rappeler l'extase dilapidatoire, dans laquelle on entre plus volontiers par d'autres voies : celles de l'arène, du ring, de l'alcôve plus ou moins « sadienne ». C'est ainsi, nous semble-t-il, qu'il convient d'interpréter le surenchérissement littéraire et mythologique de la description de la femme chez Leiris. Son image de la femme est un effet de l'exténuation du style élevé au rang de simulacre de corrida. Lucrèce, Judith deviennent ainsi, parce que la littérature veut faire peur, des êtres de papier : c'est mieux. Mais jamais l'écrivain ne perd de vue la simulation de l'écriture, qui, par rapport à la course de taureaux par exemple, n'est pas une vraie fête : « Donc, je rêvais corne de taureau. Je me résignais mal à n'être qu'un littérateur. Le matador qui tire du danger couru occasion d'être plus brillant que jamais et montre toute la qualité de son style à l'instant qu'il est le plus menacé : voilà ce qui m'émerveillait, voilà ce que je voulais être. (...) Je comptais pour cela sur un soin rigoureux apporté à l'écriture, sur la lueur tragique également dont serait éclairé l'ensemble de mon récit par les symboles mêmes que je mettais en oeuvre : figures bibliques de l'antiquité classique, héros de théâtre ou bien le Torero, - mythes psychologiques qui s'imposaient à moi en raison de la valeur révélatrice qu'ils avaient eue pour moi et constituaient, quant à la face littéraire de l'opération, en même temps que des thèmes directeurs les truchements par quoi s'immiscerait quelque grandeur apparente là où je ne savais que trop qu'il n'y en avait pas. »

40

« ...Où je ne savais que trop qu'il n'y en avait pas »... Comme on voit, la gloire de l'écrivain n'est qu'un simulacre, et cela pour une raison bien simple : c'est que l'écrivain ne risque jamais de mort réelle. Leiris le reconnaît : « Toutefois, écrit-il, il y a pour le torero menace réelle de mort, ce qui n'existera jamais pour l'artiste, sinon de manière extérieure à son art. »

Le projet de grandeur s'avère en définitive le reflet inversé d'une extrême misère. L'écrivain peut alors décrire son activité comme une forme d'impuissance. Pour cette même raison que toute mort, chez lui, est feinte, sa mythologie de la femme se dégonfle tôt ou tard, à mesure que s'éteignent les derniers rayons de la gloire éclatante du Torero. Le bestiaire ne comptera plus que de petits animaux, comme le chat de J.F. Josselin. Bientôt même, l'image de l'infirmerie se substituera, comme on l'a vu chez Déon, à celle du bestiaire.

C'est qu'entre temps l'exaltation s'est commuée en dépression. L'écrivain a replié sa muleta de papier (elle aussi), rangé les bouteilles. La fête est finie. Cette détumescence navrante, cette déflation du mythe ressemblent fort aux lendemains d'ivresse. Ne doit-il pas en être ainsi, d'ailleurs, pour tous ceux qui sont accoutumés, à tort ou à raison, à quelque gloire ? Les toreros n'ont-ils pas la gueule de bois le lendemain de la corrida ? De Romero, le toréador du *Soleil se lève aussi*, Hemingway dit : « Romero, lui, possédait la grandeur. Il aimait toréer, et je crois qu'il aimait les taureaux, et je crois qu'il aimait Brett. » Mais ce héros souffre à son tour d'une gueule de bois, non pas due à l'alcool, mais à la raclée que lui inflige l'abject Robert Cohn. Pour Hemingway, rosser un torero est le comble du sacrilège. Seuls rossent les toreros les écrivaillons aussi détrempés que Robert Cohn, ceux qui n'acceptent que la mort feinte. La niaiserie de Cohn, sous ce rapport, n'est pas sans évoquer celle du narrateur de *L'âge d'homme*, dans ses fausses prétentions à la « dépense ». Cependant, l'effondrement de Romero a aussi une autre fonction, celle de permettre l'entrée en scène de Brett à titre d'infirmière. Brett soigne la « gueule de bois » de Romero, comme elle a soigné les gueules de bois - au propre - de Mike : « elle aime s'occuper des gens, dit Mike. C'est comme ça que nous nous sommes mis ensemble. Elle me soignait. » Même pendant la bagarre, elle assiste Romero, comme son manager : « À ce qu'il paraît, le toréador était assis sur le lit. Il avait bien été descendu quinze fois et il en voulait encore. Brett le maintenait et l'empêchait de se relever. Il était affaibli, mais Brett ne pouvait pas le tenir, et il a fini par se mettre debout. »

La gueule de bois symbolique du torero exprime l'humiliation de vivre en dehors de l'arène, dans l'espace prosaïque où les héros se font battre par les écrivains : l'espace de la simulation, l'espace littéraire (n'en déplaise à Blanchot). Dans cet espace, il n'y a plus qu'à se soûler, - de vin ou de mots, c'est tout un du moment qu'on est sorti de l'arène, et que par conséquent la vraie grandeur n'est plus possible, mais seulement la « grandeur apparente » comme le dit Leiris. En cet âge dysphorique, cependant, apparaît la femme-qui-sauve, l' « infirmière » qui soigne. C'est à ce moment-là aussi que l'écrivain, honteux de sa propre « perversion » songe à une psychanalyse, c'est à dire admet de considérer sa religion personnelle comme une maladie. Ce profil bas doit à la longue s'avérer fatal à l'écriture. Celle-ci, dirait-on, n'est possible qu'entre deux excès : excès de grandeur, excès d'humilité (identifiée à la santé). Si l'on incline trop décidément vers l'un ou l'autre excès, on n'écrit plus. On torée ou on pleure. Dans le premier cas, on tend les oreilles du taureau à la femme qu'on aime. Dans le second, elle vous tend son mouchoir. Entre les deux, boire ou écrire tentent de réaliser l'impossible compromis.

* *
*

Laissons à une femme le mot de la fin sur ce chapitre. Dans *Moderato Cantabile*, Marguerite Duras met en scène, sous les traits d'Anne Desbaresdes, une femme qui aime le vin. Pour nous, Anne se présente comme le prototype des femmes qui aiment le vin dans la littérature alcoolique : - « Je voudrais du vin, dit-elle, toujours j'en voudrais »...

Mais pourquoi veut-elle du vin ? Parce qu'elle en apprécie le goût ? Parce que le vin la plonge dans un état euphorique ? Par penchant héréditaire ? Nullement. Foin même de toutes ces explications terre-à-terre ! Anne Desbaresdes aime le vin, parce que le vin est, dans le texte de Duras, la métaphore du plaisir sexuel.

Ce plaisir, Anne et Chauvin ne se le donneront pas directement, parce que le désir qu'ils ont l'un de l'autre est trop fort : il leur fait peur. Ainsi se trouve exprimée à nouveau, comme déjà l'avait fait Leiris, l'association de l'érotisme et de la peur. « J'ai peur ! », répète par trois fois Anne Desbaresdes dans les dernières pages du roman.

Parce qu'ils ont peur, les deux amants présomptifs ne feront que boire ensemble : comment mieux montrer que l'alcool tient lieu de vie sexuelle, la remplace avantageusement lorsque la mort est en jeu ? De ce point de vue, le discours féminin sur l'alcoolisme répète celui des hommes. Hommes et femmes sont égaux devant la mort et le sexe.

Car enfin, la mort est en jeu. Tout le récit de Marguerite Duras est placé, comme on sait, sous le signe d'un meurtre passionnel. Le livre s'ouvre sur la description de ce meurtre, qui a valeur d'exergue. Il est le modèle de ce que serait la passion d'Anne Desbaresdes elle-même, si elle lui laissait libre cours. Il est aussi l'explication de cette anomalie, - tout au moins aux yeux des gens « raisonnables », à la sexualité tiède et tempérée : la suspension indéfinie de l'acte sexuel, au bénéfice d'une attente qui, pour être gonflée d'une insupportable tension, n'en représente pas moins la seule modalité possible de la passion, dès lors qu'elle atteint, comme c'est le cas, son développement paroxystique. Possibilité qui équivaut d'ailleurs à une forme de l'« Impossible », comme l'aurait dit Maurice Blanchot, de sorte que le récit de cet amour participe à bon droit de cette « philosophie de la dépense » que nous évoquions plus haut, et c'est pourquoi il choque les gens raisonnables parce que la toute-puissance et l'emprise de l'Impossible sur les âmes leur impose une *retenue*, qui est l'expression inversée d'une pulsion proportionnellement irrépressible. Retenue dès lors suspecte et malsaine, silencieusement accusatrice du régime ordinaire, moyen de l'amour.

Au paroxysme de l'amour, on meurt. Cet amour-mort, qui est la fin de tout, mais aussi le commencement de l'existence vraie, est sans figure. On ne le montrera donc pas. Tout l'art de Marguerite Duras, dans ce roman, aura consisté à le suggérer, à en indiquer la mystérieuse présence à chaque instant de l'histoire, comme d'une force redoutable et invisible. Présence toujours-déjà sue, familière, avant même qu'Anne Desbaresdes commence d'ouvrir les yeux au spectacle de l'homme penché sur le cadavre de son amour qu'il vient d'assassiner. Cette présence baigne le monde, comme la mer qui vient fouetter la grève de la petite ville. Elle est donc toujours *en excès*, débordant infiniment le cadre d'une représentation quelle qu'elle soit.

Seul le vin permet d'affronter la force, parce qu'il lève la peur, et libère Anne Desbaresdes du poids des conventions sociales – « Si on ne buvait pas tant, ce ne serait pas possible ? », demande Chauvin.
- « Je crois que ce ne serait pas possible, murmura Anne Desbaresdes ».

Mais cette possibilité qu'il ouvre, le vin la referme aussitôt, évitant ainsi aux fragiles amants le plus grave danger. C'est que seul le vin, aussi, fournit un équivalent *possible*, et par-là même quelque peu en retrait, d'un état de béatitude ou d'achèvement dont le modèle reste l'accomplissement érotique. Mais cet accomplissement-là, nous le savons, fait peur. On lui choisira donc l'extase alcoolique. Le vin suppose d'ailleurs le même degré de participation ou d'échange interpersonnel que l'amour: boire, c'est boire ensemble, comme nous le constatons. Il appert cependant que la relation à l'autre ne peut que dégénérer en une forme douce de convivialité, et nous en arrivons à un type de rapport auquel le lecteur commence d'être familier, fondé sur le principe de l'indifférenciation sexuelle. Tous les gestes amoureux d'Anne Desbaresdes ne consisteront qu'à poser ses mains à côté de celles de Chauvin, sur la table d'un lieu public, le *café*, qui exhibe là sa principale fonction symbolique : celle d'exprimer que l'amour peut rester public, lorsqu'il a pris la forme paradoxale (douce) de la convivialité par l'excès même de sa force. La bouteille de vin figure au centre de la table comme le signifiant métonymique de cet excès. Elle est le dernier facteur d'intégration sociale, le plus ambivalent, puisqu'en elle se résument à la fois le sens de l'extase et celui de la perte. Il n'empêche que le vin représente une forme de communion encore possible, sur le bord du gouffre. Mais nous n'oublierons pas que l'assassin de *Moderato Cantabile* a aussi tué son amante dans le café. Au café, on ne fait pas que boire, on tue aussi. Et l'amour sous sa forme non paradoxale (violente) redevient public, c'est à dire scandaleux.

Scandaleux, l'amour d'Anne Desbaresdes l'est aussi. Non pas seulement parce qu'il blesse les bonnes manières : Anne, en effet, accepte de se donner en spectacle avec un employé de son mari. Mais là n'est pas le comble du scandale. Le comble est dans ce que les gens - bien représentés par la patronne du café, une femme qui ne boit pas, comme souvent les patronnes de café...- pressentent de la réalité de cet amour, et qu'ils ne veulent pas s'avouer. Qu'il est, virtuellement, la répétition du meurtre passionnel dont ils furent les témoins. Bref, que cet amour n'a pas de visage. Comment se donnerait-il en spectacle? Il se donne pourtant, au grand jour d'un lieu public, toujours le même : le café. Mais de ce spectacle paradoxal, au fond, il n'y a rien à dire. Les gestes des deux amants les engagent juste assez pour paraître révéler au dehors une complicité plus charnelle, consacrée dans l'alcôve. Le lecteur sait qu'il n'en est rien, ne peut en être autrement. Le public du café le sait aussi, ne veut pas le savoir. Il projette de la sorte sur Anne Desbaresdes (beaucoup plus que sur Chauvin, car lui est « libre », et moins impliqué dans le respect des conventions) sa propre mauvaise foi. Même sa façon de boire trahit cette mauvaise foi. Les ouvriers boivent par habitude, selon un rite minuté, au rythme des sirènes de l'usine. Leur régime alcoolique lui-même est tempéré et raisonnable. Au contraire, nous découvrons Anne Desbaresdes au moment où elle découvre elle-même sa passion pour le vin : « Comme j'aime le vin, dit-elle, je ne savais pas. » Pour Anne, le vin nouveau est arrivé. Il arrive avec la soudaineté et le choc révélateur d'un événement. Anne Desbaresdes naît au vin en même temps qu'à l'amour, - même si, comme nous l'avons montré, cet amour est toujours-déjà connu, et que l'événement permet de le reconnaître plutôt qu'autre chose. Le vin (l'amour), en ces conditions, serait plus volontiers le symbole d'une renaissance. Ce que Marguerite Duras veut signifier en soulignant la co-naissance du vin et de l'amour dans le corps et l'âme d'Anne Desbaresdes, c'est que toute véritable ivresse renouvelle le prestige de l'événement. Grâce à l'alcool, le monde paraît sans cesse nouveau. Le vin, par là-même, est incompatible avec toute espèce d'habitude, - pas même celle de boire. Quelle catastrophe que ceux qui boivent par habitude, comme s'il s'agissait d'une fonction intégrée et intégrante de leur existence ! Ceux-là faussent vraiment le sens de l'ivresse, car ils nient que boire puisse être un événement. Pour un écrivain comme Marguerite Duras, boire doit être un éternel commencement. Cette exigence justifie le choix de mettre en scène Anne Desbaresdes au moment précis où elle a la révélation de l'alcool, qui se révèle à elle avec l'irrésistible puissance de l'amour. Reste à savoir si l'existence de Marguerite Duras, où apparaît une cure de désintoxication, ne justifie pas que l'amour ait été, à l'inverse, la métaphore du vin: la force de la passion amoureuse serait ainsi le critère au moyen duquel mesurer le goût pour le vin. Peu importe d'ailleurs. De notre point de vue, il est toujours question de la même chose : de l'excès sous toutes ses formes, et seul l'excès (érotique, alcoolique) fait peur. Vivre dans un état de perpétuel nouveauté, d'émerveillement continu, est excessif et ne permet aucune compromission avec un ordre établi quelconque. Mais tout doit être constamment changé et changeant. On conçoit que ce renouvellement incessant de toutes choses ne puisse être assumé que dans l'imaginaire. Baudelaire remarquait déjà qu'il n'y a que les enfants qui en soient capables *sans boire* : l'enfant, dit-il, « est toujours ivre ». L'alcool, sous ce rapport, prolonge l'enfance. Il rend capable à nouveau de vivre toute chose comme un événement.

Voilà pourquoi Anne Desbaresdes mérite d'être retenue comme le prototype glorieux des femmes qui boivent dans la littérature alcoolique, et d'avoir les honneurs de notre conclusion : elle s'inscrit dans tout un courant de la tradition littéraire qui exalte l'alcool comme le moyen de toute renaissance, et aussi bien co-naissance, dont l'origine la plus connue, en France, est Rabelais. Anne Desbaresdes, descendante de Rabelais ? En un certain sens, oui, - nous venons de dire pourquoi. Mais il ne faut pas oublier que Marguerite Duras dote le thème d'un coefficient d'ambivalence absent chez le grand comique. Rabelais escamote franchement tous les aspects négatifs de la « dive bouteille ». Mais il n'en reste pas moins que les deux écrivains attribuent à cette dernière une même fonction : renouveler le monde, le décrire comme il apparaît aux yeux des enfants. Et peut-être est-ce la signification de l'importance qui est accordé à l'enfant dans *Moderato Cantabile.*

Parce que son alcoolisme rafraîchit le monde, Anne Desbaresdes se distingue infiniment des autres types de femmes qui apparaissent dans le roman. Celles-là, qui constituent la population de la fameuse soirée où on engloutit un saumon et un canard à l'orange, sont définitivement vieilles. Exemplaires de femmes « raisonnables », « tempérées » - et Duras lâche elle-même le mot -, elles n'ont d'existence que sociale, formelle et guindée : « Leurs épaules nues ont la luisance et la fermeté d'une société fondée, dans ses assises, sur la certitude de son droit, et elles furent choisies à la convenance de celle-ci. La rigueur de leur éducation exige que *leurs excès soient tempérés* par le souci majeur de leur entretien. De celui-ci on leur en inculqua, jadis, la conscience. » (Nous soulignons.)

Cette description de femmes qui, naturellement, boiront modérément (tout en avalant entièrement le saumon), appelle son antithèse. Elle n'a d'ailleurs pas d'autre raison que d'appeler son antithèse, le portait d'Anne Desbaresdes : « L'une d'entre elles contrevient ce soir à l'appétit général. Elle vient de l'autre bout de la ville, de derrière les môles et les entrepôts à huile, à l'opposé de ce boulevard de la Mer, de ce périmètre qui lui fut il y a dix ans autorisé, *où un homme lui a offert du vin* jusqu'à la déraison. » (Nous soulignons.)

On le voit, l'allusion au vin est immédiatement associée à celle de l'homme, - « un » homme, et peut être aussi l' « homme , comme si, grâce au vin, Anne venait de s'apercevoir pour la première fois qu'il y avait des hommes sur terre. En réalité, le vin n'est pas le chemin qui conduit à l'homme, ni le prélude à une passion qui exige d'être satisfaite par d'autres formes d'extase. Il est parfaitement identifié à la passion elle-même, il stimule comme elle le sentiment d'une transgression sociale et, ensemble, l'angoisse du néant : « Anne Desbaresdes boit, et ça ne cesse pas, le Pommard continue d'avoir ce soir la saveur anéantissante des lèvres inconnues d'un homme de la rue. »

Anne est possédée : une fois de plus, la passion alcoolique est décrite en termes de démonologie. Le feu qui nourrit son ventre la distingue des autres femmes, qui, certes, « boivent à leur tour,... lèvent de même leurs bras nus, délectables, irréprochables, mais d'épouses. » De toute évidence, Anne appartient bien à la famille de ces femmes sataniques qui hantent les romans de l'alcool : « Anne Desbaresdes prend une nouvelle fois son verre qu'on vient de remplir et boit. *Le feu nourrit son ventre de sorcière contrairement aux autres*.(...) Le vin coule dans sa bouche pleine d'un nom qu'elle ne prononce pas. »

Ce nom est toujours le même, c'est celui de Chauvin, mais sans doute plus justement encore celui de l' « homme », extensivement celui de la « bête » qui, tapie en l'homme, peut tuer, exprimant ainsi le sens de toute passion véritablement dévorante (et ce sens est également celui de l'alcoolisme). C'est un fait que la description du désir qui a poussé l'homme à tuer sa maîtresse, au début du livre, évoque la *bestialité* de l'amour poussé à son extrême limite, épuré jusqu'à exhiber son principe fondamental, primaire, excessif. C'est de cela que les deux amants ont peur. Peur de ne pouvoir contrôler les démons endormis au plus profond de soi, et que la découverte du vin aura déchaînés. Parlant de la femme assassinée, Chauvin dit que lorsque son amant « l'appelait, elle revenait. Et de la même façon qu'elle partait lorsqu'il la chassait. De lui obéir à ce point, c'était sa façon à elle d'espérer. Et même, lorsqu'elle arrivait sur le pas de la porte, elle attendait encore qu'il lui dise d'entrer.

- Oui.
Anne Desbaresdes pencha son visage hébété vers Chauvin, elle ne l'atteignit pas. Chauvin recula.
- C'est là, dans cette maison, qu'elle a appris ce que vous disiez, qu'elle était, peut-être par exemple...
- Oui, une *chienne*, l'arrêta encore Chauvin. » (Nous soulignons)

Nous revoici dans le bestiaire si en faveur auprès des écrivains de l'alcool. La chienne manquait au tableau. Son apparition est ici parfaitement justifiée, puisqu'il s'agit de dire l'incompatibilité radicale de la passion et des bonnes manières. À s'abandonner à sa passion, tôt ou tard on devient une chienne. Tel est le message de Marguerite Duras. Or, il est frappant de constater que la dégradation alcoolique est toujours représentée par les écrivains comme une transformation de l'homme en bête : le buveur parvenu au dernier stade ne se lave plus, ne se rase plus, ne se peigne plus ; quel que fût son point de départ sur l'échelle sociale, il finit en pourceau et se traîne dans la boue sans plus aucun amour-propre. C'est ce qui apparaît clairement aussi bien dans le récit de Kessel sur les *Alcooliques Anonymes*, que dans celui de Melsen ou de Stephane : « Je cesse de me laver, écrit ce dernier, de me raser, je ne mange plus. Je bois »; et il passe ses journées et ses nuits dans une cave : « Je me réveille couché à même le sol, au milieu des toiles d'araignées. Il y a là des rats, des vrais, pas de ceux qui hantent mes nuits et me font me réveiller en hurlant. Je m'en fous, je rebois, je me rendors à même le sol. » Remonte-t-il à la surface ? « Je ne suis pas lavé, constate-t-il dans un café, j'ai une chemise sale, un pantalon de treillis, la braguette ouverte, pas de caleçon. »

Il s'en faut de peu que cette bête ne se mette à tuer. C'est même ce qui se passe pour un ivrogne évoqué par Kessel : il tue sauvagement celui qui vient lui porter secours. Les A.A. qui viennent au secours des ivrognes parvenus à la der-

nière extrémité (le livre de Duras est une suggestion de l'amour à la dernière extrémité) ont d'ailleurs l'habitude de les trouver se vautrant au milieu d'immondices et de vomissures, dans un état de saleté épouvantable. L'alcoolisme est une porcherie. Voilà le sens de ces textes. Dans un roman où, comme celui de Marguerite Duras, l'alcool est la métaphore de l'amour, on est bien obligé d'en tirer l'équation : amour = porcherie, si le comble de la porcherie (on dirait aussi bien : pornographie) est de tuer ceux qu'on aime. Ce meurtre paradoxal prend alors une résonance métaphysique. Il existe sans doute une résonance métaphysique de la pornographie. Notre oreille la capte dans le roman de Marguerite Duras, qui a le mérite de produire seulement des résonances sans en expliciter le sens (insoutenable, comme il en est du spectacle de l'alcoolique vautré dans sa fange). Cette résonance, notre oreille la revoit dans un passage comme celui-ci :
- « Puis le temps est venu où il crut qu'il ne pourrait plus la toucher autrement que pour...
Anne Desbaresdes releva ses mains vers son cou nu dans l'encolure de sa robe d'été.
- Que là, n'est-ce pas ?
- Là, oui. »

Bien entendu, la femme qu'on assassine, celle qui se transforme en chienne, était devenue une ivrogne : « Cette femme était devenue une ivrogne, dit Chauvin. On la trouvait le soir dans les bars de l'autre côté de l'arsenal, ivre morte. On la blâmait beaucoup. » Boire et faire l'amour comme une chienne sont l'expression de la vérité, dés lors que la vérité est toujours de l'autre côté des conventions sociales, va toujours à l'encontre du principe de réalité. Ces deux formes de porcherie représentent le destin d'Anne Desbaresdes tel qu'il se dessine enfin dans sa conscience neuve.

Les vibrations érotiques auxquelles seules Marguerite Duras entend s'en tenir sont l'occasion pour elle de satisfaire une exigence de la littérature alcoolique familière au lecteur : celle de n'évoquer le désir que par le truchement des objets partiels. Anne Desbaresdes a, comme tous les personnages de cette littérature, une sexualité conditionnée par l'exaltation plus ou moins perverse de l'objet partiel. En l'occurrence, la promotion de cet objet sert admirablement le dessein de la romancière, qui est de suggérer la possibilité effroyable d'aller jusqu'au bout de la passion, mais sans passage à l'acte. L'objet partiel est ce qui reste de la pornographie (dans son acception quasi-métaphysique) lorsque l'acte sexuel complet se trouve indéfiniment forclos en raison de la menace de mort qu'il contient. Cet objet partiel et providentiel, qui apparaissait chez Déon ou chez Leiris comme l'indice d'une certaine impuissance alors qu'il représente plutôt le passage à la limite de la sexualité, ne prend guère chez Marguerite Duras que deux formes : les mains de Chauvin, sa bouche. Et comme de juste, la bouche, renvoyant elle-même à une sexualité orale, est l'organe de prédilection permettant de réaliser la confusion symbolique de l'alcool et du désir amoureux. La bouche de Chauvin prend alors une précision inouïe, qui fascine Anne et dont elle ne peut détacher les yeux : « Sa bouche à lui fut humide d'avoir bu et elle eut à son tour, dans la douce lumière, une implacable précision. »... Elle ne cessa plus de regarder sa bouche seule désormais dans la lumière restante du jour. » Ainsi, l'objet partiel, dans son « implacable précision », supporte à lui tout seul tout le poids d'une sexualité réprimée et saturée de menace, lorsque l'amour doit rester public. Mais cet amour public est aussi recherché par les partenaires comme la garantie de l'objet partiel, autrement dit de la modalité perverse de leur sexualité : la perversion, en somme, est leur salut.

Le vin est pour la même raison le salut d'Anne Desbaresdes, à la fois comme un moindre mal et ce qui la pousse aux limites de ses possibilités. La fleur de magnolia qu'elle porte entre les seins, et sur laquelle Marguerite Duras insiste tant, est comme le rappel d'une sexualité inévitablement oblique. Comme le désir d'Anne s'accrochait à la bouche de Chauvin, celui de Chauvin parait toujours vouloir s'arrêter à la fleur de magnolia. La signification de ce fétichisme est la même que celle du fétichisme du vin : il faut, désespérément, s'arrêter à la limite. La fleur est la métaphore du sein, qui est lui-même, comme objet partiel, la métonymie du corps entier.

Dans nulle autre oeuvre que *Moderato Cantabile* on ne comprend mieux à quel point l'objet partiel (ou le fétiche) fait barrage au désordre mortel qui s'ensuivrait si on laissait libre cours à la passion. Dans nulle autre non plus, on ne voit mieux que le destin du buveur - en l'occurrence une buveuse - est parallèle au destin de l'amant. Dépasser une sexualité partielle, que représente aussi bien le vin comme fétiche, c'est se ravaler au rang de la bête. Cette dégradation menace déjà Anne Desbaresdes dans le café : « Anne Desbaresdes fixa cet homme inconnu sans le reconnaître, comme, dans le guet, une bête. »

L'avilissement inaugure l'âge de la peur, comme chez Leiris. Encore une fois, le modèle de la femme ivrogne que son amant finit par tuer est invoqué tout de suite après cette notation. Son histoire (passée) s'articule étroitement sur celle (possible) d'Anne, au point que les deux récits se mélangent au fil de cette conversation, dont la nature, astucieusement, sert les desseins symboliques de Marguerite Duras ; la conversation, en effet, permet de tout dire en même temps, or ici, ce qu'il s'agit de dire, c'est que l'amour réalise la confusion de toutes choses, est déjà présent en toutes choses, et qu'en lui la mort se commue en vie et réciproquement. Mais tel est aussi l'effet du vin : « Puis le temps est venu où quand il la regardait, parfois, il ne la voyait plus comme il l'avait jusque-là vue. Elle cessait d'être belle, laide, jeune, vieille,

comparable à quiconque, même à elle-même.
C'était aux dernières vacances. L'hiver est ven
rentrer boulevard de la Mer. Ça va être la huitiè

Cette femme qui ne ressemble plus à rien, même pl
elle-même, évoque irrésistiblement le thème de la recherche de l'identité dans la littérature alcoolique. Celui-ci trouve simplement une modulation particulière dans *Moderato Cantabile*, en tant que Marguerite Duras le fait bénéficier d'un traitement qu'on pourrait dire platonicien : Anne Desbaresdes, au récit de ce que fut cette femme, se « souvient » - sur le mode de la réminiscence - de ce qu'elle a toujours été elle aussi nonobstant l'apparence extérieure des conventions sociales auxquelles son rang dans la petite ville portuaire l'oblige à se soumettre. Elle fut, elle aussi, toujours une « chienne ». Voilà la révélation que lui apporte le vin, voilà, pour cette fois, la vérité du vin. Aussi peut-elle poursuivre elle-même le récit qu'avait commencé Chauvin, comme si elle le connaissait parfaitement, et pour cause, puisqu'il s'agit de sa propre histoire :

« - Cette maison était donc très isolée, reprit lentement Anne Desbaresdes. Il faisait chaud, vous disiez. Quand il lui disait de s'en aller, elle obéissait toujours. Elle dormait au pied des arbres, dans les champs, comme...

- Oui, dit Chauvin. - quand il l'appelait, elle revenait. Et de la même façon qu'elle partait lorsqu'il la chassait. De lui obéir à ce point, c'était sa façon à elle d'espérer. Et même, lorsqu'elle arrivait sur le pas de la porte, elle attendait encore qu'il lui dise d'entrer. »

L'excès érotique, comme l'excès alcoolique, débouche de la sorte sur une *identification générale* de tous les êtres, voire des êtres aux bêtes. Au nom d'un Eros lui-même généralisé, qui comporte les deux connotations : la peur et l'exaltation. Comme le vin, l'amour suppose des adeptes aussi souverains que fragiles. L'un et l'autre conjoignent l'euphorie a perdition. L'affirmation de soi au sentiment d'une dépossession. Le tout placé sous le sombre nuage de la peur, transpercé par les éclairs aveuglants de la réminiscence, où peut-être Marguerite Duras, la femme la plus célèbre de notre littérature alcoolique, a vu la préfiguration de son propre destin...

L'ALCOOL ET L'HOMOSEXUALITE

1

Le psychanalyste A. Kielholz expliquait, vers 1925, que l'alcool, en levant les inhibitions et les sublimations, favorise plusieurs formes régressives de perversion. En tête de celles-ci, on trouve l'homosexualité.

C'est vrai que, si l'on se réfère à la plupart des textes qui constituent notre corpus, l'alcoolisme apparaît le plus souvent comme une *affaire d'hommes*. La biographie des auteurs atteste, par ailleurs, leur attachement à des formes complaisantes, parfois exacerbées, de vie communautaire virile, pouvant aller jusqu'à l'imagination de phalanstères dont les limites instituées, objectives coïncident généralement avec la courbure indécise des comptoirs en zinc.

Cet idéal, maintes fois exprimé dans la littérature alcoolique, d'une existence entre copains, est évidemment quelque peu trouble, comme l'eau qu'une dose de Pernod vient d'altérer. Il ne suffit pas, cependant, à exciter notre intérêt, car notre enquête ne porte pas, en soi, sur la signification psychologique latente ni sur le symbolisme des rassemblements d'hommes. Que ces rassemblements puissent manifester quelque prédisposition homosexuelle cachée est une chose. Mais c'en est une autre qu'ils ne puissent avoir lieu qu'*au moyen de l'alcool*. Notre étude trouve ici, sous le rapport même de l'homosexualité, sa spécificité : c'est dans la mesure où l'alcool favorise, et en même temps endigue, les groupements virils, les épanchements « amicaux », que le thème de la camaraderie masculine retiendra notre attention. Tout se passe plutôt, dans ces conditions, comme si les buveurs, certes réunis dans l'ambiance chaleureuse du bar, choisissaient l'alcool contre l'homosexualité elle-même, - bien que l'alcool en soit le signifiant privilégié. Signifiant qui ne laisse pas d'être ambigu, puisque, comme nous venons de le dire, il stimule et freine en même temps les échanges virils. Du point de vue de la psychanalyse encore, l'alcool intervient comme un fétiche dans la vie sexuelle des buveurs : déclencheur du désir, il sert aussi de substitut à l'objet vers lequel ce désir devrait naturellement se porter. En l'occurrence, l'homme. Nous sommes donc ici en présence d'une substitution au second degré, d'une perversion à deux paliers : 1°) le buveur préfère l'homme à la femme, - expression simple de l'homosexualité ; 2°) mais il préfère l'alcool à l'homme, - expression seconde et dérivée de cette même homosexualité originaire. Ceci est bien représenté dans ces lignes des docteurs De Mijolla et Shentoub : « Si tel malade, écrivent-ils, n'investit pas fortement, pour des raisons liées à son histoire personnelle, ces hommes qui deviennent, par la boisson, les substituts d'une seule femme, nous pouvons penser que, dans le tableau clinique, l'alcoolisme prédominera, c'est à dire que les investissements se porteront sur l'alcool au détriment de tout autre objet[1]. »

2

La littérature alcoolique peut donc devenir une source de documentation extrêmement importante pour celui qui voudrait rendre compte, en termes psychanalytiques, des détours empruntés par la pulsion homosexuelle. Mais celui-là ne perdra jamais de vue que l'expression de cette pulsion est toujours associée à l'aveu de quelque beuverie ou penchant alcoolomaniaque. Cet aveu libère la condition de possibilité de l'expression homosexuelle concomitante et, à la fois, en amortit le choc. L'oubli de soi qui est le principal ef-

[1] *Pour une psychanalyse de l'alcoolisme*, pp.30-32

fet de l'ingestion exagérée d'alcool dégrève en quelque sorte le sujet du poids de la culpabilité que ces confessions compromettantes ne manqueraient pas de susciter à jeun. Cela dit, il arrive aussi que, dans cette même littérature, l'alcoolisme soit représenté comme la condition d'un *passage à l'acte*, au terme de quoi la perversion cesse d'être à deux paliers pour se situer, si l'on peut dire, au rez-de-chaussée, de plain-pied avec le désir, et parfois à la cave : l'expérience est en effet décrite comme une descente et une dégradation qui laisse dans la bouche le goût amer du remords.

Ainsi, Michel Leiris nous décrit, dans *L'âge d'homme*, une scène d'épouvantable beuverie dans le sous-sol d'un bar américain ; « scène à la suite de quoi, écrit-il, je reconduisis mon compagnon chez lui, presque ivre mort et en proie aux nausées, puis dormis avec lui après avoir humilié ma bouche et la sienne dans un réciproque égarement. »

De son côté, le héros de Jean-François Josselin affecte un peu trop niaisement de se tromper sur les intentions exactes du fameux Norbert et de sa compagne Cécile, lorsque les deux l'invitent dans leur appartement. De ce Norbert, nous apprenons plus tard, par un rapport de police, que c'est un « homosexuel notoire ». Le narrateur remarque pourtant « sa beauté, mieux, sa santé, ce cou musculeux et ces cheveux bouclés qui, sur sa nuque, évoquaient un tout petit garçon ». Au cours de la soirée, la dégustation nombreuse d'Armagnac permit alors « que se produisit un événement incroyable. Comme je vous l'ai dit, nous étions tous les trois assis et même affalés sur le canapé convertible, moi entre Cécile et Norbert, rêvassant dans une torpeur, quand je sentis les doigts de Cécile dénouer délicatement ma cravate et déboutonner ma chemise tandis que, d'une main aussi discrète et sûre, Norbert ouvrait la fermeture éclair de la braguette de mon pantalon. Je faillis tourner de l'œil, me débattis mais ils me maintinrent adossé sur le canapé convertible.

« - Laisse-toi faire, murmura Cécile à mon oreille, voici le coup de grâce.

Et comme je protestais, Norbert étouffa mes paroles en posant fougueusement ses lèvres sur les miennes. Envahi d'horreur et d'excitation, je m'abandonnai à leurs caprices. Je sentis plus ou moins qu'ils me déshabillaient et puis, bientôt, j'eus la sensation de leurs corps glissant sur le mien, de caresses inavouables, de gestes lascifs, d'étreintes immondes mais délicieuses. À un moment, la main de Cécile sur ma nuque pressa mon visage sur le ventre de Norbert. Je suffoquai.

« - Allons, allons ! Ne t'affole pas, dit Norbert en riant. Après tout, entre nous, ce n'est rien de plus que de l'onanisme !

« Pour me réconforter et pour faire passer le goût atroce que je gardais dans la bouche - et pourtant ce goût m'était familier, comme une odeur de blanchisserie - ils me forcèrent à avaler un grand verre d'armagnac. Je sombrai dans le néant. »

3

Tous les textes ne sont pas, heureusement, aussi explicites. Nous disons « heureusement » non pas pour la morale, mais pour la psychanalyse, qui n'a plus rien à faire sur un terrain aussi dégagé, où les pulsions cheminent à ciel ouvert. Le plus souvent, l'homosexualité trouve, comme il faut s'y attendre, des formes d'expression plus dissimulées et ambiguës. L'espèce la plus ordinaire du camouflage est donc l'insinuation du désir homosexuel dans les circuits légitimes de l'amitié masculine. Ces circuits servent alors de vecteurs de propagation du désir pervers, souterrainement et clandestinement, sur le mode des virus qui utilisent la cellule à leurs propres fins.

On s'explique alors l'importance qu'il convient d'accorder aux rassemblements d'hommes, au café comme lieu de réunion tout autant que d'alcoolisation. Tous les auteurs y insistent. Jack London, notamment, explique le commencement de sa carrière d'alcoolique comme un effet involontaire de l'attraction vive qu'exerçait sur lui ce qui apparaissait à ses yeux comme des groupements de « héros », et où il voulait, si l'on ose dire, creuser son trou... À ce propos, les médecins que nous citions plus haut, nous disent que « l'homosexualité est un élément primordial, qui est à relier à la grégarité des alcooliques et qu'on voit si souvent liée à l'alcoolisme dans les diverses réunions d'hommes. L'alcool est 'comme un poison poussant involontairement à l'homosexualité masculine' ».

Ils évoquent alors l'importance de ce trait pour le traitement de l'alcoolisme, en faisant référence au principe des *Alcooliques Anonymes*. Cette notation nous concerne directement, puisque trois textes de notre corpus - ceux de Kessel, de Melsen et de Stephane - mettent cette association au premier plan. Jamais, cependant, ces auteurs ne vont jusqu'à dire que la clé de sa réussite réside dans les tendances homosexuelles latentes de ses adhérents. La psychanalyse ne voit pas d'autre explication, quant à elle, du succès des « sociétés d'abstinence ». De Mijolla et Shentoub : « Cette composante homosexuelle de la psyché de l'alcoolique a une grande importance pour le traitement puisqu'elle facilite l'adhésion à des sociétés d'abstinence et renforce, sur la plan de la psychologie collective, les effets d'une constante propagande anti-alcoolique[1]. »

---

[1] *Pour une psychanalyse de l'alcoolisme*, op. cit., p.69

4

On peut seulement sauver de l'alcoolisme ceux dont l'alcoolisme s'explique par une régression homosexuelle, dès lors que, du propre aveu des malades parvenus au dernier stade de la maladie, il n'y a plus que les sociétés d'abstinence qui soient efficaces.

C'est tout au moins de la sorte que nous devons interpréter le passage que nous venons de citer. Dans ce cas, les textes de notre corpus doivent laisser apparaître un certain nombre d'indices, suffisant pour deviner, en filigrane de l'expression de soulagement provoqué par la rencontre des associations d'abstinence, le concours actif de la tendance homosexuelle dans le processus de guérison.

Ces indices, manifestement, s'y trouvent. Cependant, avant d'en énumérer quelques-uns, il convient d'évoquer la résistance des écrivains, et l'expression de leur indignation, lorsque les médecins leur opposent l'hypothèse de l'homosexualité. Mais du point de vue de la psychanalyse elle-même, on sait que la résistance (la « Verneinung », ou dénégation freudienne) est une forme de preuve. On peut donc à bon droit la compter au nombre des indices de l'homosexualité.

Dans ce cas, il n'est d'indice plus clair, dans notre corpus, que l'émoi spectaculaire exprimé par Marc Sévrin dans *Le dernier verre* quand un médecin a le malheur de hasarder devant lui la thèse homosexuelle. Le passage vaut d'être cité dans son entier ; on vient de faire passer à Sévrin un « Minnesota »

- « Ah ! ah !, intéressant un Minnesota, et qu'est-ce que ça a donné ? »
- « A peu près normal sur toute la ligne, à l'exception de tendances homosexuelles très marquées. »

Jéricho ! Trompettes ! Rires ! Rires ! Rires. Enfin ! Le voilà, le rire fou, le rire sain. Les voilà qui craquent d'un seul coup les vocables. Mon rire jaillit en cataractes. Je suis assis en tailleur sur mon lit, et me pliant en tous sens, secoué d'un fou rire inextinguible devant toute l'équipe médicale médusée, je pisse de partout. J'en pisse des larmes de joie, et j'inonde mon matelas comme un gosse. J'éclate, je déborde, je me déverse. Je sue mes trois mois d'hôpital par tous les pores. Je me vide, me décharge, me libère. Je me rue sur les murs qui m'emprisonnent d'un rire irrésistible qui jaillit à pleine gorge. Je suis ivre de rire, saoul de rire, complètement paf de rire, à en rouler par terre.

Les murailles ne tressaillent même pas. Elles restent droites, rigides, austères, étonnées.

Pourtant mon rire a fait une brèche dans l'édifice. Mon ami l'externe se cache derrière les autres pour dissimuler le fou rire qui le gagne. Il en pleure lui aussi. Comme son rire me fait du bien, son rire qui entérine la sincérité, la santé de ma réaction.

Ses confrères par contre sont littéralement figés, atteints dans leur dignité doctorale, car je me moque.

L'infirmière-chef ressent le malaise. Elle tente de me ramener au respect, à la déférence.

« Enfin voyons, monsieur Sévrin, un peu de tenue... »

« Hein ? quoi ?...ah là là, non permettez... dites donc messieurs, elle est drôle votre infirmière-chef, c'est une marrante elle aussi, tout compte fait... ah ! ah ! ah ! défense de rire maintenant... mais pas du tout madame,... permettez, pour une fois, que je m'en paye une bonne dans votre hôpital... pas l'intention de m'en priver... c'est pas souvent. C'est même la toute première fois, figurez-vous...

« Homosexuel ? moi, messieurs ? Allons, allons, un peu de sérieux, vous aussi... pas très au point votre Minnesota... non

voyez-vous, docteur, quand je fais l'amour, c'est avec les femmes... et, croyez-moi, j'aime ça... »
Ils s'esquivèrent en silence. »

5

Ainsi, parmi tous les textes que nous considérons, ceux qui se consacrent à la louange des A.A., occupent une place à part. On ne peut guère, sans fausse pruderie, se contenter de rassembler des traits superficiels ou légers qui constitueront le simple tableau d'une camaraderie masculine à peine exagérée. L'allusion des docteurs De Mijolla et Shentoub aux sociétés d'abstinence nous invite à considérer ces textes comme la voie royale d'accès à l'explication homosexuelle, comme si ces textes, qui sont aussi les moins « littéraires » de notre corpus, s'imposaient dans leur relative naïveté à titre de grille de décryptage des autres livres, plus habiles dans l'art de la médiation scripturaire ou artistique.

L'extrait précité du *Dernier verre* le montre bien. Les constantes de mise en scène de l'apparition des « sauveurs » des *Alcooliques Anonymes* vont également dans le sens d'un aveu presque caricatural de pulsions homosexuelles inconscientes, que jamais les plus grands artistes ne laissent apparaître sans une élaboration qui intègre celles-ci à une esthétique personnelle, ni sans les faire contribuer à la constitution d'un univers alcoolique et/ou littéraire beaucoup plus éloigné, dans la forme d'expression qui est la sienne, de sa cause originaire.

6

Ces constantes de mise en scène, que sont-elles ? Il y a d'abord un certain procédé de dramatisation de

la rencontre du premier A.A., qui consiste à en retarder l'apparition. Ce procédé garantit un effet de « suspense » : l'alcoolique parvenu au paroxysme de la déchéance se résigne à aller trouver les membres de l'association ; il en décrit l'approche comme une « montée » progressive (Melsen insiste, par exemple, sur la nécessité de gravir un escalier), décomposée en un certain nombre de stations : franchissement de la première porte, entrevue du gardien, franchissement d'une deuxième porte, évolutions timides dans la salle de réunion, etc. Cette montée s'accompagne de sensations d'étonnement, d'incrédulité, de mystère, presque, comme si le sujet était en train de faire quelque chose qu'il ne reconnaît pas pour sien. Cette présentation topographique de la délivrance n'est pas sans évoquer quelque « remontée » de fantasmes inconscients à la surface. L'insistance sur toutes les modalités d'un *espace à franchir*, le temps que cela prend, et, de manière générale, toutes les résistances psychiques que le sujet s'oppose à lui-même au cours de cette « ascension », ressemblent fort aux conditions formelles de l'analyse. Quelque chose point dont le buveur va bientôt prendre conscience, et qu'il n'a jamais su ni vu : toutes les descriptions de la rencontre des A.A. gravitent autour de l'expression de l'étonnement qui saisit l'alcoolique lorsqu'il « voit » pour la première fois les membres de l'association. « Cela vous étonne Marc, n'est ce pas ? », demande Roberts au nouveau venu, dans *Le dernier verre*. L'étonnement de Marc Sévrin peut même prendre un aspect comique, lorsque celui-ci s'exclame, en entendant que tous se présentent en faisant suivre leur nom de la formule rituelle « Et je suis un alcoolique » :
- « Eh bien, ça alors, c'est pas banal ! Ya qu'moi qui suis rond là-dedans, et c'est vous qu'êtes les alcooliques. » Quant aux mécanismes de l'approche, ils sont parfaitement mis à jour dans ce passage, qui témoigne fort bien de l' « hystérisation » de la mise en scène :

« En pénétrant dans une dépendance de l'Église américaine, je vis, dans le vestibule, le visage affable d'un jeune homme. Je louvoyai vers lui, et m'affalai sur le guichet de sa conciergerie, rotant vaguement quelque chose comme AA.
'Deuxième étage, monsieur.'
'La réunion est commencée ?'
'Oui, monsieur, depuis quelques minutes.'
Je louchai par-dessus l'épaule vers un large escalier dont j'agrippai rapidement la rampe. Il me causa quelques difficultés, cet escalier. Heureusement, il n'y avait que deux étages à gravir. Sur le palier, une grande porte vitrée. Au milieu de cette porte une pancarte, où était inscrit AA.

C'était là. Il y avait un certain mystère dans ces curieuses initiales. Je me penchai contre les vitres opaques, vis de la lumière, et des silhouettes derrière les carreaux.

J'hésitai, inquiet, fis un pas en arrière, pour repartir. J'en fis un autre pour regarder de nouveau à travers la vitre, saisis la poignée de la porte et la tournai en m'y accrochant. J'ouvris, et me raidis sur mes jambes, de toute ma volonté.

Je jetai un regard circulaire sur une grande salle accueillante. Quelques hommes et femmes s'y trouvaient assis dans de confortables fauteuils de cuir brun. Ils écoutaient l'un d'entre eux. Les visages se tournèrent vers moi, l'espace d'un instant seulement. Mon irruption semblait à peine remarquée.
Je vis de l'œil droit, dans le fond de la salle, une grande cheminée, où dansaient les flammes d'un feu de bois. Ce feu me fascinait. Je le visai et m'élançai vers lui en droite ligne. Je me retrouvai soudain à gauche, contre un piano à queue, dans la direction opposée à celle que j'avais choisie. Je repris mon élan vers la cheminée, et m'affalai dans l'autre coin de la salle. Je virevoltai, me retournai vers le feu, avec obstination, et les pieds au sol, dansai comme un ours. »

7

Des descriptions comme celles que l'on vient de lire délimitent en quelque sorte l'espace du fantasme. Elles terminent en principe les livres consacrés aux AA. Ces livres, par conséquent, reproduisent dans leur ensemble la structure ainsi décrite : ils sont eux-mêmes l'histoire d'une « ascension » vers la délivrance, tout ce qu'ils racontent n'étant que le prélude à l'exaltation de la fin, - la rencontre avec les AA. Dans la description de Melsen, en effet, on peut voir que tous les éléments sont méthodiquement agencés en fonction de la fin, - parvenir au centre de l'association et se loger en son cœur, représenté en l'occurrence par le « foyer », symbole maternel s'il en fut. La progression ressemble en somme à une élévation, sinon à une apothéose. La découverte des AA est une marche vers la lumière et manifeste une force d'attraction irrésistible, malgré que le personnage en ait tout d'abord, à s'y abandonner.

En bref, nous voici en présence d'une révélation. Cette révélation représente le point culminant des récits d'alcooliques. Tout paraît converger vers elle, tous les chemins y mènent, surtout les plus arrosés. L'odyssée de la rencontre exprime, par contraste, la force redoutable de la tentation (on pourrait même dire la double tentation : alcool et homosexualité, mais en fait il s'agit de la même qui prend alternativement ces deux modes) que le buveur doit affronter s'il veut parvenir au saint des saints. Mais une fois gagné, celui-ci sera constamment évoqué dans des termes doux et chaleureux, sinon exaltants. Chez Kessel comme chez Melsen, on lit que les « héros » parviennent généralement ivres dans les locaux de l'association, comme si cette ivresse ultime représentait le dernier obstacle à franchir sur la route d'une épreuve initiatique :

- « ...J'y vais, dit Marc Sévrin. Il est temps de me mettre en route. C'est bien à l'Eglise Américaine cette réunion ?
- « Oui Marc, c'est bien çà ! »
J'avais trois heures devant moi. Il me fallait bien cela. Dame, avec tout cet alcool dans les jambes et dans la tête, et toute cette soif que j'aurais encore le long de la route.

Et il y en a des escales entre la Place Saint-André des Arts et les Invalides. »

En arrivant ivre-mort à sa première réunion, convaincu de sa propre abjection, le buveur peut alors mieux apprécier l'esprit charitable et compréhensif des AA. Comme nous avons eu si souvent l'occasion de le vérifier, toute représentation de l'alcoolisme dans la littérature est dialectique, s'inscrit dans un jeu de tensions et de contradictions. Ici, la lumière des AA se détache mieux sur le fond de ténèbres d'une ivresse indécente. Une fois ce tableau de contrastes mis en place, la caméra du fantasme procède à un travelling avant sur la personne de certains AA, toujours des hommes[1] et se fixe sur des gros-plans significatifs. L'« espace du fantasme », d'abord largement circonscrit par la scénographie que l'on sait, se resserre, jusqu'à se transformer en une série de portraits qui omnubilent ou fascinent le buveur extasié. Ces portraits constituent la deuxième série de composantes formelles régulières qui caractérisent les récits de la rencontre avec les AA.

[1] Il y a bien quelques femmes, mais jamais les auteurs n'insistent sur elles comme ils le font pour les hommes. De plus, ces femmes sont presque toujours des épouses, qui sont figures de la Mère : par une relation de contiguïté symbolique, le buveur peut alors transférer sur l'époux les sentiments qu'il adresse en réalité à l'épouse-Mère, et ainsi se dédouaner de toute culpabilité.

« Une main amicale et ferme s'était soudain posée sur mon épaule droite. Un homme était devant moi, souriant, et me tendait l'autre main. Je la saisis, et la trouvai franche et bonne ». C'est en ces termes que Marc Sévrin nous fait part de sa rencontre avec le premier de ces hommes de troisième type que sont les AA. Il est à peine besoin d'insister sur le caractère dramatique de cette relation : elle est, de soi, romanesque, comme si le roman, par le privilège de sa structure narrative, avait, comme l'alcool, le pouvoir de susciter de telles rencontres, sur le mode quelque peu hallucinatoire d'une *apparition.*

Alors que tous les remèdes antérieurs avaient lamentablement échoué, cet homme, par sa seule grâce, va provoquer dans l'âme de Marc Sévrin une commotion salutaire: « Je ressentis dans tout mon être un véritable ébranlement, une tempête profonde. Jamais un homme ne s'était présenté à moi de la sorte. Il avait dit cela tout naturellement avec un bon sourire.

Quelque chose d'indéfinissable passait de lui à moi, à travers cette poignée de mains, et par l'intermédiaire de cette phrase.

Je m'accrochai à cette main. Elle m'était devenue à l'instant indispensable. » (Souligné par l'auteur)

Il n'est pas d'explications rationnelles au miracle des AA. Quelqu'un d'extérieur à l'enfer de l'alcoolisme ne comprend pas aisément comment, alors que toutes les autres thérapeutiques se sont révélées impuissantes, une chose aussi simple qu'une poignée de mains puisse tout à coup guérir le malade. Ceci nous ramène au temps où les rois de France guérissaient des écrouelles par attouchement de leurs doigts divins. La psychologie moderne a appris à évaluer en ce genre d'affaires, le pouvoir de la suggestion. Et sans doute en va-t-il ainsi en ce qui concerne la puissance miraculeuse des AA. Mais la psychologie moderne sait aussi que cette puissance resterait sans effet si elle n' « exploitait » pas certains courants sous-jacents de la libido, si elle ne mettait pas, elle aussi, le doigt sur certains complexes inconscients, pour les démêler dans un sens favorable. Lorsqu'on aura eu constaté que des hommes, régulièrement décrits en termes exaltés, délivrent d'autres hommes par simple *contact*, il sera difficile de contester à ceux qui la formeraient l'hypothèse que ces courants sous-jacents de la libido puissent être de nature homosexuelle.

9

Après que dans *Clair de femme*, Romain Gary aura eu procédé à la désexualisation de Lydia, la nature exacte des rapports qui l'unissent à Michel apparaîtra clairement : « C'est une question d'entraide ! » Ce personnage désexualisé, Lydia, est un peu le prototype de *l'homme secourable* dans la littérature alcoolique. Cet homme secourable surgit dans la plus grande lumière quand les témoignages consacrés aux AA braquent sur lui leurs projecteurs frénétiques et le font monter sur le podium vers lequel tous les regards se dirigent.

Ses traits physiques sont la plupart du temps décrits avec minutie : « Il était revenu auprès de moi, et je me sentais bien de ce voisinage, raconte Marc Sévrin. Il paraissait âgé d'une cinquantaine d'années. Il avait le visage osseux et buriné de rides, des cheveux châtains, des petits yeux extrêmement attentifs et mobiles, renfoncés sous d'épais sourcils broussailleux. »

Les avatars de l'homme secourable appellent toujours le même souci du détail, la même *précision halluci-*

natoire : « Roberts m'avait de nouveau posé la main sur l'épaule. Puis, un autre américain, l'air artiste, avec sa petite barbiche noire s'était approché en souriant, la main tendue. » Font alors leur entrée en scène « Francis un homme blond à la rude poignée de main ; Emmanuel, un grand bel homme brun à l'accent sud-américain ; Sven, un Suédois l'allure racée » ; et, tout de même, « Arlette, une bonne grosse mère de famille à la mine souriante », une femme, sans aucun doute, mais une figure de la Mère aussi désexualisée que Lydia : avec ce genre de femmes, le désir sexuel ne se conçoit plus qu'au passé et, pour celle-ci, dans un temps immémorable recouvert par la nuit des origines. Le temps de la guérison inaugure bien l'ère des hommes.

La différence de nationalité, ou de race tient lieu, dirait-on, de différence sexuelle, et permet peut-être une sorte de légitimation de l'attirance homosexuelle inconsciente, comme si la différence ethnique absorbait toute différence, cachant le désir coupable sous les couleurs d'un drapeau, la sonorité d'un vocable. Marc Sévrin vient à peine de finir de brosser le portrait du « Père » - « Nick, un Américain déjà âgé, semblait être le patriarche du groupe. Il respirait l'équilibre, la bonté, la paix intérieure. -, qu'il remarque : « Ces hommes et ces femmes représentaient différentes races, tous les milieux sociaux, tous les langages. » *La Tour de Babel* des AA précipite la confusion des sexes. Le mélange des langues accompagne le mélange des genres. Du féminin comme du masculin. Mais cela n'est possible qu'à condition que la différence ethnique soit respectée au point de s'ériger en pôle de fascination. Elle devient ainsi l'image de « cet obscur objet du désir ». En la surinvestissant, le sujet peut d'autant mieux se dissimuler qu'il est, en fait, amoureux du Même.

On l'a vu : l'alcoolique repenti par la grâce des AA attribue à sa guérison des causes irrationnelles. Lui-même s'étonne, autant que l'observateur étranger, du caractère soudain, quasi miraculeux, de sa conversion : « Je n'avais pratiquement rien *compris* de ce qui s'était dit durant cette réunion, mais j'avais *ressenti* de la compréhension, de l'affection, de la cordialité », écrit Jean-Luc Melsen.

Et toujours l'idée de « quelque chose », qui pénètre le sujet ravi : « Mon intellect n'avait pas été atteint, mais mon âme venait de recevoir *quelque chose* de mal défini, de nouveau, qui s'insinuait en moi. » (Souligné par l'auteur)

Mais sachons-le bien : cette « chose » ne peut agir que si ce sont les Mêmes qui la dispensent, d'ailleurs généreusement. Amoureux du Même, l'alcoolique repenti ? La formule rituelle: « Et je suis un alcoolique » le prouverait déjà, qui annule la différence ethnique exprimée par le nom en faisant suivre celui-ci d'une déclaration universelle. Sévrin fait bien remarquer que tous ces hommes et ces femmes représentent différentes races, mais il ajoute aussitôt : « Tous, invariablement, s'étaient présentés de la même façon, en précisant qu'ils étaient alcooliques. » Ce qui lui permet de dire, à la fin de son récit : « J'avais rejoint mes *semblables*, les alcooliques, peut-être les plus dégradés d'entre les hommes. Ils paraissaient pourtant, à partir des débris de leur vie, et grâce à une éthique commune, détenir le secret d'un bonheur nouveau. » (Souligné par l'auteur)

On peut donc récapituler de cette façon les caractères de la conversion : aspect fulgurant d'une rencontre qui d'un seul coup raye tout le passé. Elle fait penser à un coup de foudre qui révèle le sujet à lui-même. Pour cette révélation, un médiateur privilégié : l'homme, représenté avec force détails et mis en scène selon un dispositif très concret (éclairage particulier, élévation sur un podium ou une estrade, « photographie » en plan rapproché, etc.). Toute l'expérience alcoolique peut alors être ressaisie et interprétée rétrospectivement comme la voie, tout d'abord impénétrable, qui conduit dans les bras des hommes, ou « semblables ». En ce qui concerne les histoires consacrées aux AA tout au moins, on peut dire qu'elle culminent avec la rencontre des AA. Dans le langage de la philosophie grecque, on dirait que cette rencontre est la cause finale à la fois de l'expérience alcoolique et du discours qui la relate.

12

Nous parlions de philosophie grecque... C'est justement à un médaillon grec que les amis de George Sterling, *l'alter ego* de Jack London, comparaient son « corps élancé et au profil délicat... quoique son nez légèrement busqué, précise Andrew Sinclair, et son front un peu fuyant fissent dire à certains qu'il s'agissait d'un médaillon qui serait passé sous les roues d'un char romain. »

George Sterling fut le grand ami de Jack London. Une amitié dont les biographes les plus prudents ont reconnu, explicitement, la nature homosexuelle. Nous allons y revenir tout de suite. Mais considérons bien d'abord ceci : George Sterling n'est que la figure proéminente, en dépit de son profil grec, d'un groupe dont aimait s'entourer Jack, et qu'il surnommait lui-même le « Clan ».

Ainsi, ce que la psychanalyse désigne sous l'appellation d' « instinct grégaire des alcooliques » semble constituer le deuxième volet constitutif de l'homosexualité latente de l'écrivain. En ce sens, il est probable que l'idéal de communauté virile, si cher à beaucoup d'écrivains alcooliques, est le signe précurseur d'une homosexualité qui, pour rester larvée bien souvent, n'en représente pas moins l'énergie nécessaire à l'entretien et au développement de cet idéal.

Lorsque, comme c'est le cas chez London, la tête de la communauté virile se détache avec autant d'éclat que le « profil grec » de George Sterling, et qu'il s'en faut de peu que l'écrivain nous fasse l'aveu de son amour pour cette tête, alors, par une relation de contiguïté symbolique indestructible, on ne peut que reporter sur le groupe tout entier l'affection que l'écrivain porte sur un seul de ses constituants. À cette lumière, on peut voir, à l'inverse, que l'attachement à l'égard des communautés viriles, celle des AA par exemple, cause finale de l'alcoolisme, est l'expression oblique de l'amour pour un seul membre (on a envie de dire : toujours le même...)

13

Eu égard à notre corpus, nulle part ailleurs que dans les récits de la rencontre avec les AA et dans la biographie de Jack London on ne trouve d'expression plus claire de l'attirance pour les communautés à dominante masculine. En troisième lieu viendrait Hemingway : *Iles à la dérive*[1], par exemple, s'ouvre sur la narration d'une beuverie entre « copains », loin du règne des épouses. Mais il suffirait de noter l'engouement généralisé d'Ernest pour toutes les formes de ce qu'est pour lui l'« héroïsme » viril : boxe, corrida, pêche, chasse, guerre, etc. Comme l'aventure alcoolique, toutes ces sortes de sports se pratiquent volontiers en réaction contre un imaginaire de la mollesse ou de la fragilité féminines.

Mais revenons à London. La formation du Clan, comme par hasard, a lieu peu après le mariage de Jack, qui

[1] Gallimard, 1971.

souffrait d'avoir dû renoncer à ses mauvaises fréquentations d'autrefois (c'est également à des mauvaises fréquentations que Hemingway s'abandonne à Cuba, et les individus qui constituaient ses équipes de repérage des sous-marins allemands n'étaient guère recommandables). Le plus souvent en effet, le désir de participer à des groupes virils va de pair avec le sentiment d'une certaine dégradation, voire d'abjection. London avait recouvert ce sentiment de ce qu'il pensait être un orgueil de classe : en accédant aux honneurs et au mariage bourgeois, il se sentait coupable, déclare-t-il, de délaisser les misérables compagnons de sa jeunesse, - marins, aventuriers et chercheurs d'or du Klondike.

La formation du Clan paraît donc correspondre, semble-t-il, à la volonté de reconstituer un groupe de copains, en compensation à la « blessure » infligée à son orgueil de classe. Blessure d'autant plus douloureuse que Jack, en désaccord flagrant avec ses « convictions » socialistes, avait délibérément adopté un style de vie plutôt cossue...

Le groupe ainsi reconstitué est sans doute plus digne des salons bourgeois. Il comprend tout de même beaucoup de marginaux, pour la plupart issus de la « bohême élégante qui vivait dans la région de San Francisco », comme le dit Andrew Sinclair. Le rôle de George Sterling fut déterminant dans la constitution du Clan et le choix des personnalités qui l'illustraient avec plus ou moins de finesse : « c'est surtout grâce à George Sterling, qui fut le troisième grand amour de sa vie, écrit Sinclair, que Jack fit leur connaissance. Jeune homme timide mais ambitieux, Sterling adorait les hommes de lettres tout en jalousant leur succès. Il était le protégé du vieil Ambrose Bierce qui avait une opinion un peu trop flatteuse des poèmes de style géorgien qu'écrivait son disciple. »

Qu'importe, en l'occurrence, ce qu'écrivait George. Nous voyons parfaitement qu'un amour ne vient jamais seul, quand il est de nature homosexuelle et que la censure sociale l'oblige à s'avancer masqué. Cet *amor absconditus* a besoin du tampon de la communauté. George est le vecteur qui conduit au groupe, mais le groupe servira ensuite de résistance électrique alimentant le désir homosexuel en en variant les intensités.

14

Aussi ne sera-t-on pas surpris de voir Jack rendre la pareille à son ami George, en l'initiant aux secrets (voire !) des « bas-fonds ». Le voici donc qui sert à son tour de vecteur à l'introduction de George dans des communautés qui, sans lui, resteraient fermées et opaques. Ces communautés, bien entendu, sont aussi troubles que celles de George étaient relevées. L'alcool accompagne cette descente aux enfers : « lors de leur première rencontre à San Francisco, note Andrew Sinclair, les deux hommes essayèrent de s'épater mutuellement. George initia[1] Jack à la haute gastronomie dans le restaurant de Coppa, qui avait aussi avec ses murs décorés de chats noirs, des prétentions artistiques. Jack, à son tour, fit connaître à George les bas-quartiers du Barbary Coast, les prostituées chinoises, les matchs de boxe et les maisons de jeu où l'on perdait son argent tout en buvant un horrible whisky tord-boyaux. C'est ainsi que le poète chercha à impressionner l'écrivain du Klondike par son savoir-vivre et son bon goût, et que l'écrivain du Klondike essaya d'impressionner le poète par son expérience des bas-fonds. »

Cette « épate mutuelle », comme le dit Sinclair, n'est au fond rien d'autre qu'un jeu de séduction : il s'agit, pour l'un et

[1] L'essentiel est bien que cette rencontre ait, pour l'un et l'autre, *la forme de l'initiation*. C'est aussi à un véritable parcours initiatique que Marc Sévrin a l'air de se livrer quand il s'élance à la découverte des AA.

l'autre, de se rendre séduisant par l'exhibition (phallique ?) de ses richesses, en l'occurrence celles apportées par une longue expérience de certains milieux. Aucune femme ne vient briser la spécularité pure de cette concurrence binaire, ni même médiatiser le rapport frontal des deux hommes. Audelà de la concurrence, chargée, sans aucun doute, du sens de l'agressivité sexuelle, ces nouveaux Castor et Pollux réinventent une mythologie personnelle où les dangers de l'exploration et le désir de l'inconnu scellent une amitié fondée sur l' « entraide ».

15

Le sens profond de cette mythologie est certainement l'échange des substances : Jack veut faire passer George en lui et réciproquement. Le « Loup » veut devenir « Grec », et le « Grec » veut devenir « Loup ». Ce sens a été bien aperçu par Andrew Sinclair, qu'il nous suffira de citer largement, car il fait lui-même, explicitement, la démonstration de l'homosexualité de Jack London : « Cela deviendra le trait dominant de leur amitié. On reprochera toujours à George Sterling d'avoir voulu convertir Jack à l'hédonisme, et à Jack d'entraîner George dans la débauche. En réalité leurs personnalités étaient complémentaires, chacun possédant ce qui manquait à l'autre. À son nouvel ami George offrait l'exemple d'une nature enjouée qui méprisait totalement les biens de ce monde. Jack faisait découvrir au puritain timoré le monde de la virilité, celui des sports, celui des femmes que le poète avait toujours souhaité pénétrer sans jamais oser s'y aventurer.

Jack montrera pourtant beaucoup de pudeur dans ses rapports de plus en plus intimes avec George. Ce ne fut qu'au bout d'un an, vers l'époque où il confiait à Cloudesley Johns que son mariage le transformait en ‘hypocrite grimaçant’, qu'il se décida à écrire à George Sterling une lettre dans laquelle il disait notamment :

Tu sais, je ne te connais pas - et toi non plus tu ne me connais pas. Nous n'avons jamais su trouver la note réellement intime et personnelle depuis le temps que dure notre amitié. Peut-être ne la trouverons-nous jamais. Alors je me pose des questions, je me demande qui tu es vraiment, j'essaie de découvrir ta vraie nature - c'est à dire comment tu te vois toi-même... Je ne sais pas vraiment qui tu es, George, pas plus que je ne sais ce qui m'a poussé à t'écrire ceci[1].

La réponse de George fut suffisamment chaleureuse pour que les deux hommes *finissent par s'avouer qu'ils s'aimaient d'amour.* Jack avait baptisé son ami « Grec », et George l'appelait « Loup ». » (Nous soulignons.)

16

Il est courant que l'affleurement du désir homosexuel à la surface de la conscience réveille les résistances du sujet et le porte à inverser l'amour en agressivité. On comprend alors pourquoi les beuveries viriles s'achèvent souvent en bagarres, de même que l'importance du thème de la bagarre, ou de la boxe, dans la littérature alcoolique.

Chez London, ce trait n'est pas absent. Mais, ce qui est remarquable dans l'exemple que nous proposons, c'est qu'on voit ce trait cumuler avec celui, non moins caractéristique, consistant à confondre le désir homosexuel avec l'engouement ou la fascination pour des races différentes. Nous avions déjà relevé ce trait chez Jean-Luc Melsen, dans la description de la rencontre de Sévrin avec les AA. Tout se

---

[1] Lettre à George Sterling du 11 juillet 1903.

passe alors comme si la différence écrasante de la « race » servait d'alibi à l'amour du Même, dont elle n'est au fond que l'expression inversée et compatible avec la loi. Ainsi, vers la fin de sa vie, malade et déprimé, Jack London se montre exagérément sensible aux marques d'amour ou, au contraire, de désintéressement, du groupe d'amis dont il s'entoure avec la même nécessité qu'autrefois. Un jeune homme, un Grec, - un vrai cette fois - a ses faveurs. Une bonne partie de leurs relations consiste d'ailleurs en tournois d'escrime : comme Hemingway, il semble que London ne peut guère témoigner son affection pour un autre homme qu'en lui proposant de se battre avec lui sous une forme ou une autre. Mais ce jeune Grec - Spiro Ophens - fera mouche un beau jour en critiquant les opinions racistes que London avait exprimées dans *Les Mutins de l'Elseneur*. Crime de lèse-majesté ! Trahison suprême ! « Les questions de race, écrit Sinclair, avaient toujours obsédé Jack » : nous savons pourquoi. En reprochant à son « maître » sa fascination pour la race aryenne, Spiro ne faisait pourtant que déclencher une crise que Jack avait non seulement toujours pressentie, mais sourdement ourdie et appeler de tous ses vœux. En cas d'attirance homosexuelle inconsciente, en effet, la rupture, née d'un sentiment final de trahison, est l'aboutissement normal d'une liaison qui n'a d'autre sens que de la préparer. Elle éclaire, rétrospectivement, l'idéalisation excessive, morbide, de l'être aimé, à laquelle procède le sujet pour mieux complaire à la censure qu'il intériorise. La déception, inévitable du fait de l'exigence insurmontable, absolue, représentée par l'idéalisation, correspond alors au dénouement d'une tension, et la crise qui éclate est comme le substitut d'un orgasme : on cesse alors de se chatouiller du bout de l'épée pour s'envoyer à la figure les mots les plus grossiers. C'est ainsi que London traitera Spiro de bâtard ou de métis, ce qui est bien, dans sa bouche, la pire des injures, et en même temps l'aveu de son désir.

Celui-ci *éclate* avec toute la violence du refoulé, explose avec le fracas d'une décharge. « Tous les vieux préjugés de Jack, écrit Sinclair, firent surface ; il déclara à Spiro que rien n'était plus méprisable qu'un être de race bâtarde et qu'il n'y avait pas de place sur terre pour les métèques. Il alla plus loin : se souvenant que Spiro s'était vanté d'être le descendant des Grecs de l'Antiquité, tout comme Jack se vantait de ses origines anglo-saxonnes, il ajouta que la race grecque avait disparu 2000 ans plus tôt et que ceux qui avaient colonisé la Grèce par la suite n'étaient que de vulgaires métis. Il refusa de s'excuser d'avoir traité Spiro de bâtard - puisque celui-ci lui avait demandé de s'exprimer franchement, il ne s'était pas gêné. »

Accusant Spiro d'avoir voulu agir envers lui « comme ces colporteurs, les prétendus Grecs d'aujourd'hui agissent envers les races supérieures », Jack « fit comprendre à Spiro, ajoute Sinclair, que tout serait désormais fini entre eux, à moins que le 'colporteur' en question n'acceptât de se traîner à ses pieds pour lui demander humblement pardon. » On voit quel enjeu passionnel représente le débat raciste, qui est tout autre chose qu'un débat d' « idées » : c'est qu'il est, en lui-même, porteur de tout le désir homosexuel, et en ce sens il ne fait que prolonger, en l'amplifiant, la signification des matches d'escrime. À l'issue de telles *joutes*, électrisées s'il en fut - mais c'est le sens, on l'a vu, de tout groupement - on sort complètement vidé (de sa substance), il a fallu se traîner aux pieds de l'autre et demander pardon, et l'épée qui est, comme dans les compétitions olympiques, chargée de courant allume l'étincelle du désir.

17

Jack London subira toute sa vie la fascination pour les communautés viriles. La jalousie de sa femme Charmian est peut-être le meilleur indice de la nature homosexuelle de cette fascination. En 1911 encore, lorsqu'il doit se rendre à New York pour s'occuper du Millergraph, Sinclair écrit que « Charmian conservera un très mauvais souvenir de ce séjour, car Jack l'abandonnait du matin au soir pour aller boire en compagnie de Joseph Noël et d'une bande d'amis. Il n'écrivait plus, buvait énormément et semblait incapable de résister au plaisir de jouer les grands hommes de lettres. Il allait voir des matchs de boxe ou traînait la nuit dans les bars chics de Broadway, entouré de danseuses. »

On peut certes comprendre que l'adolescent qu'il décrit dans *Le Cabaret de la Dernière Chance*, en mal d'identification, ait pu rechercher dans les cafés la compagnie des mauvais garçons dont il s'était fait des héros. Ainsi en va-t-il du fameux Nelson, avec qui il prend ses premières cuites « viriles : « Quel type, ce Nelson s'écrie Jack. Un jour qu'il passait devant Le Cabaret de la Dernière Chance, il m'adressa la parole. Mon orgueil ne connut plus de bornes. Mais imaginez un peu de ma fierté lorsqu'il m'invita spontanément à y entrer pour prendre quelque chose. » Mais comment concevoir que l'écrivain d'âge mûr s'attarde encore dans ces mauvais lieux, et se complaise dans un encanaillement peu compatible avec sa réputation d'auteur à succès ?

Le désarroi de Charmian rejoint celui de n'importe quel observateur. Ce désarroi cesse dès lors qu'on soulève l'hypothèse homosexuelle : le groupe viril est lui-même le médiateur du désir pervers, et en autorise une forme d'expression larvée, en lui donnant pour objet une représentation suffisamment anonyme et abstraite la réunion d'amis -, mais en même temps « tactile » et chaleureuse. Le café, aux dires mêmes de London, est le lieu par excellence de cette médiation : « Qu'il s'agisse d'un café au Quartier latin, d'un cabaret dans quelque obscur village d'Italie, d'un boui-boui dans un port, que ce soit au club, devant un verre de 'Scotch and Soda', c'est invariablement aux endroits où John Barleycorn noue les relations que j'entre tout de suite en contact avec les hommes et fais leur connaissance. »

Or, - et voici comment l'idée londonienne du café se trouve immédiatement associée à celle de « race supérieure » -, ce ne sont pas n'importe quels hommes qu'on retrouve dans ces lieux où règne en maître John Barleycorn, mais bien les hommes les meilleurs, ceux auxquels on peut à bon droit s'identifier, ceux dont la différence écrasante « légitime » le désir que l'on a de rechercher leur présence. C'est également ceux-là que recherche John Barleycorn : « Voici un nouveau grief que j'ai à formuler contre John Barleycorn, déclare Jack. C'est de ces excellentes pâtes qu'il s'empare - de ces hommes qui ont de l'estomac; de la noblesse, de la chaleur et le meilleur des faiblesses humaines. John Barleycorn éteint leur flamme, détrempe leur agilité, et quand il ne les tue pas ou ne les rend pas fous tout de suite, il en fait des êtres lourds et grossiers, en tordant et déformant leur bonté originelle et la finesse de leur nature.

Oh ! - je parle maintenant d'après l'expérience acquise par la suite - que le Ciel me garde de la plupart des hommes ordinaires, de ceux qu'on ne peut ranger dans la série des bons garçons, ceux dont le cœur et la tête restent froids, qui ne fument, ne boivent ni ne jurent ; ils sont bons à tout sauf à montrer du courage, du ressentiment, du mordant, parce que leur fibres débiles n'ont jamais ressenti cet aiguillon de la vie qui vous fait sortir de vous-mêmes et vous pousse aux actes de folie et d'audace.

Ceux-là, on ne les rencontre pas dans les bars, on ne les voit pas se rallier à des causes perdues, ni s'enflammer sur les chemins de l'aventure, ni aimer éperdument comme les amants élus de Dieu. Ils sont trop occupés à se tenir les pieds au sec, à ménager la régularité de leur pouls et à affubler de succès mondains leur esprit médiocre.

Je porte donc cet acte d'accusation contre John Barleycorn. C'est précisément les autres - les bons garçons, ceux qui valent quelque chose, ceux qui ont la faiblesse de leur trop grande force, de leur excès de verve et de fougue endiablée, qu'il sollicite à se perdre. Sans doute il anéantit aussi les malingres, mais je ne m'occupe pas ici de ce déchet de la race : je déplore plutôt que John Barleycorn en détruise les plus beaux spécimens. Cela vient de ce qu'on le trouve sur toutes les routes, grandes ou petites, protégé par la loi, salué des policiers, avec lesquels il cause et qu'il conduit par la main aux endroits où les bons garçons et les intrépides s'assemblent pour boire sec. Débarrassés de John Barleycorn, rien n'empêcherait ces héros de naître et, au lieu de dépérir, ils accompliraient de grandes choses. »

18

Cette citation, un peu longue, peut-être, était nécessaire pour bien montrer que chez London la thèse raciste s'articule étroitement sur une théorie de l'alcool, ce qui est assez surprenant. Certes, il y a du vrai dans l'idée que les meilleurs sont ceux qui ont le courage de s'exposer au feu de ce que Georges Bataille appelait la « dépense », qui dilapident leur force sans souci d'économie. Jack les appelle les « bons garçons », les « intrépides » ou les « héros ». Les héros boivent, c'est fatal. Bien sûr, ce serait mieux s'ils ne buvaient pas, mais enfin les faits sont là, pour le moment, ils boivent. On doit donc s'attendre à rencontrer les héros dans les cafés, et accepter les règles de la communauté virile si on veut faire leur connaissance. Cet héroïsme de l'intempérance fonctionne à l'inverse de celui que décrivent Melsen, Kessell et Stéphane dans leur présentation des AA : ici, il s'agit d'un héroïsme de la sobriété (chèrement acquise), aux valeurs moins fracassantes, mais qui n'ôtent rien au caractère collectif-viril d'un idéal de fréquentation. De ce point de vue, la forme de cet idéal est constante. On la voit subsister après que le prétexte alcoolique a été refusé par les buveurs eux-mêmes. C'est parce que Jack London s'illusionne sur la nécessité du lien héroïsme-alcool qu'il en fait 1a pièce maîtresse de son analyse de l'instinct grégaire qui pousse les hommes dans les cafés. Il a, comme on sait, et comme le développement ultérieur de sa relation avec George Sterling le prouve, besoin de cette illusion, car l'alcool, qui est le signifiant de son désir réel, est en même temps le rempart à une expression directe de ce désir. L'alcool stimule la communication érotique et l'interdit immédiatement. Signe distinctif du héros, marque notoire de supériorité - le héros est celui qui « sait » boire, et boire plus que les autres : London y insiste tout particulièrement dans la narration de ses premières rencontres avec les héros de sa jeunesse -, bref, apanage des races supérieures, l'alcoolisme ne saurait être abstrait du tableau que brosse l'écrivain de la vie communautaire sans le priver d'une « défense » avantageuse sur tous les points.

19

Dans *Le Soleil se lève aussi*, qui est une histoire de copains, où le personnage de Brett sert volontiers de repoussoir aux démêlés des hommes entre eux, on trouve le thème raciste accouplé à celui de l'alcool exactement comme chez London.

Souvenons-nous tout d'abord que le jeune Hemingway avait flirté, au cours de ses années d'apprentissage, avec une certaine forme affaiblie d'antisémitisme, qui ne devait pas lui être particulière, mais témoigner d'une prédisposition de l'esprit américain à se gausser des particularités nationales ou culturelles dont il est pourtant la somme. En ce sens, l' « antisémitisme » hemingwayen ne devait pas aller beaucoup plus loin que l'ironie légère qu'on adressait, par exemple, aux italiens ou aux polonais. Avec cependant une accentuation spéciale... Ernest n'aimait-il pas s'entendre appeler « Hemingstein » par ses amis, et cela pendant toute sa vie ? Il est bien certain que le juif cristallisait, dans son imagination, toutes les différences ethniques dont il subissait sans aucun doute l'attraction inconsciente : comme chez London, le mépris du « métèque » est vraisemblablement l'expression inversée, en forme de défense, du désir du Même et de l'amour du semblable. Cet amour du semblable se traduit de deux façons concomitantes et contradictoires : l'exaltation des communautés viriles, incontestable chez Hemingway, et, lorsque cette exaltation risque d'entraîner le retour du refoulé, la projection paranoïaque du désir de tuer (qui n'est autre que le désir d'aimer inversé par le réveil de la résistance) sur quelques mauvais sujets menaçant l'intégrité ou l'harmonie du groupe, au premier rang desquels on trouve le juif.

Ce désir de tuer peut ainsi être mieux défini : on ne tue bien que *ses amis*. On peut expliquer par là l'empressement d'Ernest à vouloir se battre avec ceux qu'il aime ou estime, encore une fois exactement comme chez London. Dans *Le Soleil*, il est fait expressément allusion à ce désir de tuer ses amis, qui doivent être, inéluctablement, les meilleurs adversaires. Le modèle en est représenté, comme il se doit, par les taureaux : « Les taureaux sont mes meilleurs amis », dit Romero, le divin toréador de la fiesta de Pampelune. « -Vous tuez vos amis ? demanda Brett. - Toujours, dit-il en anglais. (Il se mit à rire.) Pour les empêcher de me tuer[1]. »

L'antithèse exacte de Romero dans le roman nous est fourni par le personnage de Cohn, qui est un personnage « en trop » : « Pourquoi ne savez-vous pas quand vous êtes de trop, Cohn ? Allez-vous-en, allez-vous-en, nom de Dieu. Débarrassez-nous de votre sale gueule de juif. Je n'ai pas raison ? », dit Mike à un moment où la tension à l'intérieur du groupe d'amis a atteint son point culminant. Certes, Mike est saoul : « La conversation était celle de gens saouls », écrit Hemingway, comme pour se prémunir contre les reproches qui auraient pu lui être faits. Mais il croit aussi que seuls les « bons garçons », pour parler comme London, boivent et ont le courage de dire la vérité, de la faire éclater, en désignant du doigt celui par qui le scandale arrive et qui est juif. Contre ce personnage en trop, et qu'il faut donc, normalement, éliminer, Romero est un personnage rare qu'il faut conserver. Or, voyez ce que fait ce diable de Cohn : il boxe Romero, l'abîme, et compromet la corrida du lendemain ! L'écrivain ne pouvait guère mieux que par cette confrontation violente et symbolique, formuler sa mythologie manichéenne des bons et des mauvais garçons, elle-même expression de la tendance paranoïaque qui le porte à haïr certains hommes pour mieux se dissimuler que ceux-ci le fascinent.

---

[1] Chez Hemingway comme chez London, on tue volontiers *nos amies les bêtes*, et pour cause : les taureaux chez Ernest, les loups chez Jack, qui s'identifiait d'ailleurs à l'un d'entre eux, en une nouvelle « histoire de l'homme aux loups », qui rappelle celle du président Schreber dont parle Freud.

Comme on l'a dit, la représentation du désir inconscient est plus médiate dans les ouvrages d'art que dans les amples relations autobiographiques. Le tableau de la mythologie alcoolo-raciste de Hemingway ne serait pas fidèle, si l'on n'y introduisait certains éléments d'identification qui tempèrent l'évidence caricaturale du mécanisme paranoïaque.

Ainsi, Cohn a beau n'être qu' « un sale juif », c'est tout de même un bon boxeur. Quand on sait la haute estime en laquelle Ernest tient généralement les boxeurs, on pourrait s'étonner de le voir faire de son personnage un familier du ring. Il en est pourtant de la sorte, mais nous voyons à quelle stratégie symbolique obéit cette assimilation : brouiller quelque peu la lisibilité de cette figure du juif-bouc-émissaire, tout en évoquant la possibilité de la « récupérer » à un certain plan - celui de la boxe -, où va pouvoir se manifester, tout de même, de manière assez pâle, cette vérité toujours au travail : la différence se résout en similitude, et ce surtout au moment où elle *s'exaspère* (jusqu'à appeler la violence). Ainsi encore, Mike, qui insulte Cohn au sommet de son ivresse, est peut-être un « bon garçon » ; dans la deuxième version de son projet de roman, Hemingway n'en fait pas moins un homosexuel repenti. Carlos Baker écrit à son sujet : « Il avait dilapidé son patrimoine en plaçant son argent dans une affaire véreuse en Espagne et avait dès lors manifesté des tendances à l'homosexualité. Brett l'avait soustrait à ses partenaires ; sous l'influence de la jeune femme, Mike menait depuis une vie animée et mondaine. »

On le voit, il n'est de personnage, dans *Le Soleil*, qui ne comporte son double inversé. Le juif a une sale gueule, mais c'est un boxeur invulnérable (notamment quand il s'agit de boxer ses amis) ; le bon garçon fait jaillir la vérité du vin, mais sur lui plane l'ombre de la pédérastie mal contenue par une femme dont c'est l'unique fonction. Quant à Romero, on pouvait penser que, du haut de sa grandeur éclatante, il était inconvertible. Erreur : ce personnage, massivement investi d'une différence raciale incontestable, puisque c'est un latin (sa latinité conforte ainsi le sens de sa supériorité morale), n'est pas si pur qu'il ne se voit affecté par Ernest de traits contradictoires : en effet, Romero parle anglais. Parler anglais, quand on est un torero espagnol, cela veut dire, du point de vue tout au moins de l'économie symbolique inconsciente entrevue par le lecteur : échanger sa substance contre une autre, en l'occurrence celle des « bons » anglo-saxons, qui ne sont plus des latins, mais des nordiques. Quel besoin y aurait-il eu de faire parler Romero anglais, et d'insister là-dessus à plusieurs reprises, si cette particularité en apparence gratuite ne s'intégrait pas profondément dans une logique du fantasme où la différence doit se résoudre en similitude ?

Surtout quand les bons américains sont opposés, explicitement, aux mauvais anglais. « Je déteste les Anglais », dit encore Mike, à l'apparition de touristes venus de Biarritz. Il voudra se battre avec eux. Même Bill s'y met : « Ces sacrés cochons d'Anglais viennent ici pour insulter Mike et essayer de gâter la fiesta. » Comme Robert Cohn, ces anglais sont des *trouble-fêtes*, le côté ténébreux des anglo-saxons, et complètent ainsi, symétriquement, le jeu de compensations au moyen desquelles l'auteur travestit l'expression générale de son désir du Même.

Naturellement, toutes ces assimilations-inversions ont lieu en milieu constamment alcoolisé, représenté par la fiesta, et leurs réactions se poursuivent en chaîne dans les cafés. Forme suréminente de la réversibilité de tous en tous, Romero boit lui-même, la veille de la corrida ! Hemingway invite à se représenter « Pedro Romero, un grand verre de cognac à la main, assis et riant entre (Barnes) et une femme aux épaules nues, à une table garnie d'ivrognes. » Sans aller jusqu'à le faire s'enivrer, il l'autorise à vider quelques verres, soucieux sans doute de respecter la vraisemblance déjà défendue par London : les héros boivent, on les rencontre dans les cafés.

Pour clore la liste suffisamment probante peut-être, de cette diffusion des caractères dans la totalité d'un groupe riche en modulations, ajoutons que Jake Barnes, le narrateur, finit par s'identifier à Romero par la grâce de Brett. L'opération magique a lieu au café. Tout d'abord, on observe le procédé habituel de focalisation frénétique sur le visage de l'être désiré, comme dans les récits de Melsen, de Kessel ou de Stephane : « Je remarquai sa peau. Elle était claire et lisse, et très brune. Il avait une cicatrice triangulaire sur une pommette. Je vis qu'il observait Brett. Il sentait qu'il y avait quelque chose entre eux. »

Ce qu'il y avait entre eux, nous le savons, et c'est ce dont Barnes, en raison de son impuissance, est exclu. Il ne lui reste qu'à s'exclure, lui aussi, du café, pour que les choses se fassent entre Brett et Romero. Quand il revint au café, écrit Ernest, « Brett et Pedro Romero étaient partis. Les verres à café et les trois verres à liqueur vides étaient encore sur la table. Un garçon arriva avec un torchon. Il prit les verres et essuya la table. » Il ne revient donc que pour constater ces verres vides, qui sont tout ce qui reste après que le torero l'a vidé, lui, Barnes, de sa substance en lui « prenant » Brett. Barnes, vidé, survit en Brett sous la forme du torero. Comme, auprès de Mike, Brett jouait le rôle de protectrice contre le désordre homosexuel, elle réalise ici, à l'opposé, la confusion de Barnes et de Romero au nom de l'amour *égal* qu'elle porte à l'un et à l'autre. « Trois verres à liqueur vides » sont, à l'extrême fin du chapitre, les traces visibles de la transsubstantiation.

21

Au lecteur qui voudrait se livrer à un parcours attentif dans la littérature alcoolique nous voudrions proposer de vérifier ceci : toutes les fois qu'un auteur procède à la traditionnelle exaltation des communautés viriles apparaît quelque allusion à la différence raciale ou nationale. Parmi tous les textes auxquels nous faisons constamment référence, nous pouvons l'observer bien des fois. Par exemple chez Michel Déon, et, ultérieurement, chez Antoine Blondin.

Michel Déon : on sait que le *centre symbolique* d'*Un taxi mauve* est représenté par un bar, *L'Éperon*, lieu de rassemblement d'Irlandais en mal d'alcool, dominé par la puissante figure de Taubelman, qui y cherche des noises au patron, Willie. Cette description sommaire contient déjà tous les thèmes qui nous sont chers : le groupe masculin, ethniquement marqué - des Irlandais -, un personnage lui-même sur-marqué - Taubelman , d'ailleurs un nom vaguement juif, et l'inévitable bagarre qui menace.

Taubelman reproche à Willie, ancien jockey (il connote ainsi l'amour des Irlandais pour nos amies les bêtes), d'avoir quelque peu triché à une course, autrefois. À chaque fois, les choses sont au bord de tourner mal : « Taubelman insistait, précisait et l'ancien jockey sortait de son comptoir, furieux, le poing levé, vociférant. Plus il vociférait, plus Taubelman montrait de calme. Le spectacle enchantait la clientèle du pub, un lot de traîne-savates, de boit-sans-soif, de va-de-la-gueule, d'Anglais couperosés installés dans la région pour échapper au fisc ou, comme Billie et Teddy, pédales vieillissantes et fuyant on ne sait quelle réprobation. Tous avaient élu la clientèle de *L'Éperon* pour famille et se rendaient au bar avec la régularité de fonctionnaires à leur bureau. Le mètre soixante de Willie se dressait devant le mètre quatre-vingt-dix de Taubelman et plusieurs fois ils avaient failli en venir aux mains, mais la soirée, par quelque miracle, finissait toujours bien, dans une béatitude épaisse et une tabagie infernale. »

Il est à peine besoin d'insister sur le principe symbolique d'une telle page. Le lecteur y reconnaîtra tous les ingrédients nécessaires à ce que nous pensons être une expression masquée du désir homosexuel, avec les « tampons » ordinaires : la bande d'amis, qui finit par se retrouver « dans une béatitude épaisse » ; la rixe toujours possible, assumée par un personnage plus grand que les autres, spectaculaire trouble-fête, en même temps indispensable pour consolider l'unité du groupe ; l'infiltration de l'étranger, représentée par les Anglais, - encore eux, - qui n'est d'ailleurs qu'une marque d'exotisme au second degré, puisque les Irlandais eux-mêmes sont déjà suffisamment différents aux yeux du narrateur, qui est français; enfin, « deux pédales vieillissantes » affectent d'absorber et de conjurer tout le sens de l'homosexualité de la scène, par une espèce de citation directe de la perversion, et l'érection d'une anomalie suprême qui, par contraste, innocente tous les autres participants de la « famille » de toute tendance comparable...

22

Dans un pareil contexte, et eu égard à ce que nous savons de la signification profonde de pareilles descriptions, on ne peut que s'interroger sur la valeur de certains détails retenus par le narrateur, ou le choix que fait l'écrivain de certaines images. Exemple : Déon vient à peine de terminer le tableau de la clientèle de *L'Éperon* qu'il écrit : « A la fermeture, Taubelman, le pas à peine incertain, sortait uriner puissamment dans le caniveau. Il mettait une certaine ostentation à déployer un membre hors des dimensions communes que, dans ses soirs de meilleure gaîté, il appelait une trompe d'éléphant. »

Cette allusion expresse à un pénis démesuré confirme à tout le moins l'exhibitionnisme de Taubelman. Souvent, disent les psychanalystes, la régression alcoolique libère les tendances exhibitionnistes. Nous en aurions la preuve dans ce passage, comme dans tant d'autres de la littérature alcoolique. Mais ce qu'il importe à tout le moins de voir, c'est que le phallo-gigantisme de Taubelman ne fait que développer le sens de sa différence en général. Par conséquent, on peut à bon droit soulever l'hypothèse que toute hypostase de la différence comme telle, dans les romans de l'alcool, quelle que soit sa forme - différence raciale, linguistique, culturelle, biologique, etc. - contient et recouvre un sens sexuel, mais on voit dans quel sens : celui du degré, et non pas de la nature. Les êtres se distinguent les uns des autres - et c'est toute la différence qu'on leur accorde, bien à l'abri de la menace de castration - par un surcroît de potentiel pénien, un redoublement de la mesure phallique ordinaire. Nullement par une excavation vaginale, véritablement terrifiante, *isnt'it* ? Ainsi se confirme l'homogénéité symbolique des communautés de buveurs, dont le membre fantastique de Taubelman est, si l'on peut dire, non sans bonheur d'ailleurs dans ce monde amoureux des chevaux et ce bar si bien nommé, *l'étalon*.

23

Une excavation terrifiante. N'est-ce pas encore à Taubelman, ce Gargantua de la littérature contemporaine - mais plutôt, comme on va le voir, *Grandgousier* ! -, qu'il revient cependant d'en assurer le sens ambivalent, comme si le narrateur ne pouvait pas s'arracher à la fascination qu'exerce sur lui le gouffre interdit ? Rassuré sur la présence, publiquement attestée, du membre viril sur la personne de Taubelman (qui est lui-même la métonymie du groupe entier), le narrateur peut diriger son attention sur « sa bouche ouverte, trou noir dans lequel remuait l'éclair rougeâtre d'une langue épaisse qu'il tira pour se lécher les lèvres. » Si excavation il y a, elle n'est donc jamais si terrifiante qu'une connotation phallique ne vienne en combler le vide fatal : ici la langue épaisse, rougeâtre et tendue à l'extérieur, complétant la description d'un organe surdéterminé par des valeurs contradictoires, qui est comme l'emblème de la bisexualité de tout grand buveur, dès lors que celui-ci est la projection d'une communauté virile.

D'ailleurs, pour qui douterait encore de la fonction symbolique véritable d'une telle description, les lignes qui suivent apportent une confirmation décisive de la constitution du *corps paradoxal* du buveur gigantesque dans la littérature alcoolique : « Ce four béant, écrit Déon, maintenant privé de parole, *attirait irrésistiblement. J'eus envie d'y enfourner en masse* les mensonges, les hâbleries, les extravagances qu'il débitait à l'état de veille ». (Nous soulignons).

24

Il est remarquable que nous retrouvons, dans la description de Taubelman, tous les traits caractéristiques de ce que Mikkaïl Bakhtine appelle, dans un ouvrage désormais célèbre[1], le « comique grotesque ». Non moins remarquable aussi que le plus fameux représentant de la tradition du comique grotesque est le père de la littérature alcoolique française : François Rabelais, au point que son nom reste indé-

[1] *L'Oeuvre de François Rabelais, et la Culture Populaire au Moyen-âge et sous la Renaissance,* Gallimard, 1970.

fectiblement associé à la formule passée depuis dans le langage courant, la « Dive Bouteille ». Et, pour finir, on relèvera que la description de la *bouche*, chez Rabelais, fonctionne comme une figure d'inversion, une métaphore du sexe. Pour tout cela, on peut établir que le personnage de Déon est un avatar inattendu du personnage comique grotesque. Celui-ci nous intéresse parce que la description de ses organes condense toutes les valeurs - manger, boire, aimer, et aimer n'importe qui, au nom, si l'on ose dire d'une... bouche-trou où l'on peut enfourner n'importe quoi, mais qui enfourne à l'occasion elle-même au moyen d'une langue fantastiquement érectile. C'est la condensation de toutes les valeurs qui est le principe de formation du corps paradoxal dans la tradition du comique grotesque. Elle implique, de soi, l'abolition de la différence des sexes, la réversibilité de l'Autre en Même. Regardons-y de plus près.

25

Il n'est, comme nous le promettions, que de partir de la célèbre description de la naissance de Gargantua, qui s'articule essentiellement sur la bouche du géant. Nous la citons ici, pour ne pas trop nous attarder, dans une version adaptée et abrégée de Mad H. Giraud : « C'était à l'époque où vivaient des géants, mangeant fort et buvant bien. Grandgousier[1], dont l'appétit était bon et le nom prédestiné, avait épousé Gargamelle, la fille du Roi des Parpailles. Ils eurent tous deux un fils qui, dès qu'il fut au monde, se mit à crier : 'A boire, à boire, à boire !'. Tout émerveillé, Grandgousier s'en

[1] Ce nom, est-il besoin de le faire remarquer (comme Rabelais le fait lui-même tout de suite après), est né de la contraction de « grand » et de « gosier ».

vint près de l'enfant et s'exclama : 'Que grand tu as ! Que grand tu as !', supprimant dans sa phrase le gosier dont il admirait la taille. Et les assistants de s'écrier que tel devait être le nom du nouveau-né. Ainsi fut baptisé Gargantua, d'après la première parole de son père dès sa naissance, ce qui était la manière des anciens Hébreux. Cependant l'enfant réclamait toujours à boire ; aussi s'empressa-t-on de le satisfaire[1]. »

Dans *Un taxi mauve*, il appert que Taubelman, décrit comme un géant, est avant tout, lui aussi, un gosier. Par ce gosier passent essentiellement des boissons alcoolisées, comme des kilolitres de vin passeront dans celui de Gargantua. Cependant, le gosier vaut également, dans l'un ou l'autre texte, comme un équivalent général de toute espèce d'ouverture corporelle. À ce titre, il marque la vocation du corps grotesque à s'ouvrir au monde, à surmonter, comme le dit Bakhtine, « les frontières entre deux corps et entre le corps et le monde, où s'effectuent les échanges et les orientations réciproques. »

Par ses ouvertures, le corps grotesque laisse entrer le monde. Il abolit les limites qui séparent ordinairement le corps individuel de tout le reste de l'espace cosmique. Grâce aux ouvertures, il diffuse dans cet espace, avec lequel il entretient, par principe, une relation d'osmose. Osmose universelle du corps et du cosmos qui est le principe même du comique grotesque.

26

Voilà pourquoi, remarque Bakhtine, « pour le grotesque, la bouche est la partie la plus marquante du visage. La bouche domine. Le visage grotesque se ramène en

[1] *Gargantua*, Delagrave, 1934, pp.5-6

fait à une bouche bée, et tout le reste ne sert qu'à encadrer cette bouche, cet abîme corporel béant et engloutissant. »

La domination de la bouche est le signe de la réversibilité de toutes choses dans la tradition carnavalesque du comique grotesque, où non seulement les rois peuvent devenir des valets, mais où l'extérieur s'inverse lui-même en intérieur, le creux en pointu, la bouche en phallus, l'homme en femme. Une des images prédominantes du carnaval, note Bakhtine, est, généralement, *l'inversion*, et il prend pour exemple l'inversion des sexes. La réversibilité comme principe majeur du comique grotesque nous conduit tout droit au thème de l'homosexualité comme devant constituer, de manière plus ou moins manifeste, une fonction déterminante de l'économie symbolique des romans de l'alcool quand ceux-ci, par une promotion exemplaire de l'organe buccal, s'inscrivent délibérément ou non dans la tradition de ce comique.

La perméabilité du corps grotesque à tous les phénomènes du monde, ses gigantesques capacités d'absorption (notamment de liquidités), autorisent à parler de lui, ainsi que le fait Mikkail Bakhtine, comme d'un corps *inachevé*. Ceci pour le différencier du corps individuel présent dans la tradition classique mais absent de la tradition du comique grotesque, et qui ne vaut au contraire que par ses limites. Ce corps-là, soigneusement délimité, différencié, est, comme le dit Bakhtine, un corps achevé, « prêt » : « Le trait caractéristique du nouveau canon - compte tenu de toutes ses importantes variations historiques et de genre - est un corps parfaitement prêt, achevé, rigoureusement délimité, fermé, montré de l'extérieur, non mêlé, individuel et expressif. (...) Se ferment tous les orifices donnant accès au fond du corps. On trouve à la base de l'image la masse du corps individuelle et rigoureusement délimitée, sa façade massive et sans faille. Cette surface fermée et unie du corps acquiert une importance primordiale dans la mesure où elle constitue la frontière d'un corps individuel clos, qui ne se fond pas avec les autres. Tous les signes dénotant l'inachèvement, l'impréparation de ce corps sont soigneusement éliminés ainsi que toutes les manifestations apparentes de sa vie intime. »

27

Il est vraisemblable que la littérature moderne, qui ne retient pour modèle que l'image du corps individuel, conserve aussi la nostalgie du corps grotesque indifférencié-ouvert. Le thème de l'alcoolisme serait alors pour elle le moyen de représenter ce corps grotesque, de substituer, quelque temps, aux valeurs de contention et de rétention dont se réclame son esthétique, celles, archaïques mais ô combien fascinantes, d'expansion et de diffusion. Les romans de l'alcool, même si le retour du corps grotesque se fait souvent sur un mode tragique (car il entre en contradiction violente avec l'idéal du corps individuel), renouent alors avec la tradition rabelaisienne fondée sur la réversibilité et l'inachèvement. Tous les éléments constitutifs de l'univers alcoolique, même en dehors de la littérature, se caractérisent - et les médecins sont eux-aussi d'accord là-dessus - par une propension à la dilatation infinie de l'espace et du temps, à sortir des limites de son propre corps et à illimiter les possibilités de vie sur un mode qui rappelle tout à fait l'osmose généralisée de toutes choses dans le comique grotesque.

Le docteur Alonso-Fernandez note que de nombreux alcoologues qui « ont étudié le sens profond de l'ébriété... ont démontré comment celle-ci *met en danger la forme individuelle* et le chemin qu'elle suit, ainsi que sa mesure et ses limites. Dans le phénomène de l'ébriété, on trouve, comme l'indique Zutt, les traits d'absence de mesure, d'ordre et de limites, qui caractérisent la menace de ce qui est dionysiaque contre ce qui est apollinien[1]. » Cette description s'adapte tout à fait à l'illimitation rabelaisienne - mais tout aussi bien : « dionysiaque » - du corps grotesque. L'esthétique grotesque de l'illimité a forcément des résonances cosmiques. Nous en percevons encore les échos dans le portrait de Taubelman.

28

Des résonances cosmiques. En effet, comme l'écrit Bakhtine, à la Renaissance, « les gens assimilaient et sentaient en eux-mêmes le cosmos matériel avec ses éléments naturels dans des actes et fonctions du corps éminemment matériels : nourriture, excréments, actes sexuels ; c'est là qu'ils trouvaient en eux-mêmes et tâtaient pour ainsi dire sortant de leur corps, la terre, la mer, l'air, le feu et, de manière générale, toute la matière du monde dans toutes ses manifestations, qu'ils assimilaient de cette manière. »

Ainsi, l'illimitation en question dépasse infiniment les simples différences sexuelles ou sociales. Toutes les allusions homosexuelles dans la littérature alcoolique ou le comique grotesque ne sont peut-être que des indices, ou des portions, d'une fantasmatique cosmologique où rien n'a de limites, où tout fusionne avec tout, et où toute chose s'inverse en son contraire. Une poétique en naît, qui chante la divine ébriété de l'univers, certaine « que le corps grotesque est cosmique et universel, que les éléments qui y sont soulignés sont communs à l'ensemble du cosmos : terre, eau, feu, air ; il est directement lié au soleil et aux astres, renferme les signes du Zodiaque, reflète la hiérarchie cosmique ; ce corps peut fusionner avec divers phénomènes de la nature : monta-

[1] *La dépendance alcoolique*, P.U.F., 1987, p.95

gnes, fleuves, mers, îles et continents, il peut aussi emplir tout l'univers. »

29

Certes, le corps gigantesque de Taubelman n'emplit plus tout l'univers, mais il est doté par son créateur Michel Déon d'une dimension suffisamment planétaire pour que l'on y perçoive les échos du cosmologisme grotesque : le personnage exerce une large influence sur tous ceux qui l'entourent, et nous trouvons des traces de son action polymorphe en divers points de la terre.

Cela dit, le roman, comme tous les romans modernes, participe de l'esthétique restreinte du corps individuel : sur ce fond, les survivances du corps grotesque ne peuvent apparaître que sous la forme de reflets assez pâles, affaiblis. Parce que les romans de l'alcool sont une représentation de l'excès, ils sont du même coup la surface privilégiée où ces reflets vont pouvoir se produire. Et « l'exagération, l'hyperbolisme, la profusion, l'excès, nous dit Bakhtine, sont, de l'avis général, les signes caractéristiques les plus marquants du style grotesque. »

Taubelman, ce géant, boira donc excessivement. Comme nous l'avons vu, il est d'abord un gosier, exactement comme les géants de la Renaissance : « la bouche grande ouverte (gosier et dents) est une des images centrales, cruciales, du système de la fête populaire. (...) Dans le premier livre écrit, *Pantagruel*, la bouche grande ouverte joue un rôle particulièrement marquant, dominant. On peut supposer que le héros en est justement cette bouche béante. » Cependant, comme le remarque aussi Bakhtine, « dans le nouveau canon, certaines parties du corps : organes génitaux, derrière, ventre, nez et bouche, cessent de jouer le rôle majeur. (...)

Ces organes n'ont absolument plus de signification symboliquement élargie. » Ou bien encore : « Dans l'image du corps individuel vue par les temps modernes, la vie sexuelle, le manger, le boire, les besoins naturels ont changé de sens du tout au tout : ils ont émigré dans le plan de la vie courante privée, de la psychologie individuelle, où ils ont pris un sens étroit, spécifique, sans lien aucun avec la vie de la société ou le tout cosmique. »

Ainsi, en dépit de ses exagérations, le personnage de Taubelman, même s'il est une « grande gueule », ne réalise pas intégralement l'osmose du corps et du monde. Cependant, il garde des liens avec « le tout cosmique », et c'est pourquoi la description de Déon ne se laisse pas arrêter, au plan symbolique tout au moins, par la limite de la différence sexuelle : la bouche de Taubelman, métaphore obligée de l'anus dans la grande tradition du comique grotesque, s'arme d'une langue aux allures phalliques et se charge de valeurs actives sans cesser d'être cette excavation où va pouvoir s'engouffrer l'univers et s'engloutir le whisky irlandais. Est-ce à dire que nous soyons pour autant en présence d'une expression plus ou moins allusive de l'homosexualité ? C'est défendable. Mais la question n'a pas vraiment de sens : l'enjeu de cette symbolisation se situe en-deçà d'une différenciation qui affecte ce que Freud appelle la « sexualité génitale ». Au demeurant, la tentative d'assimiler l'osmose en question à quelque catégorie préétablie donnée par la psychologie moderne est réductrice, et ce serait trahir l'esprit de la geste rabelaisienne, et de ses éléments dérivés dans la littérature contemporaine, que d'en penser les formes en termes psychopathologiques, comme si, par exemple, Gargantua et Taubelman, deux géants inégaux, avaient raté leur « intégration » sexuelle et s'attardaient dans les conforts d'une sexualité prégénitale et régressive à leur grand âge. La *poétique* grotesque transcende toujours ces différenciations grossières. Il n'empêche que pour celui qui tiendrait décidément aux grilles d'interprétation de la psychanalyse, les restes de cette poétique dans *Un taxi mauve* ne peuvent manquer d'apparaître comme autant de « preuves » de dispositions à l'inversion du corps individuel (et de celui-là seulement, puisque la problématique cesse d'être pertinente pour le corps grotesque).

30

Ces preuves, parlons-en : il suffit de les aligner pour constater clairement qu'elles confirment à la fois la thèse psycho-réductrice de l'homosexualité et la thèse cosmo-poétique du corps grotesque et de ses avatars. Tout ceci est question de points de vue : selon que l'on adopte l'un ou l'autre, les mêmes éléments « fonctionnent » aussi bien, nourrissent des argumentations qu'il n'est guère possible de classer hiérarchiquement.

Voici par exemple comment Michel Déon décrit les manœuvres de « séduction » (il s'agit de monter une affaire avec lui) auquel se livre Taubelman à l'égard du jeune Jerry. On y retrouve un ensemble d'images et de métaphores qui correspond au double registre de l'homosexualité et de l'affabulation gargantuesque : « Mais si j'étais armé, Jerry ne l'était pas. Il pouvait passer pour la victime désignée, et, avec son sens infaillible de la chair fraîche, Taubelman allait se jeter sur lui. (...)

Oh, il ne le dévora pas en une seule fois ! Il le grignota, lançant de temps à autre des *coups de boutoir* qui désarçonnaient cet esprit faible et rêveur à la recherche d'une personnalité. » (Nous soulignons)

N'est-ce pas là l'histoire du Grand Méchant Loup qui recommence ? Cet assaut du Loup sur l'agneau n'évoque-t-il pas l'inversion de la pulsion amoureuse en décharge agressive, qui paraît souvent régler l'échange entre les hommes, et auquel cet autre « Loup », Jack London, nous avait habitués ?

Mais si l'animal dévorant paraît le plus propre à exprimer la signification symbolique de cette inversion, c'est parce que l'agressivité prend elle-même la forme de l'oralité : Taubelman, amateur de chair fraîche, est un ogre, il veut manger le jeune garçon. L'homosexualité affleurante du personnage est ainsi comme la prémice d'une réversibilité plus radicale, au terme de quoi elle se répand sous forme de consommation manducatoire. Nous y reconnaissons une variété particulièrement épanouie de mythologie gargantuesque (versant poétique), et l'achèvement du désir homosexuel en identification ou indifférenciation psychotiques (versant psychologique).

Le choix du registre animalier des images, outre qu'il manifeste l'importance dans la littérature alcoolique du thème du bestiaire, souvent relevée dans cet ouvrage, montre en l'occurrence la difficulté de dissocier le plan analytique du plan poétique : le discours de l'inconscient ne se produit que dans le cadre plus vaste d'une tradition qui transcende infiniment les personnes, et semble appartenir à une fantasmatique universelle dont on rend très imparfaitement compte, aujourd'hui encore, en parlant d'inconscient « collectif ». Comment ne pas penser, quand nous voyons Taubelman exhiber un membre gigantesque et l'entendons en parler comme d'une trompe d'éléphant, à ce que dit Bakhtine :

« Les formes de la tête, des oreilles, et aussi du nez, ne prennent de caractère grotesque que lorsqu'elles se transforment en formes d'animaux ou de choses. »

Ici, il n'est même pas besoin de substituer le « nez » au phallus. L'organe crucial est signifié directement. Mais il devient, comme dans la tradition grotesque, une forme animale.

Ce membre énorme fait pendant, si l'on peut dire, à l'abîme de la bouche, qui elle était devenue chose. Nul ne contestera que l'identification du phallus à une trompe d'éléphant ne soit une forme d'exaltation du membre viril, ni qu'une bouche-vagin représentée comme un abîme vertigineux n'évoque quelque angoisse de tomber dedans. Le psychanalyste peut à bon droit s'emparer de ces éléments pour étoffer sa thèse. Mais il prendra garde de ne pas étouffer l'autre par ce fait même, celle qui voit dans la symbolique homosexuelle le préambule d'une fantasmatique générale de la diffusion, de l'indifférenciation de toutes choses, idéal de réversibilité qui constitue aussi bien l'horizon de la poésie que celui de la rêverie alcoolique.

31

Telle serait la signification fondamentale de cet énorme symbole buccal dans *Un Taxi Mauve* : inscrire la thématique de l'alcool dans une logique carnavalesque, qui est une logique de l'inversion élevée au rang de système poétique. Voilà pourquoi, notamment, Taubelman est avant tout un « gosier ». Ce gosier avale, dans des quantités compatibles avec le gigantisme de son possesseur, boissons et aliments ; il n'est cependant pas muni de dents (ce qui affaiblirait le sens féminin de l'organe), mais d'une langue pseudo-pénienne, et l'acte même de la manducation de cette bouche est représenté comme un ensemble de « coups de boutoirs », évocateurs de l'acte sexuel. L'ambivalence onirique de ce gosier est ainsi clairement établie. Elle montre que l'homosexualité, effet le plus superficiel de l'inversion carnavalesque, n'est que le passage obligé d'un processus plus général de la résolution de l'Autre en Même, - jusqu'à l'assimilation substantielle, jusqu'à ce que nous avons appelé, à propos d'Hemingway, la « transsubstantiation ».

Cela dit, il demeure chez Déon des expressions affaiblies de cette esthétique de la transsubstantiation qui, parce qu'elles sont affaiblies, peuvent être immédiatement « récupérées » par la psychologie du corps individuel (au demeurant, la seule psychologie possible). Elles apparaissent alors comme des expressions pures et simples de l'homosexualité qu'on pourrait dire « restreinte », c'est à dire non promise à l'expansion poétique en forme de réversibilité gigantesque.

Ces expressions sont des résidus de la mythologie carnavalesque de l'identité de toutes choses - du vagin et du phallus par exemple -, telle qu'elle existe activement dans le texte même de Déon, mais qu'il faut envisager constamment si l'on ne veut pas tomber dans l'erreur d'une interprétation positiviste et réductrice d'éléments détachés. Si éloquents qu'apparaissent ces éléments, si suffisants par eux-mêmes, il faut les placer sous l'éclairage de cette mythologie carnavalesque pour en découvrir l'origine véritable et, partant, leur signification littéraire authentique.

En même temps se confirme que les textes littéraires sont habiles à travestir l'expression des fantasmes inconscients. Mais la simple notion de travestissement ne vaut que pour la psychologie du corps individuel. Elle est inepte du point de vue du corps grotesque. Avec le corps grotesque, nous passons dans une autre dimension, où tout s'étale au grand jour au contraire. Dans cette dimension, l'homosexualité, concept restreint, ne veut plus rien dire. Libre aux psychanalystes de continuer de croire que la vaste mythologie carnavalesque, concept général, n'est qu'une tentative honteuse de recouvrir de son manteau féerique l'expression à leurs yeux décisive d'une homosexualité contenue dans le cadre étroit de la clinique moderne.

Voici quelques échantillons de ces « résidus » : les rêves du narrateur, d'abord. Il se trouve que ceux-ci sont souvent peuplés de phallus, par exemple celui de Jerry : « un très joli et long sexe fermé par un phimosis », et celui, heureusement peu visible, de Taubelman : « Mais le pauvre homme était surtout à plaindre parce qu'un courant d'air jouait avec les pans de sa chemise, et il était obligé de la maintenir, une main par-devant, une main par derrière pour couvrir ses fesses et ses organes sexuels qu'il ne voulait absolument pas montrer à Mme Li. » Cette façon de tourner en dérision le personnage, par ailleurs redoutable, de Taubelman peut bien apparaître comme la fonction compensatoire habituelle du rêve : elle n'en participe pas moins de la logique carnavalesque qui tourne les rois en ridicule et, en tout état de cause, la représentation onirique du personnage n'est que l'élévation au carré de l'illusion romanesque : celle-ci, du point de vue du lecteur, est déjà une espèce de rêve. Par conséquent, les passages rêvés et les passages présentés comme « réels » ont, sous l'angle de l'économie symbolique générale du texte, le même statut. Les uns et les autres manifestent *également* le même désir inconscient.

Il n'y a d'ailleurs pas que des rêves. Déon écrit à propos des partenaires sexuels de Moira qu'ils « frappaient par leur manque de virilité », et fait les journalistes se demander : « Quant à coucher avec des Noirs, pourquoi se borner à des tantes ? » Ce contre-exemple de la virilité légendaire des Noirs (volontiers « éléphantesque » aux yeux du populaire) présente pour nous un double intérêt : il appartient lui aussi au système des figures d'inversion-dérision du comique carnavalesque et démontre une fois de plus l'association du thème racial et du thème de l'homosexualité. Nous observerons bien entendu que le noir partenaire de Moira est un buveur régulier, fidèle consommateur au bar de *L'Eperon*.

Nous parlions de rois tournés en ridicule. Que penser, eu égard à la symbolique du phallus-roi, de ce qui arrive à ce « beau fusil » que le narrateur offre à Jerry : « Jerry étrennait le beau fusil que je lui avais donné le soir du réveillon. En voulant sauter le mur qui nous séparait encore de la route, il heurta contre une pierre la crosse qui se fendit sur toute sa longueur. J'en ressentis un coup au cœur, cette merveille d'art sortie des mains d'un artisan anglais, achetée par un roi, donnée par ce roi à moi en souvenir des années difficiles, cette merveille ne serait plus jamais ce qu'elle avait été même si on la réparait avec soin. » ?

Passage éminemment riche, pour qui voudrait y discerner une symbolique de la castration, sans doute pas articulée directement sur la prise d'alcool, mais où figure à nouveau le thème racial (la crosse du fusil est ciselée par un artisan « anglais »).

C'est ce même narrateur, enfin, qui, ayant fait don de son amitié au docteur Scully, le propriétaire du célèbre taxi mauve, se plaint que celui-ci le « laisse tomber ». Ce Scully, dit-il, « donne trop à tout le monde. L'amitié est plus exigeante qu'il ne croit et implique un peu de jalousie ». Son interlocutrice, Mrs Colleen essaie alors de le consoler, et lui rappelle qu'il lui « reste Jerry », mais hélas, écrit Déon, « Jerry avait disparu, avalé par Dun Moïran ». Le destin de ce pauvre garçon parait donc bien de finir dans l'estomac des autres, hommes ou femmes, femmes-phalliques (Moïran) ou hommes-vaginaux (Taubelman). Qu'importe les mangeurs : ils ne sont que des modalités de la grande bouche grotesque qui ravale les formes que la littérature a elle-même engendrées.

L'inversion carnavalesque est un principe déterminant de l'univers alcoolique. Ce n'est pas le lieu, ici, de thématiser méthodiquement cet univers. Mais il appert que, dans une oeuvre romanesque digne de ce nom, tous les thèmes sont étroitement imbriqués les uns dans les autres. Une critique consciencieuse veillera donc à composer le modèle du thème dont elle traite sur le champ en n'utilisant que les éléments de l'univers alcoolique appropriés, quitte à reconnaître que ces mêmes éléments peuvent être intégrés à d'autres ensembles tout aussi cohérents, mais envisagés à un autre plan. En l'occurrence, il apparaît nettement chez Déon que certains aspects généraux de l'univers alcoolique, comme la dérision grotesque, peuvent, dans certaines limites, contribuer à l'explicitation d'une symbolique homosexuelle. Ces aspects sont dès lors placés dans une certaine perspective, légitimée par la cohérence interne de tous les éléments que cette perspective permet d'éclairer, mais qui ne représente pas pour autant un point de vue absolu. On dénaturerait l'espace littéraire lui-même si on voulait compartimenter de manière durable ou stable des noyaux de significations dont la richesse infinie provient précisément de leur labilité, et de la possibilité qui est laissée au lecteur de déplacer les frontières du sens pour recomposer à tout instant de nouveaux paysages.

Pour le moment, le thème dont nous nous occupons est celui de l'homosexualité. Nous sélectionnerons donc les éléments de l'univers alcoolique qui sont utiles à l'émergence théorique de ce thème. Il va de soi cependant que l'inversion carnavalesque ne constitue pas forcément l'aboutissement de la symbolique homosexuelle, ni même une modalité nécessaire de celle-ci. Il se trouve que c'en est une dans *Un Taxi Mauve*. Ailleurs, et pourquoi pas dans ce même texte, à d'autres endroits, le comique grotesque servira d'autres fins. Par contre, c'est une constante dans la littérature alcoolique que le compagnonnage viril dans les moments d'ivresse se rêve lui-même comme une aventure périlleuse et risquée, au cours de laquelle les buveurs rencontrent et affrontent des *étrangers*. La projection paranoïaque sur l'élément étranger scelle, comme on l'a dit, l'unité du groupe ou du couple virils. Cet élément ne cesse pas pour autant d'exercer sur eux une fascination symptomatique. Même si la dérive aventureuse, sous la menace de l' « Autre », est une donnée constitutive traditionnelle de l'univers alcoolique en général, l'expansion de cette aventure en forme d'identification carnavalesque, où l'Autre se résout en Même, peut à bon droit apparaître comme un indice majeur de l'homosexualité lorsqu'on sait que, chez certains auteurs, Déon notamment, cette expansion marque l'épanouissement suprême de la symbolique homosexuelle. À partir de ce moment, le lecteur, qui a en mains le modèle descriptif sommaire d'une aventure au risque de l'étranger, peut voir dans celui-ci l'expression comprimée, mais gonflée d'un développement virtuel dans le sens prescrit, d'une homosexualité en attente de son expansion carnavalesque.

Ainsi peut-on interpréter, sans doute, l'épisode fameux de la bataille d'Austerlitz dans *Monsieur Jadis*.

33

Cet épisode, nous savons en quoi il consiste : Albert Vidalie, le grand ami du narrateur, raconte la bataille d'Austerlitz, au lendemain d'une cuite dont il a l'habitude, devant un public fasciné, où figurent des étrangers. Vidalie se donne lui-même un rôle dans son récit, s'identifiant à un combattant qui a connu l'Empereur : « Et j'ai l'impression qu'il me tire l'oreille comme il fit ce soir-là »...

Première identification, commune à bien des rêveries alcooliques, qui n'inspire aucune autre interprétation homosexuelle que celles auxquelles se prête l'Histoire elle-même toutes les fois qu'on y voit se développer la mystique du Chef. Ce qui est plus intéressant ici, c'est que le temps et l'espace sont réversibles. Vidalie, ni bientôt ses auditeurs, ne voient de contradiction à ce qu'il pût avoir participé à la bataille d'Austerlitz. *L'évidence* de la réversion est caractéristique à la fois de l'univers alcoolique et de la logique paradoxale de la tradition carnavalesque. Sommes-nous pour autant sur le chemin d'une esthétique beaucoup plus radicale de la réversibilité, dont cette confusion des époques et des lieux serait le signe annonciateur? La ressemblance entre l'univers alcoolique et l'univers du carnaval nous invite à répondre par l'affirmative. *Monsieur Jadis* est d'ailleurs une tentative parfaitement réussie de traduction, en langage romanesque, de la rêverie alcoolique qui est essentiellement un « texte » vécu : ce qui rend sa traduction paradoxalement très difficile. En tout cas, si la traduction est fidèle, il convient de rechercher dans l'adaptation romanesque de la cuite les signes d'une économie générale de la réversibilité, propre à la tradition carnavalesque. En tout premier lieu, les indices d'une quelconque homosexualité peuvent être rangés au nombre de ces signes, sans se laisser abuser, au demeurant, par leur caractère psycho-réducteur. Ces indices, on peut les chercher tout d'abord dans le portrait que brosse Blondin de celui qui raconte la bataille, Albert Vidalie.

34

Il y a d'abord l'introduction du personnage, au moyen d'une mise en scène déjà « héroïque » qui initie la

geste de l'Amitié. Ce mode d'introduction évoque tout à fait la dramatisation hystérique avec laquelle certains alcooliques, convertis grâce aux AA, présentent le visage de leurs sauveurs. Dans tous les cas, le personnage est présenté comme une apparition. C'est une espèce de « star », dont la Différence est écrasante de splendeur et de lumière. On ne peut guère que regarder cette étoile. Chez Blondin, les connotations guerrières, si indispensables à la libido du couple ou du groupe virils, interviennent immédiatement dans le portrait de Vidalie; elles sont la promesse de l'expansion carnavalesque dans le récit d'Austerlitz et, plus généralement, la garantie que l'Ami, dont la stature est celle du héros, ne parlera qu'au moyen d'images militaires, refoulant ainsi une sensibilité qu'il a grande, et pouvant passer pour féminine :
« Je l'avais connu dans une salle de rédaction de la rue Réaumur, en un temps confus où l'expression n'avait guère plus de sens que salle d'eau ou salle de séjour. L'odeur de la forêt s'introduisit sur ses talons. Quand il se mit à écrire, il apparut qu'un oiseau s'était posé sur son épaule, venu du fond des siècles et des plaines, singulièrement celles du Hurepoix, qui trouvent leur ultime rivage sur les bords de la Seine, à hauteur de la rue du Bac. Il écouta ce chant, l'aima, lui répondit. (...)

La veille, il avait instauré l'état de siège dans la cuisine du *Bar-Bac*, convertie en Fort-Chabrol, avec le propos de s'y confectionner une omelette de cent oeufs[1]. Il n'avait capitulé que pour chanter *La Carmagnole* avec un La Rochefoucauld de rencontre, donner à brouter une violette à la toujours jeune Popo, ébaucher des amours cosaques en compagnie

[1] Cette omelette-homérique est digne de Gargantua. Avec l'univers alcoolique nous sommes tout de suite dans l'emphase, ce qui nous autorise à en parler comme d'un avatar littéraire moderne de l'univers carnavalesque. A ce titre, le déni joyeux de 1a différence sexuelle est une sorte d'emphase.

d'une fille naturelle de la Lorelei et de Tarass Boulba, toute en cuir, nommée Véra. Et pleurer enfin, dans l'abri évident de l'ivresse. »

Comme prévu, la caméra du narrateur se fixe sur un gros plan du visage aimé : « Ce matin-là, quand il (Monsieur Jadis) découvrit, enfoui dans son oreiller, le beau masque romain auréolé de cheveux grisonnants d'Albert Vidalie, il comprit que la nuit avait dû être particulièrement wagnérienne. Le visage de l'ami s'éclairait encore du sourire des soirs où il avait chanté. »

Le lecteur ne sera pas le seul à s'étonner de la proximité des deux comparses dans la même chambre d'hôtel ; « La nuit dernière, écrit Blondin, tombés dans l'embuscade du sommeil, nous avions mêlé nos sueurs » !... En effet, « déjà la femme de chambre, directement branchée sur le soleil, qui venait d'éveiller Monsieur Jadis en ouvrant la porte par mégarde, se répandait dans le couloir :

- Madame ! Ce coup-ci, il a ramené une vieille... »

Les connotations érotiques de cette description sautent aux yeux. Mais il est intéressant de remarquer à quel point ces connotations se mélangent, comme les sueurs des deux héros, à celles de l'épopée militaire, agrémentée d'un style volontiers wagnérien ou néo-antique. Dans les simples passages précités, il suffit d'en faire la somme, déjà impressionnante, pour s'apercevoir que ce style héroïque est le langage ordinaire de l'amitié virile. Il ne peut en être autrement, dès lors que la débauche nocturne est vécue comme une espèce de combat, qu'elle répète chaque nuit la bataille d'Austerlitz.

35

Ce n'est pas pour rien que Michel Déon, grand amateur, sans nul doute, de whisky irlandais, et Antoine

Blondin, chevalier de la cuite, aient fait partie du groupe des « hussards ». Tous les deux raffolent des descriptions de l'aventure virile, des épopées de camarades, où les métaphores guerrières surabondent. Chez Déon, *Un Taxi Mauve* n'est peut-être pas le livre le plus représentatif du genre ; mais *Les Poneys sauvages* sont un excellent exemple de cette littérature où les coups de mains, les coups de gueule et les coups de whisky assurent alternativement le développement du thème de l'Amitié.

Chez Blondin, le mot « hussard » apparaît tout crûment, dans la description de Vidalie qui se poursuit ; il apparaît même deux fois en l'espace de deux pages : Albert, « d'un geste compétent, commença par s'assurer dans ses pantalons, de vastes 'demi-hussard' en velours noir, orgueil du Soldat-Laboureur, puis lissa sa moustache, également tombante... » ; « Le jarret tendu, arrondi par le 'demi-hussard', vrillant sous une paupière modeste l'œil d`un mousquetaire au couvent, le vieux soudard plaquait les accords de la harpe désuète dont il avait le secret... »

On le voit, le corps de l'Ami fait l'objet d'une description méticuleuse, mais qui se joue sur une gamme exclusivement militaire : mousquetaire, vieux soudard, soldat-laboureur, Albert Vidalie se trouve surchargé de ces connotations « viriles » qui le rendent disponible pour un épisode alcoolique vécu comme un parcours du combattant. Parcours encouragé de chants, - mais révolutionnaires (*La Carmagnole*), ou bien, dans la nuit qui va précéder le récit de la bataille d'Austerlitz, un chant de conscrit de l'armée napoléonienne. C'est ce chant qui dérange les voisins, comme par hasard deux Norvégiens :

« -C'est à celui-là (Vidalie) que j'en veux : toute la nuit, vous n'avez pas arrêté de brailler ; vos voisins, des Norvégiens, se sont plaints. - Nous n'aurons pas la même conception du soleil de minuit que ces esquimaux, voilà tout. »

Ce couple de Norvégiens ne fait qu'inaugurer le lancement du thème racial. Très vite, les habitués du *Bar-Bac*, parmi lesquels figure déjà un certain Cesare Silvagni, que Vidalie surnomme « notre péruvien », vont être entourés d'une foule de provenance étrangère ; c'est elle qui constituera le public d'Albert, seul « français » avec Monsieur Jadis, et Jean, le barman : « Le bar s'était rempli d'Américains aux traveller's chèques entre les dents, de diaconesses intercontinentales aux voiles gonflées par les alizés, délurées comme des hôtesses de l'air, d'un cinéaste congolais qui les mangeait des yeux, d'un Polonais triste et incomestible. » Survient encore Maître le Mée, un avocat bien de chez nous, mais Antoine Blondin trouve encore le moyen d'en décrire l'apparition comme un phénomène exotique : « la venue de cet humaniste, bruissante de rumeurs parisiennes tamisées par des palétuviers, donna à notre frairie les dimensions d'un club d'hommes. »

Le récit de la bataille d'Austerlitz par Albert est si convaincant que tous les étrangers qui y assistent veulent en avoir fait partie, à l'imitation de Vidalie lui-même qui y joua un rôle actif. Celui-ci distribue alors, aux uns et aux autres, leur affectation, et leur désigne une place dans la bataille. Les Norvégiens serviront « sous les ordres du colonel Boubal au 4° bataillon de la Baltique » ; un « vieillard flamboyant » d'origine australienne, aux « volontaires australiens du brigadier Mac Elhone » ; Jean, le barman, quoique français, devient presque un étranger, puisqu'il marchera « avec les Picards, en flanc-garde des Bretons de Le Mée » ; le comble est atteint avec « un conseiller d'ambassade japonais qui sollicitait l'honneur d'avoir représenté à Austerlitz le Soleil levant en chair et en os » ; suivent enfin « deux ardéchois de passage, barbus comme des sapeurs, immédiatement versés aux pontonniers du général Eblé, un éphèbe monégasque qui désirait en être à n'importe quel prix et un chauffeur de taxi qui ne peut faire autrement, car il était corse. »

Interrompue au *Bar-Bac* par l'arrivée, sur un brancard, de Dieulefils mal remis d'une cuite de la veille, la relation de la bataille d'Austerlitz reprend à la *Discothèque*, devant un autre public tout aussi composite. Cette fois, le récit dégénère en bagarre. La bagarre est dans la grande tradition du comique grotesque. Elle s'accorde donc, comme thème, avec celui de la réversibilité des rôles sociaux ou historiques, l'échangeabilité des espaces et des temps, caractéristiques de la logique du carnaval. Du point de vue psychologique, elle apparaît comme une modalité habituelle de la vie des communautés viriles, dès lors que celles-ci paraissent se fonder sur des liens de nature homosexuelle et garantir leur unité au moyen de la Différence raciale ou nationale. L'alcool est ce qui procure à ces communautés leurs textes légendaires, leurs mythologies propres. Tous ces éléments figurent dans cette ultime description que nous citons dans son entier ; le lecteur pourra aussi y vérifier le processus de mise en scène du personnage sur le mode « objectif », extérieur, d'un héros de roman ou d'épopée qui n'est pas - et il faut bien faire attention à ce point - l'usage habituel de la troisième personne romanesque, mais la transposition directe de la propension des alcooliques à se vivre eux-mêmes, loin de toute littérature, à la troisième personne, et à voir dans les autres des « personnages » tout prêts pour une éventuelle fiction[1].

« - Quand il est entré, enchaîna Jean-Claude, il n'était pas au maximum de sa férocité, mais il fredonnait ses marches militaires, qui lui réussissent généralement moins bien que ses chansons de matelots : 'On leur percera le flanc, ran-tan-plan...', si vous voyez ce que je veux dire. Il avait harponné

[1] Voir à ce propos notre chapitre sur la « Résolution ».

ma préposée et la sommait de jouer les *Batteries de l'Empire*, disque admirable si on l'accompagne d'un Black-Velvet ou d'un Bloody-Mary et que nous ne passons qu'à cinq heures du matin pour mettre en déroute la gueule de bois. Je n'avais pas compris qu'Albert avançait beaucoup. Au troisième beaujolais, il s'est lancé dans un récit ébouriffant de la bataille d'Austerlitz (il faudra que je lui demande de me le refaire, une autre fois). J'avais ici, sans m'en douter, des Provençaux, des Basques, des Normands en haleine, il te les a mobilisés dans la fascination... C'était le charivari par les augustes, mais chacun, le plus sérieusement du monde, revendiquait un rôle dans la parade. Trop sérieusement même... car, à cette table, il y avait également nos copains sénégalais qui piaffaient d'impatience glorieuse et d'héroïsme contenu. Quand Albert a terminé la fameuse tirade : 'Vous pourrez dire que vous étiez à Austerlitz et l'on vous répondra : voilà un brave !', ils n'ont plus pu tenir ; ils ont délégué un porte-parole : 'Et nous, où est-ce qu'on était ?' Vidalie l'a regardé en faisant la moue et lui a balancé tout crûment : 'À la roulante'. L'autre a marqué un temps d'arrêt. Sous l'effet du dépit, j'ai cru d'abord qu'il allait éclater en sanglots ; puis il a insisté, de plus en plus provocant : 'Répète, répète un peu qu'on était à la roulante, et peut-être même pas à Austerlitz, si ça se trouve ?' Le père Albert n'y est pas allé par quatre chemins : 'C'est déjà bien beau, a-t-il dit ; à l'époque, vous étiez encore en esclavage.' Il n'avait pas achevé qu'ils lui étaient tombés dessus. Mêlée générale... »

37

Que toute description de l'errance alcoolique soit régulièrement faite de la conjugaison des thèmes racial et guerrier, cette page le prouve suffisamment chez Blondin. Mais le lecteur garde en tête le récit de la cuite de Quentin et de Fouquet dans *Un Singe en Hiver*, qui part du même principe. Cette cuite débute par un règlement de compte : Quentin moleste le cabaretier Esnault, dont il est jaloux, parce que celui-ci a réussi à attirer Fouquet dans la zone d'influence de John Barleycorn - cette zone où lui, Quentin, a décidé de ne plus remettre les pieds. Fouquet, pour lequel il avoue entretenir des sentiments assez tendres, est le vecteur de sa rechute : à cause de lui, il se remet à boire, comme si l'alcool était la mesure de l'amour qu'il porte au jeune homme. Il est normal, à partir de ce moment, que le développement de la passion enfouie - pour un homme, pour l'alcool : c'est tout un - commence par un geste d'exclusion, celle du mauvais plaisant, de l'homme indigne, figure de l'anti-héroïsme, Esnault. L'exclusion violente d'Esnault permet au couple Quentin-Fouquet, qui s'est retrouvé plutôt que découvert, de se renvoyer à lui-même une image de soi satisfaisante et pour ainsi dire légitime, puisque expurgée du mauvais objet.

L'aventure peut alors commencer, vécue comme un acte de guerre. Il s'agira de « s'emparer » de la fille de Fouquet, qui dort, pour l'heure, dans son pensionnat. Par respect pour le passé colonial de Quentin, l'opération prendra des couleurs exotiques. La beuverie elle-même débute dans une espèce de bar chinois, qui était resté irrévélé jusqu'alors, et dont la subite désignation dans le roman pourrait paraître incongru, dans ce trou normand, si justement nous ne savions qu'elle sert des exigences symboliques profondes.

Le pensionnat est investi comme une forteresse. « À première vue, dit Quentin, les défenses ont l'air assez médiocres. Néanmoins, ne leur laissons pas évaluer la faiblesse de notre effectif... Avec un obusier de 37, on en viendrait à bout ». Et lorsqu'on leur eut ouvert : « Quartier-maître Quentin Albert du corps expéditionnaire d'Extrême-Orient, détaché â Tchoung-King, fit Quentin en esquissant un garde-à-vous. Nous venons prendre livraison de la fillette. Veuillez nous la remettre dans un délai de trois minutes à compter de maintenant ou vous aurez effectivement des nouvelles de ma santé. »

Survient alors la directrice en personne, qui, malencontreusement (mais significativement), a pour habitude de s'exprimer en anglais. Les Anglais ont décidément mauvaise presse dans la littérature alcoolique. Ils servent d'éternels boucs-émissaires.

« -Les discussions qui s'ensuivirent furent heureusement interrompues par les appels de Victoria Dillon que ce remue-ménage intriguait :
« *Hello ! ... What happens ! Who is coming* ? »
- Si l'Anglais est déjà dans la place, je ne m'étonne plus de rien, ricana Quentin. »
Quelle nécessité y avait-il, pour le romancier, à faire parler ce personnage en anglais, sinon que cette anomalie répondait à deux exigences symboliques habituelles : 1°) susciter l'apparition du mauvais objet qui, par antiphrase, scelle l'unité du couple viril (notons qu'en plus ce mauvais objet est une femme, d'ailleurs castrée, car la directrice du cours Dillon est une infirme qui se déplace en chaise roulante) ; 2°) accomplir la réversibilité carnavalesque caractéristique des romans de l'alcool: en effet, la directrice, qui affecte de parler anglais, n'est en réalité pas anglaise. Elle est la même que les deux autres dont elle subit l'assaut. Tout se résout en similitude, et paraît rendre vain le combat (imaginaire) qui oppose les personnages :
« A moi ! dit Quentin. Les Anglais, je sais comment il faut leur parler, et en français encore. Ils n'ont qu'à essayer de comprendre, c'est bien leur tour.
Tu perds ta salive, elle est française, dit Fouquet.
Ouais ! comme le colonel Lawrence était arabe...

Et il l'entreprit aussitôt, références anecdotiques à l'appui, sur les procédés de la conquête britannique, dont l'intransigeance perfide sévissait jusque dans les rapports entre les matelots, sous-officiers et officiers mariniers des deux nations. Il reçut en retour une salve de propos distillés avec l'accent d'Oxford, où un esprit plus averti eût décelé que Victoria Dillon était parfaitement d'accord et même intéressée. »

Le réseau des cohérences symboliques, dans un récit littéraire, a beau être indéfiniment remontable : il n'empêche que chaque combinaison possède sa nécessité intrinsèque. Ce n'est pas la moindre surprise du lecteur, ou du critique, que de constater que, quels que soient le parcours choisi, et la grille de lecture adoptée, la cohérence du tissu de significations qu'ils font apparaître est sans faille. Ici, *il fallait*, en quelque sorte, que la directrice de ce lointain pensionnat pour jeunes enfants, présente la bizarrerie de s'exprimer en anglais, et que Blondin accepte de développer ce point sur quelques pages, dans un ensemble où chacune lui est comptée. Cette bizarrerie fait pièce avec l'homosexualité larvée des deux comparses, Quentin et Fouquet. Elle s'intègre sans difficulté au modèle général, transtextuel, d'une mise en scène symbolique du désir homosexuel où ce désir trouve à s'exprimer par le truchement d'une lutte menée en commun contre l'Étranger, mais où toutes les formes de l'altérité finissent par se résoudre dans la réalité du Même. Lorsqu'on aura vu que cette résolution est à son tour assimilable par la logique carnavalesque qui anime une bonne part de la tradition littéraire comique, on aura compris que nous sommes en présence, chez Blondin comme ailleurs, d'une forme d'expression extrêmement répandue dans la littérature, de la grande poétique paradoxale de l'In-différence. L'indifférence sexuelle - condition du désir homosexuel - est ainsi le résidu psychologique de quelque chose qui prend, dans l'art, une tout autre dimension, et ne peut plus guère être interprété en termes psychologiques. L'inversion alcoolique du monde, qui est aussi une modalité contingente, particulière, mais très significative, de la poétique carnavalesque globale, complète en ce sens le « thème » de l'homosexualité, et, réciproquement, le thème de l'homosexualité n'est rien d'autre, bien souvent, que la continuation de la rêverie alcoolique sous une autre forme. Tout se mélange alors : sexes, sueurs, sang. La directrice du *Cours Dillon* peut donc nous accompagner jusqu'à l'extrême fin de ce chapitre, comme sa conclusion allégorique personnifiée : en arrêt sur ce seuil, elle nous désigne l'ouverture obligée, par où l'on voit la littérature s'échapper hors du cadre étroit des modèles psychologiques et de la morale que, bon gré mal gré, ils continuent de supporter. Dans le ciel infini qui accueille cette escapade ne s'entendent pas forcément des chants d'oiseaux, mais à coup sûr le rire de Rabelais.

ALCOOL ET MORT

1

L'alcool, qui pousse les individus aux extrêmes, les pousse aussi aux extrêmes de la vie. Tôt ou tard, les alcooliques, ou ceux qui racontent leur histoire, confessent qu'ils ont rencontré la mort sur leur chemin sinueux. Dès qu'on a permis à John Barleycorn de vous accompagner sur ce chemin, en effet, il est rare qu'il vous lâche de sitôt. Sa vocation naturelle n'est-elle pas de vous précipiter sur la pente fatale qui doit vous entraîner à votre perte ? Aussi s'acquitte-t-il bien de sa mission et se trouve-t-il déterminé à la mener jusqu'au bout. Tout ce qui peut vous arriver de désagréable, et même d'agréable, sur ce chemin pavé de bonnes intentions ne constitue que le prodrome de la chute finale. Comme on l'a dit, John Barleycorn s'avance masqué. Ce n'est souvent qu'au tout dernier moment qu'on s'aperçoit qu'il n'avait jamais cessé de poursuivre son but final, qui seul l'intéresse : en fait, il voulait votre peau, ni plus, ni moins. Tous les auteurs de notre répertoire expriment que l'expérience alcoolique se fait sur un arrière-plan de mort, - quand la mort n'est pas, comme chez Henri-François Rey, le destin clairement posé du personnage, ce vers quoi culmine, a-t-on envie de dire, son histoire tragique.

Ainsi, c'est dans le climat d'un crime passionnel que s'épanouit, avec le charme délétère et les parfums étouffants de ces fleurs tropicales qui ne poussent qu'en terrain pourri, dans l'obscurité profonde des forêts, la liaison aussi pudique qu'alcoolisée d'Anne Desbaresdes et de Chauvin. Les beuveries du *Soleil se lève aussi* ont lieu à l'ombre des arènes où coule le sang, et son auteur ne consent à se désaltérer, dans sa vie même, qu'avant ou après (souvent pendant) quelque exploit héroïque qui met sa vie en danger. *Clair de femme*, de Romain Gary, est l'histoire d'une nuit alcoolique sur fond de cancer et de suicide. Leiris, en considérant la littérature comme une tauromachie, pour reprendre sa propre expression, n'est pas si éloigné de Hemingway : il boira, de toute façon, dans ces moments critiques de la vie où l'on se soucie peu des lendemains, où l'instinct de conservation paraît la proie d'une incompréhensible aberration. Antoine Blondin peut prendre les choses avec humour : il n'empêche que ses romans sont parcourus d'une onde de gravité qui tempère les épisodes comiques et indique, avec une pudeur et une discrétion d'autant plus émouvantes, le drame existentiel qui est à l'origine de ces histoires. Même valeur de gravité retenue chez Michel Déon, dont les romans possèdent les marques, en creux ou en plein, de la présence de la mort, - dans l'absence, la maladie mentale (le silence d'Anne), le regret, la vieillesse qui vient et une espèce de conviction du « Nevermore » qui s'efforce de soutenir encore toute la trame du *Taxi Mauve*. Quant aux relations autobiographiques des buveurs, Melsen, Stephane, le récit de Kessel sur les A.A., il n'y a aucun doute : la mort est au fond de la bouteille, et les moments les plus poignants de ces histoires sont ceux où le narrateur décrit, avec une insoutenable précision, les formes concrètes de leur dégradation jusqu'à l'issue finale, l'allure animale et abjecte que prend leur fin (certes suspendue in extremis), comme s'ils mourraient à l'humanité avant d'en finir dans leur chair. Mais y-a-t'il une page plus éloquente en ce domaine que celle tirée du *Cabaret de la Dernière Chance* où London nous raconte comment, au creux d'une ivresse redoutable, il est pris du désir de mourir comme dans une apothéose seule digne de l'euphorie qu'il a atteinte ? Mourir apparaît ici nettement comme la continuation de l'ivresse par un autre moyen, son épanouissement normal, et ici aussi apparaît nettement posée la loi du déterminisme diabolique qui relie désir de boire et désir de se perdre :

« Une nuit, vers une heure, après une prodigieuse beuverie, j'essayais de me hisser à bord d'une chaloupe à l'extrémité du quai ; je cherchais un coin pour dormir. Les marées se précipitaient dans le détroit de Carquinez comme l'eau dans un moulin, et le reflux battait son plein lorsque je tombai dans le bouillon. Il n'y avait personne sur le quai, personne sur la chaloupe. Je fus tout de suite emporté très loin par le courant, mais je n'éprouvais pas la moindre peur. Au contraire, je trouvais l'aventure délicieuse. J' étais bon nageur et, dans mon état de surexcitation, le contact de l'eau me calma comme du linge frais.

John Barleycorn choisit ce moment pour me jouer sa farce diabolique. Je fus obsédé par une soudaine lubie de m'en aller avec la marée. Je n'étais pas d'un tempérament morbide, et jamais la pensée du suicide n'avait pénétré dans mon esprit. Maintenant qu'elle s'y insinuait, je songeais que ce serait l'apothéose glorieuse, le splendide apogée d'une carrière courte, mais agitée... Je croyais que tout s'arrêtait là. J'estimais avoir tout vu, tout vécu, tout éprouvé de ce qui en valait la peine. Je décidais qu'il était temps d'en finir.

Telle fut la farce de John Barleycorn. Il se servait de mon imagination pour m'enchaîner et, dans les fumées de l'ivresse, m'entraînait à la mort. »

2

La mort rôde donc dans les parages des bars et guette l'alcoolique à sa sortie. Nous évoquions Déon : mais le thème de la mort n'a pas toujours dans son oeuvre l'allure aussi suggestive, oblique, que nous décrivions. Dans *Les Gens de la nuit,* on rencontre des gens que la nuit tue, et les mares de sang se mélangent aux flots d'alcool : « C'est le lendemain du coup de téléphone de Gisèle que Maggy[1] se suicida. J'ai déjà raconté sa chute et le dernier regard - vitreux - que je reçus d'elle en soulevant sa tête fracassée sur le trottoir du Montana. L'ambulance de police-secours mit cinq bonnes minutes à déboucher rue Saint-Benoît. Je m'accroupis à côté du cadavre et ne sus que tenir la main morte qui déjà refroidissait. Un des tibias fracassé avait crevé la peau et le sang faisait une mare sur le pavé gris. Je tenais toujours mon verre dans la main droite, et je crois bien avoir bu quelques gorgées d'alcool, comme ça, maladroitement, sans y penser, pendant qu'autour le cercle des badauds se bousculait et criait. Le sang continuait de couler du visage dans les cheveux qui poissaient et collaient aux tempes. » Ce qui caractérise les descriptions de la mort dans les romans de l'alcool c'est leur extrême précision et leur naturalisme, souvent dignes d'un rapport d'autopsie, comme si les romanciers avaient besoin de ces « effets de réel » pour faire mesurer la distance du rêve éthylique à la réalité organique et, du même coup, révéler par un choc brutal, la fourberie de John Barleycorn. On le voit bien dans ces quelques lignes de Déon. Tout se passe comme si le triomphe de John Barleycorn coïncidait, formellement, avec le retour du réel, traduit, du point de vue esthétique, par un retour au réalisme. Le roman mime alors les formes du récit documentaire, - alors que celui-ci, comme on a déjà eu l'occasion de le voir, n'est pas à l'abri de tout symbolisme fantasmatique. La précision clinique des tableaux funèbres dans le roman, en tout cas, prétend à la même objectivité que ce passage où Simone de Beauvoir nous montre le cadavre de Sartre, - que l'alcool, sans doute,

[1] Une de ces ombres de la nuit, une « fille du néon » comme l'aurait dit Blondin, qui hantent le trottoir de Saint-Germain-des-Prés. Le roman de Déon et *Monsieur Jadis* ont d'ailleurs le même quartier pour théâtre : c'est un des *lieux* préférés de la littérature alcoolique.

n'a pas directement tué, mais qui n'en a pas moins joué un rôle essentiel dans le lent processus de dégradation de l'écrivain :

« Le vendredi, j'ai déjeuné avec Bost et j'ai voulu revoir Sartre, avant l'enterrement. Nous avons été à l'amphithéâtre de l'hôpital. On a amené Sartre dans son cercueil, revêtu des habits que Sylvie lui avait achetés pour aller à l'Opéra ; c'était les seuls qui se trouvaient chez moi ; elle n'avait pas voulu monter chez lui pour en chercher d'autres. Il était calme comme tous les morts, et, comme la plupart d'entre eux, inexpressif.

Le samedi matin, nous nous sommes rassemblés dans l'amphithéâtre, où Sartre était exposé, le visage découvert, rigide et placé dans ses beaux habits. »

Ce cadavre « rigide et glacé[1] », dissimule encore, sous « ses beaux habits », des traces de gangrène, - détail impitoyable. Quelque temps auparavant, alors que le corps de Sartre était encore à l'hôpital, Simone de Beauvoir raconte en effet : « À un moment, j'ai demandé qu'on me laisse seule avec Sartre, et j'ai voulu m'étendre près de lui sous le drap. Une infirmière m'a arrêtée : 'Non. Attention... la gangrène.' C'est alors que j'ai compris la vraie nature de ses escarres. Je me suis couchée sur le drap et j'ai un peu dormi. A cinq heures, des infirmiers sont venus. Ils ont rabattu sur le corps de Sartre un drap et une espèce de housse, et ils l'ont emmené. »

---

[1] Le « récit documentaire » paraît fort peu se soucier du style : on s'attend bien sûr à ce qu'un cadavre soit « rigide et glacé », tout de même que son visage soit « calme ». L'auteur a conscience de sa faute, et la corrige imparfaitement en ajoutant : « comme tous les morts »... Pour nous, nous nous intéressons surtout au bruit des bouchons qui sautent. Suffit-il à couvrir ce que Flaubert appelait la « scie » des clichés ou expressions toutes faites ?

Tous les moments de la mort de Sartre sont accompagnés d'alcool, sans doute en raison de la loi d'ambivalence bien connue du lecteur : alors que John Barleycorn est le principal artisan de la dégradation physique des hommes, il n'est pas rare qu'il s'offre pour adoucir leur fin ou calmer leur entourage. Dès que Sartre a eu rendu le dernier soupir, « Sylvie a prévenu Lanzmann, Bost, Pouillon, Horst, qui sont accourus, écrit Simone. On nous a autorisés à rester dans la chambre jusqu'à cinq heures du matin. J'ai demandé à Sylvie d'aller chercher du whisky et nous en avons bu en parlant des derniers jours de Sartre... » Après l'enterrement, alors qu'elle se trouve dans un état d'extrême abattement, elle raconte : « Je me suis reposée un moment et, comme nous ne voulions pas nous quitter, nous avons été dîner ensemble chez Zeyer, dans un salon particulier : je ne me souviens de rien. Il paraît que j'ai beaucoup bu, qu'il a fallu presque me porter pour descendre l'escalier. Georges Michel m'a raccompagnée chez moi. »

Le commentaire de ce passage figure en toutes lettres dans *Le Cabaret de la Dernière Chance* : « Ainsi procèdent les fidèles de John Barleycorn. Quand la fortune leur sourit, ils boivent. Si elle les boude, ils boivent dans l'espoir d'un de ses retours. Est-elle adverse ? Ils boivent pour l'oublier. Ils boivent dès qu'ils rencontrent un ami, de même s'ils se querellent avec lui ou perdent son affection. Sont-ils heureux en amour, ils désirent boire pour augmenter leur bonheur. Trahis par leur belle, ils boiront encore pour noyer leur chagrin. Désœuvrés, ils prennent un verre, persuadés qu'en augmentant la dose, les idées se mettront à grouiller dans leur cervelle, et ils ne sauront plus où donner de la tête. Dégrisés, ils veulent boire ; ivres, ils n'en ont jamais assez. »

3

Une âme aussi bien trempée que celle de Jack London, qui vient de nous dire qu'il n'est pas « d'un tempérament morbide » et que « jamais la pensée du suicide n'(a) pénétré dans son esprit » n'en est pas moins désarmée devant les assauts de John Barleycorn. Sa vitalité sert alors de critère à la puissance de ceux-ci. Lorsqu'un homme aussi étranger aux tentations suicidaires se trouve tout à coup possédé par le désir d'en finir, que penser alors des hommes ordinaires ou plus fragiles ? Ceux-là, que London évoque dans les lignes suivantes, ne tardent pas à commettre l'acte irréparable : « Une statistique complète de la proportion des suicides dus à l'alcool serait effrayante. Dans le cas d'un jeune homme tel que moi, plein de la joie de vivre, l'idée de se détruire était peu banale, mais il faut tenir compte de son apparition à la suite d'une orgie, alors que mes nerfs et mon cerveau étaient empoisonnés. Le mirage romanesque avait paru délectable à mon imagination surchauffée.

Or, justement, les buveurs plus âgés, plus morbides, plus blasés et plus désillusionnés qui se suicident mettent généralement leur projet à exécution après une longue débauche, lorsque leurs nerfs et leurs cerveaux sont sursaturés de poison[1]. »

En dehors même de toute vocation suicidaire, l'œuvre de John Barleycorn se reconnaît à un affaiblissement sournois de l'organisme, qui succombe tout d'un coup à une affection bénigne : « La deuxième phase de cette route de mort était réservée aux pochards professionnels, qui s'en allaient les pieds devant à la moindre provocation, dès la première

[1] L'auteur dira plus loin : « Sous l'influence de John Barleycorn se commettaient des actes épouvantables - qui impressionnaient même une âme d'acier. »

atteinte du mal le plus bénin, auquel tout homme sain aurait aisément résisté. Tantôt on les trouvait morts dans leur lit, sans que personne se soit occupé d'eux ; tantôt on repêchait leurs cadavres, ou bien ils succombaient à un banal accident, comme le jour où Bill Kelley, pris de boisson, se fit trancher simplement un doigt en déchargeant un bateau, avec la même facilité que s'il y eût laissé la tête tout de suite.

Ces exemples me donnèrent à réfléchir sur ma façon de vivre : je compris que cette mauvaise route me conduirait prématurément à la mort ; et j'avais trop de jeunesse et trop de vitalité pour accepter une semblable perspective. »

Michel Leiris n'a pas lui non plus atteint « l'âge d'homme » lorsqu'il associe ses « ivresses scandaleuses » à des envies d'auto-destruction, qui prennent tout d'abord chez lui des allures de castration et le poussent, on s'en souvient, à « suivre un traitement psychanalytique. » Mais l'explication psychanalytique vaut ce qu'elle vaut, et Leiris finira par l'abandonner. La maladie qu'il suppose, c'est la maladie de la mort, un point c'est tout : des années plus tard, on voit bien l'auteur généraliser sa « compulsion » en forme de concept quasiment métaphysique, et il rejoint dès lors la série des écrivains qui se sont toujours refusés à toute réduction freudienne du problème de la mort : « Aujourd'hui, dit Leiris, je n'exprimerais plus cela en termes psychanalytiques et parlant castration. Au lieu d'un châtiment à la fois craint et désiré, j'invoquerais la peur que j'ai de m'engager, de prendre mes responsabilités - d'où ma tendance, balancée par une envie inverse, à fuir comme redoutable toute détermination virile - attitude d'ensemble que j'adopte à l'égard de la vie (*qu'on ne peut vivre qu'à la condition d'accepter de mourir*) et attitude dont ce que je ressens quant à l'amour physique n'est rien de plus qu'un cas particulier. » (Nous soulignons)

L'exemple de Bill Kelley qui, « pris de boisson, se fit trancher simplement un doigt... avec la même facilité que s'il eût laissé la tête tout de suite » évoque alors la série des aventures que Leiris, dans *L'âge d'homme* a placé sous le signe d'Holopherne. London, qui ne se fût pas privé de recourir, lui, à l'explication psychanalytique, comme l'attestent ses derniers écrits influencés par les premières rumeurs du freudisme, prévient sans le savoir la « réduction » : se couper un doigt est déjà pour lui, comme il le sera pour Bataille « expliquant » Van Gogh, une métaphore générale de la mort, promettant l'alcoolique au destin d'Holopherne, - mais ce n'est pas la mort qui est la métaphore générale de la castration, l'inconscient ne connaissant, selon Freud, que cette forme de mort-là. Cette façon, volontaire ou involontaire, de débouter par avance l'interprétation psychanalytique, nous invite, comme on n'a déjà pu le vérifier plusieurs fois, à verser les éléments de l'imaginaire alcoolique dans la littérature au compte d'une Poétique qui surplombe les théories scientifiques.

4

Les romans de l'alcool paraissent avoir besoin de représentations réalistes et concrètes de la mort. Les dégâts causés par l'alcoolisme ne sont jamais si tangibles que lorsqu'ils affectent des parties précises de notre corps, dérèglent des circuits déterminés de notre physiologie. Aussi, lorsque le dérèglement est total et qu'il culmine dans la mort, cette mort doit-elle prendre le même aspect « naturaliste » que celui qui caractérisait la description des parties. Des éléments organiques, anatomiques ou physiologiques distincts sont promus pour évoquer le processus de la dégradation puis de l'anéantissement, comme le sang par exemple. Le sang est généralement le liquide qui se substitue à l'alcool lorsque le buveur approche du terme fatal. Comme dans la démonologie classique, l'écoulement de substances organiques constitue la preuve ultime, incontestable, de l'action du démon dans le corps. Mais voilà pourquoi peut-être, les images de « castration », que le roman ne peut guère symboliser que sous la forme de blessures, et de blessures affectant des parties du corps facilement « détachables » - le pied, le doigt -, sont si fréquentes dans la littérature alcoolique. Elles ne font que renvoyer à un imaginaire obligé de la mort qui, comme tous les imaginaires, exige un matériel dramatique et visuel, capable de toucher les sens immédiatement, par la constitution de figures simples, élémentaires, dont l'impact sur l'imagination est assuré. Libre ensuite aux psychanalystes d'interpréter ce matériel comme l'expression d'une fantasmatique inconsciente de la castration. Les écrivains, eux, préfèrent assimiler explicitement la mise en forme de ce matériel d'images à une représentation de la mort, et d'associer celle-ci, comme par un déterminisme fatal, à leur représentation de l'alcoolisme.

C'est dans cet esprit, nous semble-t-il, qu'il convient d'analyser cette page de Bukowski dans *Women*, où l'auteur établit lui-même, dans les termes les plus explicites, le rapport qu'il y a à faire entre une blessure au pied et la mort, qu'il croit d'ailleurs utile de souligner en caractères gras :

« Trois ou quatre jours avant que je m'envole vers Houston pour donner une lecture, j'suis allé aux courses, j'ai picolé dans les tribunes et fait un arrêt dans un bar d'Hollywood Boulevard. J'suis rentré chez moi sur le coup de neuf ou dix heures du soir. Alors que je traversais la chambre en direction de la salle de bain, je me suis pris les pieds dans le fil du téléphone. J'suis tombé sur le coin du sommier - une ornière de métal tranchante comme un rasoir. J'suis resté assis, sonné. En me relevant, j'me suis aperçu que je m'étais fait une profonde entaille, juste au-dessus de la cheville. Le sang coulait sur le tapis, j'ai laissé derrière moi une trace sanglante en allant à la salle de bain. Le sang coulait sur le carrelage, je laissais partout des empreintes de pied rouge[1].

On a frappé à la porte, j'ai fait entrer Bobby.

'Bon Dieu, mec, keski t'arrive ?

- C'est LA MORT, j'ai dit, je saigne comme un bœuf... (...)

Quand Lydia est arrivée, j'étais assis sur le divan. 'Regarde, Lydia, LA MORT !' Des veines minuscules pendouillaient de la blessure comme des spaghetti. J'en ai arraché quelques-unes. (...) »

Le reste de ce passage est aussi riche en « petits détails vrais », et volontiers écœurants, qu'en éléments que les analystes n'hésiteraient sans doute pas à verser au compte d'une symbolique de la castration, bref, il est hautement représentatif de l'imaginaire alcoolique de la mort dans les romans de l'alcool : « Lydia est sortie acheter de l'eau oxygénée et en a fait couler sur la plaie. Joli comme tout. L'écume blanche a débordé de la plaie. Ça bouillonnait, ça faisait des bulles. Lydia en a versé davantage. (...)

Le lendemain matin, la plaie avait une sale gueule. Elle était encore ouverte, mais il y avait une jolie croûte dessus. J'suis allé à la pharmacie acheter un deuxième flacon d'eau oxygénée, des bandages et du sulfate de magnésie. J'ai rempli la baignoire d'eau chaude et de sulfite de magnésie, puis j'suis entré dedans. J'ai commencé à m'imaginer avec une seule jambe. Ça comportait certains avantages :

HENRI CHINASKI EST, SANS AUCUN DOUTE, LE PLUS GRAND POETE UNIJAMBISTE DU MONDE »

[1] La « Mort » laisse donc des traces dans ce lieu privilégié de l'alcoolisme, où nous nous retrouvons : la salle de bain.

5

Le sang. Il serait surprenant que la littérature alcoolique n'ait pas été prompte à en faire, comme les Evangiles, un symbole privilégié, exprimant, sur le mode paradoxal qui nous est familier, la réversibilité générale de la vie et de la mort. Signe de mort, le sang se change en vin dès lors qu'il est question de signifier qu'il est aussi signe de vie. La transmutation des valeurs est traduite par une métamorphose des substances. Ce symbolisme fondamental et eucharistique explique sans doute que les romans de l'alcool soient si généreux en représentations concrètes ou naturalistes de la mort. En quelque sorte, ils ont besoin de sang. La signification du sang est proche de celle du vin, et ces deux significations peuvent toujours s'échanger, comme on le voit en cette page de *Moderato Cantabile*, où le sang ne coule pas n'importe comment, mais de la *bouche* de la morte ; cette page n'est d'ailleurs pas située elle-même n'importe où, mais tout au début du livre, qui se trouve ainsi placé sous le signe d'un meurtre passionnel, et l'ombre de la Mort planera jusqu'à la fin de l'histoire : « L'homme s'assit près de la femme morte, lui caressa les cheveux et lui sourit. Un jeune homme arriva en courant à la porte du café, un appareil-photo en bandoulière et le photographia ainsi, assis et souriant. Dans la lueur du magnésium, on peut voir que la femme était jeune encore et qu'il y avait du sang qui coulait de sa bouche en minces filets épars et qu'il y en avait aussi sur le visage de l'homme qui l'avait embrassée. (...)

Il resta là, dans une résolution apparemment tranquille, agrippé de nouveau à elle de ses deux bras, 1e visage collé au sien, dans le sang de sa bouche. »

Le spectacle de ce sang frappe Anne Desbaresdes puisque plus tard, au cours de ses premières conversations avec Chauvin, elle se remémore la scène : « Du sang sur sa bouche, dit-elle, et il l'embrassait. » Par la médiation de la bouche, le changement du sang en vin peut s'opérer. Les lèvres d'Anne Desbaresdes s'imprègneront de vin, comme un rappel de la Mort, qui est aussi, dans l'excès même de la passion, le rappel de la Vie poussée à l'extrême...

En raison des exigences symboliques de l'ambivalence, on vomit du sang aussi bien que du vin dans les romans de l'alcool, et cette indifférenciation n'est pas sans faire penser, indissociablement aux exigences esthétiques de la tradition grotesque, fondée, comme on sait, sur l'illimitation de toutes choses et l'inversion de tous les signes. Ces exigences de deux sortes sont satisfaites dans ces quelques lignes de Michel Leiris, où il évoque deux figures féminines de sa jeunesse : « ... celle - cliente d'un autre bar - qui me mordit les lèvres jusqu'au sang et me lança son pied en pleine figure, un jour qu'elle était ivre, pour faire admirer sa souplesse celle en combinaison de dentelle et bas de soie noire avec laquelle, étant vierge, je me trouvai couché, une nuit de bombe crapuleuse, mais que je ne pus pas toucher parce que je me mis à dégurgiter sur les draps une nappe de vin rouge... »

Le vin, cependant, comme rappel du sang, ne porte pas comme lui, chez Marguerite Duras, les individus aux extrêmes de la vie. Parce que justement le sang ne coulera pas, Anne et Chauvin voient la vie refluer en eux, convaincus qu'ils sont que rien n'est « possible ». Ils subsistent alors à l'état de cadavres, voués à l'ordre affaibli des signes ou des métaphores, à vivre en représentation ce que les amants du début ont vécu jusqu'au sang : « Leurs mains étaient si froides qu'elles se touchèrent illusoirement dans l'intention seulement, afin que ce fût fait, dans la seule intention que ce le fût, plus autrement, ce n'était plus possible. Leurs mains restèrent ainsi, figées dans leur pose mortuaire. » Et plus loin : « Elle fit alors ce qu'il n'avait pu faire. Elle s'avança vers lui d'assez près pour que leurs lèvres puissent s'attein-

dre. Leurs lèvres restèrent l'une sur l'autre, posées, afin que ce fût fait et suivant le même rite mortuaire que leurs mains, un instant avant, froides et tremblantes. Ce fut fait. (...)
- Je voudrais que vous soyez morte, dit Chauvin.
- C'est fait, dit Anne Desbaresdes. »

6

Est-ce le principe même de la Représentation qui le veut ? Est-ce parce que toute mise en scène, toute image impliquent une espèce de réfrigération de la vie (le cadavre « rigide et glacé » de Sartre), une gélification des flux de sang, - ou de vin ? En tout cas, il arrive toujours, dans les romans de l'alcool, que les personnages prennent la « pose mortuaire » que leur assigne explicitement Marguerite Duras. Comme si, une fois de plus, le privilège de ces romans-là était de révéler à son état pur ce fameux principe de la Représentation, qui dépend de l'immobilisation du vivant. Ivre-mort, dit-on : mais c'est un pléonasme pour les écrivains, car leur métier les condamne à trahir toute ivresse au profit de son signe, à refroidir, par le travail obligatoire de la médiation scripturaire, les enthousiasmes, les élans divins et catastrophiques de la cuite « réelle », parangon de la vie poussée à ses extrêmes.

Voyez cette description de Frank par Henri-François Rey, c'est celle de quelqu'un qui est presque mort : « Plus tard, Kim se réveilla, Frank dormait, les bras en croix. Elle se pencha sur lui : il avait un visage de supplicié, implorant et traqué. Elle regarda sa montre : il fallait qu'elle rentre à Paris. Elle s'habilla. Avant de sortir, elle couvrit Frank et ramena sur le lit une jambe qui pendait, morte. Elle éprouva soudain une intense envie de le toucher. Elle lui caressa le front. Frank respirait comme un opéré sous son masque. »

Mieux : le personnage lui-même se lance dans des définitions de la mort articulées à la fois sur l'alcoolisme et la faillite de la communication ; encore une fois, n'est-ce pas en raison de son statut même de personnage de roman ? « Et si j'étais mort ! », s'exclame-t-il : « C'est peut-être ça, la mort : se réveiller un matin avec la gueule de bois dans une chambre anonyme. Et après ? Après le mort appelle et personne, jamais, ne lui répond. La lumière à travers les persiennes était grise : la lumière de la Mort. Et cette chambre stupide ! Il eut un instant de panique, l'envie de gueuler pour que quelqu'un vienne. Il avisa le téléphone à la tête du lit. La suprême vacherie de la Mort. On décroche le téléphone. Ça sonne ; on entend que ça sonne à l'autre bout et personne, jamais, ne vous répond. »

C'est un peu comme ça avec le roman : jamais personne ne vous répond à l'autre bout, et si l'échange devant un verre peut être proposé par les écrivains eux-mêmes (London surtout) comme un modèle de communication et de vie, c'est parce qu'il réduit la médiation au maximum. La mort, dans cet esprit, n'est que la médiation exaspérée au point de se retourner sur elle-même comme le terme d'un échange impossible, auto-centré, narcissique et vide : la littérature. Voilà pourquoi, peut-être, les romans de l'alcool finissent tous par conclure à une impossibilité d'exister, tout de même que les buveurs sont persuadés qu'il leur sera impossible de vivre à la fois dans l'ivresse et dans le renoncement à boire. Tôt ou tard s'impose la nécessité de la limite, - limite du corps, limite du signe, mais les textes, comme on sait, ne cessent d'être hantés par le désir irrépressible de l'illimité, ils sont, infailliblement, fascinés par leur propre origine et le mythe d'une transgression fondatrice, celle que la tradition rabelaisienne de l'Indifférenciation cosmique a le mieux représentée. Tradition fondamentalement *comique* aussi, au sens du théâtre, et ce n'est pas pour rien que le livre de Rey s'appelle *La Comédie*. Mais cette comédie, qui joue de l'indifférenciation, a par un autre côté quelque chose de morbide, et de mortel, elle aussi, et jusqu'à la comédie de la mort : « Lorsqu'il fut seul, Frank décida que ce serait pour le jour même. Il vérifia qu'il avait encore du gardénal. Surtout ne pas jouer au jeu de la dernière volonté, ne pas s'apitoyer sur soi-même ; pas de méditation sur la mort, de la discrétion, une sortie sur la pointe des pieds, sans effet ; ne pas jouer au cabot de province. Il pensa à Kim : 'Vous avez fini votre numéro.' Elle serait encore foutue de dire que je joue la comédie ! Si tu savais combien je suis sincère ! C'est difficile d'exister ! Difficile de se sentir se décomposer de l'intérieur, c'est difficile quand on a perdu le goût de vivre, quand on n'a plus aucun rapport avec les autres. » Cependant, la résolution de mourir ne tient pas plus que la résolution de ne plus boire. La voici bientôt noyée dans le whisky. À son corps défendant, la mort du héros sera une mort jouée, inéluctablement. Le suicide, dont London nous avouait avoir eu la tentation en dépit de sa nature optimiste, est une forme de mort privilégiée dans les romans de l'alcool, au moins pour deux raisons : d'abord, c'est un régal pour John Barleycorn de précipiter ses victimes dans la mort par un acte volontaire de leur part, - comble de l'ironie ; ensuite, le projet de mourir, parce qu'il est un projet, soumet l'aboutissement de l'acte à tous les aléas, les hésitations que lui oppose une volonté défaillante et devenue ironique elle-même, envers elle-même. Parmi toutes les maladies, l'alcoolisme possède cette particularité d'impliquer une participation volontaire du sujet à son propre mal : personne ne commandera à votre place le premier verre... Le paroxysme de ce dédoublement c'est lorsque, aux abords de l'anéantissement final, ce même sujet en vient à participer le plus visiblement à sa propre mort, - ce qui n'est rien d'autre qu'une définition du suicide. Frank y parviendra, mais ce n'est pas faute, si l'on peut dire, d'avoir échoué auparavant, en accord avec l'esprit de cette satire ménippée qu'est tout récit alcoolique. Ainsi :

« Il regarda sa montre. Dans cinq minutes, il avalerait les comprimés. Pourquoi ces cinq minutes ? Jusqu'à présent, tout s'était passé dans le calme, maintenant, ça avait l'air de flancher. Pourquoi ces cinq minutes ? Encore une minute, monsieur le bourreau. Le recul, le pas en arrière. La sueur perlait à son front, une manifestation physique étrangère à lui. Il pensa qu'il allait avoir une nouvelle crise ; il se mit à claquer des dents. Il guetta, à l'affût de son corps, de ses jambes, de ses bras, mais rien ne venait. Les bêtes qui le hantaient devraient dormir. Il comprit que ce n'était pas la crise, mais la peur ! Il essaya de lutter ; sa main alla vers le tube et le verre mais y renonça. Il tremblait. Impossible de verser les comprimés dans le verre, de le porter à ses lèvres. Il frissonna. La peur était la plus forte. Elle ne cessa que lorsque, sans le vouloir, il renonça. Ce fut la détente, le soulagement, presque l'euphorie, juste une seconde avant de prendre son élan pour se mépriser, pour avoir pitié, pour se haïr d'avoir encore envie de vivre. Il se versa un grand verre de whisky et le but d'un seul trait. Il fallait que l'alcool le foudroie pour qu'il ne reste plus rien de ce corps qu'il méprisait. »

7

Le passage précédent nous montre très bien que l'alcool peut servir de substitut à la mort volontaire. Partant, sa vocation littéraire se découvre : avec l'alcool, le buveur joue la mort, tout de même qu'avec les mots l'écrivain joue la vie. Le suicide sera, pour cette raison, un simulacre de suicide, et s'il apparaît si souvent dans les romans de l'alcool, c'est parce que la difficulté qu'éprouvent les personnages à l'accomplir vraiment sert de prototype ou de situation-clé pour la dénonciation de toutes mises en scène, bref, le thème est en soi une forme de critique imagée de l'imposture de l'image. Le suicide de Frank est une comédie. Il est frappant d'observer que la situation mise en place par Henri-François Rey correspond exactement à celle que choisit Romain Gary dans *Clair de femme*. Dans ce dernier roman, en effet, un homme attend que sa femme se suicide en traînant dans les bars. Dans *La Comédie*, une femme, Many, attend que Frank en ait fini en traînant elle aussi dans les bars : « Il n'y avait ce soir d'autre solution que de se soûler. Se débiner en vitesse, se débiner très loin, oublier l'image de Frank et de sa peur. L'alcool ça sert à tout, même à effacer les morts. » La différence, c'est que la femme de Michel se suicidera, que Frank renoncera. Sauf à la fin, bien entendu, mais cette fin est aussi la fin du roman : l'écriture n'est plus possible dès lors que les suicides cessent d'être des simulacres de mort. Et le livre de Gary s'achève lui-aussi avec la mort de Yannick. La véritable différence, c'est l'insistance que met Henri-François Rey à décrire la veulerie de son personnage, et les doutes de Many quant à la possibilité de ce suicide : « Soudain une idée qui brûle, et s'il ne s'était pas suicidé ? Si, au dernier moment... Elle sursauta. Un immense espoir qu'elle n'osait pas s'avouer. Mais non, il avait de trop bonnes raisons. Et si, au dernier moment ? Elle pensa qu'elle aimait trop la vie, qu'elle aimait trop faire l'amour. Elle aurait peur, elle reculerait ; mais, il n'est pas comme moi. Il fallait savoir.

Elle alla vers le téléphone et fit le numéro de Frank. Ça sonnait à l'autre bout, ça sonnait interminablement. Elle faillit raccrocher. Encore une sonnerie, ça lui vrillait dans la tête en la blessant. Tout d'un coup, une voix creuse, lointaine et triste :

'Frank !

- Qui est-ce ?

- C'est Many.
- Fous-moi la paix !'
Il avait raccroché. Il était vivant. »

8

Ces répétitions générales de la mort, c'est encore la vie. Lorsqu'elle ont épuisé leur potentiel conjuratoire, alors la mort véritable se profile : « Le drame était fini, la tragédie allait commencer. Plus question de truquer avec soi-même, de jouer à cache-cache, il ne restait plus qu'a attendre. Et ça ne dépendait même plus de lui. Attendre. Et au bout, il le savait, quelque chose d'horrible. »

Attente déjà gangrenée par la mort. Many s'interroge sur l'état de prostration de Frank : « Il ne manifestait de vie que lorsqu'il buvait, le reste du temps il restait les yeux fixes à regarder n'importe quoi, probablement rien. Il ne se manifestait que par un seul geste : verser du liquide dans le verre. » Le tableau que brosse alors Henri-François Rey de leur couple fait étrangement penser à *L'absinthe* du peintre impressionniste : « Ils n'allaient pas plus loin que le Bar Bleu. Il s'asseyait et restait des heures devant son verre qu'il faisait remplir à intervalles réguliers. Elle était à côté de lui ; ils ne se disaient presque rien. Il ne la regardait même pas. (...) Il ne disait rien, il essayait de comprendre les gestes, les paroles, les visages, mais ça restait dans un brouillard qu'il ne parvenait pas à dissiper. Deux petits vieux qui attendent la mort dans une salle de bistrot. Une sorte de gâtisme à deux. »

La mort s'installe ainsi, sans précipitation, donnant au personnage, dans sa vie même, cet aspect glacé et pétrifié qui correspond assez à l'idéal baudelairien du dandy, - « perinde ac cadaver ». « Maintenant, observe Frank, c'est lent, c'est insidieux, ça s'installe sans précipitation. La sensation d'être vide, et l'écœurement qui vous étouffe. Je n'existe pas. Il remua la main et la regarda. C'était sans signification. Il remonta la manche de son pyjama et détailla son bras. Une viande inconnue qui le dégoûtait un peu. »

Ainsi, le premier signe authentique de la mort véritable, c'est cela : un sentiment d'étrangeté – « unheimlich » aurait dit Freud - qui dédouble le sujet et le rend spectateur ahuri de l'image de son propre corps. Cette « viande inconnue » n'est pas seulement le reliquat en forme d'image saisissante d'une psychologie (« schizophrénie ») ; elle participe dans sa crudité à une espèce d'esthétique baroque et quelque peu macabre de la mort, dans laquelle nous devons reconnaître aussi un avatar de la tradition du grotesque-illimité, le « sujet » (qui n'en est plus un) se mettant à exister en quelque sorte en dehors de ses propres limites naturelles. Voici bien une mort-alcoolique, une mort digne de John Barleycorn, une mort paradoxale aussi, puisque les morts eux-mêmes peuvent penser qu'ils sont morts, et que même, c'est cela la mort, - ce « pouvoir » qui est donné aux morts de penser qu'ils sont morts (le paradoxe est toujours le défi de la limite) : « Je n'existe pas, je n'ai jamais existé, proclame Frank. La mort c'est ça, penser que l'on n'existe pas. Et le penser jusqu'à la panique, jusqu'au hurlement qui ne finit jamais. Dans les cimetières des milliards de morts pensent qu'ils sont morts et hurlent silencieusement. C'est ça la mort. » Et lorsqu'il se retrouve dans la clinique du docteur Marin pour une cure de désintoxication, c'est encore la même pensée qui s'empare de lui, mais cette fois pour l'apaiser : « Frank se réveilla quelques minutes au milieu de la nuit, incapable de savoir où il était. Il pensa qu'il était mort depuis longtemps, très longtemps, puis il se rendormit, heureux. » C'est que le repli provisoire de John Barleycorn n'a pas altéré la forme même de cette pensée. Il lui a donné simplement une autre coloration. Tel est l'effet de l'alcool sur notre psychisme qu'il n'en modifie pas l'organisation fondamentale et en quelque sorte native : il en accentue les caractères et peut ainsi les porter aux limites où leur équilibre se rompt dans un « hurlement silencieux ». En sens inverse, le reflux de l'ivresse laisse, comme sur une plage dont la mer s'est retirée, l'impression d'un apaisement délectable, et le fragile compromis que nous avons réussi à instaurer entre toutes les tensions contradictoires de notre vie psychique apparaît alors comme un modèle d'organisation, une merveille d'équilibre... Jusqu'au prochain verre, jusqu'à la prochaine marée.

9

Cependant, le retrait des vagues sur le sable ne laisse pas toujours la même sensation d'apaisement. Il se peut au contraire que l'accalmie provenant d'une tempérance plus ou moins durable accentue ce que la fréquentation de John Barleycorn aggravait déjà : la sensation d'un vide interne, d'un manque d'être, et l'angoisse d'une attente de « quelque chose d'horrible », comme le dit Frank. Ce « quelque chose d'horrible », entrevu alors même que le personnage parvient à être sobre, est décrit comme une maladie mortelle, avec toute la précision médicale qui est requise, comme on sait, par les romans de l'alcool dès lors qu'ils veulent représenter la mort. Le héros se juge alors malade, - malade de sobriété, ce qui est bien une figure paradoxale, et atteste du même coup le caractère fatal de la déperdition alcoolique. Même la sobriété, en effet, concourt à notre perte, lorsque le venin s'est insinué trop profondément dans notre corps : « Depuis hier soir, dit Frank, je suis en coton et plus rien ne veut fonctionner. Pas envie de parler et pas envie de bouger. Je suis malade. Et l'appel à toutes les bribes de médecine. Encéphalite, congestion cérébrale, maladie de la moelle épinière. (...) La sensation de crever d'une seconde à l'autre. Et s'examinant et se trouvant d'une minute à l'autre des symptômes toujours plus inquiétants. Une vague douleur à gauche, les jambes lourdes, un drôle de point dans le crâne, des foules de symptômes qui sont en train de se concerter pour savoir comment attaquer, et ce sera foudroyant, et tout d'un coup je vais m'effondrer, il y aura du sang[1] autour de mes lèvres. (...) Je couve une maladie, comme disait ma mère. Gros oiseau triste couvant sa mort avec un soin jaloux. Et qu'on ne me dérange pas, je couve, je couve mon cancer, mon infarctus, ma rupture d'anévrisme, ma paralysie générale, je couve. » Mais cette accumulation de signes « cliniques » n'est que la métaphore développée de la thèse fondamentale : le sujet alcoolique se « vit » comme déjà mort, - thèse si fondamentale que nous pouvons conclure sur elle.

* * *

La sensation étrange d'être déjà mort est commune à bien des personnages de la littérature alcoolique. Elle est, à n'en pas douter, un des traits caractéristiques de la psychologie des alcoolomanes, telle que nous la représente, du moins, les écrivains. Pour Jean-François Josselin, par exemple, Mme Foy se croit déjà morte, et ne se soucie plus que de la tristesse que sa disparition physique ultérieure pourrait susciter chez les siens : « Décidément je fais le vide, dans mon verre et autour de moi. Je devrais être effrayée. Car j'ai peur de la mort. Non pas de ma mort à moi. En un sens, je dois

---

[1] Le sang ne pouvait que figurer dans ce tableau déjà saturé des signes de la Mort.

déjà être morte. Rassurez-vous, ça ne fait pas mal. Non, j'ai peur des autres après ma mort. De la souffrance que ma disparition pourrait leur infliger. » Morte à ses propres yeux, tout comme Frank (dont Kim dit même que « mort, il serait plus détendu), elle ne sait plus très bien si autour d'elle les gens sont vivants ou morts : « Pardonnez ma distraction, demande-t-elle au narrateur, mais je ne sais plus très bien si vous êtes vivant ou mort. » Les clients du bar, lorsqu'elle ne les voit plus, sont vraisemblablement morts : il n'y a pas d'autre issue, sans doute, aux lieux de beuverie que le cimetière : « le monsieur du petit café dont je vous ai parlé tout à l'heure, je ne l'ai plus revu. Il a disparu un jour et la serveuse, en dépit de ses indiscrétions, n'a pu avoir aucun détail sur son sort. Peut-être est-il mort subitement. Si c'est le cas, je suis certaine, en tout cas je veux croire, qu'il est mort heureux. »

Les alcooliques, en somme, croient volontiers que le monde est une vaste nécropole, dans laquelle l'âme meurt avant le corps. Encore une fois, il est difficile de distinguer l'effet de la cause, d'établir clairement si cette nécrophilie est le résultat de l'alcoolisme, ou si nos écrivains se sont mis à boire en raison d'une tendance naturelle à la morbidité. Tel serait le cas de Michel Leiris, qui écrit : « Aussi, dès cette époque (son enfance), eus-je un goût très prononcé pour le tragique, les amours malheureuses, tout ce qui finit d'une manière lamentable, dans la tristesse ou dans le sang. » À tout le moins pouvons nous admettre la loi d'une indéfectible corrélation, dans la littérature alcoolique, entre le boire et le mourir.

ALCOOL ET RELIGION

1

Presque toutes les civilisations, sans doute, ont associé à un moment ou à un autre de leur histoire, alcool et expérience mystique. Les sacrifices primitifs sont généralement accompagnés de libations. L'état d'ivresse est synonyme d'état de grâce : c'est dans cet état qu'on a le plus de chances d'entrer en communication avec les dieux. Dans le christianisme, le vin est au centre de la messe, et commémore la crucifixion ; en le buvant, le fidèle s'assimile la substance divine et reçoit la grâce. Pour Platon lui-même, les âmes seront éternellement ivres dès lors qu'elles auront rejoint la lumière de l'Intelligible. Dans les sociétés modernes, qu'on dit désertées de tout esprit mystique, la forme de l'association subsiste cependant, puisque l'absorption d'alcool y est réservée à certains moments privilégiés, ceux de la fête, - moments qui sont synonymes d'une espèce de révélation si, à en croire Breton, c'est toujours en dehors du travail qu'une révélation peut avoir lieu. En dehors du travail : à ses moments perdus, donc, et sans doute n'y a t il pas meilleure façon de perdre son temps que de boire...

On pourrait aussi évoquer Georges Bataille, qui a su magistralement représenter la différence de ces deux mondes, celui du travail (fondé sur le souci du lendemain, l'économie et le calcul), et celui de la révélation mystique (dont la condition est une « dépense » irréfrénée). Mais les romans de l'alcool, parce qu'ils sont des romans, préfèrent aborder la question en termes psychologiques, et leurs personnages découvrent Dieu au plus profond d'un marasme qui affecte à la fois leur corps et leur esprit, découverte qu'ils décrivent comme un effet d'une disposition individuelle plus ou moins curieuse : « Je tendais à une sorte d'ascétisme, écrit Leiris, plaçant au-dessus de tout la ferveur poétique et n'ayant quelque indulgence que pour l'alcool, qu'il m'arrivait d'interroger comme un oracle et que je prisais en tant qu'instrument de délire et poison mâle qui nous détache du réel, nous douant illusoirement d'une sorte de force héroïque et d'intangibilité de demi-dieu. »

Ici, l' « association » est parfaite au point de se transformer en identification, et voici le buveur changé en demidieu.

Nous avons de même rencontré plus haut cette idée chère à Jack London que l'alcool développe chez ses victimes l'illusion d'être des dieux ou des héros, à la puissance illimitée. Mais l'image que les romans de l'alcool nous donnent généralement de l'expérience mystique ne va pas jusqu'à l'identification. Il s'agit plus modestement de rencontrer Dieu comme une Présence saisissante et imprévue, aux instants tragiques où les personnages, abîmés dans leur vice et ne sachant plus, comme on dit, à quel saint se vouer, s'ouvrent à l'instance suprême comme à un Père salvateur.

Cependant, dès qu'il est question de religion chrétienne, l'identification perd son sens psychologique ordinaire et prend une valeur nouvelle. Le Christ n'est-il pas le dieu fait homme? L'homme a alors beau jeu de s'identifier au Christ. Lorsque l'alcoolique, souvent en une cérémonie particulièrement arrosée, franchit ce pas comme à la mascarade il ne fait qu'intensifier sur un mode peut-être diabolique mais qui est le mode même de la fiction romanesque, le principe de la transsubstantiation sacrée. Ce n'est pas un hasard si *La Comédie* se termine sur une évocation terrible de la figure du Christ, aux allures de clown. Déjà, Frank s'était identifié à un saint, « une sorte de saint qui a remplacé l'eau bénite par le whisky », dit Rey. À la fin, il devient le Christ lui-même, et l'osmose entre alcoolisme et religion est parfaitement accomplie : « Le Christ qu'on assomme, qu'on humilie, qu'on fouette, c'est moi... » Il n'est sans doute pas de meilleur exemple, dans la littérature alcoolique, de cette identification toujours possible. De cette possibilité que le Christ « rattrape » le buveur : « Je savais qu'il me rattraperait. Je le savais. Dès que je l'ai vu, j'ai compris. Je suis très intelligent, je comprends tout. Il m'a rattrapé, ils sont malins, ces christs-là ... Je suis le Christ de Séville ! »...

2

En raison de la vocation « psychologique » (d'une psychologie totale qui inclut les comportements du corps) du roman moderne, et qui le pousse à évoquer le problème de Dieu sans sortir, en quelque sorte, des catégories de l'anecdote qui sont forcement les siennes, s'il faut trouver dans le langage de la théorie un décalque intéressant de cette évocation littéraire, c'est chez le plus grand des psychologues que nous irions le trouver, plutôt que dans les écrits de philosophes anciens. Freud, en effet, a bien exprimé la loi de la réversibilité générale de l'ivresse en piété, mais il donne à cette observation une explication qui doit tout à ce que lui-même pense de l'économie compensatoire du psychisme humain et de la plasticité des pulsions : « Il serait absurde de vouloir commencer par supprimer la religion par la violence et d'un seul coup, écrit-il dans *L'avenir d'une illusion*. L'entreprise serait avant tout sans espoir ... ». Une personne qui, pendant des décennies, a pris des narcotiques ne peut naturellement plus dormir si l'on vient à l'en priver. L'effet des consolations que la religion apporte à l'homme peut être mis en parallèle avec celui des narcotiques : ce qui se passe actuellement[1] en Amérique l'illustre fort joliment. On veut là-

[1] Freud veut parler de la prohibition.

bas priver les humains - évidemment sous l'influence du règne des femmes[1] - de tout excitant, de toute boisson enivrante, et on les gave en échange de piété. Voilà encore une expérience dont le résultat ne saurait être douteux[2]. »

Pour Freud, on le voit, il n'est guère douteux que l'alcool doive être mis sur le même plan que la religion, du point de vue de l'économie libidinale du sujet, de même que toute espèce de « narcotique ». Mais on voit aussi en quoi consiste ce que nous avons appelé plus haut la « réduction » psychanalytique du problème de la mort. En considérant que l'économie libidinale constitue selon la propre expression de Freud, les sept dixièmes de la vie psychique, dans la mesure où cette vie psychique est régentée par l'Inconscient, il ne reste guère plus de place pour articuler le problème métaphysique sur ce schéma freudien. Aussi bien ce « problème » continuerait-il d'être, pour cette psychologie, rien d'autre qu'un problème, puisque la science, comme on sait, ne connaît que des problèmes et jamais des mystères. Le mystère s'est transformé (réduit) en problème, dès lors que l'hypothèse suivante a été soulevée : et si la disparition de la névrose entraînait du même coup la disparition de l' « angoisse » religieuse ? Or, c'est bien ainsi que Freud voit le « problème ». Celui qui ne souffrirait d'aucune névrose, dit-il en substance, n'aurait jamais le besoin ni de se soûler, ni de prier, - et l'idée de sa propre mort ne saurait l'atteindre vraiment, elle resterait pour lui de l'ordre de la spéculation abstraite, comme il en est un peu pour les enfants. Freud : « Ainsi je suis en contradiction avec vous lorsque, poursuivant vos déductions, vous dites que l'homme ne saurait ab-

---

[1] L'auteur a l'air d'ironiser, mais on reconnaît ici l'un des arguments chers à l'américain Jack London, qui croit que les femmes « vraies conservatrices de l'espèce » sauveront le genre humain. de l'alcoolisme.

[2] Cité in *Pour une psychanalyse de l'alcoolisme*, op. cit., pp.46-7

solument pas se passer de la consolation que lui apporte l'illusion religieuse, que, sans elle, il ne supporterait pas le poids de la vie, la réalité cruelle. Oui, cela est vrai de l'homme à qui vous avez instillé dès l'enfance le doux - ou doux -amer - poison. Mais de l'autre, qui a été élevé dans la sobriété ? Peut-être celui qui ne souffre d'aucune névrose n'a-t-il pas besoin d'ivresse pour étourdir celle-ci. »

3

On peut donc analyser de toutes les façons la déclaration de Frank dans *La Comédie* : « J'entre en alcool comme on entre en religion ». Chacun est libre de réduire la religion au rang des narcotiques, ou d'élever l'intoxication à celui d'expérience mystique. De ranger les deux dans la catégorie de la manie, ou de les situer résolument en dehors de toute catégorie, l'horizon diffus du passage à la limite de toutes les formes du Pensable. Tout cela dépend de la représentation qu'on se fait de la mort : psychologique, comme un accident qui n'influe pas en profondeur sur les déterminisme inconscients de la vie affective ; philosophique, comme une condition ontologique de l'Être entier, qui le travaille et le constitue historiquement dès le premier souffle de sa vie même.

Sans prétendre trancher le débat, on peut se contenter ici d'observer méthodiquement avec quelle régularité les romans de l'alcool établissent le lien entre l'alcoolisme et le mysticisme. Observer aussi la forme que prend ce rapport : généralement, la découverte de Dieu ou du Ciel a lieu, comme nous l'annoncions, au plus fort du marasme qui étreint le sujet au retour d'une cuite, dans les affres de la gueule de bois. Dans *L'enfer et Cie* (au titre si suggestif), le narrateur fait lui-même mourir Cécile en buvant. Mais cette histoire a déjà des allures de transsubstantiation, qui débou-

che sur une vision à caractère mystique, Cécile devenant, à la fin, le « Ciel » lui-même. Bien plus, comme on le voit, dans les lignes suivantes, cette transsubstantiation n'est rien d'autre qu'une identification, à Cécile d'abord, et donc enfin au Ciel. L'opération rappelle en tous points celle qui avait amené Frank à s'identifier au Christ : « Alors, je me suis écroulé. J'ai sangloté, le visage enfoui dans la couverture du lit. Sous le satin, je sentais ses jambes maigres, les os de ses jambes contre ma joue. Je me disais : la vie est mal faite, on devrait pouvoir pratiquer des transfusions sanguines ; on piquerait une aiguille dans ma veine jugulaire et ma vie passerait, goutte à goutte, dans le corps de Cécile[1]. Et moi je m'anéantirais, de plus en plus apaisé, et faible, au fur et à mesure que Cécile renaîtrait. Ce serait une mort paisible et heureuse : j'échapperais au monde pour me réfugier dans la mémoire de Cécile, le Ciel en somme.
- D'ailleurs le Ciel et Cécile, à deux lettres près, c'est le même mot, non ? »

Évoquant, plus loin, l'état dans lequel il se trouve au lendemain d'une cuite, le narrateur nous dit qu'il ne dédaigne pas, à cet instant, de faire une « petite prière ». Mme Foy elle-même vient de décrire son retour à la réalité comme une espèce de résurrection. Le narrateur n'est pas si assuré de sa « renaissance » : « -Je n'ai pas d'accommodements particuliers avec le Ciel, confesse-t-il. D'abord, je n'aime pas souffrir. Et par-dessus tout, moi, je crains les crises de foie. Ce que j'ai fait ce matin-là, comme d'habitude c'est de vider deux Coca avant de prendre une douche glacée et de boire encore un Coca. Évidemment, je me sentais angoissé, sur-

[1] Notons en passant une description de la mort en termes qui évoquent le roman fantastique, et même vampirique, avec le sang comme élément central, - description qui ne dément pas le caractère habituel de la représentation de la mort dans les romans de l'alcool.

volté. Mais ce devait être le Coca, le gaz. Je me suis rasé avec soin, bien lissé les cheveux. J'ai mis une chemise bleu pâle, un costume anthracite en étoffe légère. Vous avouerai-je que j'ai improvisé une petite prière et que cette prière a été entendue ? »

Ce qui frappe, dans ces relations des lendemains, c'est l'allure de rituel obsessionnel ou maniaque des gestes préparant la « résurrection », qui n'est pas sans faire penser aux rituels religieux : on vide trois Coca en deux temps, on se rase avec soin, on se lisse les cheveux, on met une chemise, - mais bleu pâle -, un costume, - mais anthracite -, et enfin l'on prie. Manifestement, nous sommes ici en présence de pratiques de conjuration du Mal et de rites obligatoires tendant à disculper le personnage du déicide qu'il se croit en train d'accomplir, puisqu'en buvant trop il « tue » le « Ciel » (Cécile). Le rapport qu'établit la littérature alcoolique entre alcool et mysticisme ne concerne pas seulement un épisode qui se joue dans l'intimité des consciences ; souvent, elle nous représente ce genre de cérémonial parfaitement visible, qui est l'expression et la mise en scène d'un événement invisible par nature. Ainsi en va-t-il, aussi bien, du phénomène religieux compris comme institution dans l'espace et dans le temps des symboles et des gestes suggérant l'ineffable. Ces gestes et ces symboles peuvent bien consister seulement en bouteilles de Coca ou à se lisser les cheveux. Ils ne désignent pas moins le même genre de réalité indescriptible, et c'est cette réalité que les alcooliques, le plus souvent, rencontrent au cours de leur remontée des ténèbres…

4

Normalement, cette rencontre ne représente qu'une étape dans le parcours existentiel de l'alcoolique. Le buveur ne s'y arrête pas, sauf peut-être dans *La Légende du saint buveur* d'un Joseph Roth, exception qui confirme la règle. La littérature alcoolique, Dieu merci, n'a pas vocation à devenir une littérature mystique, et surtout pas morale. Même lorsque, comme chez Kessel, Melsen ou Stephane, elle reconnaît l'action mystérieuse et quelque peu surnaturelle, charitable en tout cas, des A.A., jamais ces auteurs ne vont jusqu'à dire que les voies du Seigneur sont impénétrables au point d'obliger l'homme à emprunter celles de l'alcoolisme pour Le trouver enfin après des tribulations infernales L'alcoolique, dans les meilleurs textes, est sans destin. C'est d'ailleurs pourquoi l'efficacité des A.A. tient du *miracle*. Leur rencontre doit tout à un hasard inimaginable, qui serait de mauvais goût dans les textes de fiction, et ne vaut que pour le documentaire. Kessel rapporte le cas de cet ivrogne parvenu au dernier degré de la déchéance, et qui tombe sur un journal déchiré dans lequel il apprend l'existence des A.A... Sans aucun doute, cet homme était promis à une mort rapide. La rencontre du journal ressemble dès lors à une grâce du tout dernier instant...

Il n'empêche que, au comble de la déréliction, et convaincu qu'aucun moyen humain ne pourra plus l'empêcher de rechuter, l'alcoolique interprète volontiers tout ce qui peut le consoler en ces instants tragiques comme une grâce, tant la différence est grande entre les recours illusoires que lui proposent encore les hommes et la magie d'un apaisement qui n'est pas l'effet d'une organisation ni d'une discipline. La grâce, le narrateur de *L'Enfer et Cie* prononce ce mot : « Elle vit enfin la vie qu'elle mérite, dit-il de Cécile, et faisant évidemment allusion au Paradis. Je ne la reverrai jamais, j'en suis persuadé, mais je rêve de son bonheur et ce rêve, qui me tourmente affreusement, est aussi une grâce. »

Cette grâce, même si l'alcoolique ne s'en croit jamais fatalement bénéficiaire quelque extrême que soit son expérience, il la rapporte cependant à celle-ci en termes explicites et constants, ce que Mme Foy confirme de la manière la plus imagée : « - Ne vous fâchez pas, reprend-elle. Je m'interrogeais simplement sur l'importance de la voyelle 'e' qui sépare votre foie de ma foi. »

L'alcoolique est ce nouveau Prométhée qui a la révélation du feu divin au cours d'une crise de foie. C'est la foi par le foie.

Il revenait à Mme... Foy de désigner le plus clairement la parenté existentielle de ces deux mots, soulignant ainsi l'importance du corps dans l'expérience mystique telle que nous la représentent les romans de l'alcool.

5

L'alcoolique, tout au moins comme nous le décrivent nos écrivains, n'a pas de « problèmes », - il est dans le « mystère ». Voilà qui nous éloigne infiniment de toute approche « scientifique » de l'alcoolisme, mais nous indique à quoi les auteurs accordent leur préférence, dès lors qu'il est question de représenter l'expérience de la boisson : au vocabulaire mystique, le seul « vrai ». « Nous sommes dans le mystère, le vrai », proclame tout de go le narrateur de *L'Enfer et Cie*, qui se trouve « en danger de néant ». L'angoisse du néant, la psychanalyse veut l'ignorer, et ne connaître que l'angoisse de castration. Alors quand il s'agit de miracles ! Les romanciers de l'alcool doivent donc insister. Ce même narrateur avoue : « Il m'arrive une chose insensée, un miracle. » Chose confirmée vers la fin du roman :
« - Les miracles, ça existe ! les miracles, ça existe ! » Qu'importe que ces déclarations péremptoires soient faites sur un fond de folie ou de dérision : le contenu psychologique, le vécu phénoménologique de l'alcoolomanie prennent régulié-

rement une forme qui les apparentent aux relations que les mystiques nous font de leur propre expérience. Un seul lexique, un seul registre métaphorique, une seule famille d'images et de symboles sont communs aux uns et aux autres, comme si l'alcoolique (le mystique aussi bien) prenaient plaisir à remonter le cours de ce qui est raisonnable en la matière, savoir se déprendre de l' « illusion » religieuse ou des explications populaires, et prendre à contre-pied ce qu'il est convenable de penser, - justement parce que c'est là un des privilèges de l'alcoolisme de continuer à croire *quand même*, par un défi souverain et insensé, à l'incroyable. Dans cette persévérance, certains seront prompts à déceler l'obstination diabolique qui distingue les adeptes de John Barleycorn. D'autres y verront plutôt une vérification du vieux slogan théologique *Credo quia absurdum*, - j'y crois parce que c'est absurde, l'alcool, ici, plaçant le buveur dans une relation de familiarité et de connaissance exceptionnelle avec l'absurde, qui est aussi le mystère divin.

6

Les allusions religieuses, dans les romans de l'alcool, peuvent être graves : « Seamus usait ses dernières années dans une course folle vers un précipice sans Dieu », déplore Michel Déon dans *Un Taxi Mauve*, lui-même résigné à entrer dans une « éternité » dont les folles sarabandes de ces Irlandais ivrognes vont finalement le détourner. « Sans Dieu », certes, c'est un constat d'athéisme, - mais tout plein de la nostalgie du paradis perdu. Cependant, le plus souvent, ces allusions sont ironiques, et même grotesques : elles s'inscrivent alors dans cette esthétique de l'illimitation et de la transgression plus ou moins blasphématoire dont participe toujours, de près ou de loin, la littérature alcoolique. Cette

participation n'est jamais mieux vérifiable, comme on s'en doute, que là où l'enjeu de la transgression est décisif, dans le domaine du Sacré. Et naturellement il revient à Bukowski d'en avoir donné les représentations les plus dérisoires et les plus faunesques, pimentées comme il se doit d'excès éthyliques et sexuels. Aussi bien le dieu auquel il pensera sera une espèce d'idole païenne et quelque peu louche, tirée du bric-à-brac mystique des années 60, qui sert surtout à justifier les débauches les plus éhontées : chez Sara, raconte t-il, il ouvre une bouteille de vin et observe « partout, des photos de Drayer Baba. Cet indien Mort en 1971 prétendait être Dieu. « Plus tard : « Sara me tenait la queue à pleine main, la caressait, la frottait. Après quoi elle l'a pressée contre sa chatte. Elle la frottait de haut en bas et de bas en haut contre sa chatte. Elle obéissait à son Dieu, Drayer Baba. Je ne tripotais pas sa chatte, car je sentais que cela aurait déplu à Drayer Baba. On s'embrassait, tout simplement ; elle frottait ma queue contre sa chatte, ou peut-être son bouton, je ne sais pas. J'ai attendu qu'elle mette ma queue DANS son con. Mais elle se bornait à frotter. Ses poils ont commencé à irriter ma queue. Je me suis retiré.
'Bonsoir, chérie', j'ai dit. Et puis je me suis laissé tomber sur le dos avant de me tourner de l'autre côté. Drayer Baba, je me suis dit, il y a dans ce lit quelqu'un qui croit vachement en toi. »

7

Bukowski est un bon exemple de la récupération mystique de l'alcoolisme. Comme toute récupération, elle se fait dans le sens du mal : Dieu est alors invoqué, fût-ce sous les espèces de Drayer Baba, pour mieux continuer à boire et à se vautrer dans l'orgie. Quel contraste entre ce tour

habituel à John Barleycorn et la gravité, la pudeur retenue de cette scène où le docteur Marin, dans *La Comédie*, suggère la valeur mystique de la sobriété, reprenant ainsi à son compte, sans le savoir, toute la longue tradition chrétienne qui, depuis Saint-Paul, exalte la vigilance et déconseille l'ivresse, - pour mieux voir Dieu. Cette tradition, en somme, va tout-à-fait à contre-courant des associations primitives, et même grecques, entre ivresse et révélation, oubli de soi et béatitude. Et bien sûr, « Frank se demanda si Marin jouait la comédie, s'il faisait le coup à chacun de ses nouveaux malades.
'C'est un grand problème pour moi, dit-il, toujours le même problème : l'homme qui se détruit lentement, sciemment. C'est son droit peut-être, mais pourquoi ? Pourquoi[1] ?'
Il parlait pour lui seul.
'Je sais, ce n'est pas facile de se supporter, il y a tant de possibilité de s'évader. Mais moi, j'ai toujours pensé que la dignité, la seule qui nous reste, c'est de s'efforcer de se regarder en face, bien en face !'
Frank écoutait. 'C'est la seule façon de se comprendre, j'en suis sûr. Et il doit y avoir quelque chose à comprendre, sans ça...'
Il se gratta la moustache.
'Moi aussi, j'ai voulu fuir... J'avais d'excellentes raisons. Mais je me suis dit que ce n'était pas digne, alors, je tiens !'

Frank le voyait de profil, un peu ridicule, inoffensif, mais soudain si pathétique, tendu vers cette volonté d'être lui-même, de tenir, et sans doute pour rien !

---

[1] Pourquoi ? Justement parce que, pour tout un courant mystique, l'anéantissement est la condition de la Vision : nul n'a jamais vu Dieu sans mourir. De même, pour un Bataille, c'est au comble de la dépense de soi, du « sacrifice » de sa vie qu'on atteint à la véritable souveraineté de l'Absolu et qu'on excède enfin les limites humaines.

'Je suis catholique, et c'est peut-être pour cela. Enfin, catholique à ma manière... Mais il y a un Dieu quelque part ! - - Une jolie façon de fuir, non ?'
Marin se retourna, les yeux perdus.
'Sans doute, la foi c'est aussi une évasion. Ce n'est pas encore la vraie lucidité, vous avez peut-être raison. Ma foi à moi, c'est une sorte de faiblesse !' »

On reconnaît ici le célèbre argument, avancé par Dostoïevski ou Camus : si Dieu n'existe pas, tout est permis. À quoi bon faire, sa vie durant, un effort de lucidité et affronter courageusement le face à face avec soi-même ou avec le monde, pourquoi être vigilant s'il n'y a rien à voir ? En ce cas, même le choix de boire ne correspond pas à l'attente d'une révélation, comme il en est dans certaines cultures bachiques. Boire n'est plus rien d'autre qu'une forme d'anesthésie, une « évasion », - mais une évasion vers le rien sans aucune contrepartie ni aucun bénéfice moral. C'est ce que pense Frank. On décèle cependant chez lui des indices d'une révolte contre Dieu et le monde qu'Il nous a fait. L'histoire de sa dégradation n'est pas exempte de ressentiment contre le Créateur, ce qui parachève son image « satanique » et confirme la coloration démonologique d'un roman comme *La Comédie*. Mais il s'en faut que tous les romans de l'alcool, voire toutes les vies d'écrivains alcooliques, s'inscrivent dans ce cadre finalement traditionnel et codifié de la démonologie alcoolique. Les plus tragiques d'entre eux, les plus douloureuses d'entre elles, on les rencontre lorsque le buveur, lassé de toute révolte, se met à boire pour rien, sans plus aucune justification « métaphysique », même implicite, comme s'il ne s'agissait plus là que d'une mauvaise habitude, une manie dénuée de tout sens, surtout pas celui de la révolte contre Dieu. On constate bien cela chez Marguerite Duras, qui n'a même plus conscience du mal que fait le vin simplement au plan organique, ni d'excéder les limites de son propre foie.

On savait bien qu'elle n'avait plus la foi. Mais voici qu'elle n'a plus de foie...

8

Par comparaison avec cette sorte d'apathie alcoolique, qui ne laisse plus rien entrevoir du déchirement existentiel qui aurait déterminé la manie, la révolte d'un Frank a quelque chose de presque sympathique, on a l'impression de respirer. Ainsi, ce portrait du prêtre, dans *La Comédie*, est finalement rassurant, car il s'inscrit dans une tradition d'antiecclésiastisme qui remonte au moins à Rabelais, tradition qui est animée de part en part d'un souffle vibrant, celui de l'indignation haineuse ; or cette haine est encore une preuve de vitalité, une raison d'espérer : « Frank ne regardait plus le retable mais seulement le bonhomme en blanc et noir qui faisait des gestes incohérents, qui pliait les bras, les genoux. La tête, qui allait et venait, les yeux baissés regardant le nombril. Un gros chat en train de se préparer un plat de souris, la même onction que les chats. Les mêmes gestes. Un coup de patte tendre vers le ciboire, un autre vers l'évangile. Gros chat qui dit sa messe. Il fixa le prêtre qui maintenant lui faisait vis-à-vis. Un visage mort, une peau couleur de bougie, mais dans la bouche et dans les yeux sournois une indéfinissable impression de contentement. Un visage fascinant. Savoir ce qu'il y a derrière, probablement rien, quelque chose de vague et de pâteux[1].

Rien, et justement c'est là l'astuce, rien et cette expression de paix avec soi-même. Ils ont un truc. Le secret, la

[1] Cette description n'est pas sans faire penser à certaines pages de *La Nausée* de Jean-Paul Sartre - nausée « existentielle » qui est comme le prodrome de la nausée hépatique.

formule magique. Ils ont un truc. Plus de problèmes et plus de questions. Ces gestes de vieux chat tous les soirs, dans ce même théâtre d'ombre, et le tour est joué pour toute la vie. Et toujours ce petit sourire de contentement et ces yeux baissés et tranquilles. Et toujours cette paix. Connaître ce truc et le pratiquer. L'envie de lui ouvrir le crâne à ce curaillon et de regarder dedans. Ce doit être comme une montre suisse, tout en ordre et bien huilé, facile à démonter et à comprendre. La formule tout de suite trouvée et à moi la paix et la sérénité. »

Ce personnage, modèle de sérénité morbide et artificielle, est manifestement le repoussoir du personnage de l'alcoolique tel que Frank le représente, et qui serait plutôt un modèle d'anxiété authentique. Mais il s'en faut que le roman de Rey se contente d'inscrire la thématique religieuse dans un schéma aussi grossièrement manichéen, aussi rhétorique. En désespoir de cause, comme on le voit très clairement chez Melsen, chez Stephane, le buveur finit toujours par se tourner vers Dieu, quelques puissantes qu'aient été, auparavant, ses convictions athées. Ce serait donc manquer grandement à la règle de la vérité psychologique que de simplifier cette conversion (car en fait c'est de cela qu'il s'agit) en simple figure de rhétorique. L'épisode, alors, perdrait toute sa substance vivante, toute sa sève existentielle : c'est justement parce que le personnage fait profession d'athéisme, en termes plus ou moins violents, plus ou moins satiriques, qu'on peut mesurer la force de l'appel au retournement douloureux qu'il nécessite. D'ailleurs, dans *La Comédie* même, on sent très bien l'insistance des allusions religieuses, qui reviennent de toutes les façons, - pas toujours avec la netteté satirique ni l'intention polémique qu'on discerne dans les lignes précédentes, mais avec la discrétion d'une interrogation souterraine, d'une attente timide, et l'on voit bien que le secours de la foi continue de fasciner le personnage abîmé dans une révolte un peu primaire :

« Le prêtre disparut par une petite porte. Un vieux, tout près, priait tout haut. Kim immobile ne regardait plus le retable. Elle restait les yeux fixés sur l'autel. Ils sortirent.
'Qu'est-ce que tu faisais ? Tu priais ?', dit Frank.
Elle rit :
'Non, je ne sais plus. J'essayais de me souvenir… Comme ça... Par jeu...
- Tu as été croyante ?
- À six ans, pas après.
Et toi ?
- Jamais posé le problème', dit-il. »

Frank ne s'est jamais posé le problème, sans doute, mais ce « problème » ne s'en trouve pas moins posé dans la contexture d'ensemble du roman, ce qui manifeste le souci du romancier lui-même d'associer le thème religieux et celui de l'alcool. Kim, en quelque sorte, prend le relais de Frank dans le développement de ce motif essentiel à l'imaginaire alcoolique. Ainsi, de retour à l'hôtel, elle se laisse aller à des souvenirs d'enfance : « Pourquoi tu me parles de tout cela ? », demande Frank. « À cause de l'église, sans doute. Quand j'y allais... je priais follement. » À l'horizon de tous les romans de l'alcool, sous une forme plus ou moins déguisée et parfois nue, frémit, fragile et souvent rapidement étouffé, le souffle timide d'une espérance...

9

Dans *La Comédie*, ce souffle est brutalement étouffé, et l'espérance se transforme en dérision : tel est le sens de cet épisode final au cours duquel Frank achève de s'abîmer dans la boisson, cette fois jusqu'à la mort, et qui est tout entier placé sous le signe du Christ. La fin, en effet, a lieu dans le contexte sarcastique d'une procession, où l'on porte à bout de bras un Christ de bois sculpté qui fait penser à ceux de Rouault, et qui paraît surtout là pour mieux accuser la triste réalité : cette procession est avant tout l'occasion de boire et de s'enivrer abominablement en quelque sorte au nom de Dieu, le moment de « la traditionnelle cuite de la semaine, sainte pour les porteurs de châsse de Séville. Deux, trois jours sans dessoûler, à délirer, à insulter la Vierge et ses saints, le Christ des figurines peintes. Trois jours de cuite au nom du Seigneur. »

Le paradoxe est, bien entendu, que l'apparition de la procession marque le moment où Frank va rechuter, et produire le premier geste qui le conduira à la mort : « Kim voulut empêcher son geste quand il approcha la main du verre. Mais c'était trop tard. Le verre s'éleva vers ses lèvres, il brilla un instant dans la lumière. Frank se mit à boire. Les types étaient contents. »

Ainsi, seule la toute-puissance de cette fête aura réussi à triompher de la résistance obstinée du personnage. Comment ne pas voir que, du même coup, ce triomphe constitue la meilleure attaque contre la religion que le romancier ait pu imaginer, mais aussi qu'il n'a pas réussi à se libérer entièrement de toute pensée de Dieu, que Dieu continue de hanter cette scène, et beaucoup d'autres, comme leur négatif, exprimant avec toute la force du négatif la fascination et le regret que ce monde vidé d'espérance détermine dans le cœur des hommes ? Toute la fin du roman n'est plus que le développement de cette plainte, et tous les éléments s'ordonnent en fonction d'une philosophie qui ne parvient pas à assumer son nihilisme, que le Christ, dirait-on, continue de *narguer* : « Les types s'inclinaient bien bas devant Kim. Il fallait qu'ils repartent, les tambours là-bas recommençaient à battre. Un à un ils sortirent un peu plus titubants, un peu plus blasphémants et à nouveau le Christ idiot aux yeux fous apparut au-dessus de la vitrine, fit un signe goguenard à Frank et reprit sa marche oscillante sur les épaules de ses fils ivres morts. »

L'épisode, comme on se sait, se termine sur l'identification de Frank au Christ : « Le Christ de Séville, c'est moi ! ... » On ne saurait mieux terminer ce chapitre que sur cette identification, l'identification de l'alcoolique au Dieu-Homme par la magie (noire) de l'alcool, nouveau symbole où se condensent toutes les significations ambivalentes dont est tissée la trame de l'imaginaire alcoolique, avec une perfection jamais atteinte ailleurs.

ALCOOL ET RESOLUTION

1

Il en existe plusieurs types. Le premier est la résolution virile, énergique, soudaine. Appelons-là *la résolution virile.* « Je m'arrête ! », décide un jour, brutalement, le héros de Blondin, Quentin Albert.

L'apparente fermeté de ce genre de résolution semble avoir surtout pour fonction, dans la littérature, d'accentuer par antiphrase le pathos de la rechute. La tension entre les deux termes de cette dialectique se résout en une crise. La crise est l'objet du roman. C'est à elle que le romancier veut nous faire assister. Ainsi, *Un Singe en hiver* commence sur la résolution de Quentin de ne plus boire. Le livre s'achève quand il y renonce. Quant à Fouquet son comparse, il tenait dans ses mains trois semaines d'abstinence « comme un trésor », - trésor qu'il aura dilapidé en quelque deux-cents pages.

Or, dans la vie rée réelle, la trahison de la promesse : « Je ne boirai plus ! » est presque toujours vécue *dramatiquement*, au sens littéraire du mot. Mû par la force irrésistible qui l'oblige à récidiver, le sujet paraît assister de l'extérieur à son propre naufrage, comme au spectacle.

Encore un sujet est-ce beaucoup dire : il se considérerait plutôt comme un objet, en tout cas le jouet des circonstances. La toute-puissance de la compulsion le pousserait même à parler de lui à la troisième personne. Ce qui le rend, *ipso facto*, disponible pour la mise en scène littéraire.

Ici se découvre une particularité qui fait de l'alcool l'un des thèmes privilégiés du répertoire romanesque. Et de l'alcoolique, s'il a des lettres, un écrivain tout désigné, à tout le moins virtuel (cela doit exister). Car celui qui vit sa vie à la troisième personne, comme le fait mieux que quiconque le buveur à ce moment *critique* où le caractère inexorable de la rechute vient contredire le caractère inexorable de la résolution, celui-là a déjà, si l'on peut dire, un pied dans la littérature (peut-être mal assuré). Sa vocation se révèle dans l'ironie de la rechute. Mais n'est-ce pas que l'ironie est, fondamentalement, le ressort de toute espèce de composition dramatique ?

(Ainsi, chez Molière, qui peut-être ne buvait pas assez, on peut regretter l'absence d'une grande figure de repenti ou de converti. Si ce personnage avait existé, nul doute que Molière eût systématiquement opposé à l'ardeur de la conversion l'inexorabilité de la rechute. L'Avare, résolu à être généreux, eût retenu au tout dernier moment sa cassette ; Don Juan, résolu à être fidèle sinon chaste, eût brutalement succombé au premier jupon, etc.)

2

C'est que l'ironie est un effet naturel de l'objectivation de soi par soi. Nous parlions de « compulsion ». Si, dans la compulsion, disent les médecins, le sujet vit sa dépendance à l'alcool comme le résultat d'une force étrangère, une « exigence insurmontable dont la genèse ne dépend pas de la personnalité, » (Alonso Fernandez) ; si encore, cette exigence « n'est pas accessible à la possibilité de libre décision », alors on comprend que la compulsion favorise le passage à la troisième personne et l'objectivation du sujet par lui-même. C'est elle aussi qui rend possible, chez Jack London, la *personnification* de l'alcool sous les traits de John Barleycorn. *Le Cabaret de la Dernière Chance* est ainsi un bel exemple de l'exploitation littéraire de la force compulsive.

3

On comprend aussitôt pourquoi la représentation de l'alcoolisme compulsif oscille entre la tragédie et la comédie. Dans les cas les plus sombres, la récidive est montrée comme l'œuvre du Destin (majuscule), une espèce de *fatum*, qui opprime et humilie le sujet. Mais ces cas sont rares dans la littérature contemporaine, pratiquement inexistants - peut-être Malcolm Lowry ou Scott Fizgerald - sous leur forme pure.

La plupart sont mitigés d'humour, comme *Le Cabaret de la Dernière Chance*, mais le plus grand nombre de cas revient incontestablement à la version comique. Il y a à cela une raison majeure. Bergson ne disait-il pas que le comique est « du mécanique plaqué sur du vivant » ? L'exploitation littéraire de la force compulsive conduira donc tout naturellement à la production d'effets comiques, à la présentation de personnages comme de pantins ou d'automates dirigés par une puissance extérieure. En juxtaposant sans délai la résolution virile et la rechute navrante, on dramatise leur opposition et on en tire le plus grand effet comique, comme pour ce personnage de Blondin, Dieulefils, qui « avait officiellement cessé de boire, ne s'autorisant que quelques vermouths sous un pseudonyme ». C'est là un cas de dédoublement caractéristique de la compulsion alcoolomane, mais qui comprend, dans son raccourci fantastique, le principe même de la dramatisation littéraire.

4

La résolution virile paraît donc déterminée par l'organisation compulsive du sujet. En fonction de cette hypothèse, le buveur n'aura pas la liberté de « gérer » ses défaillances éventuelles. Il est à la disposition de John Barleycorn, ce n'est pas lui qui en dispose. Incapable de moduler en douceur la prise d'alcool, ses excès le contraignent infailliblement à la résolution virile. La récidive qui s'ensuit doit être spectaculaire, à la hauteur de la virilité de la résolution. Malheur aux présomptueux !

Dans *Un Singe en Hiver*, un feu d'artifice illustre le moment de la rechute. Le romancier exprime de la sorte son assentiment (démoniaque ?) à la reprise d'alcool, il occupe, par rapport à Quentin, la place de John Barleycorn. Blondin a toujours su que son personnage se remettrait à boire. Les résolutions les plus fermes ne tiennent pas devant la toute-puissance de la compulsion. Son livre est la communication de ce savoir, de la part d'un buveur éprouvé qui a appris à se gausser de ses propres trahisons.

Comme toujours, la marge est étroite qui sépare la comédie de la tragédie[1]. Dans la réalité, on n'imagine pas que ces rechutes aient été vécues de gaîté de cœur. Mais il n'en est pas moins vrai que le trait le plus saillant de ces expériences, celui qui subsiste dans la mémoire, est moins le remords ou la déception que le sentiment étrange d'une *possession* au sens diabolique.

Ce sentiment oblige bientôt le sujet à envisager ses rechutes avec cette impassibilité, ce sang-froid qui caractérisent généralement les ironistes, comme si tout cela arrivait à *un autre*.

Ainsi, la faillite de la résolution virile conduit l'écrivain à s'interroger sur sa propre identité : « qui suis-je », se demande t-il, « pour si peu me ressembler ? » Dans la compulsion, Je est un Autre qui commande un verre à ma place (mais c'est moi qui aurai la gueule de bois !).

---

[1] Napoléon : « du sublime au ridicule, il n'y a qu'un pas. »

5

Qui suis-je ? Tout le premier chapitre de *Monsieur Jadis* est consacré à répondre à cette question. Le thème de l'identité ne nous intéresse plus, pour l'heure, qu'obliquement[1], dans la mesure où il s'articule directement sur celui de la résolution virile : en effet, l'enjeu de la résolution n'est rien de moins que le Moi ; en y étant infidèle, le sujet est infidèle à soi-même, il trompe son Moi.

Monsieur Jadis, c'est le narrateur, Antoine Blondin. Il est rare que les écrivains apparaissent dans leurs propres écrits *en leur nom*, si l'on peut dire, en soussignant le « je » qui n'est la plupart du temps qu'une convention littéraire vide de sens biographique.

On trouve une performance de ce genre - exceptionnelle à notre avis - dans *l'Ange des Ténèbres* d'Ernesto Sabato, où l'auteur intervient explicitement dans sa propre fiction comme s'il en était un des personnages. Encore dans ce livre s'agit-il d'une intervention à la troisième personne (« fit ceci ou cela, dit ceci ou cela, etc. ».) et non à la première.

Lorsque Blondin veut intervenir à la troisième personne, il change de nom, et s'attribue d'ailleurs un nom ostensiblement conventionnel et allégorique qui le prive d'effet de réel. Généralement, il oscille plutôt entre la première et la troisième personne, ce qui fait qu'il est tantôt Blondin (je), tantôt Jadis (il).

Cette oscillation est caractéristique d'une indécision qui, à notre sens, s'explique par l'origine compulsive de l'acte d'écrire, vécu comme un détachement de soi : « Longtemps,

[1] Il est donc entendu que tous les thèmes s'entrelacent et que seul un parti-pris critique peut justifier qu'on les isole. C'est justement le propre d'une œuvre réussie de présenter dans l'unité simple d'une histoire une complexité de réseaux signifiants.

j'ai cru que je m'appelais Blondin, mon nom véritable est Jadis ». Blondin est, « au vrai », comme disent les enfants, un héros de roman, incapable de parler de lui autrement qu'au passé (« Jadis ») et à la troisième personne (Jadis encore, mais sans guillemets).

À ce titre, la citation de Joyce mise en exergue au deuxième chapitre est particulièrement éloquente : « Il avait une bizarre manie autobiographique qui l'amenait, de temps à autre, à composer mentalement sur lui-même quelques phrases renfermant un sujet à la troisième personne et un verbe toujours d'un temps passé. » Citation qui corrobore le sens des mots placés en exergue tout au début du livre : « Ma vie est un roman », - et c'est signé « Tout-Un-Chacun ».

Cela pourrait signifier, à tout le moins : la vie de tout le monde est un roman. Que la seule initiative du romancier consiste à actualiser ce qui, chez la plupart, demeure à l'état virtuel : l'objectivation de soi. Et certes, il est normal de trouver, dans les relations autobiographiques de tout écrivain, l'aveu de cette facilité à parler d'eux-mêmes à la troisième personne (ainsi Sartre enfant, dans *Les mots*).

L'originalité de la littérature alcoolique, pour l'appeler ainsi, provient d'une exténuation de ce processus de dédoublement. Lorsqu'un roman, comme *Monsieur Jadis*, réunit si ostensiblement les deux thèmes de la personnification (la transformation de soi en « personnage ») et de l'alcoolomanie, on peut légitimement soulever l'hypothèse que ces deux thèmes sont entre eux dans un rapport symbolique nécessaire et s'articulent l'un sur l'autre, s'éclairent l'un par l'autre. Le dédoublement alcoolique nous révèle, de la sorte, en fonction de son exagération même, qu'il doit à la compulsion, le principe de tout récit, biographique ou non. Parce qu'ils sont, au cours de leur vie de libations, habités par une force qu'ils ne contrôlent pas, les écrivains buveurs ont tôt fait de prêter à cette force un visage, attestant une fois de plus, dans un registre à peine spécial (l'alcoolisme), la compénétration féconde de la réalité et de la fiction.

6

Il faut donc croire que le « il » (ou bien ce faux « il » qu'est le « je » démuni de toute épaisseur existentielle, sans état civil) est le tout du roman, résume son essence profonde, quelle que soit l'originalité (ou la banalité) superficielle de son histoire ou de son univers. En littérature, l'invention du « il » prolonge en le sublimant le dédoublement alcoolomane. Ou, en d'autres termes : le passage au « il » marque la satisfaction de l'exigence compulsive, le moment où l'auteur devient à lui-même son propre personnage.

« Mon personnage, écrit Blondin, s'épuise à suivre un pointillé rêveur et capricieux ». Personnage qu'il a d'abord présenté, on s'en souvient, comme étant lui-même. Mais un lui-même qui ne peut guère se vivre et se conjuguer qu'à la troisième personne, comme si la littérature constituait son milieu naturel, son espace vital. Quand on ajoute, à cette ambiguïté, savamment, délicieusement entretenue, la difficulté supplémentaire qui vient du fait que la vie sociale exige de chacun d'entre nous, de « Tout-Un-Chacun » d'avoir un « personnage », alors l'indécision devient complète. On ne sait vraiment plus qui est qui, et cela ne facilite pas la prise de résolution, car il n'est dans ce sujet vacillant aucune instance assez stable pour s'en tenir à ce qui a été décidé : des pans entiers de ma personnalité m'échappent, qui sont à tout instant capables de pousser la porte d'un bar.

7

Il devient inévitable, dès lors, que le buveur rencontre régulièrement le policier. Le policier n'est-il pas ce personnage social dont la fonction est de demander l'identité des gens ? Son intervention pourrait peut-être favoriser la résolution, en fixant, d'autorité, l'identité du buveur. L'action de *Monsieur Jadis* n'est qu'un incessant va-et-vient entre le bistro et le commissariat. Marc Sévrin, le héros du livre de Jean-Marc Melsen, *Le Dernier Verre*, rencontre lui-aussi le policier, et passe une « nuit au poste, pelotonné sur un bat-flanc en béton glacial, la pose même adoptée par Monsieur Jadis : « Les jambes pelotonnées contre son ventre, un bras roulé autour de son visage, Monsieur Jadis somnolait sur un banc, dans le clair-obscur quadrillé par le treillis de la cage où il était enfermé. »

Une psychanalyse à peine audacieuse pourrait interpréter le statut véritable du policier dans la fiction comme la projection symbolique de l'instance qui, à l'intérieur même du sujet, cherche à contrôler l'autre. Le thème du commissariat, récurrent dans la littérature alcoolique, ne serait ainsi que la mise en scène d'un débat qui se passe dans la tête du buveur, mais qui n'est vraiment douloureux qu'au cours des rares moments d'abstinence. Pour le reste du temps, le sujet paraît s'en amuser, et l'écrivain promouvoir l'indécision comme la source d'effets intéressants du point de vue littéraire. « Heureusement, j'ai oublié mes papiers », note Monsieur Jadis quand les agents lui demandent. Ainsi, il a tout le champ de s'improviser des identités, que lui souffle un « démon pertinent ». Ce démon n'est pas sans analogie avec John Barleycorn. Qu'importe, en somme, comment s'appelle *celui-qui a passé à la troisième personne* : il est entré, irréversiblement, dans l'univers de la fiction, où enfin on peut cesser d'être fidèle à soi-même, comme dans une cuite.

8

Une définition de *la résolution virile* : elle consiste à installer dans sa tête un policier (moustachu de préférence) qui garantirait l'identité du buveur, la présence ininterrompue de soi à soi. Faute de ce dispositif, le buveur assiste à l'emballement inflationniste de ses « personnages », - la série qu'il ne peut pas stopper de ceux qui commandent un verre à sa place. En ce sens, l'enfermement au poste de police représente l'arrêt momentané de cette fuite incessante, une *capture* de l'identité.

Au commissariat, l'identité du narrateur se fixe : il sera Monsieur Jadis. Tant qu'il n'en est pas là, le sujet est la proie des identifications sans fin. Qui êtes-vous, monsieur Blondin ? Mais peut-on poser cette question à qui est la possession du « il », à qui vit sous l'empire redoutable de la troisième personne ? Assurément non. « L'être qu'il cache, écrit Blondin, n'est autre que le jeune homme que j'étais, que je demeure ». Passage subreptice du « il » au « je », auquel on doit s'habituer, si l'on veut comprendre quelque chose à la compulsion alcoolo-scripturaire.

C'est tout aussi subrepticement que le policier demande à ce quadragénaire qu'est M. Jadis : « Papiers, jeune homme... » La question, en dernier ressort, ne lui est pas destinée. Mais elle est présentée résolument comme telle. Pour finir, elle s'adresse à un jeune homme que M. Jadis découvre derrière lui. Ce jeune homme, il déclare (au commissariat) le connaître *comme s'il l'avait fait*. Fait comme quoi ? Comme son fils (« Va savoir ! »)? Ou comme un romancier « fait ses personnages ? » Questions oiseuses. Ce jeune homme, c'est Blondin en troisième personne, qui ne cache pas bien son je[1].

À moins (plus justement, du point de vue de la compulsion), que le « je » cache mal la présence en lui de l' « autre » aux multiples noms : John Barleycorn, le diable, Monsieur Jadis, le jeune homme, etc. Blondin : « Souvent, je me surprends dans une glace ; ce que j'y vois m'intrigue. Voilà que je ne me ressemble plus du tout. »

C'est que la glace lui renvoie l'image de son personnage. Pour bien se représenter le potentiel artistique de la compulsion, il faut maintenant imaginer un individu résolu à ne plus boire et qui, les bras croisés sur une table, se verrait en train de se verser un verre dans le miroir d'en face.

On lit, dans *Le Dernier Verre* : « Non seulement, je parlais seul, mais encore fallait-il que je parle devant ma glace, pour y voir le visage d'un être humain. Pour interroger en moi *un autre moi-même*, qui donnerait la bonne réponse aux problèmes du premier ». (Souligné par l'auteur).

9

Le romancier imagine alors de prendre une feuille de papier, un crayon, de tracer deux colonnes , une pour les questions, une autre pour les réponses, et espère ainsi dresser le bilan de sa misérable vie.

---

[1] Le livre se termine comme il a commencé, sur l'évocation de ce fameux jeune homme, qu'on retrouve mort. Son « identité n'a pas été révélée », dit le journal. À ce moment, Blondin finit d'écrire : « L'identité, quel fier principe », et décide de toujours dire son nom à sa concierge après vingt-deux heures. Et le roman s'achève sur une résolution significative : ...je viens de le décider : je serai un de ces vieux messieurs qui ont gardé un cœur jeune ». Mais c'est encore sur le mode de l'ironie et du scepticisme.

Vient la question : « Marc, que pourrais-tu faire pour devenir moins malheureux ? »
« Et la réponse arrive.
Le crayon tremblant trace difficilement, d'une écriture maladive, cette réponse imprévue : *Cesser de boire.*

Ainsi, subsiste en moi un être pensant qui sait qu'il lui faut *cesser de boire*, aux prises avec un autre qui *doit boire.* » (Souligné par l'auteur)

Le modèle de cette communication est résolument informatique : le sujet attend de lui-même une réponse comme il l'attendrait d'un ordinateur. À tout le moins écrit-il sous la dictée d'une voix qui parle en lui, mais ne reconnaît pas pour sienne. Les écrivains alcoolomanes sont-ils condamnés à l'écriture automatique ? Quoi qu'il en soit, le processus du dédoublement, en même temps qu'il prépare la mise en scène littéraire, conduit à la déréalisation du sujet. C'est cette déréalisation qui rend improbable toute résolution.

10

Et notamment la résolution virile qui, dit Antoine Blondin, est celle de « l'homme debout ». Comme l'est Quentin : « Quentin, en effet, était un homme debout ; c'est pourquoi, un soir, sans raison apparente, il avait déclaré : 'Je m'arrête' ». Mais comment un homme déréalisé pourrait-il rester un homme debout ?

11

La littérature alcoolique est naturellement friande des histoires de rechute. On sait que *Un Singe en Hiver* en est une, le drame sans surprise de l'homme debout qui se couche, sous la poigne de fer de John Barleycorn. *Le Cabaret de la Dernière Chance* énumère, dans son chapitre 17, la trahison méthodique des promesses que les marins du *Sophie-Sutherland* s'étaient faites à eux-mêmes. Voguant vers le Japon, ils s'étaient résolus à ne pas toucher à un seul verre à leur arrivée au port et à dépenser intelligemment leur énorme paie.

Déjà, ils avaient été échaudés par une précédente escale au port de Yokohama : « tout ce que je vis du Japon, cette nuit-là, écrit London, fut une taverne qui ressemblait fort à celles de mon pays et, sans doute, de partout ailleurs. » On ne peut penser qu'à ce portrait de marin que brosse Joseph Kessel dans *Avec les Alcooliques Anonymes* : saturé d'alcool, vieilli et usé, l'homme qui avoue n'avoir rien retenu de ses tours du monde que le souvenir des bars, dont il ne sortait pas chaque fois qu'il était à terre. Ainsi, la littérature alcoolique rencontre la marine, non pas comme un lieu commun, mais parce que la tension suscitée par un long séjour en mer et la détente de l'escale accentue par un effet de contraste prêt pour la littérature l'ironie de la résolution virile.

C'est bien ainsi que London nous présente les choses. Pour leur deuxième escale au Japon, les hommes sont bien résolus à visiter le pays, donc à ne pas boire. Résolution virile, aux contours clairs, raisonnable, - une résolution de haute mer « Nous faisions tous ce premier serment - éternellement le même sur les gaillards d'avant des navires qui reviennent au port... » Pour chaque marin, « aucun doute ne subsistait sur la décision qu'il allait prendre ». Tous décrivent la manière de dépenser leur temps et leur argent une fois débarqués. A peine ont-ils touché le sol que leur résolution s'effondre. Par une ironie narquoise, mais non pas imprévue, le romancier n'a plus qu'à reprendre le détail de leurs projets, et le rapporter systématiquement à la réalité présente : jamais la dénonciation de la promesse n'est plus risible que là où elle fut plus solennelle. Ce qui est toujours le cas lors des résolutions viriles.

12

Alors, est-il un moyen de se soustraire au ridicule de la résolution virile ? Peut-on adopter une autre tactique, plus discrète, moins tapageuse ? Qui épargnerait au sujet l'angoissante alternative du tout ou rien ? Nous abordons ici l'examen d'un deuxième type de résolution, moins exigeante sur le chapitre de l'identité et de la fidélité à soi-même, partisane d'une défense *en souplesse* devant les assauts de John Barleycorn. Pour cette raison, on pourrait l'appeler *la résolution élastique*.

En gros, la résolution élastique consiste à combattre une passion (en l'occurrence la passion de l'alcool) par une autre. Plus question de séparer franchement le domaine de la raison, de l'identité et de la lucidité d'avec celui de l'ivresse et de l'aliénation. Le sujet s'avoue d'entrée de jeu possédé par ses passions, et il n'a plus le choix qu'entre diverses passions. L'avantage de la résolution élastique est de protéger le buveur contre les risques d'un craquement soudain, d'un effondrement irréparable qui le déshonore à ses propres yeux en le faisant douter de lui. Toute la fable du chêne et du roseau peut être relue dans ce contexte alcoolomaniaque.

13

Cependant, la résolution élastique déborde de beaucoup ce seul contexte. Elle a une compétence, une extension universelles. Dés le XVII° siècle, on apprend à en reconnaître les effets dans les domaines économique et politique. Le réalisme quelque peu pessimiste de cette époque, en effet, croit par avance qu'il est inutile de chercher à éradiquer les passions du cœur de l'homme. On ne peut qu'en endiguer le flot et le détourner sur des voies où il fera le moins de mal possible. Ainsi, le goût de la guerre est certainement indéracinable du cœur humain : on essaiera de lui substituer une forme adoucie de la concurrence, par exemple le commerce, à la faveur duquel la passion agonistique pourra se déchaîner sans trop de dégâts pour la société, tout en assurant, en plus, la satisfaction des besoins, le goût du luxe et le sens de la propriété. Cette stratégie dialectique, qui croit aux vertus de l'équilibre instable, le seul possible selon elle, est certainement la plus sage. En tout cas, elle est en accord avec la morale aristotélicienne du juste milieu. En la reprenant à son compte, le buveur cesse d'être un « homme debout » pour redevenir un homme « médiocre ». Mais il trouve dans cette médiocrité des assises finalement plus fermes, lui permettant d'entretenir avec sa propre image des rapports plus adéquats.

14

Au cœur même de la résolution virile murmure l'exigence de plus d'humanité. Quentin, peu après avoir décidé de « s'arrêter » (lui-même...), ne tarde pas à sucer des bonbons « en cachette ». Le goût du sucre entre dans la bagarre à titre d'auxiliaire. Certes, il ne s'agit pas encore d'opposer froidement une passion entière à une autre qui ne le serait pas moins, comme c'est le cas pour Jack London, qui avait vraiment le goût des sucreries.

Chez Quentin, les bonbons n'interviennent que pour conforter une décision qui se prend ailleurs, qui a son siège dans la *raison*.

C'est parce qu'il n'a à opposer à sa passion que sa raison raisonnante que sa résolution échoue. Parlera-t-on de passion de la raison ? Cela n'a guère de sens, sauf peut-être dans un sens figuré et noble, comme on dit que le XVII° siècle, encore lui, a eu la « passion de la raison ».

Voici donc l'endroit où le bât blesse : la résolution virile de l'homme debout est celle d'un homme *simplement raisonnable.* Le retour en force de l' « exigence compulsive » balaie en un rien de temps les prétentions de la pauvre raison, provoquant l'effet comique que l'on sait.

Pour clore au moyen d'une image, on pourrait dire qu'entre la résolution virile et la résolution élastique, il y aurait la même différence qu'entre un ancien nazi voulant devenir un saint, et un autre reconverti dans le grand banditisme. Sauf à penser que les anciens criminels peuvent devenir des saints, comme le *Julien* de Flaubert, on voit que la reconversion dans le banditisme est moins drôle (dans tous les sens du terme). Mais le manque de théâtralité de cette version garantit à la personne un minimum de continuité dans son être, tout en prouvant que les nazis reconvertis dans le banditisme international ou les révolutions sud-américaines ne sont pas des malfaiteurs compulsifs.

15

Freud lui-même a vanté les mérites de la résolution élastique et, du même coup, stipendié l'inefficacité de la résolution virile.

Parmi tous les travaux de Freud consacrés à l'alcoolisme figure un texte écrit en collaboration avec l'ambassadeur W. Bullit sur le président Thomas Woodrow Wilson où il écrit : « S'il y a de nombreuses sortes de résolutions, il n'en existe qu'une d'efficace : celle qui puise sa force dans un puissant courant de libido. (...) La résolution qui vient du Surmoi est souvent aussi impuissante que celle de l'ivrogne invétéré de renoncer à la boisson. »

Le tout, dans cette affaire, est de trouver le « puissant courant » en question. La passion des sucreries, par exemple, sera-t-elle jamais assez forte pour neutraliser la passion de l'alcool ? Chez Quentin les bonbons interviennent seulement à titre accessoire. Mais chez Jack London, comme on vient de le voir, le goût des friandises est présenté, sans rire, comme une passion beaucoup plus authentique que la passion de boire. Au cours de ce même voyage au Japon, alors que tout le monde, lui compris, se saoule à qui-mieux-mieux, il écrit : « Malgré tout, je ne perdais pas le goût pour les sucreries et, à la dérobée, j'achetais des bonbons que je savourais avec béatitude. »

On remarquera que cela se fait en cachette, exactement comme pour Quentin. La différence n'est plus entre passion et raison, mais entre une passion légitime et une autre qui ne l'est pas (aux yeux du narrateur). La passion cachée passe pour un vice. C'est qu'il est des vices officiels, normalisés, publics : on ne les perçoit plus comme tels. Ainsi de l'alcoolisme, tout d'abord vécu par Jack comme une convention sociale à laquelle il doit sacrifier, contre son gré. Peut-être que l'absence de tout interdit à cet endroit (on trouve partout de l'alcool, insiste-t-il) l'a empêché d'assumer son propre alcoolisme comme une véritable passion, inséparable, dans l'esprit de ce puritain inavoué, de l'idée d'immoralisme. De régression aussi, d'infantilisme. Sucer des bonbons, comme on va le voir, est pour Jack *un plaisir solitaire*, quelque peu masturbatoire. Tout cela est, à ses yeux, l'ensemble des signes caractéristiques à quoi l'on reconnaît une passion. En leur absence, ne règne que la raison sociale, qui n'a pas de caractère passionné. L'alcool tombe pour Jack sous la coupe de la seule raison sociale. Il n'est pas une passion, aussi ne cherchera-t-il pas à le combattre au moyen de bonbons. L'existence de vraies et de fausses passions (les vraies ne se reconnaissant qu'à leur clandestinité) complique ainsi le problème de la résolution élastique. Elle invite à la plus grande vigilance celui qui voudrait identifier les « puissants courants de libido » susceptibles de se limiter les uns par les autres et sauver le sujet du désastre de la monomanie.

16

Le chanteur Elvis Presley, dit-on, est mort d'avoir mangé trop de sucreries. Voilà une mort vraiment irrécupérable. Elle ne participe d'aucune tradition littéraire ou poétique, aucun satanisme, aucun rimbaldisme ne peuvent justifier son intégration aux grands modèles symboliques de la Perdition. C'est une mort de part en part ridicule, grotesque, comique. Mais qu'est ce qui la distingue de toutes les autres morts par intoxication ? Médicalement, rien du tout. Moralement, tout. Se tuer à coup de bonbons est *vraiment* pervers. Se découvre ici la rationalisation sociale de l'alcoolomanie, qui en affaiblit le sens pervers, et abandonne à leur solitude tous les extravagants.

17

Les friandises ne pourraient constituer, pour Jack, l'antidote à son alcoolisme que lorsque son alcoolisme s'est nettement déclaré. À ce moment-là, il est trop tard : le vice officiel s'est installé en lui et s'est transformé en passion, moins comme quelque chose que l'on aime que comme quelque chose que l'on subit.

Au cours de cette phase tardive de sa vie, le romancier ne fait plus aucune allusion à son goût des sucreries. Il ne le fait que lorsqu'il peut l'opposer, à ce qu'il décrit non comme une passion, l'alcool, mais un médiateur social, *comme une forme du vrai au faux* : « Pendant toute cette époque, je m'efforçai de paraître un homme parmi les hommes, tout en caressant le désir inavouable de sucer des sucreries. Je serais mort plutôt que de le laisser deviner. Les nuits où je savais que mon équipage allait dormir en ville, je m'octroyais une vraie débauche. Je filais jusqu'à la bibliothèque gratuite, j'échangeai mes livres, j'achetais pour 25 cents de bonbons de toutes sortes qui se mâchaient et duraient dans la bouche, puis de retour à bord du *Razzle-Dazzle*, je m'enfermais dans ma cabine. Je me couchais et restais étendu de longues heures béates à lire et à mastiquer des friandises. Et c'étaient les seuls moments où j'avais conscience d'en avoir pour mon argent. Des dollars et des dollars gaspillés au comptoir ne pouvaient me procurer la même joie que ces vingt-cinq cents dépensés chez le confiseur. »

Lorsque sa passion pour l'alcool est devenue *vraie*, la passion des bonbons ne peut plus la supplanter, ni même la contrebalancer. Elle aurait pu le faire si, dès le début, il s'était agi d'opposer deux courants de même nature, voire de substituer une toxicomanie à une autre. Ne vivant pas l'alcool comme une passion, Jack a laissé se développer en lui des germes insoupçonnés, mais très réels et très actifs. Et par ailleurs, son amour des bonbons n'était sans doute pas assez fort pour endiguer le flot irrésistible de la pulsion alcoolomaniaque souterraine lorsque soudain elle creva la surface.

(Encore faut-il qu'existe la résolution d'utiliser un courant contre l'autre. La fin de la vie de London est au contraire pleine de *résignation*. La divergence des courants libidinaux s'inverse alors en convergence, et ils accumulent leurs effets catastrophiques. Plus que les bonbons, la viande crue, notamment les canards - presque crus eux-aussi -, que Jack affectionnait et dévorait en quantité astronomique, ont eu raison de la santé de l'écrivain. Celui que ses amis appelaient « Le Loup », et dont les écrits les plus célèbres ont ce carnassier pour héros, semblait pouvoir s'identifier à l'animal au point de dédaigner tous légumes. Cette identification lui fut fatale au moins autant que l'alcoolomanie.)

18

Il va sans dire que, mieux que les bonbons, la viande crue ou les canards, c'est l'amour, l'amour vrai, l'amour humain, qui constitue le plus puissant courant de libido qu'un alcoolique puisse opposer à sa passion.

À tout le moins, c'est comme cela que les écrivains se représentent le jeu des forces. Exemple, Jean-Luc Melsen. Dès qu'il rencontre une femme susceptible de lui porter quelque intérêt, son héros cesse de boire : « J'avais cessé de boire, dès le troisième jour de notre rencontre. Je prenais mon Espéral[1] le matin et m'abstenais. Mais mon véritable Espéral c'étaient en fait l'amitié et l'affection de Monique, qui faisaient renaître de dessous mon fumier alcoolique une fleur bleue pas tout à fait morte ».

On ne saurait être plus clair, ni mieux décrire la résolution élastique. Dans ce tableau de l'Amour, en cette culture des fleurs bleues, la femme est exclusivement représentée comme *une force anti-alcoolique* : c'est la Femme-Espéral, le produit de remplacement qui éloigne de l'amant le spectre

[1] L'Espéral est un médicament anti-alcoolique, qui provoque des nausées dès que le buveur absorbe un verre d'alcool. Marc Sévrin en use largement: il dit qu'il fait de l' « espéralisme ».

de l'alcool. Autant dire que cette femme n'a de valeur que comme repoussoir de la compulsion. Elle est l'autre qui, dans le sujet, chasse l' « Autre ».

La psychanalyse est, de toute façon, méfiante, toutes les fois qu'on exalte le caractère absolu, pur de l' « Amour ». Au plan des « courants puissants de la libido », on ne trouve rien de tel, à la rigueur des pulsions, des désirs, et l'origine malpropre des sentiments sublimés. Aussi ne s'étonnera-t-on pas, chez Melsen, de voir la Femme-Espéral décevoir les espérances de son personnage : et si celui-ci s'était arrangé (inconsciemment bien sûr) pour que l'amour échoue ? S'il s'était agi, une fois de plus, d'une ruse de John Barleycorn ? Pour le pousser à boire encore plus, une fois la rupture consommée ?

...John Barleycorn : « *Cet autre moi-même* qui renaissait en un instant, incapable de soutenir le moindre choc affectif, me conduisit sans plus de réflexion ni de résistance au tabac le plus proche, où je pénétrai, halluciné par ma peine. 'Garçon, un demi.' » (Souligné par l'auteur)

19

En-deçà de la forme concrète que peuvent prendre les courants puissants de libido, on aperçoit que ce sont souvent les dispositions les plus primaires, régressives de la vie psychique qui s'opposent le plus efficacement à l'alcoolomanie.

Le désir de boire lui-même n'est-il pas décrit par de nombreux auteurs comme une forme de régression à la sexualité orale ? Sucer des bonbons en est une autre, et on comprend, dans ces conditions, que le goût des sucreries puisse venir supplanter le désir d'alcool dans la libido du sujet. Il n'est jusqu'au langage populaire de la boisson qui n'atteste la parenté profonde des deux passions : « têter »,

« biberonner », dit-on pour « boire (beaucoup, comme si l'excès était l'indice de la régression).

Ainsi, c'est probablement parce que sa passion pour Monique ne s'enracine pas assez profondément dans sa vie instinctive, là où se déroulent les processus primaires, que la tentative de Marc Sévrin d'utiliser cette passion pour combattre son vice échoue.

Pour en revenir à l'assimilation célèbre boire-têter, on n'aura cependant pas la faiblesse de se représenter l'écrivain au travail mâchonnant une tétine (expression naturelle de la résolution... élastique). Car c'est l'écriture qui est cette tétine, tant que cette tétine, du moins, n'est pas infiltrée d'alcool, - ce qui arrive à London.

Mais comme on l'a vu, au nom de la toute-puissance de la compulsion, l'acte d'écrire n'est guère compatible avec la résolution élastique, vu qu'il marque le désaccord profond du sujet avec lui-même. Écrire est même le résultat d'une fêlure irrattrapable, le sceau de l'hétérogénéité de soi à soi, source d'ironie. L'écrivain peut laisser tomber sa tétine, s'emparer d'une bouteille : l'alternative est entre alcool et écriture, non pas entre alcool et « têtée ». *Le moment de boire s'oppose alors de la façon la plus rigide au moment d'écrire.* « Têter » en écrivant (sous quelque forme que ce soit : boire ou sucer des bonbons) compromettrait trop la pureté manichéenne de cette alternance compulsive. Quand cela arrive, l'écrivain le vit comme un drame.

20

Cela est bien visible chez London. Jack écrit ses mille mots par jour. Pendant des années, il reste fidèle à sa résolution (virile) de ne jamais boire avant d'écrire. Sur ce point, il se veut inflexible : « Je continuais à respecter religieusement la règle que je m'étais tracée : ne jamais toucher à l'alcool avant d'avoir terminé mes mille mots. »

De même, alors qu'il avoue sucer des bonbons en lisant, Jack ne dit jamais qu'il le fait en écrivant. Pour lui comme pour bien d'autres, l'écriture est trop nettement assimilée à un travail pénible, un devoir auquel on doit s'astreindre, même si le projet d'écrire relève, à l'origine, de la décision libre. Pour London, il est clair que l'écriture n'appartient pas au monde du plaisir[1]. Pourtant, il ne peut s'empêcher d'écrire (indépendamment des contraintes sociales que le lient à cette sorte d'activité, de l'image de soi-même qu'il doit défendre, etc.). Mais en vérité, tout se passe comme si le but de l'écriture était en dehors d'elle-même, dans la vie, si possible au grand air. L'ambivalence du rapport qui unit Jack London à l'écriture se manifeste par un clivage caractéristique de l'attirance compulsive, qui oscille entre deux pôles de fascination : l'écriture ou la vie, la sobriété ou l'ivresse. Le romancier décrit parfaitement ce clivage : « Une fois ma tâche terminée, les cocktails dressaient dans ma cervelle un *mur* d'oubli entre mon travail et la journée de plaisir qui m'attendait. » (Nous soulignons)

21

La résolution eût été élastique si l'écrivain n'avait pas conçu la séparation entre écriture et plaisir comme un mur mais comme une barrière mobile. La souplesse de ce dispositif aurait permis d'éviter le pire : la dispa-

---

[1] Ce *plaisir du texte* que Roland Barthes exaltait, tout en reconnaissant par ailleurs que « le travail est toujours pénible, il ne faut pas le nier » (il parle évidemment de son travail d'écrivain).

rition du territoire de l'écriture sous des flots d'alcool, une fois le barrage rompu.

Nous reconnaissons là la conséquence habituelle des résolutions viriles. Une fois que l'alcool s'est infiltré dans les premières fortifications du sujet, l'ensemble de la défense ne tarde pas à se désagréger totalement. Et bientôt : « Pas un seul moment, en dehors des heures de sommeil, où je ne voulusse boire ! Il m'arriva d'anticiper sur l'achèvement de ma tâche quotidienne en prenant un verre après le cinq centième mot. À ce train-là je ne tardai pas à boire en guise de préface, avant même de m'atteler à la besogne. »

Dégustons l'assimilation stylistique : boire en guise de préface, qui atteste que la compénétration des deux territoires, alcool et écriture, est parfaitement réalisée, et que le chaos commence. Comment en est-on arrivé là, avec une base de départ aussi soigneusement délimitée ? La réponse est simple: parce que l'écriture n'a jamais été autre chose pour Jack qu'un *régulateur de la boisson*, et non pas une passion suffisamment puissante pour repousser les assauts de John Barleycorn.

L'écriture semble avoir chez lui le même statut que l'Espéral pour Marc Sévrin : celui d'un moyen vicieux de stimuler le désir de boire en s'inventant un interdit (dont on a vu qu'il est difficile de le faire passer à l'endroit de la boisson dans une société imprégnée d'alcool). Chez Marc Sévrin, une fascination morbide pour les effets nauséeux de l'Espéral est le signe que l'amalgame s'accomplit entre le bon et le mauvais, le traitement médical et le plaisir de boire : comme le dit l'auteur, l'Espéral est surtout pour lui un moyen d'organiser son ivresse.

Citons-le : « M'imaginant qu'à chaque fois que je prenais l'Espéral, c'était pour arriver à cesser de boire, je n'étais pas conscient qu'en fait je cherchais surtout à organiser mon ivrognerie.

Je ne me décidais à prendre mon Espéral qu'après chaque rechute, toujours en fonction de la peur. Peur que mes problèmes sociaux ou de santé ne s'aggravent, et non pas à partir d'un désir réel de cesser de boire.

En somme, à différentes reprises, on m'avait soigné, on avait tenté de me couper de l'alcool. On m'avait donné un cachet qui avait pour but d'établir un barrage entre l'alcool et moi. Mais il se trouvait d'un côté de ce barrage, de mon côté, tout un contenu mental, d'une puissance effrayante qui pressait de toutes ses forces contre celui-ci, le balayant rapidement avec la puissance d'un raz-de-marée. »

Jusque-là, le temps de l'Espéral (comme, peut-être, chez London le temps de l'écriture) ne garantit qu'un *répit*. Mais voici que l'Espéral est désiré pour lui-même, et son malaise se surajoute alors à celui de l'alcool : « Très instinctivement, toute forme de toxicomanie m'attirait. J'aboutissais finalement avec l'Espéral, à une nouvelle forme d'intoxication que *j'aimais* confusément (Nous soulignons) ».

22

Il n'est peut-être pas inutile de remarquer que London a été un écrivain *professionnel*, vivant de sa plume. L'écriture, trop associée, dans son esprit, au travail rémunéré, ne lui évoque que lointainement les sensations de plaisir qu'il a accoutumé de cultiver par ailleurs, dans le champ de la vie physique surtout. Ainsi, l'emprise triomphante de l'alcool sur lui nous amène à soupçonner (lorsqu'on connaît la valeur du système « compensatoire » des passions qui s'opposent, inefficace chez Jack) l'authenticité de sa passion pour l'écriture, et son exemple à énoncer cette règle : pour tout écrivain chez qui alternent *de manière tranchée* le moment de boire et le moment d'écrire, on ne peut guère supposer d'engouement positif pour l'écriture *seule* - mais un combat douloureux entre le désir d'écrire et les tentations puissantes de la vie nue.

23

Ne peut-on même aller plus loin, et penser que l'enjeu est entre *deux compulsions* ? L'écrivain passerait alors, selon une alternance binaire, non dialectique et inféconde, de la compulsion scripturaire à la compulsion alcoolomane, pour en atténuer les effets respectifs, mais sans que jamais ces moments ne correspondent à l'expression d'une liberté ni d'un bonheur.

Si vraiment écrire était un plaisir, ce plaisir pourrait se prendre n'importe quand. Un plaisir différé, programmé, minuté n'en est plus tout à fait un : il manque de spontanéité, et ce manque de spontanéité le fait déjà participer de la perversion.

Ainsi, le buveur invétéré[1], non compulsif, boit n'importe quand, sans souffrir les affres d'une infidélité envers lui-même. Or, beaucoup d'écrivains, même non alcooliques, confessent ne pouvoir écrire que sous la règle. Beaucoup d'écrivains alcooliques, quant à eux, *boivent sous la règle*, et cette règle, c'est souvent l'écriture qui la leur donne.

Marguerite Duras n'est pas de ceux-là : il est facile de se la représenter, au vu des propres descriptions de Yann Andréa, écrivant un verre de vin à la main et le stylo de l'autre (et bientôt dictant...). Chez un tel auteur, le bonheur

[1] La catégorie du « buveur invétéré » correspond, chez Alonso-Fernandez, à l' « alcoolique delta » chez Jellinek. Pour cette catégorie, « l'attrait excessif pour la boisson résulte de l'acceptation des mœurs de la société à laquelle le buveur appartient alors que sa vulnérabilité psychologique pré-alcoolique est généralement faible ». (Jellinek, cité par Alonso-Fernandez, in *La dépendance alcoolique*, P.U.F., 1987.)

d'écrire est ce certainement plus vrai, mais il se trouve aussi que Marguerite Duras n'établit pas de lien explicite, ni de rapport complémentaire entre boire et écrire : pour elle, boire n'est pas une compulsion, écrire non plus. Les deux activités peuvent donc se mêler sans préjudice moral ni sentiment de culpabilité. L'une n'est pas le repoussoir de l'autre, ce qu'elle semble être chez London, et la littérature n'a rien à voir avec l'Espéral.

24

À ceux qui se demanderaient pourquoi Marguerite Duras n'a jamais pris la résolution de ne plus boire (qu'à quelques centimètres de l'abîme) il est aisé de répondre ceci : parce qu'il n'y a pas de plaisirs exclusifs. Quand on aime, on ne compte pas, dit le proverbe, - pas même ses mille mots par jour comme London. À quoi on peut ajouter : quand on aime, on ne fait pas de différence. Privilégier un plaisir, cela implique souvent de renoncer à beaucoup d'autres (par exemple, le plaisir de faire du sport exige de ne pas boire). Mais au cœur même de cette prédilection, on peut toujours observer comme la trace suspecte de l'exclusivité compulsive, la coupure bien tranchée entre le territoire des choses qui se font et celui des choses qui ne se font pas (quitte à le faire brutalement, dans un feu d'artifice, comme Quentin Albert). Sans prédisposition compulsive, le sujet va naturellement à tous les plaisirs. Ce sujet-là n'a pas l'impression de renoncer à soi, à l'intégrité unitaire de son soi, lorsqu'il succombe à une tentation. Pourquoi éprouverait-il alors le besoin de mettre en place une stratégie compensatoire ? Il en dispose des moyens, certes : en lui existent à coup sûr ces courants puissants de libido, seuls capables de se contrebalancer eux-mêmes. Mais il sera aussi le dernier à s'en servir (seulement à quelques centimètres de l'abîme), puisqu'il ne se sent pas possédé par une force étrangère, que ce soit l'alcool ou l'écriture.

Marguerite Duras dit à Yann Andréa : « l'écriture, c'est l'enfer ». Poncif et clause de style. L'écriture n'est pas l'enfer pour Marguerite Duras, quand on la compare à Jack London, vivant l'expérience de l'alcool comme un cancer en train de grignoter le temps de l'écriture.

25

Retour à des images plus toniques. Il y a quelques années de cela, une affiche publicitaire pour une boisson alcoolisée montrait un pêcheur de haute mer, brandissant une bouteille sur le fond bleu de l'océan, et qui ressemblait à Hemingway comme une goutte de whisky ressemble à une autre goutte de whisky. La légende disait : « On peut rester actif après une bonne bière ! »

Hemingway, à coup sûr, le pensait. Au contraire de London, et comme Marguerite Duras, il ne voit pas d'incompatibilité entre écrire et boire, et accepte de mélanger les deux temps comme la vodka au jus d'orange.

Ainsi, alors que London envisage ses sorties en mer comme des moyens d'échapper à John Barleycorn, Hemingway *veille à ce qu'il y ait toujours de l'alcool à bord*. Son biographe, Carlos Baker, nous le montre tenant d'une main le gouvernail de son bateau (comme tout à l'heure Marguerite son stylo) et de l'autre une bouteille de *Tequila*. Parfois, lorsque la pêche au marlin a été particulièrement pénible, il s'écroule ivre mort sur le pont. Excès sportif ? Excès alcoolique? Les deux se confondent. Disons que l'excès *en tout genre* a raison de Hemingway.

Il est vraisemblable que l'alcoolisme hemingwayen n'était pas d'origine compulsive. Au leitmotiv londonien : « Je n'ai jamais aimé l'alcool ! », il faut opposer l'aveu formel, clair et net de Hemingway : « J'adore me saouler[1] ! » Pour celui-ci, l'alcool est un objet d'amour auquel il accepte de s'identifier. C'est dire qu'il ne le reconnaît pas pour étranger. Cet objet ne subira donc pas, comme chez London, le traitement projectif, la mise en scène sous forme de troisième personne.

D'où, chez Ernest, l'osmose de toutes les passions. Entre elles, nulle distinction hiérarchique. Lorsque le 10 avril 1939, écrit Baker, il regagne La Havane, c'est « pour reprendre sa vie antérieure passée à écrire, à boire, à pêcher, à nager et à jouer du tennis. » On n'observe pas, dans cette énumération, le moindre souci d'un classement, encore moins d'une sacralisation de l'activité d'écriture, du genre de celle qui portait Jack à soustraire scrupuleusement son travail d'écrivain à la zone d'attraction du plaisir. C'est cette soustraction scrupuleuse qui entraîne les résolutions viriles. Dès que son foie commence à lui poser de sérieux problèmes, Hemingway choisira tout naturellement la résolution élastique.

26

Observons bien la différence : Jack *décide* de ne pas boire avant d'avoir terminé sa tâche quotidienne ; Ernest *ne pense pas à boire* avant de l'avoir finie.

---

[1] Voici la citation exacte : « J'aime bien qu'un homme soit saoul. Tant qu'il n'est pas saoul, un homme n'existe pas vraiment... J'adore me saouler. Dès le début, c'est une sensation extraordinaire. »

Chez l'un, le fantôme de l'alcool ne cesse de hanter les plages horaires réservées à l'écriture ; mais chez l'autre, l'écriture est une passion également dévorante qui, pour l'heure, dévore l'autre. Baker : Il était si content de son travail, que 7h30 du soir arrivait avant qu'il songeât à prendre les trois whiskies qu'il buvait habituellement avant le dîner. »

Comme chez London, l'écriture, assurément, est un régulateur de la boisson, - mais qui ne voit que, de l'intérieur des âmes, la chose est vécue fort différemment ? Pour un moment, extensible sans doute, mais toujours incalculable d'avance, une passion couvre la voix de l'autre, avant que les mécanismes de la dépendance biologique n'inversent définitivement le courant. Mais ceci est une autre histoire.

27

Hemingway, raconte encore Baker, « ne se proposait pas de renoncer à boire, mais seulement d'apprendre à dominer sa soif ». Nuance décisive. Elle suggère bien *l'esprit* de la résolution élastique. Au lieu d'une exclusion radicale, autoritaire et rigide, nous avons une modulation subtile, rusée et, avouons-le, quelque peu perverse de la prise d'alcool, qui se sent prête à épouser tous les accidents de terrain, à emprunter tous les détours, pour arriver à une fin qu'elle aurait pu atteindre en ligne droite.

« Il ne buvait plus le matin, attendait jusqu'à midi pour prendre son premier Tom Collins et ne prenait qu'un quart de bouteille de vin à son déjeuner. » Ernest buvait donc le matin, - avant (ou pendant ?) son travail. L'odyssée de la désintoxication commence pour l'écrivain bien longtemps après que London a eu éprouvé ses premiers remords de conscience, et l'inquiétude de voir ses matinées compromises par les incursions de John Barleycorn. Autrement dit, le problème de la résolution commence pour Ernest là où il finit pour Jack, - quand celui-ci s'est rendu à John Barleycorn, ses matinées ensevelies sous le raz-de-marée des cocktails.

La résolution (modulée) d'Ernest correspond donc à la résignation (dramatique) de Jack : « Non, c'est une affaire décidée. Je continuerai à boire quand j'en trouverai l'occasion. Devant tous les livres rangés sur mes étagères, devant toutes les pensées des hommes accommodées à mon propre tempérament, *j'ai pris la résolution froide et bien arrêtée* de persister à faire ce qui est devenu un besoin pour moi. » (Nous soulignons)

À ce moment-là, Ernest n'a plus trop à se soucier de la rentabilité de ses matins : la presque totalité de son œuvre est derrière lui.

28

Certes, Hemingway est, comme London un écrivain professionnel, tirant de sa plume tous ses moyens de subsistance ; certes, comme London, il ne paraît pas envisager que l'écriture puisse régner en maîtresse sur sa vie. Trop souvent, on le sent pressé de se débarrasser de la « corvée » d'écrire, pour se livrer à ce qui semble, en ces moments, ses activités préférées, - chasser, nager, boxer ou boire. Mais ces passages pénibles alternent avec ceux où il confesse explicitement son bonheur d'écrire, et la place importante qu'occupe l'écriture dans son existence[1]. De plus, il ne conjure pas, comme Jack, l'angoisse suscitée par l'obligation de se mettre

[1] L'absence de l'écriture appauvrirait la liste des « bons objets » de Hemingway, et même disqualifierait tous les autres. Mais l'essentiel est qu'il y ait une liste, l'écrivain ne concevant le bonheur qu'en série. Ainsi, tous les plaisirs se définissent les uns par les autres.

à la tâche en se soumettant à un cérémonial quasi obsessionnel, ni à la règle des mille mots par jour. La création, chez Ernest, se fait plutôt par impulsion, - même si, le travail une fois commencé, on le voit s'astreindre à la même régularité, et même compter les mots comme Jack. Dans ces périodes, il est véritablement passionné et, comme on l'a vu, ne songe pas à boire.

Ceci nous indiquerait peut-être la direction, et la nature véritable, des « courants puissants de libido » que Hemingway est en mesure d'opposer à son alcoolomanie. La relative fantaisie, la mobilité imprévisible de sa décision d'écrire ont tout le caractère spontané du vivant, et nous éloignent du cadre morbide du rituel maniaque. Partant, la décision de boire participe aussi de cette spontanéité. *L'impulsion* l'emporte sur la compulsion.

29

Jamais Hemingway ne parle de l'alcool comme d'une fatalité qui viendrait compromettre ses chances. L'alcool est pour lui le compagnon naturel de ses plus grands exploits, la récompense de ses efforts. Tout à l'heure, nous l'avions découvert étendu ivre-mort sur le pont de son navire, après une lutte de plusieurs heures avec un gros poisson. Le voici dans le même état après un grand effort d'écriture. À Cuba, raconte Baker, il prend une cuite chaque semaine au bar du *Floridita* : « Pendant quatre ou cinq heures d'affilée, il buvait et bavardait. Il expliquait ces nuits de beuverie comme une *contre-partie nécessaire* aux efforts littéraires journaliers qu'il fournissait et dont il sortait moulu, épuisé, vidé, mou comme une vieille lavette. » (Nous soulignons)

Notons-bien : « une contre-partie nécessaire ». Ernest intègre l'alcool à une économie générale de la production littéraire, dont il est une fonction indispensable, au lieu de chercher à l'exclure comme un parasite. London ne se résoudra que très tard à faire de l'alcool une fonction de l'écriture - lorsqu'il aura reconnu que sans lui il ne peut plus rien écrire, que les mots ne viennent pas.

Ce n'est plus alors à titre de contre-partie, mais de *partie intégrante*, ce qui ne sera jamais le cas chez Ernest. Jamais Ernest n'avoue qu'il a besoin d'alcool pour se stimuler l'imagination. Mais Jack : « Je m'asseyais à mon bureau devant ma page blanche, et je me mettais à jouer avec ma plume ou mon buvard, mais les mots refusaient de couler. Mon cerveau, continuellement obsédé par l'unique souci de sentir John Barleycorn caché dans la cave aux liqueurs, restait incapable de rassembler mes pensées. Lorsque, en désespoir de cause, je succombai à la tentation, mon cerveau, relâché aussitôt, débitait les mille mots d'une seule traite. »

30

Pourquoi l'écrivain qui considère l'alcool comme une contre-partie nécessaire à l'écriture prendrait-il la résolution de s'arrêter de boire ?

Cela, en toute logique, équivaudrait à s'arrêter d'écrire. En somme, Hemingway entretient avec son propre alcoolisme des relations harmonieuses, comme il se doit lorsque l'origine de l'alcoolisme est impulsive. Celles de London sont conflictuelles : elles justifient la prise de résolution, mais seulement la résolution virile, - inefficace.

Comme pour bien marquer qu'il n'y a pas de solution de continuité entre écrire et boire, Ernest va même jusqu'à établir un rapport inversement proportionnel entre ses deux modes d'être : plus l'effort d'écriture a été intense (plus le sujet progresse dans le Bien), plus la débauche alcoolique sera complète (plus il s'enfonce dans le Mal).

L'écrivain voit dans ces deux formes de l'excès des moyens de *se donner*. Jack cherchait au contraire *à se conserver*, en se dérobant autant que possible aux tentations de John Barleycorn. Pour Ernest, l'héroïsme alcoolique vient relayer l'héroïsme scripturaire, et inversement. Sous le commun dénominateur de la *dépense*, boire et écrire se complètent comme autant de façons d'aller jusqu'au bout de soi-même sans réserve ni calcul. « Tant qu'il n'est pas saoul, écrivait Ernest, un homme n'existe pas vraiment... » Parce que l'existence est don, décider de ne plus boire, c'est décider de ne plus exister. Ainsi pense Ernest. Quand son état de santé ne lui permettra plus qu'une vie au ralenti, il se suicidera.

31

Le véritable écrivain est donc celui qui se saoule de mots comme on se saoule de whisky, au lieu d'envisager son travail avec l'austère détermination du bureaucrate ouvrant ses dossiers. Qu'importe, ici, que Jack London eût été aussi inspiré qu'Ernest Hemingway, que son oeuvre, au bilan, n'eût rien à voir avec les réalisations médiocres des sobres.

Ce qui nous intéresse est la façon dont il a vécu son propre alcoolisme et ici la différence avec Hemingway éclate. London avoue lui-même avoir été dans sa jeunesse avare et économe[1]. Sans doute, son origine et les difficultés

---

[1] De même, sur le *Sophie-Sutherland*, lorsque tous les marins prennent la résolution de ne plus boire à l'escale, ils deviennent avares, rapporte Jack : « Nous devenions avares. Jamais on n'avait vu une telle ladrerie à bord. »

matérielles rencontrées autrefois l'avaient-elles rendu peu disposé à admettre les vertus de la « dépense », somptuaire ou non. Écrire, comme comprendre, resteront étroitement associés toute sa vie à l'idée d'accumulation, de capitalisation lente et laborieuse. La création ne ressemble pas, dans son esprit, à l'acte improvisé de quelqu'un qu'aurait touché quelque grâce. La manie dépensière de John Barleycorn, le Grand Dilapidateur, n'affecte pas que les espèces sonnantes et trébuchantes, que Jack aime compter, elles-aussi, comme les mots : elle menace de gaspiller en un instant le fruit d'années de labeur et de contention qui auront été le prix à payer, selon Jack, pour atteindre ses objectifs d'écrivain.

La représentation (peut-être fausse) qu'il se fait des conditions de la création littéraire explique sans aucun doute une partie de la résolution virile. Comme, par ailleurs, la vie de London est celle d'un grand dépensier - en toutes choses : forces physiques, sensations, argents, mots, alcool...-, on peut se demander si la réalité des choses n'est pas chez lui en contradiction flagrante avec l'idée qu'il se faisait de sa vocation, et s'il n'est pas heureux, pour l'histoire des lettres, que John Barleycorn ait vaincu...

32

Jack navigue dans la baie de San Francisco pour se délasser de ses examens. Il n'a pas l'intention de boire. Soudain, au large de Benicia, il reçoit l'appel « impérieux, irrésistible », qui, comme un chant de sirène, le détourne de sa route (et de sa résolution d'être sobre) pour aller s'enivrer avec les copains d'autrefois.

Mais Ernest est déjà ivre-mort lorsque le courant ramène son bateau vers le rivage.

33

On peut rester actif après une bonne bière ? Voire ! Ernest va plus loin, et croit que la bière relancera l'activité. Dans l'autre sens, « il restait convaincu, écrit Baker, à l'encontre de toute vérité scientifique, que quelques parties ‘terrifiantes’ de tennis avec Ermua Aretio et les frères Ibarlveia, suffiraient à éliminer l'alcool qu'il avait emmagasiné. »

L'écrivain puise ses forces à des sources alternées. Tantôt, l'alcool recharge les batteries de celui qui a trop agi, ou trop écrit ; tantôt, l'action ou l'écriture le lavent de tout alcool et le voici qui renaît comme un phénix de ses cendres.

Nous trouvons dans cette alternance le modèle de la résolution élastique, qu'elle préfigure avant même toute décision de « s'arrêter ». Chez London, on ne trouvera jamais l'idée que l'alcool puisse renouveler les forces de l'écrivain, ce n'est pas pour lui un *cordial*.

34

Tout ceci est fort bien. Mais dans quelles conditions *réelles* ces écrivains abordent-ils la page blanche le lendemain de leurs beuveries ? Car c'est dans le marasme des lendemains en effet, que les résolutions (presque toujours viriles) ont le plus de chances d'être prises.

Jack confesse explicitement sa misère : « Je m'éveillais avec la bouche pâteuse et sèche, la tête un peu lourde, et j'éprouvais dans le ventre de légères palpitations nerveuses. Pour tout dire, je ne me sentais pas bien. Comme les gros buveurs (sic!), je souffrais des lendemains d'orgie... je pris l'habitude d'avoir une cruche d'eau à mon chevet pour soulager mes membranes détériorées et fiévreuses. »

On sait que le jour viendra où il se sentira complètement incapable de travailler le lendemain sans absorber un premier cocktail. À tout le moins ne trouve-t-on pas chez Jack de trace de *négation* (au sens de la « Verneinung » freudienne) de la nocivité de l'alcool comme chez Ernest. C'est toujours un problème de savoir si, dans son exaltation de l'alcool, l'alcoolique est sincère ou non, s'il ne surenchérit pas sur son bien-être à mesure qu'il en ressent, à l'intérieur, les ravages. En l'absence de toute déclaration de Hemingway à ce propos, on ne peut que soulever l'hypothèse de sa mauvaise foi, mais enregistrer ce qu'il dit : l'alcool est pour lui un « plus », dont il ne voudrait se priver sauf à appauvrir son existence et à ne plus pouvoir supporter la *nausée de l'écriture* (qui ainsi ne serait plus compensée).

Cela ne veut pas dire, toutefois, qu'il se sente bien le lendemain. Les lignes de son biographe à ce sujet sont d'ailleurs ambiguës, semblant refléter les « deux postulations simultanées », comme l'aurait dit Baudelaire, vers Dieu et vers Satan, que l'écrivain entend préserver à l'endroit de l'alcool. Tantôt Ernest travaillera, tantôt il ne travaillera pas ; ainsi, ce jour-là, « il avait commencé par boire de l'absinthe, continué avec une bonne bouteille de vin rouge au dîner puis de vodka avant de regarder jouer au jai alai, puis avait terminé la soirée par du whisky à l'eau. Il se sentait bien ensuite, mais pas suffisamment bien cependant pour travailler (...). Le dimanche soir, il se couchait tôt, prenait des somnifères et se levait à l'aube le lendemain pour se remettre au travail. »

35

C'est au lendemain d'une cuite sévère que le narrateur du livre de Jean François Josselin, *L'enfer et Cie*, prend la résolution de ne plus boire. Nous avons là un beau type de résolution élastique, qui puise dans un « courant puissant de libido » la force de combattre le désir d'alcool.

Ce courant est celui de la culpabilité, - sentiment ordinairement éprouvé les lendemains de cuite - mais qui se renforce chez le narrateur parce que ce sentiment est lui-même associé à l'amour qu'il porte à une femme, Cécile. En effet, Cécile est malade. Le narrateur croit qu'il existe une corrélation entre son alcoolisme et la maladie de Cécile, au point que, lorsque son alcoolisme augmente, la santé de Cécile diminue (ce système des vases communicants ne laissant pas de faire penser à Hemingway). « Et si Cécile allait de plus en plus mal à cause de mon alcoolisme ? », demande-t-il.

Envisageant sa compagne de beuverie, Madame Foy, il constate : « Ce qui m'exaspère soudain, c'est qu'elle n'a pas mis en doute la relation fatale qui existe entre la santé de Cécile et mon alcoolisme » ; alors il insiste : « Arrivez-vous raisonnablement à croire qu'il y a un lien entre mon alcoolisme et la santé de Cécile ? »...

Le narrateur pressent trop bien que si un autre que lui-même le croit, alors il sera obligé de s'en tenir fermement à sa résolution de ne plus boire. L'ambiguïté de toute résolution apparaît ici - c'est à dire, au fond, le caractère irrésolu de la résolution -, le sujet paraissant soucieux de se ménager une porte de sortie qu'un tiers, justement, tiendrait ouverte en lui montrant que la « relation fatale » est une lubie.

Pour être bref, ce sujet a besoin qu'on le désavoue. Il pourrait alors se remettre à boire. Tant que ce moment n'arrive pas (et Madame Foy le retarde indéfiniment), nous pouvons observer le mécanisme de la défense en souplesse, fondé sur l'utilisation de courants contraires. Cécile est la peau de chagrin du narrateur. Plus *il* boit, plus *elle* se rapproche de la mort. Incertain de lui-même, cerné par la compulsion, le narrateur pourrait alors s'écrier : plus alcoolique que *moi*, tu meurs.

Madame Foy est elle-même une grande alcoolique. À ce titre, elle nourrit à l'égard des délires d'autrui la plus grande indulgence : elle ne mettra pas en doute, par conséquent, l'affirmation du narrateur selon laquelle sa résolution de ne plus boire est liée à la santé de Cécile.

Ainsi, Madame Foy met involontairement, le narrateur sur le chemin de la guérison : paradoxalement, elle favorise la résolution de celui-ci au nom de la complicité qui unit tous les buveurs en admettant sans réserves toutes leurs fabulations.

- « Est-ce que vous avez l'intention de cesser de boire pour sauver Cécile ? », demande-t-elle.
- « bien sûr, dès demain ! »

Suit une brève description de *l'homme résolu* : « Pour ma part, je suis heureux, un peu grave, lourd de mes responsabilités nouvelles. » Cette *impeccabilité* prépare, évidemment, le désordre de la rechute prochaine. Déjà, quelques premières tentations guettent le converti qui vient de commander un jus de tomate :

- « Vous aimeriez que je boive un verre de whisky ?

Elle ricane, moqueuse :

- « Oh non ! j'aurais trop peur que ça fasse monter la fièvre de Cécile. »

Et puis, voici le drame qui commence : une simple première gorgée, pour arroser que « Cécile ne va pas mourir. » (« Il n'y a que la première gorgée qui soit fatale », avertit, sérieuse, Madame Foy).

De virile qu'elle paraissait au premier abord, la résolution devient franchement élastique. À nouveau, les choses sont remises à *demain*. Et pour aujourd'hui, le narrateur saura moduler son ivresse, boire avec mesure, tout en rêvant à demain : « Car demain, quel bonheur, c'est fini, les bars, les retours à l'aube, les gueules de bois, tout est fini, fini. Ce que ce sera bien, demain ».

Dès le premier verre, aujourd'hui lui semble « sale » et « immonde ». L'abandon de sa résolution excite ses remords, le plonge dans un abîme de culpabilité : « Je sais pertinemment qu'à cet instant, je suis au bout de l'ignominie. On ne peut pas descendre plus bas. Alors ce qu'il convient de faire, je crois, quand on est au fond de l'ignominie, c'est de donner un bon coup de pied par terre pour remonter à la surface. »

La dialectique de l'abstinence et de l'alcoolisme apparaît ici comme elle apparaissait chez Hemingway. C'est après avoir atteint un *fond*, c'est à dire le dernier degré de l'épuisement ou de l'écœurement que l'on s'abandonne à *l'excès contraire*. En route vers les grandes profondeurs de l'abjection, le narrateur a comme une convulsion, un dernier sursaut : « Et puis, je me redresse, je m'ébroue, je ne suis pas, je ne veux pas être ivre. » Mais c'est trop tard. La nuit s'achève « dans un état de désordre mental et physique » qui est le corrélat de la trahison, et à son retour le narrateur trouve Cécile morte.

Maintenant enfin, au vu de l'énormité de son crime, le narrateur pense disposer d'un capital de culpabilité suffisant pour prendre une résolution définitive. L'autre courant puissant de libido prend donc sa source dans la mort de Cécile: « Bien sûr, je ne toucherai plus à un seul verre le restant de mes jours... »

Suffisant, le capital de culpabilité ? Pas vraiment : le désir de boire resurgit bientôt ! *L'ironie* de la résolution est telle que, comme pour manifester les ruses de l'alcoolisme, le narrateur préférera s'imaginer que Cécile est vivante : elle se sera simplement réincarnée dans d'autres personnes. Il s'en déclare certain quelques pages après l'annonce solennelle de sa résolution, selon le principe habituel du raccourci dramatique cher aux romanciers. La résolution, même élastique, a vécu...

37

Dans *L'Enfer et Cie*, la résolution élastique passe par l'apologie du *bloody-mary* (« mais sans vodka. Que du jus de tomate, des épices et un demi-citron. ») Quentin Albert, de son côté, suçait des bonbons pour combattre son alcoolomanie. Ici, le sujet préfère recourir à une boisson substitutive, sur laquelle paraît s'attarder un parfum d'alcool, et que l'on absorbe dans les mêmes conditions, aux mêmes heures, confortablement installé sur les fauteuils moelleux d'un bar.

Cette boisson substitutive appartient à la famille de celles dont un slogan publicitaire dit qu'elles ont « le goût de l'alcool, la couleur de l'alcool, mais ce n'est pas de l'alcool. »

On voit comment ces breuvages inoffensifs peuvent accompagner la résolution élastique[1].

Le *virgin-mary* proviendrait des Etats-Unis : « Ça se fait beaucoup aux Etats-Unis. Ils sont tellement alcooliques là-bas qu'ils ont découvert un remède à leur vice. C'est exactement le même cocktail que le bloody-mary, presque le même goût, et en fin de compte, c'est encore plus sain que de l'eau minérale. Et plus tonique, grâce au piment, au citron et au céleri. Ils appellent ça un '*virgin-mary*' ».

De manière générale, dans la littérature alcoolique, l'abandon de l'eau minérale au profit d'une boisson, certes non alcoolisée, mais possédant un goût marqué, est le signe

[1] Et seulement celle-là. Quentin suce peut-être des bonbons, mais c'est bien longtemps après avoir pris la résolution virile. « Ce n'est que par la suite, très tard, qu'il avait pris des remèdes en cachette », écrit Blondin. Ce qui veut dire que la résolution se « ramollit ».

que la résolution est en train de s'écrouler. Ainsi, au sortir de l'hôpital où il a subi une cure de désintoxication, Marc Sévrin, le héros du *Dernier Verre*, se détourne progressivement du Perrier pour adopter le Menthe-Perrier, adoption qui lui sera fatale :

« Un soir, après une chaude journée, j'entrai dans un café et fus soudain attiré par la vue d'une bouteille de menthe. Une jolie bouteille de sirop de menthe verte, une menthe bien anodine comme celle que l'on met dans les diabolos.

'Garçon, un Perrier... ah, puis tenez... mettez-moi une goutte de menthe... ça va... une toute petite goutte.'

'Après tout, c'est sans danger... la preuve... il n'y a pas d'alcool là-dedans... aucune réaction sur l'Espéral... bah !... une lichette de menthe...c'est meilleur tout de même que le Perrier menthe...'

'Garçon, un autre...'

Cette menthe excitait mes papilles gustatives. Mon corps retrouvait d'anciens besoins.

Mes raisonnements se modifiaient rapidement, rationalisaient, justifiaient l'acceptation de cette goutte de menthe dans mon quart Perrier. (...)

Pendant que je raisonnais de la sorte, mon Perrier menthe, dans les jours suivants, était devenu insensiblement, et sans se faire remarquer, une *menthe Perrier* : beaucoup de menthe, et un peu de Perrier... Et mes raisonnements alcooliques progressaient. »

La résolution élastique peut bien paraître présenter des avantages que la résolution virile n'a pas : elle n'en comporte pas moins beaucoup de risques, comme on le voit dans la description de cette approche rusée et silencieuse de John Barleycorn. Tout se passe comme si l'alcool se substituait progressivement à sa propre boisson de substitution, en se servant de ce vecteur idéal. Le mal revient ainsi par le chemin même qui devait en détourner, il emprunte la voie innocente des amours enfantines, *la route du sucre* : « C'est monotone à la longue, ces menthe Perrier. C'est trop sucré, cela m'empâte la bouche. C'est ce sucre qui me donne tellement soif par cette chaleur de juillet. J'en bois six ou sept dans la journée, et suis toujours altéré. Je suis sûr qu'avec un ou deux demis de bière fraîche quotidiens ma soif serait parfaitement satisfaite. C'est ça, bonne idée, je vais essayer la bière... pour voir. »

38

Le *virgin-mary*, version angélique (sans vodka) du *bloody*, exprime sans doute, jusque dans son appellation, l'innocente sagesse de celui qui s'est enfin résolu à être sobre, ainsi que l'atmosphère de recueillement religieux dans laquelle cette résolution doit être acceptée. Elle exprime aussi, bien entendu, la valeur hygiénique des boissons substitutives. Mais qui ne voit que le *virgin*, tout innocent qu'il apparaisse, n'est qu'un trompe-la-soif (d'alcool) et le reflet inversé de son double diabolique, le « *bloody* » couleur de sang ?

39

Au moyen du *virgin-mary*, le buveur essaie donc de ruser avec le malin génie qui est en lui. Il croit que celui-ci se trompera sur les bouteilles et se laissera prendre au jeu de la ressemblance (comme tout-à-l'heure Marc Sévrin, à l'inverse, s'était laissé prendre à l'illusion d'innocence des bouteilles de menthe).

C'est si vrai que, dans l'autre sens, le barman évoque bientôt à l'oreille du personnage de Jean-François Josselin une boisson apparemment aussi «nourrissante» et «tonique»

que le *virgin*, à base de *bouillon de bœuf*, mais dans laquelle s'insinue sournoisement un filet d'alcool (aussi sournoisement que la vodka avait disparu du « bloody ») : - « Pour ma part, je préfère le bull-shot, dit-il. Mon cousin Hector m'a appris la recette : du bouillon de bœuf Campbell - Hector insiste bien : Campbell, pas une autre marque, de la vodka, de la sauce anglaise et du piment. Et bien sûr, un trait d'angustura. »

L'attention, entièrement concentrée sur le bouillon de bœuf, ne peut envisager la présence aussi tenace que discrète de l'Inévitable.

40

Cette *interchangeabilité* de toutes boissons, alcooliques et inoffensives, nourrissantes et destructrices, *l'indifférenciation* soigneusement entretenue du bon et du mauvais objet, favorisent assurément le passage des uns eux autres, tout en garantissant la « souplesse » de la résolution.

Le partage des boissons apparaît bientôt comme une tâche impossible, et l'infiltration de l'alcool dans les soupes les plus innocentes pousserait le sujet à suspecter le lait de sa propre mère.

Conscient de son clivage, celui-ci préfère, semble-t-il, prendre des précautions, et s'entourer par avance de circonstances atténuantes. Le peu de sens qu'il a de son identité se trouve projeté sur la typologie des boissons : elles se distinguent mal les unes des autres. Dès lors, comment aurait-il pu ne pas se tromper ? La subtilité même du *virgin-mary* l'expose à des subtilités plus retorses et dangereuses, comme celle du « bull shot ». Le buveur vit dans un monde de trompe-l'œil, qui désarme les meilleures volontés, décourage les plus fermes résolutions, surtout lorsque celles-ci ont choisi de jouer la boisson contre la boisson.

41

L'une des représentations littéraires les plus célèbres de la force compulsive est bien entendu l'histoire du docteur Jekyll et de Mister Hyde. Le principe de cette histoire repose, à l'évidence, sur le détachement de soi, le dédoublement satanique. Principe qui est le même que celui qui avait poussé Jack London à hypostasier la compulsion sous les traits de John Barleycorn et, avec moins de déchirement tragique, Antoine Blondin à se raconter à la troisième personne sous l'appellation de Monsieur Jadis.

La littérature alcoolique fait au moins une fois allusion au « mythe » du docteur Jekyll, dans *Le Dernier verre* de Melsen. Elle est immédiatement mise en rapport avec l'idée de la promesse trahie, de la vanité de toute résolution, - dès lors que s'affrontent en l'homme les deux forces inégales, sur le modèle d'une césure irréparable , manifestant la désintégration de la personnalité :

Le narrateur a trop bu. Une voix (celle de l'ange) murmure en lui : « va te coucher... » Mais : « va te coucher ... Cela, c'était un sursaut de raison, une velléité, une aspiration. Le bon docteur Jekyll qui décide d'aller se coucher pour partir au travail le lendemain matin, comme tout le monde. Mais le bon docteur Jekyll avait la voix très faible, la volonté fugace... Cette idée le traversait seulement. Elle passait, cette idée, comme le vent dans les arbres. Elle ne pouvait s'ancrer. *Sa volonté n'était glus qu'un sol friable, où tout s'enfonçait : les idées les projets, les promesses*. Le bon docteur Jekyll était tout à coup vaincu par un Mister Hyde vivant, infatigable, exigeant. » (Nous soulignons)

(Dans tous les cas de figure, la faillite de la résolution est à mettre au compte de la *démonologie alcoolique.* L'image de la possession est l'image la plus banale parmi toutes celles utilisées par les écrivains pour décrire leur alcoolisme. À peu près toutes sont des modulations de cette image centrale. L'histoire du docteur Jekyll exprime sans doute le souci de se démarquer de cette image banale, mais elle ne tarde pas à être relayée par le même lieu commun : « Les âmes où Dieu pénètre doivent connaître le repos, la quiétude d'un sommeil apaisant. Le diable ne laisse jamais de repos. Il œuvre la nuit sur les âmes torturées, inépuisablement. Il était en moi, le diable, chez lui, bien au feu. »)

42

Il nous faut, pour terminer, évoquer un troisième type de résolution - la seule qui, peut-être, soit efficace, car elle se prend au seuil de la mort, lorsque l'enjeu véritable de la partie apparaît clairement aux yeux de l'alcoolique. Celui-ci sait que c'est quitte ou double : ou il s'arrête, ou il meurt. Il n'est plus alors question d' « élasticité », de souplesse ou d'adaptation. La résolution n'est pas non plus virile, ce n'est pas celle d'un « homme debout », comme l'aurait dit Blondin, mais d'un homme terrassé, fini, roulant dans le ruisseau, - une loque.

À ce stade, le buveur n'a plus vraiment le choix. Il doit employer toutes les forces qui lui restent à se tramer vers un ultime secours. C'est une résolution quand même. On l'appellera la *résolution in extremis.*

Les écrivains décrivent volontiers leur propre alcoolisme comme une œuvre d'autodestruction. « J'étais mû par une obscure volonté de me détruire », nous dit Melsen, ou bien : « C'est cette mort, peut-être, que je recherche dans mon verre. » L'autodestruction est un leitmotiv du *Cabaret de la Dernière Chance,* où l'auteur exprime, sous diverses formes, son principal regret : j'avais tout réussi, la vie me souriait, j'étais riche, fort, plein d'avenir, - pourquoi ai-je tout compromis en buvant ? Pourquoi ai-je moi-même détruit l'œuvre de mes mains ? L'histoire de Jack London ne va pas jusqu'au stade ultime de la dégradation. Elle s'arrête au contraire, comme on l'a vu, sur la résolution diabolique de continuer à boire. Mais le processus n'en est pas moins enclenché, qui le conduira à la débâcle finale, et sans doute au suicide. Même si l'on n'a jamais réussi à prouver que Jack London se fût réellement suicidé, le geste final importe peu, et il apparaît clairement que les dernières années de sa vie furent un long suicide, une auto-destruction à coups de verres, d'orgies de viande et de morphine.

Jean-Luc Melsen est plus explicite. Il note la vanité des résolutions devant la toute-puissance de la pulsion de mort[1] ; « J'étais sans plus de caractère qu'une girouette vibrant à tous les vents.

Et je n'y pouvais rien. Rien d'autre que de me subir, que de me sentir condamné à continuer inexorablement jusqu'à la mort sociale, mentale, physique. (...)

---

[1] L'expression s'impose ici, car, selon l'orthodoxie freudienne la plus stricte, la pulsion de mort ne saurait être dirigée que sur le sujet luimême. Enfin, à titre de *pulsion*, elle peut à bon droit être classée parmi ces « courants puissants de libido » dont parle Freud et contribuer par conséquent, sur un mode négatif, à une stratégie de compensation.

Vaguement conscient d'un irréparable désastre, d'une faillite totale et sans issue, sauf celle de boire, boire jusqu'à mon ultime destruction. »

Ainsi, bien qu'elle ne soit pas élastique ni ne se permette des modulations avantageuses et complaisantes, la résolution *in extremis* ne s'appuie pas moins sur un courant puissant de libido qui, pour la première fois, inonde comme un torrent irrésistible l'âme du malade : la *peur*. Le thème de la résolution *in extremis* ne s'articule donc plus sur celui de l'identité, comme la résolution virile ; ni sur celui de la dépense, comme la résolution élastique ; mais sur celui de la peur et, finalement, de la mort.

44

L'imminence de la mort ramène le sujet à soi et le détermine enfin à se *conserver*. « Je rassemblais les ultimes ressources de mon instinct de conservation, pour lutter contre d'effroyables idées de suicide, de plus en plus envahissantes », écrit Melsen. Plus loin : « Je n'étais plus qu'une peur vivante, un cri d'effroi, un ultime soubresaut de mon instinct de conservation. »

Enfin peut se prendre la résolution définitive. C'est celle que prend Marguerite Duras, lorsqu'elle se décide enfin à entrer à l'hôpital : là, on lui dit que si elle avait attendu quinze jours de plus, c'eût été trop tard...

Malgré cela, malgré cette imminence, la décision est difficile à prendre ! « Aucune de ces souffrances, raconte Marc Sévrin, ne me conduisait toutefois à la décision de m'arrêter. J'en étais bien incapable, mes instincts de conservation les plus élémentaires se trouvant totalement dégradés. »

L'alcoolique se méfie de toute espèce de décision : il ne croit plus en lui. Même le passage à la limite de la décision le laisse encore sceptique, un peu comme si un autre allait mourir à sa place. Jusqu'au seuil du tombeau, l'idée de résolution reste suspecte aux yeux du buveur : « D'abord, dit encore Sévrin, une *décision*, le mot m'amuse. Essayez donc, braves gens, de prendre une décision, avec trente perniflards dans le cornet, le cerveau qui éclate de souffrance, le foie aussi gros que celui d'une oie cirrhotique, une infernale, une dantesque, une apocalyptique petite télévision dans la tête, avec comme toile de fond, la période quaternaire peuplée de hideux dinosaures qui vous dévorent la matière grise à grands coups de crocs... Cette horreur, ce dégoût, cette nausée. Cette faim d'oublier, de s'engloutir, de mourir. »

Mais faim de mourir qui n'en est pas moins contrebalancée, avec une équivalence seulement possible à cette extrême limite, par « cette soif, cette ardeur, cette fureur de vivre » où le malheureux puise le courage nécessaire de résister au suicide. La résolution se prend alors au terme de « cet atroce combat en vous-même, cette lutte entre la vie et la mort, ce conflit titanesque en votre âme divisée[1], dont l'enjeu est votre raison. Cette conscience effrayante qui subsiste, aiguë comme une lame, et qui vous montre, s'ouvrant sous vos pieds, les abîmes de l'univers.

---

[1] La « division » de l' « âme » renvoie naturellement à la problématique générale de la compulsion et de l'identité. Plus bas, l'évocation de Dieu renvoie à celle des relations entre alcoolisme et mysticisme. Comme nous l'avons déjà constaté, tous les « thèmes » s'entrelacent et se font pièce ; le « cri » que le romancier croit lancer n'est jamais si homogène ni impulsif, qu'il ne se laisse décomposer en unités constitutives, passibles d'une organisation ou, à tout le moins, d'une reconstruction conceptuelle cohérente et logique, constituant elle-même le modèle littéraire de l'alcoologie.

Ce cri, cet immense cri intérieur, ce hurlement silencieux de tout votre être qui appelle au secours, qui souhaite une venue compatissante, qui espère qu'on va vous aider, qui croit que Dieu ne va pas vous laisser seul et va enfin poser sa main pacifiante sur votre front brûlant. »

45

Les meilleurs exemples de résolutions *in extremis*, on les trouve sans aucun doute dans le célèbre reportage de Joseph Kessel sur l'association des *Alcooliques Anonymes*, les fameux A.A.

On sait que Jean-Luc Melsen doit lui-même sa survie à cette association, que le texte de Kessel lui avait fait découvrir.

Le reporter commence par brosser le tableau le plus sordide des épaves qui hantent les bas-fonds de New-York, - des hommes *au bout du rouleau* qu'une résolution *in extremis* va jeter dans les bras de l'association.

Par un contraste qui n'est pas seulement rhétorique, la lueur d'espérance que celle-ci parvient à jeter sur l'âme de ces malheureux apparaît comme une véritable promesse de résurrection. Mais ici encore, la lumière provient de l'utilisation habile d'autres courants puissants de la libido, qui débouchent même - chose qui nous intéresse au premier chef - sur la production d'effets « littéraires ».

46

En effet, l'un des traitements décisifs de la « cure » proposée par les *Alcooliques Anonymes* consiste à *se raconter*. Le récit de sa vie a lieu exclusivement devant un public d'alcooliques, repentis ou non (et de quelques observateurs extérieurs qui, comme Joseph Kessel, font un reportage sur l'association, sans compromettre trop l'homogénéité caractéristique de l'auditoire : un alcoolique, dit Kessel, ne veut avoir affaire qu'à d'autres alcooliques.)

Voici donc le récit promu au rang d'instrument du salut. Dans *Le Dernier verre*, Marc Sévrin paraît souffrir surtout, au cours de ses cures de désintoxication à l'hôpital, de ne pas pouvoir *se raconter* aux médecins. Ceux-ci le considèrent avant tout comme un objet physiologique. Tout ce qu'il peut *dire* est à peine digne de figurer dans son dossier médical.

Enfermé, objectivé dans une catégorie clinique, il reçoit de l'extérieur et en silence, pourrait-on dire, les principaux traits de sa symptomatologie. Il ne dit pas : je suis comme ceci, je me sens comme cela, - mais on lui dit : voilà ce que vous êtes, et même le plus souvent on ne lui dit pas, préférant le « traiter » comme si on lui avait dit. Son propre tableau clinique lui vient de l'expérience des autres (buveurs), et de l'observation que les médecins en ont toujours faite.

De la sorte, Marc Sévrin est rangé dans un type général de l'alcoolique qui le précède et le recueille, et ses propres discours n'ont aucune chance de remettre le type en question, - ce qui, d'ailleurs, ne présenterait aucun intérêt du point de vue de la guérison : guérir, en l'occurrence, c'est échapper aux catégories rigides de la clinique pour *parler*, parler enfin, échanger, dans une relation de sujet à sujet. C'est parce qu'on ne le laisse pas parler, mais qu'au contraire on s'acharne à le traiter en objet, que Sévrin quitte brusquement l'hôpital et renonce définitivement à chercher dans la médecine le remède à son mal.

Commentant le passage de Freud sur les « nombreuses sortes de résolutions », les docteurs A. de Mijolla et S.A. Shentoub écrivent à propos de l'étayage de la résolution sur d'autres courants puissants de la libido : « On peut ainsi mieux comprendre, dans cette optique, l'action efficace de certains mouvements de buveurs guéris qui offrent des buts exhibitionnistes et masochistes, ou les rituels témoignant d'un certain niveau de lien homosexuel, aux investissements arrachés de force à l'unique objet-alcool[1]. »

Ils font allusion, sens nul doute, aux A.A.. On trouve en effet, dans le fait de se mettre en scène pour se raconter (et le tableau n'est jamais très joli !), un exemple de « buts exhibitionnistes et masochistes ». Les A.A. ont même l'habitude de se présenter en ajoutant régulièrement : « ...et je suis un alcoolique ». Cette formule obligatoire concilie parfaitement l'exigence *rituelle* et celle de la satisfaction masochiste. Le caractère public de la confession, enfin, prépare peut-être la publication du récit : ici commence la "littérature". *Le Dernier Verre* de Melsen, *Le Cabaret de la Dernière Chance* de London peuvent être perçus comme des formes de confessions du type de celles que les A.A. stimulent comme autant de facteurs de la guérison. Ces récits ne se distinguent pas par nature, mais simplement par degré, de ceux qui sont prononcés sur l'estrade au cours des réunions de l'association : ils bénéficient simplement d'une publicité supérieure (dont la rançon est que le récit devient imprimé, « refroidissant » ainsi la communication). On remarquera enfin que toute thématique « homosexuelle » n'est pas absente de ces deux livres.

---

[1] *Pour une psychanalyse de l'alcoolisme*, op.cit. p.43

Ce qui est sûr, en tout cas, c'est qu'il n'y a pas de différence fondamentale entre un récit oral et public, et la confession littéraire imprimée et refroidie, du point de vue d'une thérapeutique dont l'originalité repose sur le pouvoir salvateur du discours, et qui croit que seul le discours peut garantir la résolution de ne plus jamais boire.

* * *

On ne saurait donc mieux conclure ce chapitre qu'en évoquant la parfaite confusion du geste d'écrire et de la décision d'être sobre : le stylo, enfin, a vaincu John Barleycorn. Le stylo, mais aussi la parole. L'essentiel est que, quelle que soit sa forme, *le discours ne s'arrête pas*, sinon l'alcoolique se retrouve exposé au danger de récidive. En effet, au contraire de ce que pensent les docteurs Mijolla et Shentoub, les buveurs ne sont jamais guéris, et le savent : « Je ne suis point guéri, dit un A.A. aux dernières pages du *Dernier Verre*. Il n'existe pas d'alcoolique guéri. Ma maladie est progressive et incurable. » Leur salut repose uniquement sur la rencontre d'autres buveurs décidés à s'en sortir, et qu'ils peuvent aider *en leur parlant*.

L'efficacité de leur résolution est donc suspendue à la possibilité d'un *discours ininterrompu*, la continuité de ces discours étant elle-même assurée par la chaîne infinie des malheureux qui viennent frapper à la porte de l'association et qui, de buveurs, deviennent parleurs - parfois beaux parleurs au point d'écrire un livre aussi passionnant que celui de Jean-Luc Melsen, alcoolique repenti mais discoureur ineffable...

Dans la galerie des buveurs repentis que nous présente Joseph Kessell figure un ancien écrivain. Le cas de cet A.A. est particulièrement intéressant pour nous car il cristallise les contradictions qui apparaissent là où différents courants puissants de la libido convergent en un centre tumultueux et tourbillonnant : alcool, parole, écriture.

Cet homme avait tout d'abord réussi à combattre son alcoolisme *en écrivant*. Il produisit un best-seller, qui était l'histoire d'un alcoolique. Tout le temps que dura la composition de cet ouvrage, puis des années après sa publication, l'auteur réussit à ne pas absorber le moindre verre d'alcool, - jusqu'au jour où, en voyage d'agrément dans un pays exotique, il se permit « une seule petite bière ».

Ce « premier verre » en amena beaucoup d'autres, et alors commença le cycle infernal de la dégradation progressive, jusqu'au dénûment le plus complet, jusqu'au ruisseau. En présence d'un pareil cas, on ne peut qu'entériner une chose : l'échec de l'écriture face à l' « appel impérieux, irrésistible » de l'alcool. Ce n'est qu'avec l'aide des A.A. que cet *ancien écrivain* parvint aussi devenir un *ancien buveur*. Mais alors, la transformation de l'écriture en parole vivante est accomplie, semblant attester que c'est cela qui compte (et non pas le livre) : la réalité *au présent* d'un échange entre les personnes, la proximité du prochain, le contact.

C'est pourquoi il convient peut-être de nuancer l'assertion plus haut exprimée (mais justifiée à sa place) qu'il n'y aurait pas de différence irréductible entre écriture et parole. Du point de vue de la lutte anti-alcoolique, il en est une : le récit oral est plus satisfaisant dans l'ordre de la satisfaction primaire, quelque peu régressive, qui est, comme on l'a vu, la modalité habituelle d'assouvissement du désir des alcoolomanes. Comme les bonbons satisfont la sexualité « orale » de Quentin Albert et, par là-même, garantissent sa résolution, le récit fait de vive voix remplit la même fonction : ces mots qui sont dans la bouche sont aussi plus près du corps, et par conséquent plus capables de déloger le diable qui est tapi tout au fond.

Par rapport à cette qualité de *présence* du mot prononcé, que l'on déguste et que l'on savoure, le récit imprimé, la page manuscrite sont un moindre discours, trop tempéré, peut-être trop froid, et en tout cas trop « secondaire ». Dans le même temps qu'il régresse jusqu'aux positions libidinales de type masochiste ou exhibitionniste, le sujet en revient à une sexualité orale que peut-être il n'avait jamais délaissée et que son alcoolisme démontre. Par ce fait-même, le récit parlé lui apparaît plus efficace dans sa résolution d'en finir avec sa manie : il peut, ici, opposer l'un à l'autre, et substituer le bien au mal.

ALCOOL ET SENTIMENT DE CULPABILITE

1

Le regard que nous avons jeté sur l'image du corps dans les romans de l'alcool nous a révélé ceci : cette image n'est jamais si étroitement « physiologique » qu'elle ne soit recouverte, au contraire, d'un manteau de connotations morales. En bref, si les romanciers se complaisent tellement dans la description du corps, c'est parce que l'état du corps dans l'expérience alcoolique est pour eux un bon indicateur de l'état d'âme du buveur. À l'image d'un corps dégradé correspondra donc une « photographie » du for intérieur aux couleurs sombres ou, pour mieux dire, en noir en blanc. Dans la bonne logique démoniaque des romans de l'alcool, les défaillances corporelles plus ou moins spectaculaires, sur une échelle qui va des convulsions horribles de Henri-François Rey, ou bien des vomissements cosmologiques chez Bukowski, aux troubles légers de Marguerite Duras, ne sont que l'expression d'une dépression psychique sur une scène bien visible : le corps, - expressivité obligatoire qui ne fait que renvoyer, peut-être, au principe même de toute exposition romanesque, principe « hystérique » s'il en fut.

Cette photographie, comment pouvons-nous la décrire ? Quel est l'état d'âme que révèle et met en scène l'effondrement du corps dans toutes les variétés de la dégradation alcoolique? Assurément, cet état d'âme, dont nous annonçons par conséquent qu'il peut-être unitaire, est dominé, quels que soient les éléments impurs ou secondaires qui puissent contribuer à le former, par un seul sentiment : la *culpabilité*. La culpabilité est incontestablement la composante essentielle de la psyché de l'alcoolique, autour d'elle pivotent toutes les représentations que les écrivains veulent bien nous offrir des états d'âme de leurs personnages, voire d'eux-mêmes. C'est ce thème central que nous voudrions maintenant interroger, sans oublier tout ce que la thématisation du thème doit à l'interprétation préalable du marasme corporel qui est déjà, en soi, grâce au pouvoir *d'évidence* de l'image, l'expression la plus indiscutable de cette culpabilité.

2

Une remarque cependant : dira-t-on que ce qui a été présenté comme une forme tardive de participation à tout un courant de « comique-grotesque » - les vomissements gargantuesques de Bukowski, le corps qui se rend lui-même chez Rey - est l'expression d'un sentiment de culpabilité ? N'est-ce pas au contraire quelque chose de joyeux, de triomphal, d'euphorique[1] ? Comment accorder cette dimension résolument expansive, affirmative de la littérature alcoolique avec un quelconque sentiment de culpabilité ? Il s'en faut bien que cette façon de dire les choses arrête la psychologie : elle y voit l'expression inversée de ce qu'elle croit être au fondement des textes. L'exagération enjouée de toutes ces descriptions rabelaisiennes à quelque degré n'est pour elle que l'effet d'un traitement littéraire, qui est significatif à proportion du bruit qu'il fait. Or, ici, cela fait beaucoup de bruit, en effet : les cris de Frank dans *La Comédie*, les abominables éructations de la cure de désintoxication, les cataractes de vomissements de Bukowski, etc. Tout ce vacarme, alors même qu'il prend le caractère avantageux d'une ex-stase cosmologique, ne renverrait finalement qu'au sens d'une intime faiblesse, dont le sujet se défendrait, justement, au

[1] Rey présente les choses de manière tragique. Mais est-ce que l'ex-stase du corps dans *La Comédie*, conçue comme retournement de l'intérieur vers l'extérieur, ne participe pas d'une euphorie supérieure ?

moyen de l'exagération littéraire. La littérature, surtout alcoolique, est née de cette défense.

La meilleure preuve en est que les romans ne peuvent pas s'empêcher d'évoquer, à un moment ou à un autre, ces phases dépressives où le sentiment de culpabilité prend le dessus, ni de rendre manifeste le caractère illusoire de l'euphorie cosmo-alcoolique. Ils semblent donner raison à Kielholz qui, dans ses travaux sur la psychanalyse de l'alcoolisme, pense « que l'ivresse procure d'abord une euphorie maniaque que suit une dépression mélancolique avec sentiments aigus de culpabilité et survenue fréquente d'accidents auto-punitifs[1]. »

Ou bien à Sandor Rando qui, évoquant la « gueule de bois », note l'apparition d'un sentiment de culpabilité « parce que le Moi a complètement dédaigné les nécessités de la réalité et qu'il éprouve une peur accrue de celle-ci[2]. »

Ainsi, loin du fracas de l'extase, la gueule de bois révèle toujours l'envers de la médaille, rend le sujet à l'humilité des devoirs quotidiens, à la patience - ou à l'impatience du temps. N'est-ce pas là, d'ailleurs, sans qu'il soit besoin d'aller en chercher la vérification dans les textes littéraires, le vécu ordinaire des lendemains d'ivresse ? Bien au contraire, la littérature ne ferait que nous offrir l'exemple d'une interprétation, d'une élaboration symbolique très spéciales, où le sens de cette humilité s'inverse en exultation triomphante. Exultation triomphante qui n'est autre que la désignation paradoxale de la misère qui s'empare de l'homme aux lendemains de cuite. Ou bien l'attestation d'un Vouloir imperturbable : la volonté d'être ivre (« Il faut toujours être ivre », écrivait Baudelaire), qui est volonté d'être dieu - si les âmes, comme

[1] Cité par A. De Mijolla et S.A. Shentoub, *Pour une psychanalyse de l'alcoolisme*, Payot, op. cit. p. 69
[2] Ibid. p.71

le pensait Platon, seront éternellement, dans leur paradis, en état d'ébriété. C'est cette volonté prométhéenne qui explique que le retour à la réalité, comme le dit Rando, puisse être vécu dans la culpabilité (on est coupable d'avoir voulu dérober le feu aux dieux), avec un effondrement proportionnel aux sommets atteints pendant l'extase.

3

Ce qui excite le sentiment de culpabilité de l'ivrogne, c'est d'être persuadé d'avoir trahi la promesse qu'il s'était faite de rester sobre. Ici comme ailleurs, il s'avère impossible d'analyser l'alcoolisme dans la littérature sans inclure chacune de ses modalités dans une relation dialectique avec d'autres éléments, auxquelles elles sont liées comme le recto à son verso. En l'occurrence, jamais le sentiment de culpabilité n'est plus vif que lorsqu'il se « détache » sur un fond de promesse trahie. Ce qui est bien souvent le cas, - quand tout le roman n'est pas l'histoire d'une « rechute », la consommation de la trahison. Nous avons vu, dans notre chapitre sur la résolution de ne plus boire, les épisodes précis de cette histoire. Pour l'instant, il n'est que de voir qu'elle peut bien n'être rien d'autre que la mise en scène visible, au moyen du choc dramatique provoqué par la confrontation rigoureuse des deux phases alternatives - promesse, trahison -, d'un processus intérieur. Ce processus est celui-là même de la culpabilité, - processus qui bien entendu ne doit rien au temps ni à l'espace. Il représente alors une disposition générale du sujet, que les romanciers parviennent à décrire abstraitement, avant de songer à la rendre comestible pour la narration littéraire. Dès qu'elle devient comestible, en effet, elle s'« incarne » en différentes figures ou situations imagées, en une espèce de guignol plus ou moins subtil (ce qu'est toujours la littérature, soit dit sans la déprécier), où la personne du traître vient s'opposer, dans un rôle immuablement fixé, à la personne de l'homme de parole, la seule originalité de la littérature alcoolique dans ce domaine étant que ces deux personnes coexistent expressément dans l'unique personnalité de l'ivrogne, ainsi divisée.

Avant même que ne survienne la dramatisation en forme de rechute, écoutons l'écrivain parler de son sentiment de culpabilité. Pour l'heure, il s'agira de Michel Leiris, qui associe volontiers, dans *L'âge d'homme*, l'expérience de la faute à celle de l'alcoolisme : « Et si je pense également à l'influence déprimante qu'a eue sur toute ma formation ce que j'ai reçu d'éducation catholique - principalement la notion du *fruit défendu* et, plus encore, celle du *péché originel* (par laquelle, si certain que je sois d'avoir intellectuellement rompu avec ce genre de préjugés, je sais fort bien que je reste obsédé) - j'en viens à m'expliquer assez clairement par suite de quel sentiment de culpabilité... je me conduis toujours comme une espèce de 'maudit' que poursuit éternellement sa punition, qui en souffre mais qui ne souhaite rien tant que pousser à son comble cette malédiction, attitude dont j'ai tiré longtemps une joie aiguë bien que sévère, l'érotisme étant nécessairement placé pour moi sous le signe du tourment, de l'ignominie et, plus encore, de la terreur, - vraisemblablement mes plus violents facteurs d'excitation parce qu'eux seuls, en raison de ce qu'ils contiennent de pénible, m'autorisent à regarder ma dîme comme payée et me dispensent le droit de jouir librement, ayant supprimé en acquittant ma dette la stupide hantise du péché originel. »

Quand on sait que la plupart des expériences érotiques de Leiris s'accompagnent, dans *L'âge d'homme*, de beuveries plus ou moins crapuleuses ou malsaines, on comprend que, du point de vue qui est le nôtre en ce moment, l'érotisme, premier catalyseur du sentiment de culpabilité, puisse être lui-même le vecteur de la culpabilité alcoolique. Aussi bien aura-t-on encore l'occasion de vérifier plus en détail que, dans les romans de l'alcool, le thème érotique s'articule sur celui de la bouteille avec la même étroitesse que celui de la culpabilité sur le remords né de la promesse trahie. Dans tous les cas, il est surtout question de s'inventer des raisons de se sentir coupable et par conséquent de lever, par des moyens divers - sexe, ivresse -, pour quelques instants, « la stupide hantise du péché originel. »

Chez Michel Leiris, le lien entre alcool et érotisme est suffisamment manifeste, de telle sorte qu'on ne peut jamais décider qui, du sexe ou de l'alcool, permet à l'écrivain d'« acquitter sa dette ». En dernier ressort, c'est le couple sexe-alcool qui, dans toutes les expériences sulfureuses qu'il nous décrit, assume dans sa totalité indémêlable, la fonction de l'acquittement. Mais il est intéressant de remarquer que Leiris, parfaitement conscient de l'origine véritable (selon lui) de son « complexe » de culpabilité, se tourne vers la psychanalyse pour s'en débarrasser, renonçant ainsi à ces autres modes de traitement auxquels la littérature nous a habitués, notamment l'« extase cosmologique », grâce à laquelle certains romanciers vont chercher dans la fuite en avant et la surenchère sexuelle, jusqu'à l'illimitation du corps et de ses possibilités, la libération de leur « hantise ». Cependant, Leiris a à peine terminé de nous dire les espoirs qu'il place en la psychanalyse que la relation qu'il nous fait d'un épisode érotique de son existence prend immédiatement l'allure de ce qu'on pourrait trouver chez Bukowski, comme si *l'existence* de l'écrivain - ce qui est paradoxal – contestait à l'écriture le droit de parler du sexe (et de l'alcool) en termes mesurés ou pseudo-scientifiques, garantissant ainsi, et c'est là le paradoxe, à la littérature sa possibilité la plus haute : l'excès, l'illimitation. L'illimitation, l'ivresse vitale exubérante reviennent ainsi de l'existence *vers* la littérature, ou plutôt un certain genre de littérature, l'essai posé et raisonnable (ce qu'est, par principe, *L'âge d'homme*), pour remettre la littérature sur le chemin de sa vocation « naturelle » et forcer l'écrivain lui-même à adopter un ton plus en accord avec la passion de l'ivresse, quelle qu'elle soit, alcoolique ou érotique, - mais on vient de voir que c'est tout un. Leiris : « Par la psychanalyse, j'entendais me libérer de cette crainte chimérique d'un châtiment, chimère renforcée par l'emprise imbécile de la morale chrétienne - dont on ne peut jamais se flatter d'être entièrement débarrassé - et la contrainte de conventions illogiques et inhumaines propres à une civilisation qui tue les criminels qu'elle produit et résout par la destruction ou la guerre pure et simple des problèmes tels que ceux de la surproduction et du chômage. »

Voici donc pour l'essai posé et raisonnable. Maintenant va se faire entendre la voix forcément *littéraire* de l'existence, et nous y reconnaissons le timbre de celle de John Barleycorn: « J'ai subi cette cure d'abord pendant un an, avec des fortunes diverses. Ce fut, au moins durant les premiers temps, le couteau dans la plaie. Un soir d'ivrognerie, je couchai avec une Anglo-Saxonne alcoolique, demi-folle et d'un âge avancé ; tout en la besognant, j'eus une furieuse envie de dérober ou rompre son collier de perles, rien que pour jouer au marlou brutal ; entre deux étreintes, nous bûmes chacun une grande rasade de whisky dans son verre à dents[1]. Je ne l'aimais certainement pas mais j'étais, longtemps après, encore hypnotisé par elle. »

Ce passage, hétérogène en diable, condense les aspects antithétiques de tout le livre. Leiris veut faire de la littérature

---

[1] La conjonction symbolique entre l'alcôve et la salle de bain, évoquée métonymiquement par le verre à dents, se trouve ici réalisée, ce qui n'est jamais le cas chez Bukowski, qui n'hésite pas non plus entre le genre aseptisé et hygiénique de l'essai et la débauche signifiante de la littérature infernale.

une « tauromachie ». Cette formule traduit, en fait, son indécision : comment faut-il écrire ? Avec la précision analytique de celui qui se met à distance des choses, ou en s'abandonnant au flot illimité - un flot à 43° au moins - des images, des mots, des situations particulières et répétitives ? Au lieu de trancher, Leiris tente un compromis rare dans l'histoire de la littérature, et veut compenser le vertige de l'existence par le froid raisonnement de l'analyse, instituant ainsi - du moins il le pense - un nouveau « genre » littéraire, - un genre qui ne serait sans doute pas aussi dangereux que la corrida, mais presque. Nous laisserons au lecteur le soin de juger ce « presque ». Ce n'est pas le lieu ici d'entrer dans ce débat. Ce qui nous importe seulement, c'est de voir que la contradiction inhérente au passage que nous avons lu, comme à tous les autres de ce type, exprime quelque chose comme une *mauvaise conscience* de l'écrivain, source, peut-être, de son sentiment de culpabilité réel. Tout se passe comme si celui-ci recherchait, dans l'écriture, un équivalent confortable du danger d'exister, danger qui ne cesse de le fasciner, et comme s'il prenait conscience à chaque fois qu'il écrit de l'insuffisance immorale de ce substitut. Même boire est plus vrai qu'écrire. Écrire, dès lors, est coupable. Cependant, boire, fût-ce dans un verre à dents, fait mal au foie. On s'en voudra de n'avoir pas su rester sobre. Par quelque bout qu'on prenne la chose, elle mène tout droit au sentiment de culpabilité. Le cercle est décidément vicieux : qu'on boive ou qu'on écrive, on subira toujours la « stupide hantise du péché originel. »

4

Il peut être curieux de le faire remarquer : dans la littérature alcoolique, le sentiment de culpabilité qui se rattache au désir irrépressible de boire n'est jamais exprimé directement, mais confondu avec celui auquel on associe généralement le désir sexuel, - tout aussi irrépressible, et peu compatible, dans sa violence, avec l'ordre tempéré des conventions sociales. On peut alors se demander si le désir sexuel, envisagé par les écrivains de l'alcool comme une simple comparaison, n'est pas la mesure de la violence du désir de boire, si l'on admet, avec les médecins spécialistes de la question, que le choix d'objet est intransigeant, qu'à partir du moment où quelqu'un a « choisi » de boire (comme on « choisit » sa maladie ou son « entrée » dans la névrose), cette passion devient exclusive de toute autre. On veut bien que ce que les plus grands romanciers, et même les moins grands, ont à cœur de représenter, c'est l'« Excès » sous toutes ses formes, y voyant le seul sujet digne d'être traité, car il relègue tous les autres, justement, au rang médiocre des sujets conventionnels et convenables, ceux qui sont compatibles avec le sens de la *limite* exigé par toute vie sociale. Dès lors, il n'est pas étonnant de voir toutes ces formes se chevaucher les unes les autres et s'entremêler comme autant de variétés d'un seul et même Monstre. Sexe et alcool échangeront ainsi leurs valeurs symboliques, et cela avec d'autant moins de difficulté que ces valeurs sont, au fond, les mêmes, si ce qu'il y a à dire, c'est la passion de l'extrême qui porte les hommes au bord de l'anéantissement. Pour la même raison, les hommes seront coupables à divers titres. Titres qui seront tous évalués à l'aune du facteur commun, l'Excès. L'Excès est un équivalent général. Grâce à lui, toutes les passions s'échangent, - contre la vraisemblance psychologique qui, comme on vient de le dire, réclame que le choix d'objet soit intransigeant, et que le choix de boire ne tolère aucun choix aussi déterminé auprès de lui. Ici commence véritablement le traitement *littéraire* de l'alcoolisme (et donc de l'érotisme). Ce traitement fait bon marché de la vraisemblance psychologique et, s'il se trouve qu'il reproduit volontiers certaines situations de l'existence elle-même - dans l'existence, sexe et alcool sont effectivement souvent mêlés -, la régularité mécanique avec laquelle il nous présente ces « thèmes » dans un accouplement symboliquement fonctionnel démontre suffisamment le « travail » du texte.

5

Si toutes les passions s'échangent, les fautes aussi. Dans *Moderato Cantabile*, comme on sait, Anne Desbaresdes est toujours en train de trembler. Elle tremble parce que, possédée confusément par le désir, jamais articulé, qui la pousse vers Chauvin, elle franchit ainsi les *limites* de la décence. Elle se sent donc coupable. Mais est-ce bien cette culpabilité-là qui la fait trembler ? Ou bien n'est-ce pas plutôt le vin qu'elle boit, se surprenant elle-même à faire un geste qui ne lui ressemble pas, lui révélant au contraire l'étrangeté inarticulable qui est en elle et la force à faire ces gestes qui lui échappent ? Ne serait-ce pas, pour finir, ni l'un ni l'autre , - mais est-ce que le vin n'est pas le symbole de cette révélation, est-ce qu'il ne condense pas en lui tous les aspects de sa culpabilité, dont l'origine n'est ni spécifiquement sexuelle, ni spécifiquement alcoolique, mais, n'étant précisément pas articulable, « essaie » diverses dénominations, toutes approximatives ou indicatives, lesquelles ne font qu'approcher asymptotiquement le noyau d'une « force » sans visage et sans nom ?

En tout cas, le vin surgit toujours dans les parages de l'allusion sexuelle, car le sexe lui-même n'est parlé que sur le mode de l'allusion : ces deux motifs, l'alcool, le sexe, s'éclairent mutuellement, chacun affectant de trouver dans l'autre le secret de son origine. Deux allusions concomitantes, dès lors, finissent par faire une explication globale, même si cha-

cun des éléments qu'elles désignent demeure dans le clair-obscur :
« Ella alla droit au comptoir. Seul un homme y était, qui lisait un journal.
- Un verre de vin, demanda-t-elle.
Sa voix tremblait... »
Il semble cependant que le sens de la faute provienne plutôt du sexe que du vin. Au deuxième verre de vin, en effet, « le tremblement des mains s'atténua ». Et puis quelques lignes plus loin (l'écriture de Duras est répétitive et lancinante par principe, comme le désir qui insiste, sans doute...) : « Le vin aidant sans doute, le tremblement de la voix avait lui aussi cessé. Dans les yeux, peu à peu, afflua un sourire de délivrance. » Le vin, c'est connu, lève les inhibitions, et comme l'a dit quelqu'un - Freud peut-être ? - le Surmoi est soluble dans l'alcool. La « délivrance », dès lors, est surtout délivrance du sens de la faute, - liberté de boire et liberté d'aimer : « Toujours grâce à son ivresse qui grandissait, elle en vint à regarder devant elle, cet homme. »

Et pourtant, tout de suite après : « Elle se plaignit. Son sourire disparut. Une moue le remplaça, qui mit brutalement son visage à découvert[1].
- Je n'aurais pas dû boire tant de vin. »
Ce « Je n'aurais pas dû » est l'expression ordinaire du sentiment de culpabilité consécutive aux excès alcooliques. De même que celui qui revient d'un évanouissement a l'habitude de dire (c'est du moins ce qu'on se représente conventionnellement) : « Où suis-je ? », celui qui revient d'une cuite s'exclame inévitablement « Je n'aurais pas dû. » La présence de cette expression prosaïque dans le texte de Marguerite

[1] Expression étouffée, compatible avec l'esthétique du moindre signe, de la démonologie alcoolique : sous les dehors souriants de l'ivresse se cache le visage grimaçant de John Barleycorn.

Duras n'aurait pas grand intérêt si elle ne démontrait le glissement auquel nous avons affaire, - du sexe qui fait trembler vers le vin qui apaise, mais ressuscite aussitôt le sens de la faute : « Je n'aurais pas dû ». De même que la théologie catholique, très experte en ce domaine, exprime que, si le péché n'est pas nécessaire, personne ne pourra cependant s'empêcher d'y tomber, le buveur amoureux, ou, pour être plus précis en l'occurrence, la buveuse amoureuse pressent avant de boire l'inéluctabilité de la chute. Ce pressentiment, dit Duras, est vécu dans l'« épouvante » : « Elle s'arrêta encore au comptoir alors que l'homme était déjà dans la salle à l'attendre, ne pouvant sans doute échapper encore au cérémonial de leurs premières rencontres, s'y conformant d'instinct. Elle commanda du vin, dans l'épouvante encore. »

Or si, tout à l'heure, il apparaissait bien que l'origine du sentiment de culpabilité résidait dans le sexe et non dans le vin, voici que maintenant le goût du vin s'impose peu à peu comme passion exclusive, même si l'« étayage » de cette passion, comme disent les psychanalystes, reste le désir érotique. À nouveau, nous ne savons plus très bien ce qui est si épouvantable, le souvenir de la déchirure amoureuse ou le pressentiment d'un avenir alcoolique qui, dans *Moderato Cantabile*, œuvre de jeunesse, anticipe sur le propre avenir de Marguerite Duras. Ici, peut-être, se dénonce déjà une force plus tyrannique encore que l'amour : « Il commanda le vin. Ils le burent ensemble avec avidité, mais cette fois rien ne pressa Anne Desbaresdes de boire, que son penchant naissant pour l'ivresse de ce vin. Elle attendit un moment après l'avoir bu et, avec la voix douce et fautive de l'excuse, elle recommença à questionner cet homme. »

De quoi cette « voix douce et fautive » s'« excuse »-t-elle ? Là est la question. « Le même trouble qui la veille ferma les yeux d'Anne Desbaresdes, lui fit, de même courber les épaules d'accablement ». Certes, c'est à l'évocation des amants qui occupent tant son esprit. Mais l'accablement n'est jamais si fort que lorsque se manifeste enfin, dans sa relative pureté, son « penchant naissant pour l'ivresse de ce vin ». Pour bien s'assurer que la présence du vin dans le texte n'est pas un détail accessoire, il suffit de se rendre compte que l'ivresse rend seule possible un échange avec l'« homme » qui demeurera *verbal* jusqu'au bout : le vin permet à Anne Desbaresdes de vivre en pensée ou en imagination l'histoire des amants qui ont défrayé la chronique dans la petite ville. L'érotisme d'Anne Desbaresdes est un érotisme de projection : jamais il ne quitte le plan du fantasme pour s'actualiser. Seul le vin garantit cette position. Anne Desbaresdes, en ce sens, est une espèce de Princesse de Clèves qui boirait, et le vin, en quelque sorte, occupe chez elle la place de la *bienséance* au XVII° siècle. Comme la Princesse s'enivrait de chasteté, Anne s'enivre de représentations imaginaires, et pour l'une et l'autre ces substituts de l'érotisme (effectif) valent incontestablement *mieux* que tout mode d'assouvissement vulgaire, beaucoup moins propre à évoquer la pression considérable du désir amoureux dans le secret des âmes ou des corps. Il est donc normal que, pour Anne Desbaresdes, le vin supporte à lui seul tout le poids de la culpabilité, étant lui-même l'objet substitutif de la satisfaction sexuelle. Comme l'idéal de chasteté cher à Madame de Clèves, le vin ne constitue en somme qu'une façon de vivre dans le cloître sans quitter le monde.

6

C'est un cliché : le vin incite les hommes à délaisser leurs épouses et à s'attarder dehors, jusqu'à des heures indues. « Car ceux qui s'enivrent, dit Saint-Paul, s'enivrent de nuit »... Mais peu importe ici que cela se fasse de nuit. Ce qu'il s'agit de souligner dans notre contexte, c'est que les hommes trouvent également dans toutes les occasions de s'éloigner de leurs épouses autant de façons d'exciter leur sentiment de culpabilité. Pendant que leurs femmes les attendent, inquiètes, à la maison, eux se vautrent dans leur propre abjection, et le retour dans la nuit nécessitera mille ruses d'indiens que le cinéma, notamment, s'est complu à mettre en scène et dont il a fait sa pâture préférée. Mais cette mise en scène ne fait que condenser, au moyen d'un matériel le plus expressif possible, le plus « spectaculaire », tous les aspects d'un sentiment de culpabilité qui a besoin, pour se nourrir, d'une figure de la loi quelconque (ici représentée par l'épouse) et d'une autre de sa transgression (le retour prudent au petit matin). Nous avons insisté, dans notre chapitre sur l'alcool et les femmes, sur la fonction symbolique de l'épouse dans l'imaginaire alcoolique, et notamment sur son rôle de « repoussoir ». Au plan où nous nous situons maintenant, l'épouse qui attend est une image qui ne fait que moduler la grande règle générale de l'articulation nécessaire d'un thème sur un autre, à la fois oppositif et complémentaire. Le remords qui s'empare du buveur au moment de rejoindre son épouse mortifiée peut bien paraître une reproduction fidèle du vécu alcoolique et, en vérité, c'en est une. Mais elle ne trouve pas en elle-même sa raison dernière. Sa présence dans les textes n'est justifiée fondamentalement qu'à condition de prendre place dans la série des couples oppositifs, qui sont seuls à pouvoir rendre compte du fonctionnement et du statut proprement symboliques des thèmes constitutifs de l'imaginaire alcoolique dans la littérature.

L'articulation fait donc la différence : la différence textuelle. Aussi n'est-il pas rigoureusement indispensable que le texte « respecte » les données habituelles du vécu alcoolique, le retour nocturne. Il suffira que les deux partenaires (à entendre comme des partenaires « textuels »), le mari et l'épouse, jouent tous les deux leur rôle de figures de la loi et de sa transgression, rendant par là-même possible l'expression du sentiment de culpabilité. Il importe peu aussi que le partage des rôles recoupe invariablement la différence des sexes : à la femme la loi, à l'homme la transgression. Dans *Moderato Cantabile*, ouvrage d'une femme (alcoolique, ou en passe de le devenir), la figure de la loi est représentée par le mari, celle de la transgression par son épouse, Anne Desbaresdes. Ceci ne modifie en rien la structure générale de l'antithèse. Anne éprouvera donc le sentiment de culpabilité, et c'est elle qui rentrera en retard, et même au moment où la nuit s'installe :

« ...Anne Desbaresdes but de nouveau comme une assoiffée.
- Déjà sept heures, prévient la patronne.
Ils n'entendirent pas. Il fit nuit. (...)
- Vous allez arriver plus tard que d'habitude dans cette maison, vous y arriverez plus tard, peut-être trop tard, c'est inévitable. Faites-vous à cette idée.
- On ne peut pas éviter les heures fixes, comment faire autrement ?

Je pourrais vous dire que je suis déjà en retard sur l'heure du dîner si je compte tout le chemin que j'ai à faire. Et aussi, j'oubliais, que ce soir il y a dans cette maison une réception à laquelle je suis tenue d'être présente.
- Vous savez que vous ne pourrez pas faire autrement que d'y arriver en retard, vous le savez ?
- Je ne pourrais pas faire autrement. Je sais. »

C'est en vertu de la même fatalité que le personnage d'Antoine Blondin, dans *Monsieur Jadis ou L'école du soir*, arrivera en retard à la gare où il doit retrouver Odile, son amante, mais qui ne représente pas vraiment une alternative à l'épouse. Sa fonction, en l'occurrence, est équivalente. Toute l'histoire de *Monsieur Jadis* est racontée comme une escapade, qui échappe à la surveillance des femmes, et dont une femme - la Mère - limite les dégâts. Escapade vécue dans la culpabilité, la culpabilité donnant son sel aux épisodes de beuveries nocturnes entre « copains ». Plus ces épisodes s'éternisent, avec, bien entendu, une complaisance suspecte de la part des protagonistes, surtout soucieux, semble-t-il, *d'oublier l'heure*, plus le sentiment de culpabilité s'accroît. Le roman peut ainsi être représenté comme le développement de ce sentiment de culpabilité et la lente formation de *l'irréparable*, - œuvre de John Barleycorn. L'un des moments culminants de cette dérive, de ce combat contre l'horloge, est le récit par Albert Vidalie de la bataille d'Austerlitz, commencé pourtant dès le matin, et dont les péripéties tiendront encore une fois Monsieur Jadis en haleine, jusqu'à le faire rater son rendez-vous avec Odile : « La pensée que si je ne me ressaisissais pas, Odile ne me le pardonnerait jamais me donnait le vertige. »

Mais il ne se ressaisira pas, - pas plus qu'Anne Desbaresdes ne pourra faire autrement que d'arriver en retard à sa réception. Sans nul doute, c'est Michel Leiris qui donne l'idée la plus précise de la fatalité de la faute en évoquant le péché originel, si comme nous l'avons dit, l'homme est à la fois libre de ne pas le commettre, mais certain de le commettre cependant. L'imaginaire alcoolique vécu comme effet du péché originel est en même temps un merveilleux exemple du caractère ambivalent de la passion de boire, caractère qui déteint, très logiquement, sur le sentiment de culpabilité que cette passion engendre : on souffre d'une faute qu'il est inéluctable de commettre – « Je ne pourrais faire autrement. Je sais », déclare solennellement Anne Desbaresdes - mais qu'on assume comme si on l'avait commise librement : péché.

La bataille d'Austerlitz ira donc jusqu'à son terme, jusqu'à la débâcle de l'armée russe dans les « étangs gelés de Satschau et de Ménitz. » Et Odile se retrouvera seule sur le quai de la gare. D'ailleurs, la journée des joyeux compères se termine si mal que Monsieur Jadis, lui, se retrouve en prison : on ne voit pas comment, dans ces conditions, il aurait pu rejoindre Odile. La prison ne fait que symboliser comment Monsieur Jadis est ligoté à l'intérieur de lui-même, - pécheur, et pétrifié par le péché, incapable de ce *bon mouvement* qui l'entraînerait vers Odile. Cette immobilisation n'est pourtant pas de tout repos, mais vécue, en raison de l'ambivalence du péché, dans la mauvaise conscience et le remords : « Il nous restait plus de douze heures à attendre ; et, à Odile, moins de deux heures pour m'attendre. Pour moi seul, qui ne pouvais écarter la conviction qu'au même moment elle m'espérait encore pour fermer sa maison ou lui ouvrir la gare, le temps passait trop vite. Jusque dans cette cellule, elle m'empêchait de m'abandonner aux délices du sort commun sans scrupules ni regrets : je me déchirais à penser que, sur le damier sonore d'un quai où s'étire un rapide de nuit, j'allais la priver de la douceur pudique de murmurer : 'Au revoir'. Elle me gâchait la tôle. »

Et quand enfin libérés, les comparses parviennent sur le quai de la gare, le récit peut se terminer sur ces images de désolation : « La voie 9 vibrait encore sous des lampadaires glacés. Ils se tenaient tous les cinq sur la berge, comme les doigts d'une main qui se serait refermée sur une poignée d'eau: ils avaient laissé le train s'écouler sous leurs yeux. Monsieur Jadis ne se résignait pas à gagner la sortie : jusqu'au bout de la nuit, Odile demeurerait soudée à Paris par ces rails entre lesquels une lanterne s'éloignait en sautant, ainsi qu'un ballon rouge échappé d'un enfant. Mais, sans doute, avait-elle déjà baissé avec application les stores de son compartiment sur une ville désespérée. »

7

On peut juger, à l'absence de tout sentiment de culpabilité chez Bukowski, de la dimension spécifiquement « littéraire », voire « poétique », de son expérience alcoolique telle qu'il nous la rapporte. Dans les romans de Bukowski, où l'on boit à chaque page, nulle expression de regrets ni de remords. Comme on l'a dit, la fuite en avant, qui n'est même plus, déjà, une augmentation des doses, car on est tout de suite dans la saturation (côté extatique-grotesque de l'œuvre), mais leur inébranlable répétition, ne laisse pas la moindre place au sentiment de culpabilité. Pour cela, il faudrait qu'il y eût des pauses, des moments fugaces de lucidité ou de tempérance. Mais l'écrivain se lave la conscience dans le whisky ou la bière. Les femmes qu'il rencontre, selon une loi tout aussi répétitive, qui définit d'ailleurs, et pour cause, le régime général de l'écriture chez Bukowski, sont pour lui des occasions de boire, et pas du tout un frein. À l'inverse, d'autres auteurs placent le sentiment de culpabilité, explicitement, au centre de leur oeuvre. À force de le nier, Bukowski, au fond, ne faisait qu'en désigner la présence silencieuse et, parce que refoulée, d'autant plus agissante, comme un point aveugle vers lequel convergeaient, bon gré mal gré, toutes les significations: dans sa vocation « grotesque », le roman de Bukowski n'est peut-être que l'expression *a contrario* du regret de ne pas pouvoir boire, justement, à l'infini. Il rejoint alors les textes d'écrivains moins retors, qui font l'aveu de leur culpabilité, ce qui ne veut pas dire, bien entendu, qu'il ne soumettent pas le sentiment « vécu » de la culpabilité à un traitement littéraire ni que ce sentiment échappe au travail du texte. Mais ce travail a lieu au grand jour. Il se traduira, en sens inverse, par une espèce de *culture* de la culpabilité, soumise à la même exagération que la culture de l'innocence chez Bukowski. À ce titre, cette littérature continue de participer, sous les dehors trompeurs d'un réalisme psychologique, à la tradition du comique grotesque : voici des personnages qui se sentent un peu trop coupables, ce sont des *géants* de la culpabilité comme Bukowski paraît un géant de l'inconscience.

L'un de ces « géants », en même temps minuscule et fragile fourmi écrasée par le poids de son abjection, est, à n'en pas douter, le narrateur de *L'Enfer et Cie*. Tout le roman de Josselin est une sorte de thérapeutique perverse de la culpabilité, il énumère les mille moyens (imaginaires et trouvés dans l'alcool) que s'invente le narrateur pour « réparer » la mort de Cécile, dont il se croit responsable :

« - Je ne bois pas parce que Cécile est malade, oh non ! Mais c'est une simple intuition, pire une sensation affreuse. Et si Cécile allait de plus en plus mal à cause de mon alcoolisme ? (...) Voilà. Arrivez-vous raisonnablement à croire qu'il y a un lien entre mon alcoolisme et la santé de Cécile ? »

Il est intéressant de constater que cette situation - un homme boit tandis que sa femme est malade, et même est au bord de la mort - est, formellement, la même que la situation tracée par Romain Gary pour son roman *Clair de femme*. Le caractère en apparence *scandaleux* de la dérive nocturne de Michel, le héros de ce livre, explicitement énoncé par son beau-frère dans les dernières pages, trouve peut-être dans l'ouvrage de Josselin son explication dernière. On sait que dans *Clair de femme*, Michel a décidé de passer la nuit dehors pour permettre à la femme qu'il aime, atteinte d'un cancer, de se suicider. Au cours de cette nuit alcoolisée (« Ne dessoûlez pas ! », dit à Michel le montreur de chiens, - à quoi Michel répond : « Il n'y a pas de danger ! »), il lui arrive des tas de choses, et notamment il rencontre Lydia, - une autre femme qui est déjà la « réincarnation » de l'autre, celle qui est en train de mourir.

Cette dernière avait d'ailleurs conseillé à Michel de retrouver, dans une autre, l'image de l'Amour absolu qu'elle-même avait incarné jusqu'à présent. C'est donc une histoire d'incarnation et de réincarnation, qui ne peut que faire songer à l'histoire de Josselin, sur un autre mode, certes, mais identique en substance.

Le narrateur de *L'Enfer et Cie* cherche lui aussi le visage de Cécile dans les différents êtres qu'il rencontre après sa mort, comme autant de preuves qu'elle n'est pas morte, et cette quête de l'immortalité rejoint tout à fait celle de Michel dans *Clair de femme*. Cependant, il n'est jamais dit, ni même simplement suggéré, dans le roman de Gary, que cette quête correspond *ipso facto*, comme cela n'est que trop apparent chez Josselin, à une tentative de se disculper, dans l'imaginaire (alcoolique), de ce qu'on croit être l'effet de la volonté humaine, ou de sa défaillance, ce qui est pareil (si le narrateur de *L'Enfer* avait eu la volonté de ne plus boire, Cécile ne serait pas morte). Gary présente au contraire la chose comme un effet de la fatalité, - non pas de la volonté, mais de la « condition » humaine. Il n'empêche qu'on assiste à cette scène étrange, et qui occupe, bien plus : constitue tout le roman, d'une dérive nocturne extérieurement peu « sérieuse » d'un homme avec une femme de rencontre, de bars en music-halls, de « parties » en bistrots. Pendant ce temps-là, Yannick est en train de se suicider...

À lire tout cela, on se sent coupable à la place de Michel. C'est que le véritable coup de force de ce roman est de prendre à rebrousse-poil le tissu ordinaire des conventions sociales et d'imposer, avec une désinvolture déconcertante, les « choses qui ne se font pas » comme le meilleur signe d'une affliction *sans commune mesure*. L'absence de tout sentiment de culpabilité chez Michel est, en ces instants tragiques, le preuve que dans son malheur il a atteint la sphère supérieure et terrible où toutes les formes d'expression sont disqualifiées par un excès de vécu. Toutes les limites sociales où le plus grand nombre, habituellement, cherche à contenir cet excès sont ici pulvérisées. La douleur de Michel est au-delà de la culpabilité, au-delà par conséquent de celle du héros de Jean-François Josselin.

Mais tout ceci s'explique simplement parce que la culpabilité désigne une forme de la limite. Dans son illimitation, le livre de Romain Gary rejoint lui-aussi -mais il fallait s'y attendre, car tous les romans proviennent de la même souche - cette tradition du grotesque-extatique, comme nous l'avons appelée, et qui se complait dans toutes les sortes d'irrévérence. Michel, le héros de *Clair de femme* est un des personnages les plus irrévérents de la littérature, et c'est pourquoi il ressemble, de manière à peine imprévue, à Henri Chinaski, le poète alcoolique de Bukowski. Tous les deux sont dénués de tout sentiment de culpabilité parce qu'ils font fi tous les deux du sens de la limite.

Cependant, le rapport de contiguïté manifeste qui existe entre la situation de Michel et celle du narrateur de *L'Enfer et Cie* nous incline à pressentir entre ces deux situations un lien plus profond qu'il n'y paraît au premier abord. La négation de toute faute chez l'un, le gonflement exagéré de la responsabilité chez l'autre font pièce : il s'agit d'une seule et même structure, qui sert à articuler un discours parfaitement cohérent. Dans les deux cas, le problème du personnage c'est le passage à la limite de la limite, si l'on peut dire, jusqu'à la défiguration complète du système des différenciations ordinaires et rassurantes, jusqu'au brouillage intégral des choses qui se font et de celles qui ne se font pas (Michel), des choses qu'il est permis de voir et de celles que la raison occulte (le narrateur de *L'Enfer*). Enfin, ces deux personnages, si différents en surface, si profondément ressemblants, représentent les deux pôles d'attraction entre lesquels l'alcoolique, notamment[1], est écartelé, le désir d'infini symbolisé par la bouteille (divine chez Rabelais pour cette raison), et le souci de soi que traduit le sentiment de la faute. Que ces deux personnages en réalité identiques n'appartiennent pas au même contexte textuel ne saurait gêner. On sait bien que les romanciers ont coutume de disperser les aspects variés et contradictoires de leur personnalité parmi leurs nombreux, ou moins nombreux, personnages. Pourquoi, dès lors, du point de vue de l'unité du discours alcoolique et de l'homogénéité interne de l'imaginaire alcoolique, qui vaut bien celle de la personnalité d'un individu, ne pourrait-on admettre que tous les personnages qui peuplent l'univers littéraire, dans une certaine région tout au moins, renvoient à un même centre articulé et structuré ? C'est Léon Chestov qui s'étonnait qu'on puisse tolérer des opinions contradictoires chez plusieurs personnes, mais jamais chez une seule : se mettre en contradiction avec soi-même est une espèce de flagrant délit. À l'inverse, pourquoi n'accepterait-on pas que les diverses valeurs et sentiments « représentés », dans la littérature, par des personnages multiples dans l'espace de *plusieurs* romans, ne seraient pas des émanations d'une seule et même instance, - le « sujet » de l'imaginaire alcoolique, si l'on veut, ou l'imaginaire alcoolique pensé comme sujet ? L'«explication» de l'irrévérence « cosmique » de Michel se trouverait, du coup, dans la soumission sans réserve (et en ce sens également cosmique) du héros de Josselin aux injonctions de sa conscience lorsqu'elle lui reproche la mort de Cécile. Et ce qui fait le point de passage entre ces deux passages à la limite c'est, bien entendu, l'alcool.

[1] Certes, Michel n'est pas vraiment un « alcoolique », tant s'en faut, et son alcoolémie est épisodique et ajustée aux besoins des circonstances. C'est surtout la proximité frappante de son histoire avec celle des alcooliques sous l'angle de la culpabilité qui nous conduit à dégager la signification réelle de cet alcoolisme sporadique.

8

Michel et B. (le narrateur de *L'Enfer et Cie*) se situent tous les deux par rapport à des femmes qui sont extrêmement fragiles, et dont la fragilité est symbolisée par la maladie mortelle qui les frappe : quel peut bien être le sens textuel de cette fragilité, sinon d'illustrer et de souligner la *faute* de ces hommes qui, en buvant, se révèlent d'autant plus inhumains d'« oublier » leur femme en train de mourir ? Certes, Michel n'oublie rien, et c'est même parce qu'il ne peut oublier qu'il se livre à cette débauche nocturne qui n'est une faute qu'aux yeux des bien-pensants incapables de toute grandeur. Son « inhumanité » réside plutôt, dès lors, dans son sens de la grandeur, - de la grandeur d'âme, comme on dit, qui fait de lui un personnage hors-limite, un géant de l'Amour, un homme capable de vivre sa passion dans une tension inflexible, que seule la mort peut rompre. Mais d'autre part, nous savons bien que lorsque nous juxtaposons ce géant de l'authenticité au nain qu'est B. dans *L'Enfer et Cie*, ces deux personnages s'éclairent l'un par l'autre et que, nonobstant l'abjection du personnage de Josselin, il existe chez lui un héroïsme de la culpabilité qui est comme l'ombre portée de la souveraineté apparente de Michel sur tous les sentiments ordinaires, « humains ». Cet héroïsme de la culpabilité est lui-aussi, dans son genre, inhumain, exige la même insupportable tension. L'insouciance extraordinaire de Michel à l'égard du jeu serré des conventions sociales, évoqué pour les mêmes raisons dans *Moderato Cantabile*, insouciance si pure qu'elle appartient de plein droit à la littérature et à elle seule, mais parfois aussi à l'alcoolique lorsqu'il a atteint le niveau d'*irresponsabilité* souhaitable, cette insouciance n'est que le reflet inversé du remords qui possède le narrateur de L'*Enfer*.

L'acharnement que met celui-ci à piétiner le cœur de son amante, Cécile, fait pendant au soin et au respect constant dont témoigne Michel à l'égard de Yannick. La fragilité de cette dernière est imputée à la fatalité, à Dieu ou à la vie. La fragilité de Cécile est explicitement attribuée aux exactions éthyliques de B. La culpabilité de Michel n'apparaîtrait pas si la fragilité de Yannick ne participait pas de la fragilité de la longue liste des femmes fragiles dans la littérature alcoolique, dont la fonction est manifeste : faire ressortir, par une antithèse frappante, l'ignominie du buveur. La présence formelle de cette figure antithétique dans *Clair de femme*, bien qu'elle ne serve pas en apparence à produire le sens d'une quelconque culpabilité, n'en doit pas moins nous faire soupçonner, quand on sait le rôle universel de cette figure dans l'imaginaire alcoolique, que telle est bien ici aussi sa fonction, et que nous sommes devant une expression très médiatisée, presque totalement refoulée, de la culpabilité, mais cependant bien réelle. L'insouciance pure de Michel est une *forme paradoxale* de la culpabilité, dont la vérité dernière doit être recueillie ailleurs, aux endroits de l'imaginaire alcoolique où le « Surmoi » des buveurs apparaît moins fort, c'est-à-dire, comme on sait, plus facilement soluble dans l'alcool. Michel ne chutera pas, et sa bonne tenue contraste violemment avec celle de B., qui chute non seulement dans sa propre estime, mais aussi dans l'espace, comme on le voit dans ces lignes :
« Je lui raconte Cécile : à mon retour, l'autre soir, Cécile paraissait être dans le coma. J'ai trébuché sur tous les obstacles de notre chambre, fauteuil. crapaud, tabouret, commode, table de chevet. À chaque chute, Cécile entrouvait un œil mourant. J'avais envie de la gifler. Je ne trouvais plus la porte de la salle de bains[1]. Ce qui m'a exaspéré au point de lui donner

[1] Lieu particulièrement significatif comme nous l'avons appris.

une petite tape sur le dessus du crâne. Cette fois, Cécile s'est réveillée. Ses yeux anxieux me scrutaient. Elle n'a su que murmurer dans une petite grimace
- Pourquoi es-tu si méchant ? »
Il est si méchant parce que, au contraire de ce qui pourrait se passer chez un Bukowski, résolument fermé à toute espèce de remords, la méchanceté prépare le moment à la fois « anéantissant » (le mot est de Josselin) et délectable de la culpabilité. Cette phase de repentir, née de l'acharnement alcoolique à détruire ce qui est bon et juste, est elle-même la condition de l'accès au « Ciel » de la charité : normalement, le paroxysme du remords correspond à un épisode mystique où le buveur voit Dieu. C'est la « ténèbre lumineuse » de Jean de la Croix, l'extase néantisante de Sainte Thérèse :
« - Alors, je me suis écroulé. J'ai sangloté, le visage enfoui dans la couverture du lit. Sous le satin, je sentais ses jambes maigres, les os de ses jambes contre ma joue. Je me disais : la vie est mal faite, on devrait pouvoir pratiquer des transfusions sanguines ; on piquerait une aiguille dans ma veine jugulaire et ma vie passerait, goutte à goutte, dans le corps de Cécile. Et moi je m'anéantirais, de plus en plus apaisé, et faible, au fur et à mesure que Cécile renaîtrait. Ce serait une mort paisible et heureuse ; j'échapperais au monde pour me réfugier dans la mémoire de Cécile, le Ciel en somme.
- D'ailleurs le Ciel et Cécile, à deux lettres près, c'est le même mot[1]. »
Le thème de la culpabilité embraye alors, de manière toute logique (n'est-il pas question de « péché originel »?) sur celui des rapports de l'alcoolisme et de la mystique, qui a réclamé à lui seul un traitement particulier.

---

[1] Le lecteur se souvient que ces lignes contribuaient également à notre interprétation des rapports entre alcoolisme et religion (symbolisme de la « transsubstantiation »).

9

« La honte m'écrasait », déclare le narrateur de *L'Enfer et Cie.* Notre langue connaît cette expression étrangement parlante : « Toute honte bue », comme le dit Guy Béart dans une chanson : « Toute bière bue ». La honte, la bière, cela se boit. La honte, certes, comme un breuvage amer, - mais la proximité syntaxique des deux expressions donne à penser que la bière, à son tour, se boit comme une honte, que l'on boit honteusement et qu'il est honteux de boire. Cette bière qu'on boit, on a plutôt l'impression maintenant qu'on la ravale, comme on dit cette fois : « Je te ferai rentrer ces mots dans la gorge », les mots honteux et coupables qu'on ne doit pas prononcer. « Toute bière bue », dans ce contexte, c'est toute bière qu'on fait ingérer de force par celui qui a mérité ce châtiment, comme dans le supplice médiéval où l'on tuait la victime en lui versant des litres et des litres d'eau dans la gorge au moyen d'un entonnoir. Pareillement, le coupable ravale sa honte comme le prix de la bière bue. Ainsi, une cure de désintoxication originale pourrait peut-être comporter cette épreuve : obliger le patient à boire, le lendemain d'une orgie, tout ce qu'il a bu la veille, - à ravaler sa bière... Il est vrai que l'expérience du vomissement forcé dont on a dit un antérieurement n'est pas loin de cet idéal quantitatif.

Mme Foy, la compagne de beuveries de B., n'a pas honte. Elle n'est pas fière non plus : « Je ne suis pas fière de boire. Je n'en ai pas honte non plus. » Remarquable aveu d'une manière de boire *neutre*, qui exalte par antiphrase le sens de la faute de B.. Mme Foy est cependant capable de deviner la honte du poivrot, et de s'en faire une idée assez exacte, puisqu'il lui écrit :

« Chère amie, il n'y a qu'à vous que je puisse décrire mon malheur et, surtout, la cruauté des remords qui me déchirent. »

C'est que Mme Foy, à ses yeux, est tout de même un peu impliquée dans le mort de Cécile. Cécile, en effet, disparaît au moment on le narrateur et Mme Foy partagent une abominable soirée d'ivresse : « Cécile, raconte B., mon épouse adorée, s'était en effet éteinte vers 2 h30, bien avant l'aube, au moment sans doute où nous sanglotions, ivres morts, dans les bras l'un de l'autre. (...) Je me suis accusé à haute voix. Personne ne m'a entendu. Et même, pour que ma honte et mon malheur soient complets, sans doute pour que nul répréhension ou reproche ne me viennent en aide, on s'est refusé à relever qu'à cette heure tragique j'étais sous l'effet de l'alcool. On a osé mettre mon ébriété sur le compte de mon désespoir alors que celle-là a provoqué celui-ci. On m'a 'compris'. Pire : on m'absout de toutes mes fautes et d'abord de mon premier et seul crime : la mort de Cécile ».

Si, à cette heure fatidique de confrontation avec le cadavre, on se refuse à relever que B. est « sous l'effet de l'alcool », on le remarque à haute voix lorsque Michel arrive près de Yannik qui a mis fin à ses jours : « - Complètement saoul... », observe, scandalisé, son beau frère (mais en vérité Michel est simplement saoul de malheur). Ce sont les autres qui lui affectent une culpabilité que lui-même n'éprouve ni n'approuve pas, au lieu que B. se met en tête d'avoir tué Cécile, ce que les autres seraient bien loin d'admettre. Encore une fois, la symétrie de ces deux descriptions, inversée mais exacte, ne laisse pas de nous mettre sur le chemin d'un symbolisme homogène. On a « compris » B., qui se croit coupable. On ne 'comprend' pas du tout Michel, que l'idée de sa culpabilité n'effleure même pas, d'ailleurs à juste titre. Si on absout B. de toutes ses « fautes », on ne pardonnera pas à Michel sa « goujaterie » : « Ils nous regardaient avec cette gêne qui essaie de ne pas trop voir. J'étais venu avec une autre femme, on devinait sans peine qu'il y avait entre nous une complicité très tendre, et c'était du dernier comique, ces airs embêtés qu'ils prenaient. J'étais un goujat. Je ne respectais pas le malheur, ses droits, privilèges, conventions et convenances. Je me dérobais avec arrogance aux égards qui lui étaient dus. Il y avait défi, insubordination, refus d'obéissance, ce qui est toujours un manque de savoir-vivre. Il y avait lèse-majesté, profanation du sacré, insulte au chef de notre État, outrage au pouvoir absolu, et cette femme qui se tenait tranquillement à mes côtés comme s'il y avait permanence, ne paraissait même pas comprendre que c'était un lieu de deuil. Je voyais pourtant bien que Yannick ne respirait plus, qu'elle était 'morte', comme on dit couramment chez ceux qui ne doutent de rien. »

10

Absous, voici B : « damné sans la consolation d'une torture physique, d'un châtiment humain », comme il le dit lui-même. Ce roman est vraiment celui de la culpabilité alcoolique. « J'ai mérité de perdre Cécile, déclare plus loin le narrateur. À chacune de mes gorgées, sa vie s'échappait de mon corps. » C'est la morale classique des justes rétributions, celle qu'on a vu à l'œuvre, déjà, chez Jack London, mais qui prend ici la dimension mythologique d'une peau de chagrin. La morale classique culmine en rêverie romantique, qui elle-même s'achèvera en confusion totale, en dissolution animiste de la personne dans l'infini du cosmos. Le roman retourne alors à ses origines comme les anguilles dans la mer où elles sont nées : le berceau de la tradition grotesque-illimitée, où toutes différences s'abolissent au nom du désir prométhéen d'être et de pouvoir tout. Les personnages, ou les fantômes, que le narrateur de *L'Enfer et Cie* s'invente sont, dit-il, « à l'usage exclusif de (s)es remords. »

Tous ces fantômes sont des réincarnations de Cécile, qui peut ainsi se dissimuler - et du même coup se révéler - sous chaque visage, sous toute forme. Même la forme animale, celle d'un chat par exemple. Le narrateur mesure alors toute la différence, irrattrapable, qui le sépare de l'aimée, perdue dans le temps même qu'il la retrouve. Il interprète cela comme un juste châtiment : « Cette métamorphose lui sied à ravir, dit-il de Cécile réincarnée en chatte : femme, elle avait déjà la grâce des félins, leur indépendance et leur fidélité de cœur. Rappelez-vous, elle m'attendait en sommeillant dans un fauteuil, les paupières baissées pour échapper à l'éblouissement d'un rai de soleil. Peut-être était-elle déjà une chatte et ne le devinais-je pas ? Mon châtiment serait alors d'être, aujourd'hui, lucide et de comprendre combien nos conditions diffèrent. »

Mais voilà qu'il croit retrouver, maintenant, Cécile sous les espèces d'une... araignée ! Et aussitôt après, d'une mouche. La mouche qui, peut-être, sera dévorée par l'araignée. Que faut-il faire ? Écraser l'araignée, sauver la mouche ? Ou priver Cécile de son repas ? Le « châtiment », ici, provient de ce que le narrateur ne sait jamais exactement ce qu'il en est. Les réincarnations ou avatars de Cécile sont instables. L'aimée passe d'un corps à l'autre sans prévenir ni produire les signes indubitables de son passage. Le supplice repose tout entier sur l'indécision, et le narrateur est condamné à vivre dans un monde où il doit prendre soin de toutes choses avec une infinie précaution, parce que toutes choses sont susceptibles de « contenir » Cécile. Plus que jamais, en quelque sorte, l'enfer, c'est les autres, et même ces autres absolus que sont les objets et les bêtes ou les plantes. Telle est la punition infligée à celui qui croit avoir tué Cécile à cause de son alcoolisme. La forme du châtiment, aussi aberrante qu'infernale, n'est en somme qu'une conséquence logique et, ensemble, névrotique, d'un point de départ lui-même pervers. Le roman est l'histoire de cette logique du délire : « Pour ne pas la blesser (Cécile), je dois désormais rester immobile et silencieux, aphasique. Oserai-je me débarrasser du bouquet de roses fanées, dans un vase sur la cheminée de sa chambre, et le jeter à la poubelle ? Ai-je le droit d'écraser cette araignée qui tisse sa toile, non sans malice, sous mon nez ? Dois-je sauver la mouche prisonnière de la toile de la même araignée et quand la mouche sera mangée par l'araignée, qui me dira si Cécile a bien déjeuné ou si Cécile a été dévorée par cet horrible monstre à huit pattes qui pourrait être, néanmoins, elle-même... Quel est en fin de compte mon châtiment ? »

Pour combattre tous ces fantômes, conséquences directes de son sentiment de culpabilité, le narrateur décide de ne plus sortir de sa chambre, réduisant ainsi, à tout le moins, le nombre des apparitions de Cécile à celles qui pourraient se produire dans son espace intime : « Le silence et l'absence, dit-il, me semblaient préférables aux horribles chimères qui endeuillaient ma vie. Je préférais être enseveli dans mes remords et mes regrets. » Claustration, ensevelissement, mortification : voilà le châtiment. Mais alors surgit cette question, d'une perversité toute alcoolique, et qui, bientôt, repoussera B. dans la rue : en se cloîtrant (remarquons en passant que l'obsession du cloître est commune à bien des héros de la littérature alcoolique) ne va-t-il pas, à nouveau injustement, priver Cécile de sa présence ? Car enfin, « elle, l'innocente, la bonne Cécile, ne m'aimait-elle pas ? Et n'est-ce pas intolérablement injuste de la priver de moi, son amour, parce que je me suis abandonné à mon vice ? » Implacable logique, qui est souvent la ruse de John Barleycorn quand il veut débusquer ses victimes ! Au nom de la culpabilité, qui l'avait, en un premier mouvement qui n'est là que pour préparer le second et lui donner l'élan nécessaire, forcé à faire retraite dans sa chambre, le narrateur se retrouve « dans la rue », c'est à dire sur le territoire de chasse de John Barleycorn.

Dans la rue, donc, B. s'identifie à Norbert, qui est « l'homme qui mérite Cécile » ; lui-même, en effet, « ne la mérite pas ». Il ne cesse d'ailleurs de dire et d'écrire à Mme Foy qu'il ne mérite pas Cécile : trop coupable pour cela. En s'identifiant à Norbert, en passant corps et âme en lui (tradition extatique du comique grotesque-illimité), B. peut croire enfin qu'il mérite Cécile, au prix d'une perte d'identité et d'une confusion où nous reconnaissons l'un des états psychiques les plus ordinaires chez l'alcoolique. Mais cet état se trouve justifié, dans l'ordre de la poésie romanesque, par sa participation toute littéraire à la tradition de l'illimitation grotesque.

Ce Norbert, et sa compagne Caroline qui est une réincarnation de Cécile, sont beaucoup plus jeunes que B. : belle occasion pour celui-ci de voir dans ce décalage une nouvelle forme de son châtiment : « c'est curieux, pensai-je, mon châtiment est peut-être de vieillir alors qu'elle reste enfant. » Mais son châtiment, cette fois, est quelque peu adouci par le fait que Cécile-Caroline boit beaucoup. Elle le dégrève ainsi de sa culpabilité, tout au moins partiellement et pour peu de temps. Au cours d'une soirée qui, très vite, se révèlera démoniaque, « il y eut, comme douceur, un sorbet aux fraises des bois qui, avec quelques coupes de champagne, nous mit de bonne humeur. Curieusement, Cécile buvait sec. Ce qui d'ailleurs m'amusa beaucoup. Après les malheurs que lui a causés mon alcoolisme, elle a bien le droit à cette compensation, pensais-je. »

Hélas, la nouvelle Cécile se montre à la fin si odieuse que le rapport du narrateur à l'objet aimé se trouve à nouveau fermement décrit en termes de bien et de mal, comme si sa vie amoureuse, parce qu'elle se confond avec une vie alcoolique, ne pouvait être placée que sous le signe de la culpabilité ou, comme il le dit lui-même, de la « damnation » : « Mais Cécile, dites-moi, Cécile serait-elle damnée ? Ou alors, pour elle, je serais son paradis autant qu'elle doit être pour moi mon enfer ? »

Le sexe, dans la littérature alcoolique, participe de la même démonologie que l'alcool. Cécile est plus loin traitée de « monstre ». Le narrateur déclare même, formellement : « Car démoniaque, elle l'était, cette nouvelle Cécile ! » On croirait entendre du London, parlant de John Barleycorn. Comprenant enfin le « piège » dans lequel il est tombé et les « périls » auxquels il devra faire face, B. se fait ces réflexions particulièrement éclairantes : « En même temps, je devinai la qualité du châtiment que le ciel me réservait. Car n'étais-je pas, à la fin du compte, le premier coupable de ces horreurs ? En un éclair la démarche de mon destin m'apparut avec évidence. Dans un premier temps, j'avais cru que mon alcoolisme avait tué Cécile. La raison m'avait ensuite instruit qu'il n'en était rien, qu'elle n'était pas morte. En revanche que moi, j'étais mort pour elle dans la mesure où j'avais mérité de mourir. Mais cette mort, au lieu de libérer Cécile, l'avait perdue. Norbert m'avait remplacé. Cécile, grâce à Dieu, n'avait pas vu de différence entre mon corps et le mien mais cette substitution extravagante, néanmoins, l'avait assez désorientée pour la précipiter de la vertu dans le vice. Non content d'avoir détruit notre bonheur conjugal, voilà que je contribuais à faire damner celle pour qui j'aurais sacrifié ma vie et mon âme. »

Dès lors, la boucle est bouclée : la logique alcoolique des « substitutions extravagantes », en « précipitant la vertu dans le vice », se perd elle aussi dans le fleuve de la démonologie. Si grande est la cohérence de tous les thèmes de cette littérature qu'il n'en est pas un, d'ailleurs, qui ne finisse par s'y perdre. Ainsi en va-t-il de la culpabilité, une fois passé l'espoir que l'illimitation de tous les corps et de toutes les âmes restituera le sujet - le sujet de la bouteille - à une innocence animiste que seule connaîtraient les enfants, les primitifs, et les créatures fabuleuses du roman grotesque. Mais la culpabilité sourd à nouveau en un point où on ne l'attendait plus, et cette résurgence témoigne de son lent cheminement souterrain dans les consciences. Au creux même de ce que le buveur pensait être un abri inexpugnable, la « substitution » comme le dit Josselin -, qui escamote la personne physique et morale, renaît, plus fort que jamais, le remords fatal. Et cette fois, l'anathème que l'alcoolique se lance à lui-même, inversement proportionnel, dans sa puissance, à l'espoir qu'il avait placé dans le sacrifice de soi (forme noble de l'indifférenciation grotesque), cet anathème retrouve tout naturellement les formes et les images de l'imaginaire religieux. Cet imaginaire conditionnant, comme on l'a bien vu à propos de Michel Leiris et de son « péché originel », pratiquement toutes les images et tous les symboles de la littérature alcoolique, avec différents degrés de médiation, l'expression de la culpabilité dans les textes qui la constituent est en même temps une preuve que l'alcoolisme s'y parle nécessairement en termes de démonologie et que la démonologie souveraine impose, en la recouvrant du masque de la description psychologique, l'expression de la culpabilité pour parfaire sa cohérence symbolique, c'est à dire, en somme, pour soumettre la psychologie au travail du texte et l'intégrer à cette thématique supérieure de l'Illimitation ou de la Substitution de toutes choses qui lui est si chère.

ALCOOL ET VIOLENCE

1

Que l'alcoolisme engendre la violence, c'est une affaire entendue. Tous nos auteurs se plaisent à le rappeler d'une manière ou d'une autre. Plusieurs se sont montrés violents non pas seulement dans leurs textes, mais dans leur vie même, comme Hemingway. La plupart, de tempérament pourtant fort peu belliqueux, ont eu à affronter, si l'on veut bien croire leurs récits, des événements violents dont ils ont été les principaux protagonistes : ainsi, Monsieur Jadis se bat, dès le début du livre de Blondin, avec des Arabes, et rentre chez lui le visage en sang. Ce n'est pas que l'alcool développe chez les plus timorés le courage du lion. Simplement, par une espèce de fatalité où il nous faut reconnaître une ruse supplémentaire de John Barleycorn, l'homme ivre finit tôt ou tard par se trouver confronté à des situations de violence où il est obligé de prendre une part active, ne serait-ce que pour défendre la veuve et l'orphelin, ce qui est le cas de Monsieur Jadis prenant la défense de Popo. Sans prétendre expliquer la raison du lien intime qui rattache l'alcoolisme à la violence, on se contentera d'un certain nombre d'observations - par exemple qu'il y a sans doute un rapport entre violence et homosexualité refoulée : l'alcool, en favorisant l'émergence de celle-ci stimule *ipso facto* la violence -, qui toutes nous sont fournies, implicitement ou explicitement, par les romanciers. Mais au-delà aussi des observations qu'on peut faire à la faveur d'une lecture quasiment naïve des textes, au-delà de la description de l'imaginaire romanesque qui résulte de la combinaison de tous ces éléments observés, une surprise nous attend : l'écriture elle-même entretient un rapport mystérieux avec la violence. L'alcool, cette fois, est le révélateur de cette vérité confusément entrevue, dans la mesure où, comme on sait, il peut être lui-même une alternative à l'écriture. Les deux, dès lors, alcool et écriture, entretiennent le même rapport à la violence. Ce qu'exprime nettement Bukowski : « Assister à un combat de boxe apprenait quelque chose sur l'écriture. Le message n'était pas très clair, mais cela m'aidait ».

2

Quoi qu'il en soit, les psychanalystes, de leur côté, ont toujours admis que l'alcool, qui lève les inhibitions, levait par conséquent l'inhibition de la violence : il « réveille » les pulsions agressives. En ce cas, la forme que prend John Barleycorn pour se manifester (donner des coups, tuer, boxer, etc.) n'est qu'une des modalités du réveil général des pulsions inhibées. Ici comme ailleurs, la violence ne peut être décrite comme un effet spécifique de l'alcool. Son déchaînement est contingent, et se produit chez des individus qui en manifesteraient la disposition même à jeun, - dût cette disposition se trahir paradoxalement par une attitude tout à fait pacifique et résolument anti-belliqueuse : le caractère absolu de ce pacifisme, dès lors, n'est que le signe inversé d'une violence latente, l'indice qui servira à mesurer la puissance du refoulement.

Ainsi, l'alcool ne produit jamais d'effets qui soient en relation directe avec sa nature d'alcool. Simplement, il dérange l'ordre établi dans la libido du sujet et précipite ses contradictions latentes sans modifier la constitution « naturelle » de son économie psychique. Voilà pourquoi ses effets ne sont jamais assujettis à un déterminisme rigoureux. Ce qui, chez les uns, se traduira par un accroissement de la bienveillance à l'égard du prochain, voire de la complaisance, sinon de l'amour, trouvera à s'exprimer chez les autres par un comportement agressif ou brutal : comme on dit, certains ont l'alcool joyeux, d'autres l'alcool triste ; cette tristesse peut s'aggraver en violence, qui est souvent un moyen de la combattre par inversion des pôles : dans la violence, en effet, le sujet redevient actif, au lieu que dans l'état de tristesse il traînait sa misère et subissait passivement le poids des circonstances. Les romans de l'alcool nous représentent abondamment le résultat de cette stratégie inconsciente. Pas seulement les romans, d'ailleurs, mais aussi les films : combien de séquences dans les bars qui se terminent en bagarres générales, au point même que ces épisodes sont devenus un thème obligé d'un certain cinéma, un code de représentation, quelque chose que le spectateur attend et pour laquelle il a payé !

3

Le Cabaret de la dernière chance est émaillé de récits de bagarres qui sont bien dans l'esprit des rixes cultivé, plus tard, par le cinéma américain.. En voici un, à titre d'exemple, qui paraît tout prêt pour la mise en scène, un véritable passage de scénario. Jack et d'autres marins ont échoué leurs bateaux sur un banc de sable, et commencent à boire : « Cet après-midi d'un dimanche tout ce qu'il y a de plus ordinaire devint une orgie somptueuse. » Rapidement, « les visiteurs avaient afflué, en un méli-mélo de nationalités et de tempéraments, tous stimulés par John Barleycorn, et libérés de la moindre retenue.

Les anciennes querelles, les haines à demi-éteintes se ranimaient. Un vent de bataille soufflait dans l'air. Chaque fois qu'un caboteur se rappelait un ancien grief contre un matelot de goélette, ou vice-versa, chaque fois qu'un pilleur d'huîtres ruminait en lui-même ou rallumait chez autrui une vieille rancune, un poing se tendait et donnait le signal d'une autre rixe. Toutes finissaient par une nouvelle tournée générale, et les combattants, soutenus et encouragés par la foule, s'embrassaient et se juraient une amitié éternelle.

Soup Kennedy choisit précisément cet instant pour venir reprendre une de ses vieilles chemises oubliées à bord du *Reindeer* lors de son voyage en compagnie du Peigne. Il avait pris le parti de celui-ci dans sa querelle avec Nelson. En outre, il venait de boire à la Maison de Saint-Louis, et c'est bien John Barleycorn qui l'amenait au banc de sable, à la recherche de sa chemise.

Après un bref échange de paroles, Soup Kennedy s'empoigna avec Nelson dans le poste du Reindeer ; au cours de la mêlée, il faillit avoir le crâne fracassé par une barre de fer que brandissait Frank-le-Français, furieux de voir un homme possédant l'usage de ses deux poings en attaquer un autre qui avait le bras en écharpe. (Si le *Reindeer* flotte toujours, la marque de fer doit subsister dans la lisse en bois dur de son poste.)

Mais Nelson leva sa main trouée d'une balle ; tandis que nous le retenions, il hurlait en pleurant, sur sa foi de Berseker, qu'il démolirait Soup Kennedy avec une seule main. Nous les laissâmes se débrouiller sur le sable. À un moment où Nelson semblait avoir le dessous, Frank-le-Français et John Barleycorn, mauvais joueurs, intervinrent sournoisement dans la lutte. Aussitôt Scotty protesta et essaya d'atteindre Frank-le-Français : celui-ci fit volte-face et lui tomba dessus, et l'ayant forcé à un corps à corps après une glissade de cinq mètres sur le sable, commença à le marteler de coups de poing. Comme nous essayions de les séparer, une demi-douzaine de batailles particulières s'engagèrent entre nous.

Elles prirent fin de façon ou d'autre. Nous séparâmes les combattants les plus enragés en leur offrant à boire. Cependant, Nelson et Soup Kennedy continuaient à se colleter.

De temps en temps nous reformions le cercle autour d'eux ; lorsqu'on les voyait épuisés sur le sable, incapables de frapper un autre coup, on leur donnait des avis de ce genre : 'Lance-lui du sable dans les yeux !' Ils suivaient notre conseil, puis une fois qu'ils avaient récupéré, ils s'empoignaient de nouveau. La bataille dura jusqu'à l'épuisement des adversaires. »

4

Une photographie de Marie Hemingway représente Ernest disputant un match de boxe à Bimini en 1935. On voit celui-ci, gants aux poings, d'une stupéfiante stature, figurer merveilleusement le type de l'écrivain boxeur, paraissant illustrer du même coup la loi mystérieuse qui associe, selon Bukowski, la boxe et l'écriture. Mais elle manifeste aussi, plus simplement, cette morale toute américaine qui exige que l'intellectuel ne soit pas une mauviette ni ne déserte les terrains de sport. L'alcoolisme lui-même, on s'en souvient, s'intègre à cette morale comme un attribut de « virilité » et de puissance physique, - le héros n'ayant de cesse, quand il a retiré ses gants de boxe, de s'emparer d'un verre.

C'est encore cette morale qu'exprime la littérature d'un Jack London, dès lors qu'elle se complaît dans la narration d'échauffourées plus ou moins sanglantes, comme celle qu'on vient de lire. Comme les romans de London sont tissus de récits de bagarres, la vie de Hemingway est jonchée de récits de knock-out. Ernest voyait sans doute dans la boxe un substitut possible à la corrida. Aussi ne s'est-il pas privé de lancer tous les défis qu'il pouvait au long de sa carrière, même s'il n'est jamais devenu un véritable boxeur livrant des combats officiels. Ici aussi, tout de même, nous observons la même limitation qu'en ce qui concerne les courses de taureaux. Quelle que soit la nature du lien qui enchaîne l'écrivain alcoolique à la violence, il reste un amateur dans tous les genres de combats qu'il entend livrer. Même la guerre, Ernest la fera en « amateur » comme agent de la Croix-Rouge ou correspondant. Jamais la fascination pour toutes les formes du danger ne va jusqu'à rompre définitivement avec le monde idéal de l'écriture, celui, en somme, de la contemplation. Rarement aussi, nos écrivains vont jusqu'à abandonner ce monde au profit de celui de l'alcool exclusivement.

La photographie de Marie Hemingway est certainement un souvenir du combat qu'Ernest livra avec celui que Carlos Baker décrit comme « le plus formidable de ses adversaires », « un grand Noir nommé Williard Saunders, qui travaillait pour Julie Sanchez et qu'on disait capable de porter un piano sur sa tête. » Baker raconte ainsi les circonstances du combat : « Selon la version qu'Ernest donna plus tard de l'histoire avec, sans aucun doute, quelque exagération, il prenait un apéritif avec Mike Lerner, un sportif entre deux âges qui dirigeait une firme new-yorkaise. Un messager monta à bord du yacht de Lerner pour annoncer à Ernest qu'il y avait sur le quai un homme qui désirait lui parler. Williard Saunders attendait, l'air déférent.

- Monsieur Ernest, dit Williard, je voudrais faire un essai avec vous pour les 250 dollars.

- Très bien, Willard, dit Ernest. Je ferai un essai avec vous demain matin avant d'aller pêcher.

- Non, monsieur, insista Saunders. Je voudrais faire un essai ici et tout de suite[1].
- C'est bon, dit Ernest. Je vais chercher mes gants.
- Non, répondit l'homme d'un ton ferme. Je veux faire cet essai ici même, sur le quai, et sans gants.

L'assaut ne fut pas long. Au bout d'une minute et demie, Williard était calmé. Un autre adversaire se présenta, qui subit le même sort au bout de deux rounds après, toutefois, avoir envoyé un crochet du droit qui paralysa le visage d'Ernest pendant une demi-heure. Au cours de ce mois, Ernest se battit en tout quatre fois : deux fois à main nue, deux fois avec des gants. Sa saison de boxe atteignit son apogée quand il fit une 'démonstration' de quelques rounds avec Tom Heeney, un poids lourd qui avait jadis boxé avec Gene Tunney. Ernest lui-même dut reconnaître que Heeney n'était pas très en forme ; mais il était extrêmement fier d'avoir pris part à cette rencontre, à laquelle son imagination donnait des proportions toujours plus importantes chaque fois qu'il la racontait. » On le voit bien dans ces dernières lignes de Carlos Baker : la violence est, comme l'alcool, le prétexte d'affabulations illimitées et cumulatives qui paraissent prouver qu'effectivement il y a un lien mystérieux entre l'invention romanesque et les sports de combat...

5

Sans doute la violence n'est-elle pas un thème exclusif des romans de l'alcool, qui leur serait réservé, en

[1] « Tout de suite », cela veut dire qu'Ernest a en ce moment ingurgité de l'alcool, ce qui n'empêchera pas le combat et marquera au contraire l'association intime et nécessaire entre les deux. Les boxeurs « ordinaires » savent bien qu'on ne commence pas à combattre avec un apéritif dans l'estomac.

quelque sorte, dans la mesure où ce lien entre écriture et boxe est bien réel, et que beaucoup d'écrivains alcooliques sont par nature enclins à boxer leurs semblables. C'est même un des ressorts principaux du comique, aussi bien dans les romans qu'au théâtre, que de faire distribuer ou recevoir par les personnages coups et horions. Cette tradition est bien connue. On en décèle l'origine dès Rabelais ou chez Scarron. À vrai dire, elle est inséparable de cette esthétique du grotesque-illimité que nous avons évoquée si souvent, articulée sur d'autres thèmes essentiels, le voyage, le déguisement, l'indifférenciation, etc. Mais au creux même de cette tradition, la littérature alcoolique, une fois de plus, occupe une place de premier plan, sert de révélateur aux tendances générales et parfois plus ou moins latentes du texte romanesque dans son ensemble. Cependant, on ne peut qu'observer comment, chez Hemingway ou bien d'autres, la singularité d'une expérience réelle, attestée par la biographie, « passe » tout entière dans le réseau serré de la convention littéraire et se trouve accueillie par un modèle esthétique, ici celui du grotesque-illimité. Le goût personnel d'un Hemingway pour la violence s'intègre alors aux formes normalisées et culturellement vraisemblables d'un *genre* de récit, où il est accoutumé que les gens reçoivent ou donnent des coups. L'alcoolisme de l'écrivain lui-même, dans la mesure où il encourage l'expression de la violence, se voit doté d'une fin et d'une fonction qui sont de contribuer à la vie de la littérature. Rien ne se perd, tout se transforme, - pour aboutir au texte, à l'écriture, sans doute en raison d'un rapport mystérieux, mais le résultat de cette chimie secrète n'en est pas moins spectaculaire : alors même que le type de l'écrivain boxeur peut présenter aux yeux de certains lecteurs quelque chose de déconcertant et, si l'on ose dire, de blessant (de paradoxal en tout cas, puisqu'on voit se condenser dans ce type l'image du raffinement culturel et celle de la nature sauvage et déchaînée), voici que le caractère en apparence irréductible, volontiers pervers, de ce goût pour la violence est rattrapé, récupéré par les lois d'un genre, voici que, par un coup de force notable, le particulier indicible trouve le moyen de servir la cause des formes les plus hautes du discours et d'enrichir une tradition nourrie de représentations communément admises.

6

Rapport mystérieux de la boxe et de l'écriture... *Le Soleil se lève aussi* commence par ces lignes : « Il fut un temps où Robert Cohn était champion de boxe, poids moyen, à l'Université de Princeton ». Voici donc un roman qui donne le ton, place le geste inaugural d'écrire sous le signe de la violence, une violence réglée, sans doute, mais une violence quand même. Par une espèce d'antiphrase révélatrice, Hemingway confie au personnage le plus antipathique du roman le privilège de boxer les gens, et notamment le personnage principal, Jake Barnes, qui est aussi le narrateur de l'histoire et auquel l'auteur paraît s'identifier le plus volontiers. Ici se découvre peut-être la fonction substitutive de la boxe, que nous avons évoquée plus haut : contre la noble et difficile violence du torero, boxer ne représente jamais qu'un succédané un peu vulgaire, même si cette pratique permet de classer une première fois les écrivains selon un ordre hiérarchique qui placerait, on s'en souvient, un Scott Fitzgerald tout au bas de l'échelle (il s'évanouit comme une femme pour un rien, mais c'est aussi le cas de Robert Cohn qui entre en pâmoison lorsque coule le sang dans l'arène), et tout en haut, évidemment, Ernest, qui roue les grands nègres de coups sur les quais de Bimini. Comme pour parachever l'antiphrase, Cohn n'est pas un buveur et tient difficilement l'alcool. Romero, le toréador, boit volontiers. Le comble est atteint lors-

que Cohn rosse ceux qui boivent, ces héros de bar célébrés par Jack London, les « bons garçons », et notamment Barnes lui-même au cours d'une scène décisive où le groupe des copains exprime enfin clairement son aversion pour le jeune juif : « Je m'élançai sur lui et il se baissa, raconte Jake. Je vis son visage plonger de côté, dans la lumière. Il me frappa et je tombai assis sur le dallage. Comme je tentais de me remettre sur pieds, il me frappa deux fois. Je roulai sur le dos, sous une table. J'essayai de me relever et je m'aperçus que je ne sentais plus mes jambes. Je savais que je devrais me relever et le frapper. Mike m'aida. Quelqu'un me versa une carafe d'eau sur la tête. Mike avait passé son bras autour de moi, et je me trouvai assis sur une chaise. Mike me tirait les oreilles.
- C'est ce que j'appelle être knock-out, dit Mike. »

Or, cette scène est la traduction à peine retouchée d'un événement vécu lorsque Ernest voyageait en Espagne en compagnie de Bill, Guthrie, Duff et Harold Loeb, le juif qui a servi de modèle à Robert Cohn. Événement naturellement arrivé au cours de la *fiesta*, quand tous les gosiers sont imbibés d'alcool. Comme dans le roman, la rixe se déclare à propos d'une femme, Duff alias Brett, dont Loeb est amoureux, alors que tout le monde soupçonne ladite Duff de soupirer secrètement pour Ernest. On pourrait croire que la bagarre qui s'ensuit n'est que l'expression primaire de la rivalité des mâles, mais l'affaire se complique quand on apprend que Duff a fait une bringue, seule, parmi la foule des espagnols, lesquels l'accueillirent, dit Baker, « comme la reine des abeilles parmi un essaim de bourdons » : c'est exactement la situation que nous avons rencontrée plus haut, lorsque Brett est « adorée » par les participants de la procession, et qu'ils la juchent sur un tonneau pour la forcer à boire. (C'est la même scène que raconte aussi, on s'en souvient, Henri-François Rey) Ce qui fait exploser Ernest, ainsi que Barnes dans le roman, c'est que la femme est toujours au bord de la trahison, sinon de la prostitution, au moins figurée. Sa haine se reporte alors sur le juif, en un déplacement qui devrait intéresser les psychanalystes, le tout évidemment sur un fond d'homosexualité diffuse, mais imprégnée d'alcool.

Le combat lui-même est décrit en ces termes par Carlos Baker, ou tout au moins ses préliminaires, car ce qui distingue la fiction de la réalité, c'est qu'ici les coups, finalement, ne pleuvront pas ; la scène capote en une détumescence assez pitoyable, mais sans doute plus vraisemblable, les deux mâles en colère se contentant d'une parade un peu ridicule : « Loeb se leva d'un pas mal assuré et invita Ernest à sortir. Ernest le suivit en silence. Ils s'éloignèrent dans une rue sombre qui débouchait sur la place et était bordée de petites boutiques sordides. Loeb avait peur : il avait déjà fait de la boxe avec Ernest et savait de quoi celui-ci était capable quand il entrait en fureur. Mais il se sentait surtout en proie à une profonde tristesse. Il avait le sentiment d'être poursuivi par un mauvais sort : il s'était fait un ami, et voilà que, tout à coup, cet ami devenait un 'implacable ennemi'. Il s'arrêta enfin, ôta sa veste et rangea ses lunettes à monture de corne dans une poche de côté tout en cherchant de son regard de myope un endroit où poser la veste. Si jamais il cassait ses lunettes, dit-il, il ne trouverait personne à Pampelune pour les lui réparer.

Comme il parlait encore, il s'aperçut qu'Ernest souriait - ce large sourire juvénile, communicatif, 'qui faisait qu'il était si difficile de ne pas l'aimer'. ' Je n'ai pas l'intention de te casser la figure', dit Harold. 'Moi non plus', dit Ernest. Et ils retournèrent tous deux à l'hôtel. »

7

Il est tentant d'achever ce tableau de la violence hemingwayenne par une anecdote éminemment symbolique, celle où l'on voit, en quelque sorte, l'écrivain boxer l'écrivain, en une espèce de dédoublement significatif. Cette anecdote, une fois encore, est rapportée par Carlos Baker, et on peut penser qu'en effet elle met en scène l'écrivain aux prises avec lui-même, en tout cas, l'affrontement monstrueux d'un romancier et d'un poète sur un ring improvisé. Comme toujours avec Ernest, ces tournois ont lieu dans un contexte de fête, de réunion amicale ou de vacances inévitablement bien arrosées, - comme si l'épanouissement normal des relations affectives entre hommes devait consister en une épreuve physique (mais la seule tolérable moralement : la lutte), qui est en quelque sorte le « cadeau » qu'Ernest fait à ses amis qu'il en juge dignes, une consécration de cette amitié. Les coups, en somme, valent pour des caresses, fussent-elle morales, ils expriment la reconnaissance de l'écrivain, tout de même que c'est un grand honneur de boire avec lui. Dès lors, alcool et boxe sont autant de moyens détournés, obliques et socialement admissibles dont dispose un homme pour témoigner son « amour » à un autre homme. La chose n'apparaît jamais plus manifeste, sans aucun doute, que lorsque cet autre homme est lui aussi un écrivain, et tout se passe comme si Ernest pouvait enfin lutter avec sa propre image et symboliser *in actu* le jeu de ses contradictions inconscientes : « Un peu avant Pâques, un incident regrettable vint mettre une diversion dans la vie de Hemingway. Wallace Stevens, homme aux cheveux grisonnants, de haute stature et de belle prestance, à la fois directeur d'une compagnie d'assurances de Hartford et l'un des plus grand poètes américains de son temps, vint passer de courtes vacances à Key West. Stevens, qui avait vingt ans de plus que Hemingway était parfaitement novice dans l'art de la boxe. Pour des raisons demeurées obscures, le poète semble avoir entraîné le romancier à lui livrer combat. Stevens sortit de la lutte avec un œil au beurre noir et un visage tuméfié. Waldo Peirce le vit le lendemain, portant des lunettes noires pour cacher ses meurtrissures. Stevens, fait compréhensible, demanda à Hemingway de ne pas ébruiter l'affaire. Ernest acquiesça, car il admirait et estimait Stevens en tant que poète, mais il ne put résister à la tentation de faire une allusion indirecte à l'incident dans une lettre à Dos Passos. »

8

Les « visages tuméfiés » ne sont donc pas rares dans la littérature alcoolique. Antoine Blondin évoque la « trogne d'arsouille, tout pleine de sang, hébétée, certainement incapable d'articuler », qui est celle de Monsieur Jadis après la bagarre avec les Arabes du début du livre (placé lui aussi sous le signe inaugural de la violence). Et il commente : « Ma mère n'avait jamais été hostile à un joli visage d'enfant dessiné par la bagarre. À la lecture des cicatrices, elle distinguait toutefois ceux qui donnent les coups de ceux qui les reçoivent et trouvait que j'appartenais trop souvent à la seconde catégorie. Si je n'avais été aussi retardé en calcul, elle m'aurait certainement fait prendre des leçons de boxe. C'est pourquoi, revenant de Billancourt, tâtonnant et trébuchant, il m'apparut de mauvais ton de faire surgir à son chevet le cauchemar d'une figure, sanglant comme un reproche. »

Cette bagarre, faut-il le mentionner, conclut une cuite. Mais au-delà de la justification en quelque sorte pratique de ce récit, on retrouve quelques-unes des raisons symboliques qui amènent les auteurs à faire se battre leurs personnages.

Comme chez Hemingway, et bien que le « tempérament » de Blondin paraisse placé aux antipodes de celui du romancier américain et qu'il soit tout à fait étranger à sa culture naturaliste de la Force, la bagarre a lieu contre des Autres qui ne sont pas n'importe lesquels : leur différence repose en effet sur une origine raciale. Et cette répartition sommaire renvoie elle-même, comme on a essayé de l'établir, à la source d'une attirance inconsciente pour le Même, dont elle est l'expression inversée. Quoi qu'il en soit, seul l'alcool peut entraîner Monsieur Jadis à se mettre en situation de se battre, qui plus est avec plusieurs individus en même temps, arabes ou non. On retrouve ici la même disproportion inquiétante entre les possibilités du personnage et son ou ses adversaires que dans le cas de Wallace Stevens que nous venons de rapporter. Dans le taxi qui l'emmenait avec Popo vers le lieu du sacrifice, Monsieur Jadis regrettait déjà, en s'accrochant avec le chauffeur, « de n'avoir pas la carrure qui lui eût suggéré la menace d'un gorille énorme dans son dos. » En l'occurrence, la ruse de John Barleycorn consiste à faire se déprendre ses victimes de tout principe de réalité, pour mieux les conduire à l'holocauste, à moins que, persuadées au fond d'elles-mêmes de leur insignifiance et de leur fragilité, elles s'y précipitent plus ou moins volontairement afin d'expier quelque faute confusément pressentie. En ce cas, la rossée qu'ils reçoivent a toute les allures d'un châtiment ; plus que jamais, elle mérite son nom de « correction ». Mais c'est là aussi une ressource constante du comique grotesque que d'amener un personnage petit et malingre à défier les plus gros. Ce renversement des valeurs s'accorde tout à fait à la tendance générale d'une certaine esthétique à déplacer toutes les limites pour finalement les abolir, faisant ainsi triompher le principe de l'Indifférenciation de toutes choses. C'est cette esthétique qui, comme on sait, « récupère » la perversion alcoolique pour en faire la matière de ses compositions habituelles.

9

Le scénario ordinaire de la bagarre dans les romans de l'alcool consistera donc en l'expression d'un double déséquilibre, générateur formel de la violence : un « petit » s'affronte aux « gros », une « race » s'affronte à d'autres. L'inversion des rôles peut aller jusqu'au retournement paradoxal de la situation : Robert Cohn, le petit juif méprisable et sans générosité, met Jack Barnes knock-out. Mais Monsieur Jadis ne viendra pas à bout des Arabes. La scène où il s'effondre est même décrite avec une complaisance morbide, plutôt incongrue dans une œuvre qui se veut comique (mais on sait que chez Blondin, l'humour est souvent la façade qui dissimule, avec un pudeur retenue, un abîme d'angoisse, et que même toute sa poétique de l'alcool est l'expression poignante de son mal de vivre). Ainsi : « Très rapidement, il fut à terre. Il n'entendit pas trépigner Popo qu'une main bâillonnait. Il était à quatre pattes sur le bitume. Il ne souffrait pas. On faisait cercle autour de lui. Il distinguait avec une netteté extraordinaire le pied qu'on allait balancer en direction de sa tempe... Le choc le souleva et il se retrouva cloué à plat sur le sol sans avoir perdu connaissance, la joue contre quelque chose de dur, de frais, de délectable, et les yeux fermés qu'il n'avait pas envie de rouvrir. Des pas et des voix se fondaient dans les trois dimensions. Il apprit bientôt qu'il était enfin seul. »

C'est encore sur un fond d'homosexualité rentrée que se déroule la scène où Quentin, dans *Un Singe en Hiver*, renoue avec la boisson. Comme pour Hemingway paraissant se débattre (et combattre) avec sa propre image, c'est par une confrontation avec son homologue cabaretier, Esnault, que Quentin inaugure l'ère du renoncement à toute sagesse. Fouquet, le jeune homme venu d'ailleurs, occupe la place de l'« Étranger » qu'on aime : c'est la jeunesse, ici, qui absorbe toute la différence, et aussi un peu l'origine urbaine de Fouquet ; en tout cas, il est de passage, vit à l'hôtel sans bagages, - c'est le nomade, le héros solitaire dont l'ombre ressemble curieusement à celle de John Barleycorn. Il fallait donc que la conversion de Quentin, principal ressort dramatique du livre, débute par une bagarre. En fait, en rossant Esnault, c'est une certaine image de lui-même qu'il tue, bien que celle-ci soit projetée, paradoxalement, sur un cabaretier distributeur de boisson. Ce que lui reproche Quentin, c'est de ne pas faire partie des « bons garçons », héros de bars qui ne calculent pas, mais d'en susciter l'illusion, perfidement, en s'attachant à la profession de cabaretier. Débaucher Fouquet, comme l'aura fait Esnault, paraît alors à Quentin le comble de l'indignité ou du sacrilège ; il reprendra donc, si l'on ose dire, les choses en main, et c'est lui qui désormais conduira Fouquet sur les chemins mouillés d'alcool.

ALCOOL ET VOYAGE

1

L'alcoolisme développe les tendances centrifuges. D'ordinaire, il éloigne les maris de leur foyer et les voue à une errance qui, pour s'accomplir généralement dans un cadre assez étroit ou les limites d'un paysage encore familier, n'en est pas moins significative de cette aspiration puissante de tous ceux qui ont bu à *fuir*, - fuir le monde quotidien de leur travail, de leurs soucis, de leur famille ou de leur solitude. Cette situation banale : l'époux qui ne rentre pas, cristallise souvent, dans les romans de l'alcool, en un épisode typique, toutes les situations équivalentes où un homme, parce qu'il a bu, se révèle incapable de s'ajuster à la raison sociale, de respecter cette mesure moyenne dont la société a besoin pour assurer son équilibre. Mais il arrive que l'idéal centrifuge soit représenté à plus grands frais, sous forme de voyages au long cours, quand l'écrivain n'organise pas sa vie elle-même en fonction de cet idéal, comme l'ont fait Hemingway ou London. L'expansion géographique va alors de pair avec une démesure éthylique. Le voyage qui aurait du assouvir la soif d'ailleurs de l'homme impatient stimule au contraire celle-ci. Elle finit par s'identifier à la soif d'alcool. Tel est, une fois de plus, le cercle infernal où se retrouvent enfermés ceux qui ne se résignent pas à une vie moyenne, ces héros des bars dont parle London. Tout se passe comme si le voyage, parce qu'il augmente une insupportable tension vers l'idéal sans jamais pouvoir l'atteindre (idéal qui n'est rien d'autre que le fameux « Anywhere out of the world » d'Edgar Poe, cet alcoolique grandiose célébré par Baudelaire) redoublait l'envie de boire, selon une loi directement proportionnelle qui, à mesure qu'elle rapproche le voyageur du terme de son voyage impossible rapproche en même tempe le buveur du seul havre possible : la Mort.

2

Tous les romans de notre corpus font référence au voyage. Passons sur les œuvres, et la vie, de ces voyageurs intrépides que sont Hemingway ou London ; ici, les exemples paraissent presque trop faciles. Observons plutôt que dans les livres en apparence les plus casaniers, les plus intimes ou les plus confidentiels, les plus « psychologiques » enfin, le thème du voyage, associé bien entendu à celui de l'alcool, n'est pas absent. *Moderato Cantabile* se passe dans un port ; les tempêtes qui se déchaînent dans le crâne d'Anne Desbaresdes le font au rythme des vagues qui déferlent sur la grêve, et la mer est comme une présence insistante dont tous les personnages, dirait on, subissent le charme ou le pouvoir attractif. Elle est en tout cas, à n'en pas douter, le symbole de cet Ailleurs que recherche, comme Baudelaire, Poe et tant d'autres, Anne Desbaresdes et aussi Chauvin, mais dont ils entrevoient parfaitement l'inaccessibilité : Ailleurs de l'Absolu, de l'Absolu de la passion forte et sans conditions, et qu'en raison de cette inaccessibilité douloureuse ils se résolvent à chercher dans le vin, sans être dupes de la substitution...

Plus bourgeoisement, le roman de Blondin, *Monsieur Jadis*, commence par une scène de ménage qui pousse le héros hors de chez lui, et le confie à la nuit « au long cours », selon l'expression de l'auteur. La fin *d'Un Singe en hiver*, roman baigné de références « coloniales » ou asiatiques, se consume en une errance au bord de la mer, qui pourrait être - et qui est géographiquement - la même que celle où Anne Desbaresdes voit s'engloutir un rêve démesuré. *Women* de

Charles Bukowski alterne les épisodes de cuites à la maison et ceux de cuites en voyage, principalement représenté par les tournées de conférences sur l'immense territoire des Etats-Unis ; mais on y trouve aussi la relation déterminante d'un séjour à la campagne où le héros croit mourir. Cet épisode évoque tout à fait celui où Frank, dans *La Comédie*, se retrouve perdu dans la forêt (« Il s'attendait à tout sauf à se retrouver perdu dans une forêt. C'est tout de même trop con !). Dans les deux cas, le thème du voyage paraît s'affaiblir dans celui de l'errance ou du vagabondage - ce n'est pas le voyage méthodiquement programmé de London ou de Hemingway -, mais c'est que toutes les espèces d'évolution de l'alcoolique dans l'espace sont toujours, à quelque degré, chargés du sens de la perte. Dès lors, ce sont au contraire ces épisodes où le sujet paraît se perdre sur des territoires inconnus qui délivrent la signification profonde du voyage dans les romans de l'alcool. Loin de correspondre à un affaiblissement du thème, ils en sont l'intensification, par concentration des symboles et réduction topologique : l'alcoolique se perd dans un tout petit espace ou bien dans un espace parfaitement socialisé et circonscrit sur les cartes où il n'y a pas de danger de se perdre vraiment. Les lieux reçoivent simplement la projection de l'angoisse logée dans le cœur du personnage. Ils lui renvoient l'image d'un labyrinthe épouvantable, qui est l'objectivation géographique de son propre désordre interne.

On comprend que l'alcoolique puisse ainsi se perdre dans la nuit de Paris ou d'une quelconque ville de province. *Le Dernier verre* de Melsen est tout entier constitué par la relation de ces errances urbaines sur le territoire de la France : on voit que le type du voyageur de commerce, qu'est Marc Sévrin, convient parfaitement à l'expression de cette magie de l'alcool qui transforme les espaces les plus prosaïques en étendues sauvages et inconnues, où palpite l'espoir de l'Aventure, où brille l'espérance de la Rencontre, la lumière du Nouveau (« au fond de l'Inconnu pour trouver du nouveau », écrivait encore Baudelaire).

La topologie alcoolique aura donc les mêmes dimensions (imaginaires) que le grand écran panoramique réservé en principe aux westerns et aux films d'aventures, le même caractère illusoire aussi : car lorsque le buveur dessoûle, il se retrouve généralement dans l'espace étriqué et misérable d'une chambre de bonne ou d'hôtel, comme on le voit chez Blondin ou chez Melsen. Ce dernier, surtout, insiste sur l'exiguïté douloureuse des lieux qui le recueillent après ses orgies lamentables. Ce resserrement contraste tragiquement avec la dilatation de tout l'être qui est un des effets notoires de l'alcool et l'un des aspects les plus remarquables de l'euphorie qu'il détermine. Il est normal que cette sensation caractéristique du vécu alcoolique trouve à se représenter, dans la littérature, par des images de voyage.

3

Clair de femme reproduit la dérive de l'homme désespéré dans les rues de la grande ville, c'est une « nuit au long cours », mais pas drôle du tout, qui fait penser pourtant à la nuit de Monsieur Jadis, et aussi à celle de Sévrin. Mais la référence au voyage est plus nette dans ce détail : Michel est pilote de ligne, le roman démarre sur son projet de partir pour Caracas, et tout au long de l'histoire, le personnage reste tenté par la possibilité de l'évasion, - de l'évasion du réel, bien entendu, le déplacement géographique n'étant que la métaphore du désir d'un Ailleurs où enfin les femmes aimées ne mourraient plus.

Or, cette condition tellement symbolique de pilote de ligne, nous la retrouvons dans *L'Enfer et Cie*, puisque telle est la profession, aussi, du mari de Mme Foy : souvent, celle-ci évoque l'absence ou le retour de son mari, pour obéir à cette loi de la littérature alcoolique qui veut que le motif du voyage figure, à un titre ou à un autre, fût-ce simplement celui de « rappel » ou de contrepoint, au nombre de toutes les propositions thématiques des œuvres. De plus, nous observons dans cet ouvrage, modulé d'une manière un peu plus originale, l'effet de contraste habituel entre la dilatation alcoolique qui s'accommode d'une station prolongée dans l'espace limité d'un bar, et la réalité professionnelle qui exige de grands déplacements, mais une concentration mentale accentuée. En dépit de cette subtilité, cet effet rhétorique ne dément pas le dispositif symbolique ordinaire, tel qu'on le découvre chez Melsen par exemple : il s'agit toujours d'opposer violemment un état de divagation illimitée à la dure réalité du recueillement, qui est le mode obligatoire de la conscience vigile ou pratique, quand on est à jeun...

Le lecteur aura déjà aperçu que cette rhétorique oppositive s'articule sans frais sur l'esthétique de l'Illimitation-grotesque tant de fois évoquée dans notre travail. La tradition à l'œuvre dans les romans de l'alcool, tout en s'accordant aux données psychologiques du vécu alcoolique, n'en participe pas moins d'une tradition plus vaste qui l'englobe et l'anime, celle qu'on observe, par exemple, dans la littérature picaresque, de *Don Quichotte* à *Jacques le Fataliste*, où tout ce qui arrive au héros lui arrive en voyage. Ces deux littératures, picaresque, alcoolique, ont besoin d'espace, peut-être parce qu'elles n'en font qu'une, et qu'elles ne représentent que la même quête, celle d'une inaccessible étoile...

4

Ce qui paraît le prouver, c'est que les voyageurs eux-mêmes ne sont pas convaincus de la valeur des déplacements. À la fin des *Gens de la Nuit*, le narrateur décide de partir pour un très long voyage en Extrême-Orient, mais il est sûr de laisser l'étoile derrière lui. Le voyage, dans ces conditions, correspond bien plutôt à un retour à la raison. Et la folie, la folie du rêve, a Paris pour seul espace, - Paris où, plus d'une fois, dit le narrateur, il avait « cru atterrir dans une ville nouvelle » : pourquoi, dès lors, changer d'endroit, si celui-ci se renouvelle constamment au gré des aventures dont il se montre prodigue ? La « quête » se fera sur place ou ne se fera pas. Ce que le narrateur recherche, paradoxalement, dans le départ réel, c'est la garantie d'une vie plus moyenne, ajustée au principe de réalité, aux affaires et aux exigences de la profession. En tout cas, par ce qu'il pense être la « vérité », cette vérité que d'autres (et lui aussi dans sa dérive nocturne) cherchent dans le vin : « À ma fenêtre, comme la veille, je restai encore un long moment à épier la nuit de Paris que j'allais bientôt quitter. Des vies ténébreuses et des vies claires s'y heurtaient. Si grande que fût, à cette heure, ma tristesse, je ne pouvais m'empêcher de penser que nulle part ailleurs je ne trouverais cette minute de vérité, cette seconde d'exaltation qui vous empoignent quand la ville se secoue et rejette son manteau d'ombres... »

Même constat de la vanité du voyage chez Michel Leiris: « En 1933, je revins, ayant tué au moins un mythe : celui du voyage en tant que moyen d'évasion. Depuis, je ne me suis plus soumis à la thérapeutique que deux fois, dont l'une pour un bref laps de temps. Ce que j'y ai appris surtout c'est que, même à travers les manifestations les plus hétéroclites, l'on se retrouve toujours identique à soi-même, qu'il y a une unité dans une vie et que tout se ramène, quoi qu'on fasse, à une petite constellation de choses qu'on tend à reproduire, sous des formes diverses, un nombre illimité de fois. »

La seule illimitation concevable, c'est donc celle de la reproduction du Même. Les personnages de *L'Enfer et Cie* en sont toujours-déjà convaincus, et c'est pourquoi, parmi tous les textes de notre corpus, avant même *Moderato Cantabile*, celui-là offre l'exemple d'une remarquable unité de lieu : un seul et même bar. Cette concentration extrême de l'espace narratif exprime, par antiphrase, la dérision du voyage pour qui a une fois reconnu la vérité de la quête. On comprend mieux que Mme Foy ait besoin d'un mari aviateur. Sa propre immobilité prend toute sa valeur existentielle à la lumière de ce contraste.

5

Dans une lettre à Anna Strunsky-Walling en date du 30 avril 1915, Charmian London écrit que l'un des plus vieux rêves de Jack « a toujours été de partir vers le large à la nage ». Déclaration qu'il faut prendre au sérieux quand on se rappelle le fameux épisode de Bénicia : au plus fort d'une cuite monumentale, Jack décide de se jeter à l'eau et de nager, - jusqu'où ? Jusqu'à la Fin, vers l'horizon de l'inaccessible étoile, jusqu'à la mort. Sans doute, tous les voyages de l'écrivain poursuivent ce même but, « l'apothéose glorieuse, le splendide apogée d'une carrière courte, mais agitée », comme il le dit lui-même au moment de s'enfoncer dans les flots noirs de la baie de Bénicia. La mer est pour lui, comme pour tant d'autres, le symbole de cet Infini « toujours recommencé » qui s'incarne, dirait-on, dans la vie de Jack, au point de prendre une valeur concrète, physique, presque matérielle : il s'agit d'aborder cet Infini *à la nage* (le bateau lui-même n'est qu'un substitut), et dans ce désir de prendre la mer à bras-le-corps, pour ainsi dire, se décèle comme une poétique particulière, née du mélange des valeurs corporelles et spirituelles. L'appréhension des éléments de la planète dans leur substantialité tangible - l'eau, la terre, l'herbe ou le sable - exalte par antiphrase le souci de l'Ailleurs, des vérités impalpables de l'Absolu. Nager vers le large exprime donc beaucoup plus qu'un plaisir physique, mais cet éternelle nostalgie de l'« out of the world » que le romancier-poète recherche aussi en se noyant volontiers dans une bouteille. Mais n'est-ce pas encore le sens profond de *l'appel de la forêt*? Redevenir sauvage, pour l'Homme loup, veut-il simplement dire retrouver le goût de la viande crue ? La fuite de l'animal domestiqué à grand peine symbolise bien plutôt cette quête de l'Inaccessible, qui se module différemment selon les textes ou les auteurs, mais participe toujours du même substrat, fantasmatique. Il arrive un moment où, lassés des voyages et convaincus de leur vanité, les écrivains voient cette quête « précipiter », comme on dit en chimie, dans une seule éprouvette où sa signification se concentre et se révèle dans sa pureté terminale. Cette éprouvette, qui est l'épreuve de l'alcoolisme, a bien entendu souvent la forme d'une fiasque de whisky...

6

Lorsqu'il quitte l'appartement d'Odile, Monsieur Jadis reçoit lui aussi l'« appel ». Le Paris nocturne, celui que Michel Déon vient d'évoquer, n'est alors rien d'autre que la métaphore de la forêt londonienne, immuablement « nocturne » elle-aussi. L'important, c'est d'y aller, - de se jeter à l'eau, pour reprendre le répertoire aquatique du *Cabaret de la dernière chance* : « il faut bien reconnaître, écrit Blondin dans *Un Singe en hiver*, que la tentation de prendre la route, où la provocation se combine à la rédemption, est ardente chez l'ivrogne. » Prendre la route, prendre la mer, voilà autant de façons de *prendre la fuite*, de se libérer du poids du passé, de défaire les liens qui rattachent l'homme au

réseau paralysant des affaires courantes, de substituer enfin le principe de plaisir au principe de réalité. Tel est, sans aucun doute, le sens profond de cette expédition désastreuse que Jack London organise à bord du *Snark*, dont il ne se remit jamais complètement et au cours de laquelle il s'implanta lui-même, pour ainsi dire, les germes de la mort :
« Voilà donc Jack parti en mer, écrit Andrew Sinclair, dans une goélette qui fuyait comme une passoire, prêt à risquer sa vie et celle de tout son équipage pour se prouver à lui-même qu'il était maître de son destin et de ses rêves ainsi que de sa barque. Il semblait avoir oublié ses autres ambitions, celles qui l'avaient aidé à sortir du sous-sol de la société et à se hisser au sommet en devenant l'écrivain le plus connu des Etats-Unis. Le séisme et l'incendie de San Francisco l'avaient-ils enfin libéré de son passé, puisqu'ils en avaient aboli les traces ? Plus rien ne restait de l'enfant malheureux, né dans la honte ; à présent, Jack ressemblait à un de ces aristocrates-nés qui n'ont rien à se prouver et sacrifient volontiers leur carrière et leur ambition sur l'autel du plaisir. Car l'ambition de Jack, à présent, n'était plus la gloire mais l'assouvissement de tous ses désirs. »

7

De ce voyage autour du monde, Jack ne sortira pas intact : au moment même où il croit pouvoir enfin se livrer à tous les plaisirs, il rencontre des difficultés telles qu'ils n'en avaient jamais affrontées jusqu'alors, - lui le lutteur indémontable. Comme si la sanction physique qui lui fut infligée révélait la signification réelle de son entreprise, qui était d'ordre spirituel : atteindre les limites de l'« Anywhere out of the world », quête à laquelle se disposent, tôt ou tard, tous ceux qu'une trop grande soif d'Absolu prédispose à renier le monde. « Il est bon, dira Jack, de chevaucher la tempête et de s'imaginer être un dieu. Je ne crains pas d'affirmer ceci : il y a plus d'orgueil pour un atome de vie gélatineuse à se sentir l'égal d'un dieu que pour un dieu à se savoir divin. »

C'est dans cet état d'esprit que l'écrivain s'embarque à bord du Snark pour une croisière autour du monde longtemps préméditée et, curieusement, insuffisamment préparée. Cet état d'esprit agonistique, il le décrit presque toujours lui-même au moyen d'images et de comparaisons qui évoquent la divinité ou les puissances redoutables de l'Autre monde. Il se voit sur son bateau et s'écrie : « Faible et fragile, un brin de vie palpitante - voilà tout ce que je suis ! Autour de moi vont les grandes forces naturelles, menaces colossales, Titans de destruction, monstres dénués de sentiment qui ont autant d'égards pour moi que j'en ai pour le grain de sable que j'écrase sous mon pied[1]. »

Comment mieux exprimer le sens profond de la quête à laquelle se livre le romancier, avec une passion telle qu'il n'hésite pas à mettre sa vie en jeu : « La croisière du Snark, observe Andrew Sinclair, fut une malheureuse aventure. Jack l'avait entreprise pour démontrer sa supériorité physique mais elle se termina par son effondrement. » On dit : tous ces écrivains, les London, les Hemingway, ont voulu jouer les champions toutes catégories, et en réalité, c'est l'alcool qui a eu raison d'eux, c'est lui qui, au bout du compte, a fini par laminer leur volonté et les transformer en épaves. Or, quand on examine leur vie d'un peu près, on s'aperçoit qu'il est difficile de faire la part des choses, et de démêler lesquelles de ces forces de destruction, Titans colossaux ou chants de sirène de bouteilles d'eau-de-vie, furent la cause de leur perte. En réalité, il est impossible de dissocier deux séries de cau-

---

[1] *The cruise of the Snark*, avant-propos, p.3-7, cité par Andrew Sinclair, op. cit., p.164

salité qui appartiennent à la même constellation de forces déterminantes, les unes et les autres employées au service de la même quête d'un Ailleurs inaccessible. Boire et voyager deviennent alors interchangeables et, la plupart du temps simultanés, bien que London se soit toujours défendu de boire tout le temps de ses expéditions maritimes. Hemingway, en tout cas, ne s'en prive pas. Mais ce que nous devons avant tout constater, c'est la présence, dans la vie de ces deux romanciers, d'un voyage fatidique dont ils ne se relèvent pas et qui fait sentir ses effets à long terme : la croisière du Snark pour London, et le dernier safari d'Ernest en Afrique, avec ses deux accidents d'avion dans la même journée qui, pour toujours, brisèrent sa robuste constitution.

8

Est-ce un hasard ? Presque tous nos auteurs de référence vont en Espagne, et s'y arrêtent comme en un lieu privilégié, comme si un destin mystérieux poussait les ivrognes à faire un nécessaire pèlerinage sur la terre des toréadors. C'est que l'alcoolisme littéraire est placé volontiers, comme le dit si bien Leiris, sous le signe de la tauromachie. L'Espagne, dès lors, sert de révélateur aux aspirations cachées des écrivains, - aspirations à l'héroïsme, au dépassement de soi-même et de toutes choses, bref, à atteindre cette inaccessible étoile dont nous parlions, et dont l'éclat du torero, à la fois lumière et mort, est un des symboles favoris des écrivains de l'alcool. Ces aspirations, certains osent les avouer, se refusent à les confier seulement à la bouteille. Les uns, comme Hemingway, assurent que l'écrivain peut se faire torero véritable : lui-même essayait, et affronta plusieurs fois la corne au cours des *ferias* de Pampelune ou de Séville. Leiris est plus réservé ; mais pour lui l'écriture est comme le substitut (confortable) de la course de taureaux : comme elle, elle doit se faire dangereuse, ou, à tout le moins, porter la marque du danger. « Un problème le tourmentait, écrit-il de lui-même, qui lui donnait mauvaise conscience et l'empêchait d'écrire : ce qui se passe dans le domaine de l'écriture n'est-il pas dénué de valeur si cela reste 'esthétique', anodin, dépourvu de sanction, s'il n'y a rien, dans le fait d'écrire une œuvre, qui soit un équivalent (et ici intervient l'une des images les plus chères à l'auteur) de ce qu'est pour le *torero* la corne acérée du taureau, qui seule - en raison de la menace matérielle qu'elle recèle – confère une réalité humaine à son art, l'empêche d'être autre chose que grâces vaines de ballerine ? »

Nos écrivains iront donc en Espagne, pour éviter « ces grâces vaines de ballerine ». Ce n'est pas qu'ils y rencontreront toujours un milieu favorable à l'épanouissement de leur idéal « tauro-machique ». Au contraire, l'Espagne est souvent le théâtre de leur effondrement, comme le vaste océan l'avait été pour Jack London. Comme, généralement, ils ne peuvent y faire que boire plus encore qu'ailleurs (puisque l'alcool est déjà le substitut des courses de taureaux qu'ils ne peuvent envisager réellement), ce pays est la pierre de touche de leurs contradictions et exacerbe leurs tensions internes. Ils y vérifient, en quelque sorte, qu'ils ne sont pas au point, et que l'étoile leur est décidément inaccessible. Tel est le sens du voyage en Espagne de Frank dans *La Comédie*, celui des personnages du *Soleil se lève aussi*. Celui de Monsieur Jadis, sans atteindre la même dimension tragique, est morne et frustrant ; il se fait d'ailleurs en compagnie d'Odile, ce n'est pas la dérive arrosée au milieu des copains, ni les grands soirs de Paris. Cela suffit à l'inscrire dans le même répertoire symbolique de l'Épreuve espagnole. Dans *Un Singe en Hiver*, Fouquet torée avec les automobiles, et le langage de la cuite est bourré de métaphores empruntées à la corrida :

« Les gros fauves de cette espèce-là, dit Esnault, le cabaretier qui débauche Fouquet, sont jugés du premier coup d'œil ; je les châtie d'abord au martini-gin ; ensuite, je les fais venir sur l'étoffe en liant cinq ou six passes de je ne sais plus quoi au mandarin-cu et, tout de suite, une estocade entière au calvados... » Ici, l'Espagne n'est jamais qu'évoquée, comme une référence idéale qui fait rêver, en comparaison de laquelle la triste réalité de ce... trou normand où Fouquet s'est volontairement enfermé apparaît dans toute sa grise dérision. Par une espèce de contagion, l'Espagne elle-même en devient dérisoire. Bref, un peu partout, l'Espagne est bien une espèce de test, qui rend l'alcoolique à la réalité et au désenchantement des jours ordinaires, alors même qu'il avait placé tous ses espoirs en elle, soit en s'y rendant physiquement, soit en la rêvant, - ce qui est tout un, car le voyage se veut concrétisation du rêve, comme l'alcool est un appel au voyage.

9

Un appel au voyage, certes, - mais le voyage peut être aussi un antidote à l'alcool. C'est pour fuir son propre alcoolisme que Frank décide d'aller en Espagne. Et bien entendu, ce déplacement s'avère au bout du compte une ruse de John Barleycorn, car ce que Frank trouvera en Espagne, c'est la ruine de ses bonnes résolutions. À Madrid, il avait rendez-vous avec lui-même, avec cette part de lui-même la plus authentique et, partant, la plus catastrophique, qu'il n'avait jamais réussi complètement à réduire au silence. L'Espagne lui révèle, fidèle en cela à sa fonction symbolique principale dans les romans de l'alcool, que le venin continuait d'empoisonner son sang, et que la maladie préparait son retour dans la fausse sécurité des résolutions sages. Il n'empêche : après la cure de désintoxication, le voyage se présente à l'esprit de Frank comme le meilleur moyen de continuer à vivre : « Seul, Frank se fixa sur ces lambeaux de phrases : 'Je voyagerai...' 'Le monde est vaste.' Pour la première fois, il était obligé de réfléchir à ce qu'il allait devenir après ; il ne s'imaginait pas encore en dehors de cette chambre, en dehors de l'univers clos de la clinique. Et pourtant, tout allait dépendre de lui, et de lui seul. Dès qu'il serait à nouveau libre, il allait devoir prendre des décisions. Voyager, pourquoi pas ? Mais où aller ? quelque part au soleil peut-être, se diluer dans le soleil. Le soleil, oui, et peut-être la mer. N'être rien qu'une chose, un peu vivante, ranimée chaque jour par le soleil, puis anéantie par sa chaleur... »

On recherchera donc, en Espagne (mais jusqu'ici ce pourrait être aussi bien l'Italie), le soleil anéantissant, une forme de léthargie pré-tropicale et nous sommes loin, dès lors, du rêve hemingwayen de la corrida généralisée. Bien plutôt, l'Espagne accueille les héros morts. Ils achèvent, dirait-on, d'y pourrir au soleil. Image d'une certaine purification ascétique inaugurée par la cure de désintoxication, elle est le théâtre où l'alcoolique repenti va pouvoir consommer sa mortification. Ses paysages désertiques et brûlants sont, en effet, un décor idéal pour ce symbolisme de l'assèchement.

10

Toute littérature dissimule ses codes et ses conventions sous une apparence de naturel. Dans la littérature alcoolique, le voyage en Espagne est quasiment une nécessité symbolique. Il n'empêche qu'il faut encore lui donner cette apparence de naturel, de contingence, que les romanciers modulent à leur gré. Certains même prendront le contre-pied du nécessaire : c'est alors le hasard qui décide qu'on ira faire un tour au pays de la corrida, comme cela se passe pour Frank : « Frank prit un guide qui se trouvait dans la boîte à gants. Dans les toutes premières pages il y avait une carte de l'Europe :

'Regarde, je prends un crayon, je ferme le guide, j'engage la pointe du crayon entre les pages et J'ouvre... Espagne, dit-il. Ça te va ? »

Hasard suspect, cependant, comme si le romancier voulait suggérer à demi-mots l'existence d'une contrainte symbolique : « - Tu as triché, dit Kim. Mais l'Espagne c'est bien !... » Le destin, inéluctablement, ramène les héros en Espagne, « sous une lumière verticale, celle du bloc opératoire ou du ring », ainsi que l'écrit Blondin. Le ring, la corrida, c'est tout un. Pour le héros, c'est l'heure de vérité, quelle que soit la vérité qu'il est venu rechercher. Monsieur Jadis semble être à la recherche de son amour blessé. Sans doute n'est-il pas en quête de sensations aussi fortes que Hemingway, ni n'a t-il rendez-vous avec le même destin tragique que Frank. Pourtant, l'Espagne, au lieu de le rassurer, l'éloigne définitivement du confort bourgeois et de la vie de couple auxquels il avait cru encore un peu. Alors que, chez d'autres, elle « opère » comme un révélateur de médiocrité et jette une lumière crue sur cette évidence : qu'ils ne sont que des bourgeois prisonniers de leur vie confortable et rangée, pas du tout des toreros, pour Monsieur Jadis l'Espagne joue un rôle exactement inverse, sans trahir son modèle, puisqu'il s'agit toujours de révéler la vérité. La vérité de Monsieur Jadis, celle justement qu'il voudrait fuir en Espagne, c'est qu'il n'est pas fait pour cette vie conjugale qui l'oppresse. Sous la « lumière verticale » de l'épreuve espagnole apparaît un Monsieur Jadis prêt à appareiller pour les voyages véritablement « nocturnes », comme il dit, car le paradoxe, en Espagne, est que « la nuit n'existe pas », - la nuit, entendez, l'aventure, la vraie, celle qui se fait à l'ombre du monde des bien-pensants, époux et pères de famille, travailleurs ordinaires, gens du clair matin. En Espagne, au contraire, il n'y a pas de place pour les gens de la nuit, précisément parce que *tout le monde* ici vit la nuit, empêchant toute dérive, toute fuite solitaire ou entre solitaires comme dans les rues de Paris, bref, empêchant le seul voyage concevable pour l'alcoolique, celui qui doit l'emporter hors du monde :

« Rentrant à l'hôtel, je déclarai à Odile :

- J'ai découvert le drame de l'Espagne.

- Ah ! oui, fit-elle en riant. Puis, plus grave : c'est la misère, bien sûr, la misère des hommes et des chiens.

- C'est aussi que la nuit n'existe pas.

- Là, tu as raison : nous n'arrêtons pas de nous coucher à six heures du matin.

- Je veux dire que ce qui fait défaut ici, c'est qu'il n'y a pas d'existence nocturne.

- En Espagne ! Es-tu fou ? Voilà au contraire un pays à tes mesures : sur la Castellana, durant toute l'année, on se croirait en plein jour, vingt-quatre heures sur vingt-quatre.

- Justement.

Elle passa sous la douche. Je renonçai à lui expliquer combien sur la Castellana, ou dans ces tranchées étincelantes que la population la plus quotidienne, renaissant aux étoiles, sillonnait sans fin, j'aurais donné cher pour éprouver une parcelle de l'orgueil des veilleurs solitaires dans les villes endormies et l'humeur complice d'une ronde de nuit. »

Le symbolisme du voyage s'articule ici très nettement sur la poétique de la nuit, dont le symbolisme est identique : l'un et l'autre disent le désir irrépressible du buveur d'emprunter d'autres chemins que les sobres ou les tempérants, ceux qui, satisfaits du monde, organisent leur vie en fonction de buts possibles. Au contraire, ce que la « nuit » et le « voyage » représentent, c'est cette aspiration à l'Impossible, pour parler comme Georges Bataille, logée dans le cœur de tous les hommes, mais que tous refoulent plus ou moins bien. L'alcool, en tout cas, a pour principal effet de réveiller ce monstre endormi, qui, une fois réveillé, fait s'écrouler comme des châteaux de cartes les fragiles constructions que nous édifions pour nous rassurer. En ce sens, l'Espagne est bien un pays de nuit, même si Monsieur Jadis avoue : « Ici, j'étais frustré d'une certaine émotion qui s'attache à la nuit, et qui ne tient peut-être que dans une recherche de la face cachée de la vie. »

Aussi recherchera-t-il la vérité dans le soleil. Paradoxalement, le plein soleil devrait avoir le même effet que la nuit profonde. Qu'importe, au fond, le flacon, pourvu qu'on ait l'ivresse. On peut y voir clair en pleine nuit comme on peut avoir les révélations habituellement confiées à la nuit lorsque le soleil est au zénith ; il suffit, en l'occurrence, que la situation soit *complète*, et c'est cette complétude que symbolisent indifféremment le soleil ou la nuit, le voyage au long cours ou le piétinement devant le comptoir.

Surtout, il faut préserver la forme pure de l'inversion, - faire autrement que les autres. Les autres prétendent-ils s'enfermer dans leur chez-soi douillet, parmi femmes et enfants ? Le buveur voyagera. En Espagne, les autres vivent-ils la nuit ? Il vivra le Jour, deviendra, comme dit Blondin, un « diurnambule », « voyageur du jour » comme d'autres sont « voyageurs de la nuit », et jouissant dans sa dérive diurne du même sentiment de transgression sacrée : « En désespoir de cause, je m'essayai à mener l'existence extravagante d'un diurnambule, adoptant un décalage horaire qui m'écartât des parcours concertés. Levé à sept heures du matin, quand les autres se couchaient, je me couchais à neuf heures du soir quand la ville s'éveillait. L'après-midi, sitôt qu'Odile s'allongeait pour la sieste (car je récusais les excursions à travers la Castille), je m'évadais par des rues livrées à une solitude éblouissante, persuadé que ce décor dépaillé du conformisme nocturne devait libérer un visage secret dans la clandestinité du soleil au zénith. »

11

Voici donc, en plein jour, le héros embarqué pour une expédition qui doit l'amener à la « recherche de la face cachée de la vie », à goûter cette part nocturne de l'existence que seul l'alcool, jusqu'à présent, lui avait fait entrevoir. Mais hélas, ses « rapines furent maigres. Sous la clarté naturelle, les volets fermés qui recouvrent tant de romans dans les ténèbres (lui) parurent maussades, comme une fin de non-recevoir, et les ombres portées d'une qualité plus vulgaire que celles produites par les réverbères. Aucune ne cherchait à en rejoindre une autre jusqu'à se confondre, ainsi qu'il arrive au clair de lune. Elles ne jouaient qu'un rôle accessoire sur le théâtre des murs et des trottoirs, écrasées par la réalité des personnages sans mystère qui les avaient créées et qui semblaient n'avoir d'autre idée en tête que de se fuir. Tout cela n'était guère propice à susciter un univers en marge. »

On constate, à lire ces lignes, à quel point le thème du voyage, dans la littérature alcoolique, peut être intimement lié à celui de la nuit, - autrement dit du « mystère » ou de la « marginalité ». Au milieu du jour, Monsieur Jadis a beau circuler, disponible pour toute rencontre, rien ne se passera: les hommes, au contraire, comme il le dit, semblent avoir pour principal souci de « se fuir », tout en se regroupant et en s'enfermant dans un univers commun. Tout de même, l'épisode alcoolique sera un épisode forcément *nocturne*. On avait pu croire que la forme pure de l'inversion aurait pu suffire à compenser l'escamotage espagnol de la nuit. Il n'en est rien. Les évènements qui comptent restent indissolublement associés, dirait-on, à ces nécessités cosmiques. Comme cela serait pratique et commode de pouvoir s'enivrer de jour, vivre les mêmes extases que la nuit, et se coucher de bonne heure, comme tout le monde ! Mais on ne peut pas gagner sur tous les plans, il faut risquer. L'« orgueil » de monsieur Jadis provient surtout de ce qu'il prend des risques, comme tous les ivrognes, et compromet sans réserves l'équilibre de sa vie, la régularité de son sommeil, - bref s'expose au danger que comporte toute nuit, réelle ou métaphorique, et ce qu'il dénonce dans le jour espagnol, c'est qu'il ne présente aucun des dangers de la nuit, et il lui faudra attendre de revenir en France pour que ses nuits recommencent « aussitôt à se tendre d'embûches désirées ». En France, le buveur peut redevenir un aventurier de la nuit, continuer son voyage en quelque sorte...

12

Les écrivains partent donc demander à une certaine Espagne des révélations « nocturnes » : cette Espagne-là est placée sous le signe du taureau, sombre comme lui. Mais il est une autre Espagne, d'apparence plus légère, et plus claire, - bien que ce ne soit qu'une illusion de surface, car en réalité cette autre Espagne participe du même fond de gravité que l'Espagne dangereuse des toreros. Nous voulons parler de l'Espagne des *fiestas*, l'Espagne de la fête exubérante et sans retenue ; il apparaît, en effet, que la fête, pour nos écrivains, ne survive plus que sur la terre d'Espagne, qu'il n'y a plus que là qu'on puisse trouver encore des traces de l'origine véritablement dionysiaque de la fête authentique. Celle-ci manifeste alors sa parenté avec la cérémonie religieuse et sacrificielle. Il est normal d'y voir associées de puissantes libations. La fête sera toujours la fête du vin. Ce sens de la fête n'échappe, comme on l'a vu, ni à Henri-François Rey, ni à Hemingway. L'effondrement des bonnes résolutions de Frank était causé par la rencontre d'une procession. Les hommes y dansaient autour d'une effigie du Christ. Or, il est frappant de constater la ressemblance qui relie cette scène au tableau que nous brosse Hemingway de la *fiesta* : une foule essentiellement masculine entoure Jack et ses amis, dans *Le Soleil se lève aussi*, et les entraîne à danser et à boire, tout comme Frank, mais autour, cette fois, de l'image de Brett, immobilisée au centre de la scène, et qui remplace l'image du Christ. Formellement, le dispositif est le même. C'est celui des bacchanales du vin, véritable dieu de la fête, et explicitement associé par Hemingway lui-même au sens qu'elle doit prendre, qui est toujours celui, dirait-on, de la procession. On comprend mieux, dans ces conditions, que l'Espagne, pays religieux par excellence, pays où la foi demeure, soit élue comme le pays privilégié de la fête et de la boisson (nécessairement sacrée pour nos auteurs) : « La fête était réellement commencée, raconte Hemingway. Elle dura, jour et nuit, pendant sept jours. La danse continua, les libations continuèrent, le bruit ne cessa pas. Il se passa des choses qui, seules, pouvaient se passer pendant une *fiesta*. (...)

La grande procession religieuse eut lieu, dans l'après-midi. San Fermin fut transporté d'une église à l'autre. Tous les dignitaires ecclésiastiques et civils-prenaient part à la procession...

Ils étaient tous debout devant la chapelle où San Fermin et les dignitaires étaient entrés... Nous nous efforçâmes d'entrer. Il y avait une odeur d'encens, et des gens alignés dans le bas de l'église. Mais Brett fut arrêtée juste à la porte parce qu'elle n'avait pas de chapeau. Nous primes la rue qui, par-derrière la chapelle, remonte en ville. De chaque côté des gens faisaient la haie, gardant leur place au bord du trottoir pour le retour de la procession. Des danseurs formèrent un cercle autour de Brett et se mirent à danser. Ils portaient de grosses guirlandes d'ail blanc autour du cou. Ils prirent Bill et moi par le bras et nous firent entrer dans la ronde. Bill se mit à danser aussi. Ils chantaient tous. Brett aurait bien voulu danser, mais ils ne voulurent pas la laisser faire. Ils la voulurent comme image pour danser autour. Quand éclata le *riau-riau* qui termine le chant, ils se précipitèrent dans une taverne. »

13

On ne peut qu'être frappé de la similitude de ces deux descriptions de la *fiesta* dans *Le Soleil se lève aussi* et dans *La comédie*. Dans les deux cas, on remarque le rôle central de la femme, dont les hommes éméchés subissent l'attraction, et qu'ils choisissent d'adorer provisoirement comme une déesse de rencontre. Chez Rey, cette rencontre sert à manifester le caractère dérisoire du Christ de bois, auquel bien vite les hommes préfèrent le visage vivant de la femme. Kim, en tout cas, se trouve là, seule femme parmi les hommes, comme Brett devait s'y trouver aussi. Et le culte rendu à ces divinités consiste à les faire boire : « Nous restâmes debout au comptoir. Ils firent asseoir Brett sur un tonneau. La taverne était sombre et pleine d'hommes qui chantaient d'une voix rude. Je déposai de l'argent pour le vin, mais un des hommes le ramassa et le remit dans ma poche.
- Je voudrais une outre, dit Bill.
- Il y en a dans la rue, dis-je. Je vais aller en chercher deux.

Les danseurs ne voulaient pas me laisser sortir. Trois d'entre eux s'étaient assis sur la grosse barrique, à côté de Brett, et lui enseignaient à boire avec une peau de bouc. Ils lui avaient pendu un chapelet d'ail autour du cou. » L'allure *païenne* de la *fiesta* apparaît suffisamment dans ces dernières lignes. Cette Espagne, placée désormais non plus sous le signe du taureau, mais sous le signe du bouc, est le théâtre de la résurrection d'anciennes idolâtries. Toutes se fondent dans le culte bachique du Vin. Mais on peut penser aussi que l'Espagne, pays qui, par tradition (chrétienne) ne laisse guère libre cours à l'expression de la sexualité et refoule l'image de la femme, attire ceux qu'une homosexualité latente incline à s'immerger volontiers dans les foules masculines. C'est bien le cas ici : « la taverne, dit Hemingway, était sombre et pleine d'hommes. » Et par un contraste frappant, la femme est seule, et mise en scène de telle façon qu'aucun regard de la manque, malgré les ténèbres du lieu.

Même concentration de tous les regards sur Kim dans *La Comédie*: « Ils s'aggloméraient autour des barriques, débordant sur les tables du fond. Buvant au goulot, buvant à toute vitesse pour que les christs n'attendent pas. Et lorgnant les deux étrangers perdus au fond de cette taverne de Triana. Et dévisageant la fille: '*que guapa, que guapa*'. Certains souriaient à Kim et lui faisaient des gestes, n'importe lesquels, mais ça voulait dire qu'elle était belle et qu'on remerciait le ciel de pouvoir la contempler. Un grand type plus soûl que les autres vint vers eux, encore stable, mais son regard vitreux n'était déjà plus de ce monde. Il tenait une bouteille à la main, d'un geste donateur il versa un verre à Kim et à Franck puis leva le sien. Il fallait qu'il trinquent, qu'ils fassent le même geste. Les autres s'étaient rapprochés. Tous le verre à la main.

...Elle leva son verre et but le gros vin noir. Ils applaudirent. On lui versa une nouvelle rasade. Maintenant tous regardaient Frank, il fallait qu'il boive. »

14

Le moment où Franck recommence à boire marque la fin de son voyage (et la fin du livre). L'« épreuve » espagnole s'achève aussi. Au cours de ces derniers instants, Franck a le courage de reconnaître l'inutilité du voyage, et la menace qui plane sur celui-ci de se dégrader en tourisme vulgaire. Tel est le sens critique de cette scène assez longue où le héros rencontre une famille de touristes français, véritable famille Fenouillard, venue en Espagne chercher les émotions fortes de la corrida : « Des touristes bardés d'appareils de photos les entouraient. Des familles, bancs de harengs migrateurs, dévoraient tous les plats qu'on leur apportait. Des petites filles s'endormaient sur les tortillas. Il y avait des bourrades, une crispation générale et, de temps en temps, dans l'œil des touristes, un éclair de panique. Si loin de chez nous, perdus dans ce pays, sauvage puisque ce n'est pas le nôtre. » L'exaspération de Franck est à son comble lorsque ces « harengs » lui avouent qu'ils veulent « voir tuer des toros ». Il les moque en expliquant la nouvelle loi : elle veut qu'au bout de trois essais maladroits, ce soit les toreros eux-mêmes qui seront mis à mort... De toute façon, proclame Franck, les courses de taureaux, « c'est de la merde ». Non pas qu'ils les méprise, loin de là : mais il estime que ces touristes grossiers ne pourront jamais en comprendre le sens ni la grandeur. Il affecte donc de prendre le contre-pied de ce que lui-même pense et qui symbolise tout ce que l'alcoolique essaie vainement de retrouver dans l'arène du comptoir : que la corrida représente un autre monde inaccessible, et particulièrement inaccessible à tous ceux qui ne sont pas les héros de bar chers au cœur de Jack London, les matadors de l'apéritif, bref ceux qui ont risqué et mis en jeu (plus ou moins mortel) leur petite vie tranquille et bourgeoise.

Tel sera, aussi bien, le sens général du voyage, en Espagne ou ailleurs, dans les romans de l'alcool. L'Espagne, en raison de cette concentration du sens dans l'image de la corrida, n'est au fond que l'équivalent général de tous les voyages. Ne dit-on pas, d'ailleurs, « faire des châteaux en Espagne », et n'est-ce pas là la principale activité du buveur ? Don Quichotte lui-même n'est-il pas espagnol, et le roman picaresque, à l'apogée de l'esthétique du grotesque-illimité, n'est-il pas tout entier l'expression condensée de cette mythologie de l'errance sans fin, qui est le principal mode du vécu alcoolique ? Le voyage, cependant, a partie prenante avec la réalité. Son monde, aux yeux de l'alcoolique lui-même, est commun avec celui des gens sobres capables de décision, d'action continue et organisée. Il les rencontre sur le même terrain, comme on vient de le voir. Lorsqu'il se rend compte de la confusion qui le menace, et que la proximité de ce contact lui devient insupportable, l'alcoolique n'a plus qu'à s'insurger violemment contre la duperie ultime des voyages, et retourner à sa bouteille, qui peut-être ne l'avait pas quitté. « Tout d'un coup, plus rien ne concordait avec ce qu'il avait rêvé de ce voyage, lit-on dans *La Comédie*. Le paysage pesait de toutes ces pierres hostiles, il faisait froid. »

Au bilan, le voyage déçoit. Le buveur ne l'a peut-être fait que pour confirmer ses raisons de boire. Comme celles du Seigneur, les voies de John Barleycorn sont impénétrables ; il oblige souvent à de grands détours pour le retrouver et imposer sa vérité fatale. Au bout du chemin, c'est lui encore qui vous accueille de son rire satanique...

TABLE DES MATIERES

n° 1062

Achevé d'imprimer par Corlet Numérique - 14110 Condé-sur-Noireau
N° d'Imprimeur : 7883 - Dépôt légal : mars 2002 - Imprimé sur DemandStream

Imprimé en UE